Social Welfare for People With Disabilities

# 장애인복지론(3판)

서동명 윤상용 이승기 염태산 공저

신정

# 3판 머리말

이 책의 개정판(2판)이 나온 지 3년의 세월이 지났다. 개정판은 장애인의 생활 실태와 정책 영역의 변화를 반영하고, 1판에서 충분하게 소개하지 못했던 장애인 대상의 사회복지실천 영역을 보강하는데 초점을 두고 기존의 14장을 3부 16장으로 재편하였다. 이러한 노력 덕분인지 이 책은 많은 독자들의 사랑을 받았다. 이 자리를 빌어서 독자들에게 감사를 드린다.

개정판이 나온 지 또 3년이 지났다. 지난 3년간 장애인복지 분야에서는 많은 변화가 있었다. 최근 장애인복지 분야에서의 가장 중요한 변화는 '장애등급제 폐지와 맞춤형 종합지원체계 구축, 그리고 탈시설 정책'이 될 것이다. 물론 등급제 폐지가 아니라 등급제 개편에 불과하고, 최근 진행되고 있는 '맞춤형 종합지원체계 구축과 탈시설 정책' 역시 이름뿐인 정책이라는 문제 제기가 지속되고 있지만, 장애인복지 분야 정책과 제도, 그리고 실천영역 모두 패러다임의 변화가 구체적으로 시작되었다고 할 수 있다. 이러한 변화의 양상을 통해 장애인복지 분야가 다른 사회복지 분야의 발전을 선도하는 역할을 하고 있다고 할 수 있을 것이다.

3판은 개정판에서 제시된 3부 16장의 형식에 대한 수정은 하지 않았다. 그러나 최근 변화된 장애인복지 정책과 제도의 내용을 충실하게 반영하여 수정·보완하고자 노력하였으며, 국내·외 통계수치 등을 최근 자료로 수정하였다. 이와 함께 저자들이 대학에서 장애인복지론을 강의하면서 아쉽거나 부족하다고 느꼈던 내용을 추가하였다.

이러한 변화에도 여전히 부족함은 발견될 것이다. 내용상 부족하거나 변경이 필요한 부분은 이후 지속적인 개정작업을 통해서 수정·보완할 것을 약속드린다. 아무쪼록 이 3판이 장애인복지에 대한 학생들의 관심과 이해를 높이는 데 도움이 되기를 바란다.

2022년 2월

저자 일동

# 2판 머리말

한국의 장애인복지는 발전과 변혁의 기로에 서있다. 발전은 예산규모의 확대와 제도의 확충과 신설에서 확인할 수 있으며, 변혁은 장애인복지의 체질이 양적 성장에서 질적 성장으로 전환하는 데에 따른 성장통에서 엿볼 수 있다. 이번 책은 이러한 발전과 변혁을 두루 아우르면서 대학의 학부생들이 장애인복지를 가능한 한 쉽게 입문할 수 있도록 기획되었다.

장애인복지와 관련하여 이해하고 들여다보아야 할 분야는 실로 다양하고 무겁다. 장애인은 다른 대상과 달리 모든 연령에 걸쳐 문제와 이슈들이 잠복해 있고, 장애유형에 따라 전 생활영역에서 상이한 목소리와 욕구를 드러내고 있기 때문이다. 장애유형별로 펼쳐지는 목소리는 서로 반대에 서 있기까지 하다. 신체와 정신영역을 포괄하며 질주하는 장애는 인간의 역사 속에서 숨 쉬어 왔고 앞으로도 그럴 것이다. 장애인복지를 둘러싼 무겁고 깊이 있는 논쟁 속에서, 학생들이 알아야 할 부분을 발췌하고 정리하기 위해 저자들은 고심을 거듭하여 내용을 구성하였다.

1판이 나온 지 3년이 경과한 지금, 저자들은 그간 장애인의 생활실태 및 각 정책 영역의 변화를 반영하고 더불어 1판에서 충분히 소개하지 못한 장애인 대상의 사회복지실천 영역을 보강하는 데 초점을 두고 3부 16장으로 구성된 개정판을 출간하게 되었다. 1부 장애의 이해는 장애개념과 정의, 현대 장애인복지의 역사, 장애인복지의 이념과 태도, 장애범주와 유형별 특성, 중점지원대상 장애인(1), 중점지원대상 장애인(2) 등 6개의 장으로 구성하여 장애가 무엇이고 장애를 갖고 살아가는 사람들에 대해 국가와 사회가 어떻게 인식해 왔고 대우해 왔는지, 그리고 장애인 중에서 더 큰 어려움을 갖고 있는 사람들이 누구인지 등 장애인복지의 기초적인 지식을 제공하는 데 목적을 두었다. 2부 장애와 사회보장은 장애인복지관련 법률 및 전달체계, 장애와 소득보장, 장애와 고용보장, 장애와 교육보장, 장애와 사회서비스, 최근 쟁점과 전망 등 6개의 장을 구성하여 장애인과 가족의 다양한 욕구를 충족하기 위한 주요 사회보장제도의 원리와 현황 그리고 발전 방향 등을 다룸으로써 장애라는 사회적 위험에 대응한 국가와 사회의 역할에 대한 개괄적 이해를 습득하는 것에 목적을 두었다. 마지막 3부 장애와 사회복지실천은 장애인복지서비스 제공기관, 생애주기별 장애인서비스 접근, 장애인복지 프로그램 개발과 관리, 장애인복지 분야의 사례관리 등 4개의 장으로 구성하여 지역사회에 존재하는 다양한 장애인복지기관에 근무하는 사회복지사가 장애인과 가족을 대상으로 직접적인 서비스를 제공할 때 요구되는 실천적인 지식을 습득하는 것에 목적을 두었다.

장애계가 한 목소리를 내지 못하고 늘 갈등하고 대립하면서도, 여전히 발전을 향해 나아가는 것은 인간의 복잡성을 응축하여 보여 주는 깊이 있고 거대한 담론의 장이 전제되어 있기 때문이다. 이러한 복잡성과 갈등 상황을 이해하기 위한 토대로 이번 개정판이 작은 기여를 할 수 있기를 희망한다.

끝으로 이번 개정판이 나오기까지 변함없는 격려와 지원을 마다하지 않으신 신정출판사 최용구 대표, 장만동 전무 및 편집부 직원들께도 깊은 감사를 표하고 싶다. 이분들의 헌신적인 노력이 없었다면 이번 개정판의 출간은 또 뒤로 미루어졌을 것이다.

2019년 2월

윤상용 · 이승기 · 서동명 · 염태산

# 머리말

한국의 장애인복지는 발전과 변혁의 기로에 서있다. 발전은 예산규모의 확대와 제도의 확충과 신설에서 확인할 수 있으며, 변혁은 장애인복지의 체질이 양적 성장에서 질적 성장으로 전환하는 데에 따른 성장통에서 엿볼 수 있다. 이번 책은 이러한 발전과 변혁을 두루 아우르면서 대학의 학부생들이 장애인복지를 가능한 한 쉽게 입문할 수 있도록 기획되었다.

장애인복지와 관련하여 이해하고 들여다보아야 할 분야는 실로 다양하고 무겁다. 장애인은 다른 대상과 달리 모든 연령에 걸쳐 문제와 이슈들이 잠복해 있고, 장애유형에 따라 전 생활영역에서 상이한 목소리와 욕구를 드러내고 있기 때문이다. 장애유형별로 펼쳐지는 목소리는 서로 반대에 서 있기까지 하다. 신체와 정신영역을 포괄하며 질주하는 장애는 인간의 역사 속에서 숨 쉬어 왔고 앞으로도 그럴 것이다. 장애인복지를 둘러싼 무겁고 깊이 있는 논쟁 속에서, 학생들이 알아야 할 부분을 발췌하고 정리하기 위해 저자들은 고심을 거듭하여 내용을 구성하였다.

이 책은 14장으로 구성되어 있다. 장애의 개념과 범주, 현대 장애인복지의 역사, 장애인복지의 이념과 태도, 장애범주와 유형별 특성은 장애인복지의 기초적인 지식을 제공하고자 구성되었다. 이후 장애인복지 제도를 아우르는 장애인복지관련 법률 및 전달체계, 소득보장, 고용서비스, 교육보장, 사회서비스 및 서비스 제공기관 등 장애인의 기본적인 삶을 가능하게 하는 주요핵심 제도를 배치하여 심화적 학습이 가능하도록 노력하였다. 나머지 장들은 장애인에 대한 이해를 보다 심도 있게 하도록 생애주기별 장애인에 대한 서비스 접근, 여성장애인, 발달장애인으로 구성하였고, 마지막으로 장애인복지와 관련된 현안과 쟁점들을 고찰하여 학생들이 현재 논란되고 있는 이슈를 이해하고 향후 장애인복지의 미래를 조망할 수 있도록 하였다.

장애계가 한 목소리를 내지 못하고 늘 갈등하고 대립하면서도, 여전히 발전을 향해 나아가는 것은 인간의 복잡성을 응축하여 보여 주는 깊이 있고 거대한 담론의 장이 전제되어 있기 때문이다. 이러한 복잡성과 갈등 상황을 이해하기 위한 토대로써 이번 책이 작은 기여를 할 수 있기를 희망한다.

끝으로 이 책이 나오기까지 끈기 있는 인내력을 발휘해 주신 신정출판사 최용구 대표, 장만동 이사 및 편집부 직원들께도 깊은 감사를 표하고 싶다. 이분들의 헌신적인 노력이 없었다면 이 책의 출간은 또 뒤로 미루어졌을 것이다.

2016년 2월

이승기 · 윤상용 · 서동명

# 차례

# PART 02 장애와 사회보장

## PART 03 장애와 사회복지실천

PART
01

# 장애의 이해

# 1장 장애 개념과 정의

주요 학습문제

- 장애란 무엇인가?
- 장애개념은 변화하는가 아니면 변화하지 않는가?
- 장애개념의 변화가 보여 주는 특징은 무엇인가?
- 우리나라 장애인 관련 법률에서는 장애를 어떻게 정의하고 있는가?

## 1. 장애인 명칭

우리나라에서 처음으로 장애인을 지칭하는 용어를 공식적으로 사용하게 된 계기는 1981년에 제정된 「심신장애자복지법」에서 '심신장애자(心神障礙者)'라는 용어를 사용하면서부터이다. 그러나 이 용어는 심신장애자의 '者'가 사람을 비하하는 의미를 갖는다는 지적에 따라, 1989년 「장애인복지법」에서 '장애인(障碍人)'으로 용어를 변경하였다. 여기서 '障'은 세상으로부터 막힌다는 의미이고, '碍'는 세상으로부터 도피하거나 거리낀다는 의미이다. 자구대로 해석한다면 장애인은 '세상으로부터 막히고, 그래서 세상으로부터 벗어나 있는 사람'이라는 의미이다. 이렇듯 공식적인 명칭은 장애인이나, 방송이나 신문 등 매스컴에서는 '장애우(障碍友)'라는 용어도 많이 사용하고 있는데, 이는 장애를 가진 친구라는 뜻으로 1990년대 중반 한 시민단체가 장애인에 대한 부정적 인식을 해소하기 위한 목적으로 사용하면서 확산된 것으로 추정된다.

그렇다면 다른 나라에서는 장애인을 뭐라고 부를까? 중국에서는 잔질인(殘疾人)이라는 용어를 사용하는데, 이는 질병이 치료되지 않고 남아 있는 상태의 사람이라는 의미이다. 일본에서는 장해인(障害人)이라는 용어를 사용하는데, 이는 불편하고 해로움을 입은 사람이라는 의미이다. 서양에서는 과거에 장애인을 지칭하는 용어로 'the disabled people'를 많이 사용하였으나, 최근에는 'people with disabilities'이라는 용어도 많이 사용하는 추세이다. 더불어 다른 한편에서는 장애를 지칭하는 용어가 부정적이라는 문제를 제기하면서 'differently abled people', 'physically challenged people'이라는 중립적이거나 긍정적인 용어를 사용하는 사람들도 있다. 이처럼 장애를 지칭하는 용어는 다양하며, 다양한 용어는 다른 개념을 반영한다(김용득 외, 2016).

## 2. 장애에 대한 사회의 반응

장애에 대한 사회의 반응은 장애의 원인 및 장애와 관련이 있는 것으로 인식되는 위협요소들에 대한 사회적 인식에 의하여 결정된다고 할 수 있다. 장애 원인에 대한 사회의 인식은 시대마다 달랐다. 근대 이전에 장애는 영적 또는 종교적 차원으로 해석되었다. 장애는 신의 징벌 결과이며, 장애를 가진 사람들은 접촉을 기피하는 대상으로 인식하였다. 다른 한편에서는 장애는 신이 존재하는 증거이며, 장애를 가진 사람은 신의 축복을 받은 것으로 이해되기도 했다. 18세기 후반을 거치면서 장애의 원인은 유전적인 요소로 보았으며, 이 당시에는 정신적 또는 정서적 장애를 가진 사람들에게 결혼을 금지하거나, 불임시술을 하도록 하는 법이 전 세계의 절반 이상의 국가에서 입법되었다(Williamson, 2001). 19세기에 접어들면서 장애는 의학적 원인에 기인한다는 인식이 일반화되었으며, 따라서 의학적 개입이 주류를 이루었다. 20세기에 들어서 장애 원인을 사회적인 측면에서 이해하게 되면서, 장애 문제에 대하여 사회가 그 해결책을 제시해야 한다는 목소리가 강하게 제기되었다. 이런 목소리는 전쟁부상 장애인에 대한 사회적 대처를 중심으로 제기되었는데, 이는 전쟁부상 장애인들에 대한 사회적 책임에 쉽게 공감할 수 있었기 때문이다.

장애에 대한 사회적 책임론이 발전해 가는 과정에서도 구체적인 장애 내용에 따라 사회적 인식과 대처는 상이하게 나타났다. 지적장애와 같이 대체로 유아기나 아동기에 시작되는 장애에 대해서는 장애인 본인의 책임을 강조하지 않았으며, 이들에 대한 사회적 서비스의 제공에 대한 거부감도 높지 않았다. 반면에 정신질환이나 약물중독과 같은 장애는 여전히 많은 사람들로부터 당사자의 인격적 결함이 원인으로 인식되었으며, 따라서 사회적인 서비스의 관심에서 배제되어 왔다(김용득 외, 2016에서 재인용).

# 3. 장애 개념 및 변화

## 1) 장애의 세 가지 차원 및 장애 개념 모델

장애라는 용어는 일상에서 빈번하게 사용되고 있지만, 이 개념은 모호하고 복잡하며 논쟁의 여지가 많다. 무엇보다 장애는 사회적으로 규정되는 사회적 구성물(social construct)이다. 이는 사회를 구성하는 다양한 요소들의 상호작용과 그러한 상호작용이 발생하는 시간과 공간속에서 장애는 각기 서로 다르게 규정된다는 것을 의미한다. 더불어 장애는 객관적이면서도 주관적인 특성과 함께 다차원적인 개념으로서 정의하기가 매우 어렵다. 이렇듯 복잡한 개념인 장애를 이해하기 위한 첫 번째 단계는 장애를 구성하는 서로 다른 세 가지 차원을 살펴보는 것이다. 이들은 손상(impairment), 능력제약(disability), 사회적 불이익(handicap)으로 각각의 특징을 살펴보면 다음과 같다.

표 1-1 | **장애의 세 가지 차원**

| 개념 | 의미 | 차원 |
|---|---|---|
| 손상 | • 질병이나 사고로 인해 신체구조나 물리적, 심리적 기능상의 상실이나 비정상성<br>• 일반 타인이 개인의 비정상을 인지 | 신체적 차원의 장애 |
| 능력제약 | • 일상의 과업에서 기대되는 개인의 통합된 활동의 능력제약<br>– 갈아입기, 목욕하기, 식사하기, 화장실 사용하기 등 일상생활수행능력(Activities of Daliy Living)의 제약<br>– 전화사용하기, 물건사기, 식사준비, 집안일, 약 챙겨먹기, 대중교통 수단 이용하기, 금전관리 등 기초 사회생활 수행능력(Instrumental Acitivities of Dailuy Living)의 제약<br>– 학습, 지식적용, 과업완수, 의사소통, 대인관계 등 사회활동에서의 능력 제약 | 기능적 차원의 장애 |
| 사회적 불이익<br>(차별) | • 교육, 취업, 결혼, 정치적 참여 등 사회적 참여의 제한 | 사회적 차원의 장애 |

이들 세 가지 차원은 장애인이 경험하는 세 가지 어려움을 반영하는 것으로서, 장애의 다양한 모습이라고 할 수 있다.

장애를 이해하기 위한 두 번째 단계는 이들 장애를 구성하는 다양한 요소들 중에서 무엇이 더 근본적이고 핵심적인 것인가에 대한 서로 다른 입장(우리는 이것을 일반적으로 장애 개념 모델이라고 부른다)을 살펴보는 것이다. 먼저 개별적 모델(individual model) 또는 의료적 모델(medical model)이라고 불리는 장애 모델은, 장애의 세 가지 차원 중 손상, 즉 신체구조 또는 신체기능의 비정상적 상태가 근본적인 문제이며 결국 손상이 능력제약과 사회적 불리를 초래하는 원인이라고 설명한다. 역사적으로 이 입장은 가장 먼저 등장하였고 오랫동안 유지되었다. 두 번째 장애 개념 모델은 사회적 모델(social model)로, 이 모델에 따르면 장애의 핵심적인 차원은 손상을 가진 개인들이 사회생활에서 경험하는 불리(차별)이며, 이는 개별적 모델에서 얘기하고 있는 것처럼 손상과 능력제약에 수반되는 당연한 결과가 아니라 손상을 야기하고 손상을 가진 개인에 대해서 배려하지 않는 사회환경에서 비롯된 것이라고 설명한다. 다시 말해서 사회적 모델에서의 장애란 의료적 모델에서 이야기하는 손상 그 자체가 아니라 손상을 가진 개인의 활동과 사회참여를 제한하는 모든 형태의 사회적 억압을 말한다. 역사적으로 이러한 입장은 개별적 모델보다 늦게 등장하였으며 서구의 민권운동, 복지권 운동의 영향을 받아 발전하였다고 볼 수 있다. 마지막으로 손상과 사회적 불리라는 각기 다른 차원에 초점을 두고 장애를 설명하는 기존의 두 가지 모델을 통합하는 새로운 모델이 등장하였는데, 이는 통합적 모델

표 1-2 | **장애 개념 모델 비교**

| 구분 | 개별적 모델<br>(의료적 모델) | 사회적 모델 | 통합적 모델<br>(생심리사회모델) |
|---|---|---|---|
| 장애 개념 | 개인의 손상에서 비롯된 능력 제약 | 손상을 가진 개인의 활동 과 사회참여를 제한하는 모든 형태의 사회적 억압(차별) | 손상을 가진 개인과 환경 간의 부적응 상태 |
| 장애의 원인 | 손상을 가진 개인 | 억압(차별)적 사회환경 | 개인과 사회환경 모두에 원인 |
| 목표 | 손상(능력)의 회복 | 장애의 제거<br>(장애 없는 사회) | 개인과 환경의 적응<br>(변화) |
| 장애분류체계(WHO) | ICIDH(1980) | – | ICIDH-2(1997) →<br>ICF(2001) |

또는 생심리사회모델(bio-psycho-socio model)이라고 칭한다. 이 모델에서는 손상과 사회환경 모두에 초점을 두며 결국 장애란 손상을 가진 개인과 환경 간의 부적응 상태로 설명한다.

## 2) 세계보건기구 장애분류체계의 변화

복잡한 장애 개념에 대한 표준을 정립함으로써 개별 국가들이 장애인에 대한 보건의료 및 사회정책적 지원을 용이하도록 할 필요성이 있다는 판단하에, 국제사회는 1980년대에 들어서서 장애에 대한 공식적인 정의 및 분류체계를 정립하는 노력을 본격적으로 기울여 왔다. 그러한 노력의 결과물로서 세계보건기구(WHO)는 1980년에 ICIDH(international classification of impairments, disabilities, and handicaps) 분류체계를 발표하였으며, 이어서 1997년에 장애 개념에 대한 새로운 접근을 모색하기 위하여 ICIDH-2를 제시하였고, 이에 대한 검토결과를 토대로 2001년 ICF(international classification of functioning, disability and health)를 승인하였다. 이렇듯 세계보건기구가 장애분류체계를 지속적으로 개정하게 된 것은 앞서 언급한 바와 같이 장애를 어떻게 정의할 것인가에 대한 다양한 관점과 시대적 상황을 적절하게 반영하고자 하였기 때문이다. 여기에서는 최초의 국제장애분류체계로서 의의를 가지고 있는 ICIDH(1980)와 ICIDH-2(1997)의 구조적 틀은 유지하되 세부적인 측면에서 발전적으로 계승하였다고 평가할 수 있는 ICF(2001)를 중심으로 국제사회의 장애개념 변화 양상을 살펴보고자 한다.

### (1) ICIDH

세계보건기구는 기존에 발표한 국제질병분류체계(international classification of diseases: ICD)를 근간으로 하여 1980년에 장애를 이해하는 새로운 접근으로

ICIDH를 제시하였다. ICIDH에 따르면 장애는 손상, 능력제약, 사회적 불리라는 세 가지 차원으로 구성되며, 질병이나 사고에 의해 발생한 손상이 능력제약을 유발하며, 손상과 능력제약은 다시 사회적 불이익을 일으킨다는 일방향의 관계로 세 차원의 관계를 설명하였다.

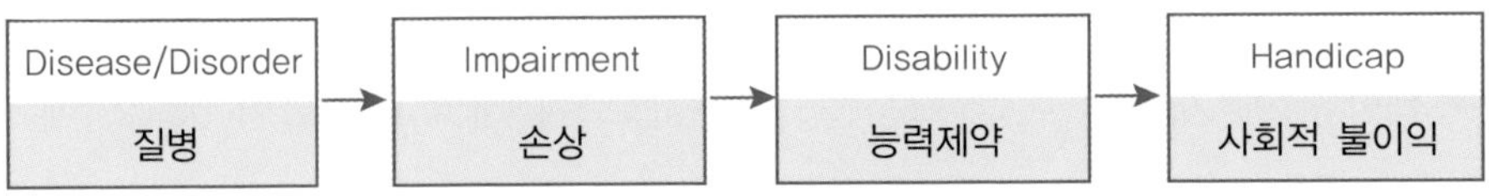


그림 1-1 | ICIDH의 장애개념

출처: WHO(1980).

이렇듯 세계보건기구가 질병분류체계와 구분되는 장애 개념을 채택한 이유는 손상, 능력제약, 사회적 불리 등의 개념 구분을 통하여 장애를 설명함으로써 손상이나 능력제약의 측면과 함께 사회적으로 불이익을 받는 상황을 강조하기 위한 것이었다. 이러한 장애 개념을 따르게 되는 경우에는 장애의 의학적 원인과는 별개로 사회적 불이익을 받는 결과를 중심으로 장애를 설명할 수 있기 때문에 장애에 대한 사회적 책임론이 확장될 가능성이 높아졌다.

예를 들어, 20대의 타이피스트와 50대의 사업체 사장이 각기 다른 이유로 오른쪽 새끼손가락의 둘째마디가 절단되는 사고를 입었다고 하자. 이 경우에 의학적 손상은 동일하다. 기능제약의 경우 직업적 측면에서 보면 20대의 타이피스트는 문서작성 속도가 상당히 느려질 것이다. 반면에 50대 사업체 사장의 경우는 직무 능력이 크게 저하되지는 않을 것이다. 사회적 불리의 차원에서 보면, 그 차이는 더욱 심각해질 수 있다. 타이피스트의 경우는 과거의 문서작성 직무의 70% 정도 밖에 수행하지 못하게 되어 특별한 사회적 개입이나 조치가 없다면 보수가 30% 삭감되거나 해고되는 상황에 이를 것이다.

반면에 50대의 사장은 과거의 직위나 보수가 그대로 유지될 것이다. 이렇게 보면, 사회적 불리를 강조하는 입장을 취하게 되면 장애로 인한 의학적 손상이나 기능제약이 사회적 불이익 처분으로 연결되지 않도록 사회가 개입하는 것이 중요해질 것이다.

이렇듯 ICIDH가 질병분류체계와 구분되는 새로운 장애개념을 제시하고 특히 사회적 불리를 장애의 한 차원으로 제시하였다는 점에서 긍정적으로 평가할 수 있으나, 사회적 불리를 손상과 능력제약의 결과로 설명하고 있다는 점에서 결국 ICIDH는 장애 개념에 관한 개별적(의료적) 모델을 반영한 장애분류체계라고 할 수 있다.

### (2) ICF

세계보건기구는 1997년에 제안된 ICIDH-2를 근간으로 5년 동안의 현장검증과 국제회의를 거쳐서 2001년 5월에 세계보건위원회(World Health Assembly)에서 ICF를 세계적으로 통용될 수 있도록 승인하였다. ICF는 장애에 대한 개별적 모델과 사회적 모델의 통합을 위한 노력의 결과라고 할 수 있으며, 국제질병분류 체계인 ICD-10과 병행해서 상호 보완적으로 사용하도록 만들어졌다. ICD-10은 질병의 진단에 초점을 두고 있다면, ICF는 기능(function)에 대한 풍부한 정보를 제공하도록 되어 있다.

ICF는 다양한 전문영역과 실천현장에서 기여하기 위하여 제안되고 승인되었다. 첫째, 건강 및 건강과 관련된 상태, 건강관련 성과, 건강관련 결정요소 등을 이해하기 위한 과학적 기초를 제공하는 목적이다. 둘째, 건강보호전문가, 연구자, 정책입안자, 장애인을 포함한 일반 대중 등의 서로 다른 집단들의 의사소통을 증진하기 위하여 공통의 언어를 제공하는 목적이다. 셋째, 국가 간, 건강보호 전문분야 간, 서비스 간, 시기 간의 자료비교가 가능하도록 하는 목적이다. 넷째, 건강정보체계에 대한 체계적인 기록 수단을 제공하기 위한 목적이다.

ICF는 장애를 가지고 있는 사람들에게만 적용될 수 있는 것이 아니라, 모든 사람의 건강에 관련된 요소들을 설명해 줄 수 있는 보편적 적용이 가능한 틀이다. ICF는 인간의 기능과 기능의 제한 요소들의 연관된 상황을 묘사할 수 있도록 해준다. 이 체계는 정보를 조직화하기 위한 틀로서, 제1영역에서는 기능과 장애를 다루며, 제2영역에서는 상황요인들을 다룬다. 이러한 요인들을 표로 제시하면 다음과 같다.

**표 1-3 | ICF에 의한 장애 개념**

<table>
<tr><th>구분</th><th colspan="2">1부: 기능수행과 장애</th><th colspan="2">2부: 배경요인</th></tr>
<tr><th>구성요소들</th><th>신체기능 및 구조</th><th>활동과 참여</th><th>환경적 요소들</th><th>개별적 요소들</th></tr>
<tr><td>영역</td><td>신체기능<br>신체구조</td><td>삶의 영역<br>(과제, 해외 등)</td><td>기능수행과 장애에<br>대한 외적 영향</td><td>기능수행과 장애에<br>대한 내적 영향</td></tr>
<tr><td>구성물</td><td>신체기능의<br>변화(생리학),<br>신체구조의 변화<br>(해부학)</td><td>표준 환경에서의<br>과제를 실행하는<br>능력, 현재<br>환경에서의 과제를<br>실행하는 능력</td><td>물리적, 사회적 및<br>태도적 측면에서<br>촉진하거나<br>저해하는 영향력</td><td>개인의 태도에<br>대한 영향력</td></tr>
<tr><td rowspan="2">긍정적 측면</td><td>기능과 구조의 통합</td><td>활동, 참여</td><td rowspan="2">촉진요인</td><td rowspan="2">적용 안 됨</td></tr>
<tr><td colspan="2">기능적인 삶</td></tr>
<tr><td rowspan="2">부정적 측면</td><td>손상</td><td>활동 제한,<br>참여 제약</td><td rowspan="2">장해요인<br>/저해요인</td><td rowspan="2">적용 안 됨</td></tr>
<tr><td colspan="2">장애</td></tr>
</table>

출처: WHO(2001).

ICF에 의한 장애의 설명은 1980년에 제안된 ICIDH와는 몇 가지가 다른데, 이 가운데 가장 중요한 것이 기능과 장애의 상호작용에 대한 설명이다. ICIDH에서는 손상, 기능제약, 사회적 불리 등을 일방향적 관계로 보았다. 손상의 전제 위에 기능제약이 논의되고, 기능제약의 전제 위에 사회적 불리의 여부를 판단하는 체계였다. 그러나 ICF에서는 개인적인 손상이나 기능제약과 상황적 요소들(환경적 요소와 개별적 요소)과의 상호작용에 의하여 기능과 장애를 설명한다. 즉, 특정 영역에서의 개인들의 기능 수준은 의학적, 기능적 조건과 상황적 맥락의 상호작용의 결과라고 본다.

[그림 1-2]는 이러한 특징을 설명하고 있다. 개인의 기능은 신체의 기능과 구조, 활동, 참여 등의 서로 다른 차원을 통하여 표현된다. 이러한 세 가지 차원의 기능들은 건강조건(장애나 질병)과 상황적 맥락에 포함되는 환경 요소(사회의 인식, 건축물의 장애요소 정도 등), 그리고 개별적 요소(성, 연령, 인종, 습관, 대처양식 등)의 영향을 받는다. 예를 들어 호흡기 질환으로 호흡기능에 문제가 있는 상황을 묘사해 보면 다음과 같다. 호흡기능과 호흡기의 구조, 호흡기능의 제한으로 인한 활동제약의 정도, 이로 인한 사회적 참여 제한의 정도는 상호작용 하면서 기능을 표현한다. 호흡기 질환의 특징이나 정도라는 건강조건과 대기의 청정도라는 환경 요소, 당사자의 연령이나 문제에 대처하는 스타일 등의 개별적 요소들의 상호작용에 의해 신체기능과 구조, 활동, 참여가 규정되며, 또한 이들 요소 간에도 상호작용한다는 것이다.

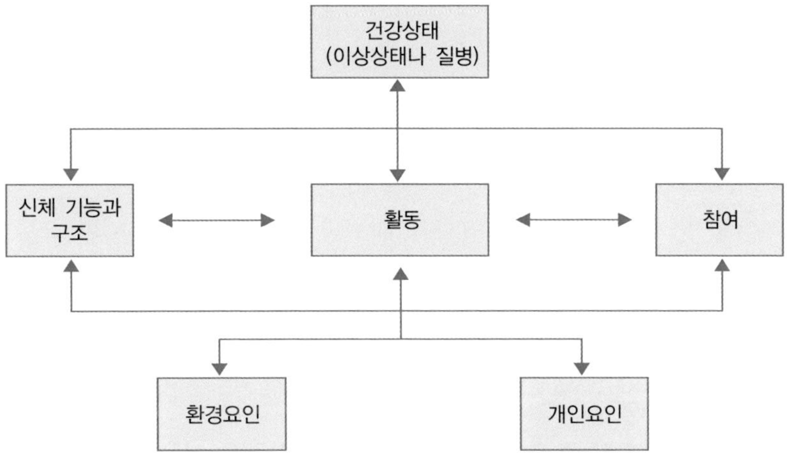


그림 1-2 | **ICF 구성요소 간의 상호작용 관계**

출처: WHO(2001). ICF: International classification of functioning, disability and health. Geneva: Author.

장애 개념에 대한 새로운 접근에서 확인되는 변화의 특징은 다음과 같이 요약될 수 있다. 첫째, 가장 대표적인 변화는 상황적 맥락이라는 영역을 통하여 환경요소와 개별적 요소를 동시에 강조한다는 점이다. 이는 장애의 사회적 모델과도 관련이 있다. 장애에 대한 사회적 모델은 환경의 중요성을 강조하며 동시에 장애인 당사자가 적합한 환경에서 자기결정과 선택을 할 수 있어야 함을 강조한다. 둘째, 장애를 규정하는 개념이 단순모델에서 복합모델로 변한다는 점이다. 장애를 규정하는 과거의 모델은 개별적 손상이나 능력의 장애를 강조하는 개별적 모델에 기반 한 것이었으나, 사회적 모델이 그 설득력을 확장하게 됨에 따라 사회적 모델의 요소를 통합하여 개별적 모델과 사회적 모델을 동시에 적용하여 장애를 설명하려는 시도들이 이루어지고 있다. 셋째, 장애의 개념 규정에서 긍정적인 용어사용을 강조한다. ICF에서는 손상, 기능제약, 사회적 불리 등의 용어를 사용하지 않고 신체구조와 기능, 활동과 참여, 환경적 요인, 개별적 요인 등을 주요 구성요소로 하고 있는 점도 이런 맥락이다(김용득 외, 2016).

### 3) 환경의 중요성

'장애란 무엇인가'와 관련하여 사회적 모델과 ICF는 결국 손상을 가진 개인이 살고 있는 환경의 중요성을 강조하는 것이라고 할 수 있다. 개인의 환경은 장애의 경험 및 정도에 지대한 영향을 끼친다. 접근할 수 없는 환경은 사회참여와 사회통합을 가로막는 장벽을 만들어 냄으로써 장애를 만들어 낸다. 이러한 환경의 부정적인 예는 다음과 같다.

- 수어통역사가 없는 청각장애인
- 접근 가능한 화장실 혹은 엘리베이터가 없는 건물을 이용하는 휠체어 사용자
- 화면읽기 소프트웨어가 없는 컴퓨터를 사용하는 시각장애인

반대로 환경을 변화시키면 장애인의 삶의 질을 개선할 수 있다. 그러한 변화는 입법, 정책 변화, 능력의 개발, 기술 개발 등으로 달성될 수 있으며, 이로 인한 구체적인 변화의 예는 다음과 같다(WHO, 2011).

- 건축·도시시설환경과 이동수단의 접근 가능한 디자인
- 감각적 손상을 가진 사람도 이용 가능한 도로표지판
- 더욱 접근 가능한 보건, 재활, 교육, 지원서비스
- 장애인들이 일할 수 있고 취업할 수 있는 더 많은 기회

환경을 구성하는 요인들은 위에서 언급한 물리적 접근성이나 정보 접근성보다 더 광범위한 것으로서 여기에는 장애인에게 국가와 사회로부터 어떠한 도움이 제공되는지(정책), 그리고 그러한 도움이 어떠한 과정을 통해 제공되는지(서비스 전달체계), 나아가 장애인과 함께 살고 있는 사회구성원들이 장애를 어떻게 이해하고 어떠한 태도를 보이는지(지식과 태도)도 환경을 구성하는 매우 중요한 요소이다.

## 4. 우리나라 장애 관련 법령에서의 장애 정의

현대 사회에서 장애가 무엇인지, 그리고 장애 정의가 어떻게 달라지고 있는 지는 장애인을 돕기 위해 개별 국가에서 시행하고 있는 다양한 장애인복지제도(법률)에서 누구를 급여(서비스) 대상자로 선정하고 있는지, 즉 수급자격을 살펴보면 알 수 있다. 우리나라에서 시행하고 있는 다양한 장애인복지제도는 여러 법률에 근거를 두고 있는데, 대표적으로 「장애인복지법」, 「장애인연금법」, 「장애인활동지원에 관한 법률」, 「장애인차별금지 및 권리구제 등에 관한 법률」, 「장애인고용

촉진 및 직업재활법」, 「장애인 등에 대한 특수교육법」 등이 있다. 이들 각 법률은 주요 선진국에서와 마찬가지로 법률이 정한 목적에 따라 해당 급여(서비스)를 필요로 하는 자격기준으로서 장애를 다르게 규정하고 있다고 할 수 있으나, 다른 주요 선진국들이 제도별로 비교적 명확히 구분되는 장애 정의를 가지고 있는 것과 달리 우리나라의 경우에는 「장애인복지법」의 장애 정의를 다른 법률이 준용하는 형태를 취함으로써 제도별로 그 차이가 크지 않다고 할 수 있다.

### 1) 장애인복지법

20여 개가 넘는 장애 관련 법령 중에서 장애 정의와 관련하여 기준이 되는 법은 「장애인복지법」이다. 「장애인복지법」은 제2조에서 장애를 다음과 같이 정의하고 있다.

> ① "장애인"이란 신체적·정신적 장애로 오랫동안 일상생활이나 사회생활에서 상당한 제약을 받는 자를 말한다.
> ② 이 법을 적용받는 장애인은 제1항에 따른 장애인 중 다음 각 호의 어느 하나에 해당하는 장애가 있는 자로서 대통령령으로 정하는 장애의 종류 및 기준에 해당하는 자를 말한다.
> 1. "신체적 장애"란 주요 외부 신체 기능의 장애, 내부기관의 장애 등을 말한다.
> 2. "정신적 장애"란 발달장애 또는 정신 질환으로 발생하는 장애를 말한다.

이러한 「장애인복지법」의 장애 정의는 의료적 모델에 가깝다고 할 수 있다. 앞서 살펴 본 장애의 다차원적 요소에 비추어 「장애인복지법」상의 장애 정의를 분석해 보면, 우선 '신체적, 정신적 장애로 오랫동안 일상생활이나 사회생활에서 상당한 제약을 받는 자'는 신체구조 또는 신체기능에 발생한 손상이 원인이 되어 능력제약과 사회적 불이익이 발생한 것이라는, 즉 손상→능력제약→사회적불리의 일방향의 관계를 명시하고 있다. 이는 결국 「장애인복지법」상 장애 정의가 장애의 다차원적 요소 중에서 손상을 장애 정의의 가장 본질적이고 주요한 속성으로 간주하는 의료적 모델에 부합하고 있음을 보여주는 것이라고 할 수 있다.

「장애인복지법」상 장애 정의에서 알 수 있는 두 번째 특징은 장애의 종류를 제한하고 있다는 것이다. 「장애인복지법」 시행령에서는 장애의 종류를 크게 신체적 장애와 정신적 장애로 구분하여 총 15개의 장애 종류를 명시하고 있다. 장애 종류는 단계적으로 확대되어 왔는데, 1981년 5개(지체장애, 시각장애, 청각장애, 언어장애, 지적장애)에서 2000년에 새로이 5개(뇌병변장애, 심장장애, 신장장애, 발달장애, 정신장애)가 추가되어 10개가 되었으며, 2003년에 다시 5개(호흡기장애, 간장애, 안면장애, 장루·요루장애, 뇌전증장애)가 추가되어 15개가 된 이래로 현재까지 유지되고 있다. 이렇듯 장애 종류가 최초 5개에서 현행 15개까지 확대되었으나 특정 영역의 손상만을 장애로 인정하는 '폐쇄적 장애' 개념은 변하질 않고 있는데, 절대 다수의 선진국들이 국가로부터 지원을 받을 수 있는 자격으로서 장애의 종류를 제한하지 않는 '개방적 장애' 개념을 택하고 있는 것과 비교할 때, 매우 특이한 경우이다.

**표 1-4 | 장애인의 종류 및 기준**

| 종류 | 기준 |
|---|---|
| 지체장애인 | 가. 한 팔, 한 다리 또는 몸통의 기능에 영속적인 장애가 있는 사람<br>나. 한 손의 엄지손가락을 지골(指骨: 손가락 뼈) 관절 이상의 부위에서 잃은 사람 또는 한 손의 둘째손가락을 포함한 두 개 이상의 손가락을 모두 제1지골 관절 이상의 부위에서 잃은 사람<br>다. 한 다리를 리스프랑(Lisfranc: 발등뼈와 발목을 이어주는) 관절 이상의 부위에서 잃은 사람<br>라. 두 발의 발가락을 모두 잃은 사람<br>마. 한 손의 엄지손가락 기능을 잃은 사람 또는 한 손의 둘째손가락을 포함한 손가락 두 개 이 상의 기능을 잃은 사람 |

| | |
|---|---|
| | 바. 왜소증으로 키가 심하게 작거나 척추에 현저한 변형 또는 기형이 있는 사람<br>사. 지체(肢體)에 위 각 목의 어느 하나에 해당하는 장애정도 이상의 장애가 있다고 인정되는 사람 |
| 뇌병변장애인 | 뇌성마비, 외상성 뇌손상, 뇌졸중(腦卒中) 등 뇌의 기질적 병변으로 인하여 발생한 신체적 장애로 보행이나 일상생활의 동작 등에 상당한 제약을 받는 사람 |
| 시각장애인 | 가. 나쁜 눈의 시력(만국식시력표에 따라 측정된 교정시력을 말한다. 이하 같다)이 0.02 이하인 사람<br>나. 좋은 눈의 시력이 0.2 이하인 사람<br>다. 두 눈의 시야가 각각 주시점에서 10도 이하로 남은 사람<br>라. 두 눈의 시야 2분의 1 이상을 잃은 사람 |
| 청각장애인 | 가. 두 귀의 청력 손실이 각각 60데시벨(dB) 이상인 사람<br>나. 한 귀의 청력 손실이 80데시벨 이상, 다른 귀의 청력 손실이 40데시벨 이상인 사람<br>다. 두 귀에 들리는 보통 말소리의 명료도가 50퍼센트 이하인 사람<br>라. 평형 기능에 상당한 장애가 있는 사람 |
| 언어장애인 | 음성 기능이나 언어 기능에 영속적으로 상당한 장애가 있는 사람 |
| 지적장애인 | 정신 발육이 항구적으로 지체되어 지적 능력의 발달이 불충분하거나 불완전하고 자신의 일을 처리하는 것과 사회생활에 적응하는 것이 상당히 곤란한 사람 |
| 자폐성장애인 | 소아기 자폐증, 비전형적 자폐증에 따른 언어·신체표현·자기조절·사회적응 기능 및 능력의 장애로 인하여 일상생활이나 사회생활에 상당한 제약을 받아 다른 사람의 도움이 필요한 사람 |
| 정신장애인 | 지속적인 정신분열병, 분열형 정동장애(情動障碍: 여러 현실 상황에서 부적절한 정서 반응을 보이는 장애), 양극성 정동장애 및 반복성 우울장애에 따른 감정조절·행동·사고 기능 및 능력의 장애로 인하여 일상생활이나 사회생활에 상당한 제약을 받아 다른 사람의 도움이 필요 한 사람 |
| 신장장애인 | 신장의 기능부전(機能不全)으로 인하여 혈액투석이나 복막투석을 지속적으로 받아야 하거나 신장기능의 영속적인 장애로 인하여 일상생활에 상당한 제약을 받는 사람 |
| 심장장애인 | 심장의 기능부전으로 인한 호흡곤란 등의 장애로 일상생활에 상당한 제약을 받는 사람 |
| 호흡기장애인 | 폐나 기관지 등 호흡기관의 만성적 기능부전으로 인한 호흡기능의 장애로 일상생활에 상당한 제약을 받는 사람 |
| 간장애인 | 간의 만성적 기능부전과 그에 따른 합병증 등으로 인한 간기능의 장애로 일상생활에 상당한 제약을 받는 사람 |
| 안면장애인 | 안면 부위의 변형이나 기형으로 사회생활에 상당한 제약을 받는 사람 |
| 장루·요루 장애인 | 배변기능이나 배뇨기능의 장애로 인하여 장루(腸瘻) 또는 요루(尿瘻)를 시술하여 일상생활에 상당한 제약을 받는 사람 |
| 뇌전증장애인 | 뇌전증에 의한 뇌신경세포의 장애로 인하여 일상생활이나 사회생활에 상당한 제약을 받아 다른 사람의 도움이 필요한 사람 |

### 2) 장애인연금법

「장애인연금법」은 비장애인에 비해 소득이 낮고 빈곤 위험이 큰 장애인의 생활 안정을 제공하기 위한 목적으로 2010년 7월에 시행되었으며, 법 제2조에서 '중증장애인이란 「장애인복지법」 제32조에 따라 등록한 장애인 중 근로능력이 상실되거나 현저하게 감소되는 등 장애 정도가 중증인 사람으로서 대통령령으로 정하는 사람'으로 정의하고 있다.

### 3) 장애인 활동지원에 관한 법률

「장애인 활동지원에 관한 법률」은 신체적·정신적 장애 등의 사유로 혼자서 일상생활과 사회생활을 하기 어려운 장애인에게 제공하는 활동지원급여 등에 관한 사항을 규정하여 장애인의 자립생활을 지원하고 그 가족의 부담을 줄임으로써 장애인의 삶의 질을 높이는 것을 목적으로 2011년 5월에 시행되었으며, 법 제2조에서 '장애인이란 「장애인복지법」 제2조에 따른 장애인'으로 정의하고 있다.

### 4) 장애인고용촉진 및 직업재활법

「장애인고용촉진 및 직업재활법」 제2조에서 '장애인이란 신체 또는 정신상의 장애로 장기간에 걸쳐 직업생활에 상당한 제약을 받는 자로서 대통령령으로 정하는 기준에 해당하는 자'로 규정하고 있다. 그리고 동법 시행령에서는 '「장애인복지법」 시행령 제2조에 따른 장애인 기준에 해당하는 자'와 '국가유공자 등 예우 및 지원에 관한 법률 시행령 제14조제3항에 따른 상이등급 기준에 해당하는 자'로 규정하고 있다.

## 5) 장애인 등에 대한 특수교육법

「장애인 등에 대한 특수교육법」 제15조에서 특수교육대상자의 기준으로 '시각장애, 청각장애, 지적장애, 지체장애, 정서 · 행동장애, 자폐성장애(이와 관련된 장애를 포함한다), 의사소통장애, 학습장애, 건강장애, 발달지체, 그 밖에 두 가지 이상의 장애가 있는 경우 등 대통령령으로 정하는 장애 등에 해당하는 사람 중 특수교육을 필요로 하는 사람으로 진단 · 평가된 사람'으로 규정하고 있다. 시행령에서는 특수교육대상자 선정기준을 제시하고 있는데 그 내용은 다음과 같다.

**표 1-5 | 특수교육대상자 선정기준**

| 종류 | 기준 |
|---|---|
| 시각장애를 지닌 특수교육대상자 | 시각계의 손상이 심하여 시각기능을 전혀 이용하지 못하거나 보조공학기기의지원을 받아야 시각적 과제를 수행할 수 있는 사람으로서 시각에 의한 학습이 곤란하여 특정의 광학기구 · 학습매체 등을 통하여 학습하거나 촉각 또는 청각을 학습의 주요 수단으로 사용하는 사람 |
| 청각장애를 지닌 특수교육대상자 | 청력 손실이 심하여 보청기를 착용해도 청각을 통한 의사소통이 불가능 또는 곤란한 상태이거나, 청력이 남아 있어도 보청기를 착용해야 청각을 통한 의사소통이 가능하여 청각에 의한 교육적 성취가 어려운 사람 |
| 지적장애를 지닌 특수교육대상자 | 지적 기능과 적응행동상의 어려움이 함께 존재하여 교육적 성취에 어려움이 있는 사람 |
| 지체장애를 지닌 특수교육대상자 | 기능 · 형태상 장애를 가지고 있거나 몸통을 지탱하거나 팔다리의 움직임 등에 어려움을 겪는 신체적 조건이나 상태로 인해 교육적 성취에 어려움이 있는 사람 |
| 정서 · 행동장애를 지닌 특수교육대상자 | 장기간에 걸쳐 다음 각목의 어느 하나에 해당하여, 특별한 교육적 조치가 필요한 사람<br>가. 지적 · 감각적 · 건강상의 이유로 설명할 수 없는 학습상의 어려움을 지닌 사람<br>나. 또래나 교사와의 대인관계에 어려움이 있어 학습에 어려움을 겪는 사람<br>다. 일반적인 상황에서 부적절한 행동이나 감정을 나타내어 학습에 어려움이 있는 사람<br>라. 전반적인 불행감이나 우울증을 나타내어 학습에 어려움이 있는 사람<br>마. 학교나 개인 문제에 관련된 신체적인 통증이나 공포를 나타내어 학습에 어려움이 있는 사람 |

| | |
|---|---|
| 자폐성장애를 지닌 특수교육대상자 | 사회적 상호작용과 의사소통에 결함이 있고, 제한적이고 반복적인 관심과 활동을 보임으로써 교육적 성취 및 일상생활 적응에 도움이 필요한 사람 |
| 의사소통장애를 지닌 특수교육대상자 | 다음 각 목의 어느 하나에 해당하여 특별한 교육적 조치가 필요한 사람<br>가. 언어의 수용 및 표현 능력이 인지능력에 비하여 현저하게 부족한 사람<br>나. 조음능력이 현저히 부족하여 의사소통이 어려운 사람<br>다. 말 유창성이 현저히 부족하여 의사소통이 어려운 사람<br>라. 기능적 음성장애가 있어 의사소통이 어려운 사람 |
| 학습장애를 지닌 특수교육대상자 | 개인의 내적 요인으로 인하여 듣기, 말하기, 주의집중, 지각(知覺), 기억, 문제해결 등의 학습기능이나 읽기, 쓰기, 수학 등 학업 성취 영역에서 현저하게 어려움이 있는 사람 |
| 건강장애를 지닌 특수교육대상자 | 만성질환으로 인하여 3개월 이상의 장기입원 또는 통원치료 등 계속적인 의료적 지원이 필요하여 학교생활 및 학업 수행에 어려움이 있는 사람 |
| 발달지체를 보이는 특수교육대상자 | 신체, 인지, 의사소통, 사회·정서, 적응행동 중 하나 이상의 발달이 또래에 비하여 현저 하게 지체되어 특별한 교육적 조치가 필요한 영아 및 9세 미만의 아동 |

### 6) 장애인차별금지 및 권리구제 등에 관한 법률

2008년 4월에 시행된 「장애인차별금지 및 권리구제 등에 관한 법률」 제2조에서 1항에서 차별행위의 사유가 되는 장애라 함은 '신체적·정신적 손상 또는 기능상실이 장기간에 걸쳐 개인의 일상 또는 사회생활에 상당한 제약을 초래하는 상태'를 말하며, 장애인이라 함은 '제1항에 따른 장애가 있는 사람'을 말한다고 규정하고 있다.

## 5. 전망과 과제

세계적으로 장애의 개념은 질병, 불행, 개인책임 등을 강조하는 방향에서 사회적 차별, 사회적 책임, 적극적 지원 등을 강조하는 방향으로 변화하고 있다. 그리고 장애의 종류도 과거 사회로부터 동정을 받아야 하는 불행한 상태를 연상시키는 협소한 범위에서 사회로부터 적절한 지원을 필요로 하는 광범위한 불편인구를 포괄하는 일반적 범위로 확대되고 있는 추세이다. 이런 변화는 우리나라의 장애 범주의 변화에서도 발견되는 현상이다. 다만, 아직 서구 국가들이 포괄하는 수준의 범위까지 확대되지는 못하였다. 이런 관점에서 보면 향후에도 장애인의 범주는 지속적으로 확대될 것으로 전망된다.

또한 장애개념은 의학적 정의에서 사회적 정의로 그 중심이 이동하고 있다. 세계보건기구(WHO)의 ICF는 의학적 접근과 사회적 접근을 결합하려는 노력의 결과라고 할 수 있다. 과거의 ICIDH에서는 장애를 의학적 손상(impairments), 기능상의 제약(disabilities), 사회적 불이익(handicaps) 등의 개념으로 설명했다. ICF에서는 크게 기능과 장애와 상황적요소로 나누고, 기능과 장애는 신체기능과 구조, 활동과 참여의 개념으로 설명하고, 상황적 요소는 환경적 요소, 개별적 요소의 개념을 사용하여 설명하고 있다.

이로써 ICF에서는 한층 더 장애를 묘사하는 데 사회적 측면의 비중을 확장하였다. 이런 세계적인 흐름과 관련하여 우리나라 장애개념과 종류에서는 다음과 같은 문제점을 제기할 수 있다(김용득 외, 2012).

첫째, 장애 정도 기준에 반영되어 있는 장애 개념이 여전히 의료적 모델에 치우쳐 있음으로 해서 장애인복지의 사각지대가 광범위하게 발생하고 있다는 점이다. 소득보장제도와 고용서비스 및 일상생활 및 사회생활 지원제도 등 다양한 장애인복지 제도별로 별도의 수급 자격 기준(장애 정의)을 설정하고 있는 주요 선진 외국과 달리 우리나라의 경우에는 「장애인복지법」의 장애 정도 심사가 공공 및 민간 장애인복지서비스의 진입 단계로 기능하는 매우 중요한 의의를 갖고 있다. 그러나 현행 「장애인복지법」의 15개 장애 종류의 장애 정도 기준은 의학적으로 진단된 신체적, 정신적 손상 중심의 기준으로서, 장애의 또 다른 차원인 신체적, 정신적 능력 제약과 개인의 사회경제적 요인(성, 연령, 교육수준, 경제활동상태, 소득 등)들을 거의 고려하지 않고 있다. 결과적으로 손상의 정도는 크지 않으나 심각한 기능의 제약과 사회경제적 배제를 경험하고 있는 장애인들이 장애인복지 혜택을 받을 수 없어 서비스의 사각지대로 존재할 가능성이 매우 큰 것이다.

둘째, 의료적 모델의 장애 개념을 적용하고 있음에도 현행 장애 종류가 모든 신체적, 정신적 손상을 포괄하지 못하고 있다는 점이다. 2021년부터 예외적 장애인정제도가 시행되어 15개 장애 종류에 해당하지 않는 자도 장애인으로 인정받을 수 있는 절차가 마련되었다는 점에서 과거보다 진일보했다고 할 수 있으나[1], 여전히 장애 종류는 동일하게 15개로 유지되고 있고 이에 해당하지 않는 신체적, 정신적 손상을 가진 자는 국가에 대하여 별도의 구제 신청을 해야 하며, 장애로 인정되는 경우에도 예외적 장애라는 꼬리표가 붙는다는 점에서 이는 장애를 자격 있는 장애와 자격 없는(예외적) 장애로 구별 짓는 또 다른 계층화라고 할 수 있다. 즉 현재의 장애 종류는 특정 질환과 손상 중심의 폐쇄적 체계라는 점에서 사회복지의 중요한 가치인 형평성을 심각하게 저해하고 있다.

셋째, 15개 장애 범주 간에도 상대적으로 최저 기준이 관대한 장애범주(예: 지체장애)가 있는 반면, 엄격한 장애범주(예: 심장장애)가 있어 장애유형 간 형평성을 저해하고 있다.

---

1) 2021년부터 예외적 장애인정제도가 도입된 것은 2019년 11월 대법원 판결에 따른 것이다. 즉 15개 장애 종류에 포함되지 않는다는 이유로 행정관청으로부터 계속적으로 장애 등록을 거부당했던 뚜렛증후군 환자가 행정관청을 상대로 한 지속적인 소송 끝에 2019년 11월에 대법원으로부터 승소 판결을 받았으며, 결국 해당인은 정신장애로 등록할 수 있게 되었다. 이후 주무부처인 보건복지부는 예외적 장애인정제도라는 공식적 절차를 마련하여 15개 장애 종류에 해당하지 않는 자도 장애 정도 심사를 거쳐 장애로 인정될 수 있는 길이 열리게 되었다.

## 생각해보기

1. 우리나라 「장애인복지법」상의 장애인 정의는 장애 개념 모델 중 어느 모델에 더 부합하는가?
2. 우리나라 「장애인복지법」상의 장애인 정의는 변화하는 장애 개념을 반영하고 있는가?
3. 우리나라 「장애인복지법」상의 장애 범주는 적합한가?
4. 우리나라 장애인복지 관련 법률의 장애인 정의가 조금씩 다른 이유는 무엇인가?
5. 장애인복지 관련 법률의 장애인 정의를 통일하는 것은 바람직한가?

# 2장
# 현대 장애인복지의 역사

**주요 학습문제**

- 해외 장애인복지의 발전을 가져오게 된 계기는 무엇인가?
- 우리나라 장애인복지는 어떠한 모습으로 시작되었는가?
- 한국 장애인복지 발전에 주요한 영향을 끼친 사건은 무엇이 있는가?
- 한국 장애인복지는 어떠한 모습으로 변화·발전하고 있는가?

## 1. 해외 장애인복지 역사

현대적 장애인복지 발전의 계기가 된 사건은 20세기 초반에 발생한 2번의 세계대전이었다. 예를 들어 제1차 세계대전이 끝나고 예전 같으면 사망했을 군인들이 전쟁에서 부상을 입어 장애인이 된 상태로 돌아오자 이들에 대한 국가의 지원 대책이 필요했으며, 이에 장애를 개인의 문제가 아닌 국가의 책임으로 인정하면서 현대적 의미의 장애인복지가 시작되었다(임종호 외, 2010). 20세기 이후 해외 장애인복지의 역사를 주요 사건 중심으로 살펴보면 다음과 같다.

### 1) 장애인복지 태동기(1910~1960년대)

이 시기는 전쟁에서 부상을 입어 장애인이 된 상이군인을 위한 직업재활, 의료재활을 중심으로 장애인제도가 마련되기 시작되었다. 또 경증장애인을 대상으로 하는 직업재활이 활성화되었으며, 장기적인 치료와 훈련이 필요한 중증장애인에게는 생활시설에서의 의료재활을 중심으로 심리, 사회, 교육 등 각 영역의 재활서비스가 도입된 시기라고 할 수 있다. 이 시기 주요 국가들이 도입한 각종 제도들을 소개하면 다음과 같다.

제1차 세계대전(1914~1918)이 끝나고 영국에서는 1919년 임의할당제도로서 퇴역상이군인을 일정비율 이상 고용하고 있는 고용주의 방명록제도를 설치하였는데, 이는 1944년에 제정된 영국 「신체장애인고용법」의 근간이 되었다. 또 이탈리아에서는 1921년 전쟁에서 장애를 입은 전장장애인의 고용의무를 정한 법률[1)]이 제정되었으며, 미국 연방정부는 1921년 보훈청을 설립하였다. 1923년 국제노동기구(ILO)는 퇴역 상이군인을 중심으로 한 신체장애인의 고용촉진 방법을 연구하기 위해 소집한 제네바 전문가회의에서 '법률에 의한 고용의무'라는 수단이 필요함을 지적하였다. 한편 이 시기 산업재해의 증가는 장애에 대한 사회적 인식을 확산시키는 요인이 되었다. 미국의 경우 연방정부가 직업 훈련과 상담에 재정을 지원하게 하는 재활프로그램들이 1918년과 1920년에 연방의회를 통과하였다. 미국 적십자사를 비롯한 자선단체들도 장애인 고용 전담부서를 신설했으며, 1935년 프랭클린 루즈벨트 대통령은 성인장애인을 평생 지원하는 프로그램이 담긴 「사회보장법」에 서명하였다(Shapiro, 1994: 62).

제2차 세계대전(1939~1945)은 세계 전역에 걸쳐 제1차 세계대전보다 훨씬 더 많은 피해를 가져왔으며, 이 전쟁이 끝난 후 세계 각국에서는 장애인의 고

1) 이 법률에서는 관공서에 대해서는 우선 고용, 민간사업소에 대해서는 종업원 10인 이상의 경우, 20인을 넘을 때마다 1인의 의무고용을 행할 것을 규정하였다(정무성 외, 2012).

용에 관한 법률을 적극적으로 제정하였다. 제2차 세계대전 중인 1944년 필라델피아에서 개최된 ILO 제26차 총회에서는 「전시로부터의 평화 시에의 과도기에 있어서 고용조직에 관한 권고」를 채택하였으며, 1944년 3월 영국에서는 「신체장애인고용법」이 제정되었다. 한편 미국에서는 1946년 척수마비상이군인회(Paralyzed Veterans of America: PVA)가 자신들의 의료혜택을 강화하기 위해 결성되었고, 그 이듬해에는 재활훈련을 마친 사람들의 고용문제를 다루는 대통령위원회가 설립되었다(Shapiro, 1994: 62-63). 이탈리아에서는 1947년 10월 산업재해와 직업병에 의해 신체장애인이 된 자에 대하여 의무고용을 규정하는 「산재장애인 의무고용법」, 1950년 6월에는 전쟁에 의해 상당한 정도로 노동력을 상실한 모든 자에게 법률 적용을 규정한 「전쟁신체장애인의무고용법」, 1953년 2월에는 공무원, 직업군인이 업무수행 중에 신체장애인이 된 경우 적용되는 「국가봉사신체장애인 의무고용법」이 제정되었다. 한편 독일(서독)은 1953년 3월 종전의 법률을 통합하여 「신체장애인고용법」을 제정하였다. 이 법률에서 신체장애인이라 함은 종전의 전쟁, 산업재해에 의한 것 외에 '나치에 의해 박해에 의한 것'을 추가하고, 가능능력을 50% 이상 상실한 자로 규정하였다. 또 프랑스는 1955년에 군인이었던 자, 재혼하지 않은 전쟁미망인 등에게 적용하는 「할당고용법」, 1957년 11월 모든 신체장애 근로자에게 적용되며, 직장재적응, 직업재교육 및 직업훈련, 우선고용, 보호고용 등에 대하여 규정한 「재활기준법」을 제정하였다.

한편 1955년에 열린 국제노동기구(ILO) 총회에서는 장애인 직업재활에 관한 국제적 기준을 권고[2)]하게 되는데, 이 총회에서는 비장애근로자의 해고나 이동(displacement)을 하지 않는다는 조건하에 일정비율의 장애인을 고용할 것, 장애인을 위하여 지정된 직종을 유보할 것, 중증장애인에게 적합하다고 인정되

2) R099 - Vocational Rehabilitation(Disabled) Recommendation, 1955(NO. 99).

는 직종에는 고용의 기회나 우선권을 주는 조치를 취할 것 등을 제시하였다.

1960년대는 세계 경제의 고도성장기로 노동력의 필요에 따라 각국이 노동정책을 더욱 강화시킨 시기로서, 벨기에는 1963년에 「장애인고용법」, 오스트레일리아는 1969년에 「보호고용법」을 제정하였다. 미국은 1967년에 지난 1920년에 제정된 「직업재활법」을 개정하여 중도장애인의 직업훈련을 확대하였다. 이와 같이 선진 각국에서는 직업 재활을 위한 카운슬링, 직업평가, 직업적응훈련, 기능훈련 등 직업재활과정에 대한 체계기반이 강화되었으며 일부 국가에서는 특색 있는 보호고용제도가 개발되었다(정무성 외, 2012).

### 2) 장애인복지 전환기(1970년대)

1960년대 들어 시설 중심의 장애인보호를 반대하는 노멀라이제이션(Normalization) 운동이 스웨덴 등 북유럽을 중심으로 시작되었다. 이러한 노멀라이제이션은 장애인도 비장애인과 같은 권리와 의무를 가져야 하며, 장애인에게 일반적인(normal) 생활조건에서 최대한 자신의 능력을 개발할 수 있도록 장애인 개개인의 욕구에 적절한 처우나 교육 또는 훈련을 포함하여 다른 모든 시민에게 주어지는 것과 동일한 조건을 제공하는 것을 의미한다. 이러한 흐름은 장애에 관한 기존 정책의 대안으로서 자리를 잡게 되고, 세계 각국으로 확산되어 1971년 UN에서 '정신지체인 권리선언(The Declaration of the Rights of Mentally Retarded Persons)'을 채택하는 이념적 배경이 되었다.

UN은 1971년 '정신지체인 권리선언'에서 '정신지체인은 국민으로서 일반시민과 동등한 기본적 권리를 가진다.'고 선언하였다. 이어 1975년 '장애인 권리선언(The Declaration of the Rights of Disabled Persons)'을 채택하여, '모든 장애인은 인간으로서의 존엄성을 존중받아야 할 권리가 있고, 모든 사회활동에 참여할 권리가 있다.'고 하였으며, 이에 모든 국가는 장애인의 권리를 보호하고 이를 보장하는 적극적 시책을 필 것을 촉구하였다.

이 시기 각국의 장애인 관련 제도 등을 살펴보면 다음과 같다(정무성 외, 2012). 앞서 살펴본 것처럼 스웨덴은 1960년대 말부터 노멀라이제이션 운동에 따라 전통적인 장애인복지정책 방향에 변화가 일어나기 시작하였다. 이에 1970년대 이후 외딴 곳에 있는 대규모 시설의 장애인 수용을 금지하였으며, 중증장애인을 제외하고 시설보다는 위탁양육가정이나 부모 또는 본인의 가정에서 생활하게 하는 것을 원칙으로 하였다. 영국은 1970년에 「만성병 및 장애인 법」을 제정하여 중증장애인의 사회적 자립 욕구에 대처하도록 하였다. 독일은 이전까지 전쟁희생자 원호와 재해보험의 이원적 구조로 이루어지던 체계를 1970년 4월 연방정부의 「장애인 재활촉진을 위한 활동강령」에 의해 하나로 조정하였으며, 1974년에는 법적의무고용확정, 납부금제도 확립, 해고제한 등의 내용과 보호작업장을 설치하여 중도장애인에 대한 정책 강화를 제시한 「중증장애인법」을 제정하였다. 미국은 1970년에 장기적인 서비스를 필요로 하는 발달장애인 및 중증장애인에 대한 생활의 장을 제공해서 사회적 통합을 지원하고자 「발달장애인서비스 및 시설건축물법」을 제정하였다. 또 1973년에는 지난 1920년부터 시행해 온 「직업재활법」을 「재활법」으로 명칭과 내용을 변경하여 제정하였으며, 1975년에는 「장애아동교육법」을 제정하여 모든 장애아동들이 장애의 정도와 관계없이 '질 낮은 방문교육' 대신 비장애아동과 마찬가지로 학교에서 교육을 받게 하였다.[3] 1978년에는 「장애인 부조 및 권리법」이 제정되어 종래에

3) 1973년 제정된 「재활법」에서 가장 중요한 조항은 504조(Section 504 of the Rehabilitation Act)에 덧붙어 있는 4개의 조항인데, 이것은 연방정부의 지원을 받는 기관이나 프로그램이 '장애가 있다는 이유만으로(solely by reason of handicap)' 차별하는 것을 금지하는 조항들이다. 당시 미국 보건교육복지부장관 조셉 칼리파노는 이 조항의 시행에 반대하여 「재활법」이 연방의회를 통과한 이후, 4년 동안 법안에 서명을 하지 않았다. 이에 미국장애인들은 25일 동안 샌프란시스코에 있는 보건교육복지부지방사무소를 점거하는 등 격렬한 운동을 벌였으며, 이러한 장애인들의 저항에 의해서 칼리파노는 1977년 4월 28일, 의회에서 법안이 통과된 지 4년 만에 수정 없이 재활법안에 서명하였다. 한편 칼리파노는 「재활법」을 서명하면

사용되어 오던 장애의 분류별 정의를 삭제하고 사례관리를 통한 장애인의 욕구충족을 중시하는 행정방식을 도입하였다.

한편 이 시기 미국에서는 1972년 캘리포니아 '버클리 자립생활센터'에서 시작된 자립생활운동(the Independent Living Movement)이 전국으로 빠르게 퍼져나갔다. 1977년 52곳이던 자립생활센터는 10년이 안되어서 약 300곳으로 늘었으며, 대부분은 자립생활센터의 원조이자 가장 활동적인 버클리센터를 본보기로 삼았다. 그리고 1978년 연방의회가 연방정부 재활국장에게 자립생활센터를 운영하고 있는 주에 예산을 지원할 수 있는 재량권을 주면서 중요한 전기가 마련되었는데, 이는 장애인들이 스스로 운영하는 프로그램에 필요한 예산을 확보할 수 있게 되었다는 것을 의미한다(Shapiro, 1994).[4] 이후 1981년에는 전미자립생활협의회(NCIL)가 설립되어 보다 체계적인 장애인운동의 기틀이 마련되었다. 또 세계 최초로 '건축물 설비에 관한 미국기준설계서'가 작성된 후 1970년대에 들어와서는 영국, 스웨덴, 캐나다, 뉴질랜드, 독일(서독), 일본 등의 선진국은 도로, 공공시설, 도시계획에 있어서 장애인 생활권의 장벽제거정책(배리어 프리, Barrier Free)을 시행하게 되었다.

결국 1970년대는 장애인권리선언과 노멀라이제이션 운동 등의 영향을 받아 생활시설 중심의 장애인복지로부터 지역 중심의 직업재활이 강화된 시기이며, 자립생활운동 등 중증장애인의 사회통합을 지향하는 장애인복지의 형태로 변하기 시작한 시기라고 할 수 있다.

---

서, 1975년에 제정하였으나 시행을 미루고 있던 「장애아동교육법」에도 함께 서명하였다. 이 법률의 제정으로 상당 수 장애인의 대학진학을 가능하게 하는, 소위 좋은 교육을 받는 새로운 장애아동들의 시대를 열게 되었다(Shapiro, 1994: 64-70).

4) 자립생활센터가 미국 전역에 퍼져나가면서 장애인과 그 가족, 전문가들 사이에서 새로운 장애인권운동의 철학이 확산되었다. 그들은 자립생활이라는 새로운 이상을 주장하였다. 자립생활센터들은 의사나 치료사들 그 누구도 장애인 당사자보다 장애인의 욕구를 더 잘 아는 사람은 없다고 주장하였으며, 자신들의 자조 프로그램을 운영하고 스스로 의사를 결정하는 새로운 모델을 제시하였다(Shapiro, 1994: 73).

### 3) 장애인복지 발전기(1980년대)

1976년 UN 총회의 결의에 따라 1981년을 '세계장애인의 해(International Year of Disabled Persons)'로 정하고, '완전한 참여와 평등(Full Participation and Equality)'을 주제로 하여 세계적으로 운동을 전개하였다. 이를 계기로 많은 개발도상국가에서 장애정책의 지속적인 전기가 마련되었다. 이에 UN은 회원국들 장애정책의 지속적 추진을 촉구하기 위해 1983~1992년을 'UN 장애인 10년(UN Decade of Disabled Persons)'으로 선포하고 이를 실천하기 위한 구체적 지침으로 '장애인에 관한 세계행동계획(World Program of Action Concerning Disabled Persons, 1983)'을 발표하였다. 이 행동계획은 '완전한 참여'를 실현하는 내용으로 장애인의 주체적 사회생활 운영, 장애인의 사회적 공헌, 장애인의 정책결정단계의 참가 등을, '평등'을 실현하는 내용으로는 다른 국민과 같은 수준의 생활, 평등한 분배 등을 실천하도록 하였다.

이 시기 각국의 주요 법률제정 내용은 다음과 같다(정무성 외, 2012). 영국은 1981년 「장애인법(the Disabled Persons Act)」과 1986년 「개정장애인(서비스, 상담 및 대리)법」을 제정하였다. 1981년 법에서는 장애인에 대한 일상생활의 편의를 도모하기 위해 건축물의 출입구에 장애인 편의시설 및 주차공간 확보에 대한 규정이 명시되었고, 1986년의 「개정장애인(서비스, 상담 및 대리)법」에서는 지방정부의 공공서비스에 대한 책임을 명시하고, 장애인을 위한 서비스의 계획부터 실행까지, 모든 정책결정 시 장애인대표와 장애인 의견이 수렴되도록 조치해야 함을 명시하고 있다. 스웨덴은 1986년 「발달장애인 특별서비스법(the Act on Special Services for Developmentally Disabled Persons)」을 제정하여, 발달장애인을 가정에서 돌보는 보호자의 휴식서비스(respite service), 시설에서 생활하는 장애인을 위한 상담과 필요한 사회복지서비스를 규정하였으며, 미국도 1984년 「발달장애인법(Developmental Disabilities Act)」을 제정하였다.

한편 1980년 세계보건기구(WHO)에서는 국제장애분류(International Classification of Impairment, Disabilities, and Handicaps: ICIDH)를 발표하고 이 분류기준을 적용할 것을 권장하였다. 그리고 1970년에 시작된 자립생활운동이 1980년대에 미국 전역은 물론 전 세계적으로 확산되었다.

### 4) 장애인복지 도약기(1990년대 이후)

1990년대 들어서 역사적으로 가장 중요한 것은 1990년 7월 「미국장애인법(Americans with Disabilities Act: ADA)」의 제정이다. 이 법은 장애라는 이유로 차별을 받지 않도록 하기 위해 장애인 고용 시 차별금지 규정, 교통정책과 관련된 규정, 건축물에 관한 규정, 통신관련 규정 등 사회적·물리적 환경에 대한 내용을 포괄적으로 다루고 있다(에이타 야시로 외, 1993; 임종호 외, 2010).

이 법의 제정취지는 다음과 같다. 장애문제 해결은 장애인 인권보장을 바탕으로 해야 하고, 장애인 재활의 궁극적인 목표인 장애인의 평등하고 완전한 사회참여와 통합을 달성하는 데는 장애인의 재활과 더불어 균등한 기회부여가 그 전제 조건이 되며, 균등한 기회부여를 가로막는 가장 큰 장애요인은 사회적·물리적 장벽이다. 따라서 장애인에 대한 차별행위를 막기 위해서는 구체적으로 이를 규제하는 입법조치가 필요하다.

이 법에 의하면 장애인이 사업장, 도로, 전화, 통신서비스의 이용을 자유롭게 할 수 있도록 조건이 마련되어야 하고, 고용근로자 15인 이상의 기업에서는 장애인을 고용하도록 하고 있으며, 장애인의 근무여건에 적합한 환경, 물리적 접근권의 보장, 특별장비의 마련과 청각장애인을 위한 통역사 배치를 명시하고 있다. 또한 건축물에 장애인 출입을 자유화하고 이용을 손쉽게 한다고 되어 있다. 교통시설이나 수단에서 모든 장애인의 이용이 가능하도록 하는 것을 원칙으로 하여 새로 도입하는 버스나 지하철, 열차 등 모든 대중교통수단도 장애인의 출입이 가능하도록 설계·제작하여야 한다고 규정하고 있다. 또한 장애인 고용 시 차별금지 규정, 교통 등 공공서비스와 관련된 규정, 공공시설에 관한 규정, 통신관련 규정 등 사회·물리적 환경에 대한 내용들을 포괄적으로 다루고 있다(정무성 외, 2012). 미국에서의 법 제정에 이어 호주와 영국이 각각 1992년과 1995년에 「장애인차별금지법」을 제정하였다.

결국 1990년대는 1970년대와 80년대를 걸쳐 구축한 장애인복지가 재활전문가뿐만 아니라 장애인 당사자와 가족, 주민과 정부의 정책적인 참여에 따라, 장애인 당사자의 사회통합을 위한 장애인의 전인적 능력개발과 사회접근보장을 위한 건축물 개선, 주택개선, 이동 시스템의 개선, 사회심리적 주민의식 개선 등의 지역사회개발이 병행되는 형태로 총체적인 개념의 장애인복지가 형태를 갖추기 시작한 시기라고 할 수 있다(정무성 외, 2012).

한편 UN은 장애인의 인권과 관련해서 '정신지체인 권리선언', '장애인 권리선언' 등을 1970년대에 이미 채택하였지만, 이 선언들은 법적 구속력을 가지지 못했다. 이에 보다 강력한 규정인 'UN장애인권리협약'을 2006년 UN총회에서 채댁[5]하였으녀, 회원국은 각국의 입법기관에서 정식 비준절차를 밟고 협약의 내용을 준수하도록 하고 있다. 이 협약은 모든 장애인이 인권과 기본적 자유를 완전하고 동등하게 향유하도록 보장하고 보호하고 장려하여, 장애인 고유의 존엄성을 존중하도록 함을 목적으로 하고 있다. 특히 이 협약의 특징은 단순히 정부관계자들만의 특별위원회를 통해 만들어진 것이 아니라 각국에서의 NGO 성격의 장애단체들의 적극적인 참여를 독려하고, 이들의 의견을 대다수 반영하였다는 점이다. 즉 전세계 장애인들의 오랜 기간의 장애운동이 집약된 결과라 할 수 있다(임종호·이영미·이은미, 2016). 협약의 주요 내용을 보면 다음과

5) 'UN장애인권리협약'은 UN이 8번째로 채택한 인권협약으로 2006년 9월 제61차 UN총회에서 채택되었다.

같다(김미옥 외, 2006).

첫째, 장애인의 모든 인권과 기본적인 자유를 완전하고 동등하게 누릴 수 있도록 증진, 보호 및 보장하고, 장애인 고유의 존엄성을 존중하도록 장려함을 목적으로 하고 있다(제1조). 둘째, 장애인권리협약은 기존의 장애인 인권 규정에 비해 상당한 수준의 내용적 구체성과 강제성을 특징으로 하고 있는데, 예를 들어 장애여성(제6조) 및 장애아동(제7조) 규정의 신설, 법 앞의 평등 및 사업에 대한 접근 등 동등한 법적 능력 부여(제12조 및 13조), 비인도적인 처우 금지(제15조, 16조, 17조), 자립 위한 이동권 보장(제9조 접근성및 제18조 이동과 국적의 자유, 제 19조 독립생활, 제 20조 개인의 이동 등) 및 권리협약에 대한 당사국의 강력한 의무이행(제32조, 33조, 35조, 36조 등)을 강조하고 있는 등 국제법적 지위를 공고히 하고 있다. 셋째, 기존의 국제규정에 비해 근본적이며 중요한 기본적 원칙들을 제시하고 있다는 특징이 있다. 구체적으로 (1) 천부적인 존엄성, 선택의 자유를 포함한 개인의 자율성 및 자립에 대한 존중, (2) 비차별(차별금지), (3) 완전하고 효과적인 사회참여 및 통합, (4) 인간의 다양성과 인류의 한 부분으로서의 장애인에 대한 차이의 존중 및 수용, (5) 기회균등, (6) 접근성, (7) 남성과 여성의 평등, (8) 장애아동의 점진적 역량존중 및 정체성 유지를 위한 권리존중의 제반원칙을 규정하고 있다. 넷째, 모든 권리의 내용에 있어 현대 사회의 실생활과 관련된 구체적이며 실질적인 권리보장이 이루어질 수 있도록 세부적인 내용을 규정하고 있다. 다섯째, 장애에 대한 인식개선을 위해서 각 국가에서 실질적이고 적절한 대책을 강구하도록 규정하고 있다.

# 2. 우리나라 장애인복지 역사

## 1) 장애인복지 태동기(~1980년까지)

대한민국정부수립 이후 1970년대까지 우리나라는 현대적 의미의 장애인복지가 태동한 시기라고 할 수 있다. 먼저 현대적 의미의 우리나라 장애인복지는 1950년대 이후 상이군경을 대상으로 한 국가보훈사업이 최초라고 할 수 있는데, 1950년 4월에 제정된 「군사원호법」과 1951년 4월에 제정된 「경찰원호법」이 그 시초이다. 즉 한국전쟁의 영향으로 군인이나 경찰의 특수집단을 위한 제도가 마련되기 시작한 것이다. 이는 제2차 세계대전 이후 전쟁 부상자들에 대한 대책으로 다른 나라의 장애인복지가 시작된 것과 맥을 같이하는 것이다(손광훈, 2013).

1960년 이전까지 우리나라에서는 일반적인 장애인에 대해서는 법제나 국가의 개입은 없었으며, 장애인 문제는 독립적으로 인식되지 못하고, 빈곤 문제의 일부로 다루어졌다. 그나마 빈곤 문제도 정부가 적극적으로 개입을 하지 못하고, 민간 사회사업이나 외원단체, 종교단체의 역할에 맡겨졌다고 할 수 있다(김용득 외, 2012). 우리나라 정부가 소위 '일반장애인' 문제에 본격적으로 개입을 시작한 것은 1961년 12월 「생활보호법」이 제정된 다음부터이다. 이 법의 보호대상에 65세 이상의 노쇠자, 18세 미만의 아동, 임산부와 함께 '불구, 폐질, 상이 기타 정신 또는 신체의 장애로 인하여 근로능력이 없는 자'가 포함되어, 빈곤장애인에 대한 국가의 보호가 시작되었다고 볼 수 있다. 한편, 1963년 11월 제정된 「산업재해보상보험법」에 의해 산업재해 장애인에 대한 지원이 시작되었다. 또 이 시기는 장애인에 대한 우생학적 접근이 이루어지기도 하였다. 유전학적 이유가 있다거나, 특수 전염병 질환자가 임신한 경우에 대해서는 임신중절을 허용하도록 하는 법 규정을 만들었다(김용득 외, 2012).

한편 1970년대까지 일반교육현장에서 장애인 차별은 매우 심한 상황이었다. 1950년대와 60년대 생 소아마비 장애인들은 고등교육 및 취업에 대한 욕구가 강하였다. 그러나 체능검사, 면접 등에서의 불이익 때문에 입시에서 우수한 성적에도 불구하고 불합격하는 사례들이 늘어나게 되었다. 예를 들어 당시 일류 중학교로 꼽히던 경기중학교나 서울중학교는 합격선이 100점 만점에 97점에 육박하는 정도로 치열했기 때문에 장애인의 경우 체력장에서 5점을 손해 보게 되어 필기시험에서 만점을 받더라고 합격할 수 없었다(한국재활재단, 1996). 이런 문제들이 여론화되면서 당시 문교부는 1972년부터 중학교 및 고등학교 입학시험에서 장애학생에 대한 체능검사 면제를 실시하게 되었다. 또, 1970년대는 해외 장애인복지 역사에서 살펴본 것처럼 국제적으로 장애인의 권리에 대한 관심이 증폭된 시기로, 이 시기에 제정된 장애인권리선언 등은 이후 우리나라 장애인 관련 제도나 법령에 영향을 미치게 되었다. 이 시기 우리나라 장애인복지의 주요한 사건을 살펴보면 다음과 같다.

### (1) 특수교육진흥법 제정[6)]

1970년대에는 장애아동 중 극히 일부만이 학교에 다니고, 대부분은 방치된 상태에서 이들에 대한 교육대책이 요구되었다. 이에 1977년 12월 법률 제3053호로 「특수교육진흥법」이 제정되었다. 이 법은 '시각장애자, 청각장애자, 지체부자유자, 정서장애자, 언어장애자, 기타 심신장애자'를 특수교육 대상자로 하고, 국가 및 지방자치단체에게 특수교육진흥을 위한 시책을 강구하도록 하고 있다. 특히 입시차별의 영향으로 이 법은 각급 학교의 장에게 특수교육 대상자

---

6) 1949년 제정된 「교육법」에 교육기관의 종류에 특수학교와 특수학급에 관한 규정을 두는 등 「특수교육진흥법」이 제정되기 이전에도 특수학급 및 특수교육에 대한 조항은 존재했다. 그러나 1970년대 초반까지는 장애인교육은 민간의 움직임이 일부 있었을 뿐 정부의 적극적인 개입은 거의 없었다.

가 당해 학교에 입학하고자 할 경우에 그가 특수교육 대상자임을 이유로 입학 거부 등의 불이익을 당하지 않도록 하고 있다. 이는 장애인에게 교육기회를 부여하는 데 차별을 금지하는 획기적인 입법조치였으며, 우리나라 장애인정책에서 차별금지 법리를 도입한 최초의 것이라고 할 수 있다. 그러나 이 법이 시행됨에도 불구하고 이후 대학입시에서 장애를 이유로 탈락하는 사례들은 매년 반복되었다.

#### (2) 심신장애자종합보호대책

1978년 6월 17일 보건사회부는 '심신장애자종합보호대책'을 발표하였다. 주요 내용으로는 49개 보호시설에 수용 중인 장애어린이에게 장애정도와 적성에 따라 직업훈련을 실시하고, 보호시설에 물리치료실, 작업치료실, 언어치료실, 직업훈련시설을 설치, 시설에 있는 장애아동의 영양급식을 위해 지급물자의 양과 종류를 개선하고, 목발과 보청기 등 보장구를 지급하고, 보건사회부 안에 장애자보호제도 수립을 위한 전담기구를 설치하는 등의 방안을 모색하였다. 이는 '세계장애인의 해(1981)'를 앞두고 정부차원에서 장애인문제를 인식하기 시작했음을 의미한다고 할 수 있다(송영욱, 1996; 김용득 외, 2012).

### 2) 장애인복지 전환기(1981~1987년까지)

1980년대는 우리나라 장애인복지제도의 전환기라고 할 수 있다. 1981년은 UN이 정한 '세계장애인의 해'이며, 1983년부터 1992년까지 '세계장애인 10년'이 선포되었다. 또 1982년 12월 3일 UN은 '세계장애인의 해 행동계획'을 채택하였다. 이러한 국제적인 흐름에 맞추어 우리나라에서도 1978년 '심신장애자종합보호대책'을 발표하였으며, 이어 1981년 「심신장애자복지법」을 제정하였다.

1981년 제정된 「심신장애자복지법」에서는 심신장애자의 기준, 재활상담 및 의료기관 또는 심신장애자 복지시설에의 입소·통원조치, 보장구의 교부, 고용촉진, 시설 우선 이용, 공공건물·교통·통신 등의 편의시설, 장애자 부양수당, 심신장애자복지시설의 종류와 설치·운영, 보장구 제조·수리업의 허가 등에 관하여 규정하였다. 비록 법률의 대부분의 내용이 선언적인 것임에도 불구하고 이 법률제정 이후 수용·보호 중심의 장애인 시설에서 한 걸음 나아가 장애인복지관 등의 재활시설(이용시설), 심신장애자 근로시설(직업재활시설), 점자출판시설 등이 생기게 되었다.

한편 이 시기 장애인의 직업재활에 관한 정부의 개입으로는 1982년부터 한국장애자재활협회를 통한 장애인취업알선이 있었다. 또한 1986년에 노동부가 「직업훈련법」을 개정하여 장애인이 비장애인을 위한 직업훈련시설에서 직업훈련을 받을 수 있도록 하였고, 같은 해 보건사회부는 중증장애인을 위한 보호작업장 운영계획을 수립하고 자립작업장을 시범운영했다. 이는 장애인에게 직업훈련을 통해 재활을 도모하고자 한 조치였다. 또 이 시기는 '서울올림픽' 유치에 따라 열리게 된 '서울장애자올림픽'을 앞두고, 국제적인 흐름을 의식하여 장애인복지시설을 현대화하고, 직업재활에 대한 인식이 시작된 시기이다. 이처럼 장애인에 대한 교육, 치료, 직업재활이 이 시기에 비로소 시작되었다고 할 수 있다. 그러나 당시 정부는 '선성장·후복지'라는 정책기조에 입각해 사회정책을 추진하였기 때문에 극소수의 시설 장애인과 저소득장애인에 대한 재활정책을 제공하는 데 그치는 수준이었다(김용득 외, 2012).

### 3) 장애인복지 발전기(1988~1997년까지)

1987년 민주화 투쟁 이후 각계·각층에서 분출된 민주화 요구와 더불어 진행된 저소득층의 복지요구는 장애계에도 많은 영향을 미쳤다. 이전까지는 자신들의 목소리를 내지 못했던 장애인 및 장애인단체들은 1988년 '서울장애자올림픽' 개최를 계기로 운동이라는 틀을 통해 장애인문제를 해결하고자 하였다. 서울장애자올림픽대회를 앞두고 기존의 장애인운동 주체들과 젊은 장애인들이 주축이 되어 여러 장애인단체를 설립하고, 1988년 장애자올림픽 개최 반대 운동을 비롯한 장애인운동을 펼쳐나가기 시작하였다. 이 단체들은 장애인문제가 사회·환경적 문제임을 인식하고, 제도변혁을 위한 노력을 시도하였다. 이 당시 장애계가 표출한 문제는 장애인의 생계문제, 고용문제 등이었다. 이러한 장애인들의 요구와 당시의 여소야대라는 국내 정치 상황에 의해 「심신장애자복지법」을 전면 개정하는 방법으로 「장애인복지법」이 1989년에 제정되었으며, 1990년 「장애인고용촉진 등에 관한 법률」이 제정되었다. 또 1994년 1월 「특수교육진흥법」이 개정되어 '통합교육'이라는 용어가 처음으로 법률에 등장하게 되었다. 이 시기 우리나라 장애인복지의 주요한 사건을 살펴보면 다음과 같다(김용득 외, 2012).

### (1) 장애인복지법 개정

1981년 제정된 「심신장애자복지법」이 1989년에 「장애인복지법」으로 전면 개정되었다. 개정된 법률의 주요내용을 살펴보면 다음과 같다. 첫째, '심신장애자'라는 용어를 '장애인'으로 변경하였고, '지체부자유자'를 '지체장애인'으로, '정신박약'을 '정신지체'로 변경하였으며, 장애인등록제를 실시하였다. 둘째, 국가 및 지방자치단체의 책무로 장애발생의 예방, 재활의료, 중증장애인의 보호, 보호자에 대한 배려, 장애인의 교육, 장애인의 직업지도, 장애인용 주택의 보급, 문화 환경의 정비, 경제적 부담의 경감 등을 법으로 규정하였다. 셋째, 기타 각종 복지조치를 규정하였으며, 저소득 장애인에 대한 의료비와 자녀교육비 지급, 보장구 교부, 자금 대여, 생업지원, 자립훈련비 지급, 생계보조수당 지급 등 주로 저소득장애인에 대한 경제적 지원 등 장애인에 대한 복지서비스가 확대되었다. 넷째, 장애인의 날과 장애인 주간을 설정하였으며, 장애인

체육진흥을 위하여 한국장애인복지체육회를 설립하였다. 이러한 「장애인복지법」 개정 이후 일반 장애인에 대한 경제적 지원도 조금씩 확대되었다. 이 시기 전화요금감면(1989), 장애인 승용 자동차 LPG 연료 사용 허용(1990), 국·공립 박물관, 고궁 및 능원의 장애인무료입장(1990), 철도 및 지하철 요금 50% 할인(1991), 국내선 항공료 50% 할인(1991), 지하철 무임승차(1993) 등 각종 이용요금 할인이 시작되었다.

그러나 저소득장애인에 대한 국가지원은 생존권을 보장하기에는 미흡한 수준이었고, 일반 장애인에 대한 지원은 직접적인 소득 지원이 아니라 각종 비용을 감면해 주는 간접적인 지원 방식으로 중산층 이상의 장애인이 저소득 장애인보다 더 많은 혜택을 받는 역진성이 나타나기도 하였다.

### (2) 장애인고용촉진 등에 관한 법률 제정

1990년 「장애인고용촉진 등에 관한 법률」이 제정되었다. 이 법률의 주요내용을 살펴보면 다음과 같다. 첫째, 국영기업체와 300인 이상의 민간기업체에서 근로자의 100분의 2 이상 장애인을 고용할 것으로 의무화하였다. 그리고 이를 지키지 못할 경우 고용부담금을 납부하도록 하고, 기준 이상을 고용하는 사업주에게는 고용지원금을 지급하도록 규정하였다. 둘째, 장애인의 고용촉진 업무를 효율적으로 추진하기 위해 장애인고용촉진공단을 설립하고 공단운영과 부담금 및 지원금의 관리 등을 위하여 장애인고용촉진기금을 만드는 등 장애인고용에 관한 재원 및 행정체계를 갖추게 되었다. 이 법률은 직업재활 및 고용기회 확대를 통해 자활여건을 조성하고 복지를 향상시키는 것을 목표로 하는 것으로 장애인의 경제 문제를 고용을 통해 해결하고자 한 것이었다.

### (3) 특수교육 진흥법 개정

1994년 1월 「특수교육진흥법」이 개정되었다. 이 법률은 초등학교와 중학교

과정은 의무교육과정으로, 유치원과 고등학교 과정은 무상으로 한다고 규정하였다. 또 일반 학교의 장이 통합교육의 여건을 조성하며, 각급 학교의 장이 개별화 교육방안을 강구하도록 규정하고 있다. 한편 이 때 '통합교육'이라는 용어가 처음으로 법률에 명시되었다.

#### (4) 기타 주요 변화내용

이 시기 장애인의 주거생활 보호를 위해 1993년에 영구임대주택 입주 신청 시 가산점 적용을 확대하였으며, 1995년에는 '주택공급에 관한 규칙'을 개정하여 국민주택의 특별 공급대상에 장애인을 포함시키는 등 장애인의 주거권 확보를 위한 입법조치도 시행되기 시작하였다. 장애인 운동가들의 노력으로 인해, 장애인문제가 사회문제로 인식되기 시작하였으며, 시설에서의 보호뿐만 아니라 재가 장애인에 대한 복지급부가 시작되었다.

### 4) 장애인복지발전 1차 도약기(1998~2006년까지)

1998년 이후 현재까지는 우리나라 장애인복지가 비교적 큰 폭으로 발전한 시기라고 할 수 있다. 특히 'UN장애인권리협약'의 국회비준과 「장애인차별금지 및 권리구제 등에 관한 법률」이 제정된 2007년을 기준을 1차와 2차로 나눌 수 있다. 이 중에서 1차 도약기의 주요 사건을 살펴보면 다음과 같다.

#### (1) 장애인·노인·임산부 등의 편의증진보장에 관한 법률 제정

1997년 4월 「장애인·노인·임산부 등의 편의증진 보장에 관한 법률」이 제정되어, 1998년 4월부터 시행되었다. 이 법률은 장애인·노인·임산부 등이 일상에서 안전하고 편리하게 시설 및 설비를 이용하고 정보에 용이하게 접근하도록 함으로써 이들의 사회활동 참여와 복지증진을 도모하려는 것을 목적으로 제정되었다. 이 법의 제정을 통해 편의시설 개선의 급속한 진전은 없었으나, 공공기관에 경사로 설치, 장애인 전용주차장 설치 등은 어느 정도 효과를 거두었다고 할 수 있다.

### (2) 제1차 장애인복지발전 5개년 계획 수립 시행

1996년 12월 국무총리를 위원장으로 하는 '장애인복지대책위원회' 제1차 회의에서 '장애인복지발전 5개년계획'을 수립하도록 결정함에 따라 '노인·장애인복지 종합대책(96.3)' 등 그동안 발표된 장애인복지시책 등을 기본으로 복지·교육·노동부문 등을 연계시킨 중·장기 종합계획을 수립하여 1998년부터 2002년까지 5년간의 장애인복지증진을 위한 계획을 수립하였다. 제1차 계획은 '장애인의 완전한 사회참여와 평등 보장'을 목표로 3대 분야 71개 세부과제로 구성하였다. 주요 내용으로는 첫째, 장애발생의 예방, 장애인의 생활안정지원 강화, 사회참여 확대 및 편의시설 확충, 장애범주의 확대 등 복지확대, 둘째, 장애아 교육기회 확대, 특수교육의 내실화, 특수교육 지원체제의 효율화 등 특수교육 강화, 셋째, 장애인 직업능력 개발 증진, 중증장애인 고용환경개선, 사업체의 장애인 고용촉진 지원 등의 고용촉진 사업을 연차적으로 시행하는 것 등이 있다.

### (3) 한국장애인인권헌장 제정 및 장애인복지법 전면 개정

1998년 12월 정부는 국무회의 의결을 거쳐 '한국장애인인권헌장'을 제정 선포하였다. 이는 장애인의 인간존엄과 가치를 확인하고 건전한 사회구성원으로 장애인의 자립노력과 인권보호, 사회참여와 평등을 보장하는 기본원리와 장애인의 기본적 권리를 명시하고 있다. 그러나 이 헌장은 선언적 규정일 뿐 강제력을 가지지 못했기 때문에 현실적 영향은 미미했다. 이후 1999년 2월 「장애인복지법」이 전면 개정되어 2000년 1월부터 시행되었다. 개정된 「장애인복지법」에서는 장애인의 정의를 일반적 정의로 변경하여 대상을 확대하였다. 그리고 장애인의 정보접근권 보장을 위하여 수화통역, TV자막, 점자 및 음성도서 등의 제공을 명시하였다. 또 장애유형별 재활서비스 제공, 장애인생산품의 구매, 재활보조기구의 개발·보급 등의 시책이 포함되었다. 또한 장애인 사용 자동차에 대한 지원, 장애인 보조견의 훈련 및 보급지원, 장애아동 부양수당 및 보호수당 지급에 대한 규정이 마련되었다. 특히 이 법의 개정으로 이후 2000년 1월에는 장애범위가 신장, 심장, 정신장애, 발달장애(자폐성장애)로까지 확대되었으며, 지체장애에서 뇌병변장애가 분리되어 기존의 5개 범주에서 10개 범주로 확대되었다. 이후 2003년 7월, 호흡기장애, 간장애, 안면장애, 장루·요루장애, 간질장애(뇌전증장애) 등이 새롭게 포함되어 15개 범주로 확대되었다.

### (4) 제2차 장애인복지발전 5개년 계획 수립 시행

UN ESCAP에서는 아·태 장애인 10년 행동계획(1993~2002)을 결산하고 새로운 10년 계획(2003~2012)을 발표하면서 국가별 구체적 실천계획(5개년 계획) 수립을 권장하였나. 이러한 이유로 우리나라에서도 제1차 장애인복지발전 5개년 계획(98~02)의 평가를 토대로 제2차 장애인복지발전 5개년 계획을 제정하였다. 제2차 장애인복지발전 5개년 계획은 첫째, 생애주기별로 특화된 복지서비스 개발·제공, 둘째, 일반교육과 특수교육의 책무성 공유를 통한 통합교육 확대, 셋째, 복지와 성장의 조화를 통한 안정적인 장애인 고용의 실현, 넷째, 신체적 여건에 구애됨이 없이 정보화의 혜택을 누리는 디지털 복지사회 구현, 다섯째, 장애인에게 편리하고 안전한 이동편의체계 구축 등을 통해 '장애인이 대등한 시민으로 참여하는 통합적 사회실현'이라는 목표를 7대 분야 103개 세부과제를 통해 실현하는 것을 주요 내용으로 하였다.

### (5) 장애인 고용촉진 및 직업재활법 개정

1990년 「장애인고용촉진 등에 관한 법률」이 제정된 이후 10년 동안 시행되었으나 장애인 고용 문제는 크게 개선되지 않았다. 또 고용되는 장애인도 경증 장애인에 한정되고, 전문적인 직업훈련 및 재활의 기회를 상실한 중증 장애인의 취업은 극히 제한되고 있다는 비판(조문순, 2001; 김용득 외, 2012)도 제기되었다. 이에 중증장애인의 일자리를 창출하고 직업재활을 강화하기 위해 2000년 1월 「장애인고용촉진 및 직업재활법」으로 전면 개정하여 같은 해 7월부터 시행하게 되었다. 이 법에서는 상대적으로 소외되었던 중증장애인의 고용촉진과 직업재활을 강조하였는데, 특히 지원고용, 보호고용, 자영업장애인 지원 등의 항목을 신설함으로써 장애인의 직업재활을 위한 좀더 다양한 조치와 방안이 제시될 수 있는 법적 근거를 마련하였다. 또 직업재활 과정을 직업지도, 직업적응훈련, 직업능력개발훈련, 취업알선, 취업, 취업 후 적응지도의 과정으로 세분하였다.

### (6) 기타 주요 변화내용

이 시기에는 장애인에 대한 사회적 지원이 시작되었으며, 경제적 지원도 다소 강화되었다. 1997년부터 기존에 저소득 장애인에게만 교부되던 보장구를 일반 장애인들이 의료보험을 통하여 구입할 수 있도록 하였으며, 급여 대상 보장구의 범위도 확대되었다. 1996년부터는 이동전화 가입비 면제 및 사용료 30% 할인이 시행되었고, 1997년에는 시·청각장애인 가정에 대한 TV수신료 면제, 전화요금 할인율 50%로 확대, 장애인 차량 고속도로 통행료 50% 할인, 1998년 장애인 자동차 특별소비세 면제 확대, 면허세 면제, 2001년 장애인용 LPG 차량에 대한 세금인상분 지원 등이 시행되었다.

한편 투표권과 관련하여 장애인의 요구가 본격화된 것은 1995년 6.27 지방선거부터이다. 장애인단체에서는 장애인들의 선거권 보장을 위해 투표소를 일층으로 할 것과 청각장애인 및 시각장애인의 정보 접근을 보장할 것, 그리고 시설에서의 대리투표를 방지할 것 등을 요구하였고, 이런 내용들이 「공직선거 및 부정선거방지법」에 일부 반영되기도 하였다. 또 이 시기 장애인시설은 대규모 시설 중심에서 지역사회 내 소규모 시설로의 변화가 일어나기 시작했는데, 이에 1996년에는 주간보호시설, 1997년에는 공동생활가정에 대한 국고지원이 시작되었다. 또 1999년부터는 시각장애인과 청각장애인의 지역사회생활을 지원하기 위해 시각장애인심부름센터 및 수화통역센터에 대한 국고보조가 시행되었다. 결국 이 시기는 장애인에 대한 복지 급부 중 경제적 지원이 다소 확대되고, '장애인 먼저 운동'이 1996년부터 실시되는 등 사회인식의 개선 및 편의시설 설치 등 사회 환경의 변화를 위한 조치들이 시행된 시기라고 할 수 있다(김용득 외, 2012).

### 5) 장애인복지발전 2차 도약기(2007년부터 현재까지)

'UN장애인권리협약'의 국회비준과 「장애인차별금지 및 권리구제 등에 관한 법률」이 제정된 2007년을 기점으로 나눈 2차 도약기의 주요한 사건을 살펴보면 다음과 같다.

#### (1) UN장애인권리협약 국회 비준

앞서 살펴본 것처럼 2006년 9월, UN은 장애인의 모든 인권과 기본적인 자유를 완전하고 동등하게 향유하도록 촉진하는 것을 목적으로 50개 조항으로 이루어진 'UN장애인권리협약'을 채택하였으며, 우리나라는 2007년 3월 서명하고 12월 국회에서 비준하였다.

### (2) 장애인차별금지 및 권리구제 등에 관한 법률 제정

장애인단체 및 활동가, 학자, 법률가들의 노력의 결과 2007년 4월 「장애인차별금지 및 권리구제 등에 관한 법률」(이하 「장애인차별금지법」)'이 제정되었고, 2008년 4월부터 시행되었다. 이 법은 모든 생활영역에서 장애를 이유로 한 차별을 금지하고 장애를 이유로 차별받은 사람의 권익을 효과적으로 구제함으로써 장애인의 완전한 사회참여와 평등권 실현을 통해 인간으로서의 존엄과 가치를 구현하려는 것을 목적으로 한다. 「장애인차별금지법」에서는 고용, 교육, 재화와 용역의 제공 및 이용, 사법 · 행정절차 및 서비스와 참정권, 모 · 부성권과 성, 가족 · 가정 · 복지시설과 건강권 등 여섯 가지 영역에서의 차별행위를 금지하도록 규정하고 있다. 이 법의 제정으로 장애가 더 이상 장애인의 개별적인 책임에 의한 것이 아니라 사회 공동의 노력 부재로 인한 것임을 인정한 획기적인 전환점이 될 것이 기대된다(김용득 외, 2007).

### (3) 장애아동 재활치료 등 사회서비스 바우처 제도 시행

지난 2007년 사회서비스 전자바우처제도의 일환으로 장애아동 재활치료 지원사업, 시각장애인 안마서비스가 시행되었으며, 장애인일자리 지원사업으로 학교급식도우미, 홀몸어르신 안부지킴이 콜서비스, 자치단체 관공서 등에 배치되는 행정도우미 등에 대한 지원이 이루어졌다. 특히 장애아동 재활치료와 시각장애인 안마서비스는 기존의 공급자 중심의 재정 지원방식에서 장애인의 선택을 강조하는 전자바우처를 사용하여 이용자에게 직접 지원해 주는 방식을 사용하고 있다. 이는 장애인이 복지의 일방적인 대상자가 아니라 시장에서 선택할 수 있는 소비자라는 의식에서 나온 방식으로 기존의 전달체계에 비해 장애인의 자기결정권이 조금 더 신장되는 것을 의미한다.[7)]

---

7) 장애인의 선택을 강조하는 바우처 방식은 장애인에게 필요한 사회서비스를 당사자의 욕구 중

### (4) 제3차 장애인복지발전 5개년계획 수립 시행

정부는 2008년 6월 제3차 장애인복지발전 5개년 계획(2008~2012)을 발표하였다. 이 계획은 지난 10년에 비해 범정부적인 차원에서 통합적인 접근을 통해 장애인의 권익증진과 사회참여를 확대하기 위해 '장애인의 권리에 기반을 둔 참여확대와 통합사회 구현'이라는 비전을 세우고, 이를 달성하기 위하여 장애인복지서비스의 선진화 구현, 장애인 생애주기별 교육지원체계 구축 및 문화활동 확대, 장애인이 일할 수 있는 사회 실현, 장애통합적 접근으로서 사회참여 확대와 장애인 권익 증진 등 4개 분야별 58개 세부과제로 구성하였다.

### (5) 장애인연금법 제정

자립생활 및 생계안정을 위해 기존의 장애수당 수준을 뛰어넘는 무기여 장애인연금도입에 대한 주장이 2000년대 들어 본격화되었다. 기존의 사회적 배제로 인해 교육도 못 받고, 일도 못하고, 결과적으로 국민연금에도 가입이 안 되어 평생에 걸쳐 경제적 어려움을 겪어야 하는 중증장애인들이 사회에서 통합적으로 살기 위해서는 일정수준의 생계지원이 필요하다는 인식하에 중증장애인을 중심으로 한 '장애인연금법제정 공동대책위원회'가 결성되었고, 「장애인연금법」의 제정을 강력히 주장하였다. 정부는 장애수당의 범위를 확대하고 수준을 높이는 방향으로 개선해 가고자 법안의 제정을 계속 미루었으나, 계속되는 장애계의 요구에 따라 2010년 4월 입법되어 2010년 7월부터 시행되었다(김용득 외, 2012).

---

심으로 전달하고 있다는 면에서 필요성과 정당성에 대한 공감이 확산되고 있고, 장애인의 선호도 높은 것으로 나타나고 있어 향후 지속적으로 확대될 것으로 예상된다(김용득 외, 2012).

### (6) 장애인활동지원에 관한 법률 제정

2000년대에 들어서면서 중증지체장애인을 중심으로 한 자립생활운동이 본격화되었다. 자립생활을 달성하기 위해서는 무엇보다도 사회적 환경의 조성과 지원이 중요하며, 이를 위해 장애인들은 활동보조서비스 시행을 강력히 요구했다. 이에 보건복지부는 2005년 4월 전국 10개의 장애인자립생활센터를 통해 시범사업으로 활동보조서비스를 시행하였고, 이에 대한 검토를 바탕으로 2007년 4월 「장애인복지법」을 개정하여 자립생활에 대한 장을 신설하고 활동보조서비스에 대한 지원 근거를 마련하여 장애등급 1급 및 이에 준하는 최중증장애인을 대상으로 장애인활동보조사업을 실시하였다. 또한 2007년 4월 「노인장기요양보험법」이 통과되면서 국회에서는 64세 이하의 장애인에 대하여도 장기요양서비스 대책을 마련하도록 부대결의하였다. 이에 따라 제도의 도입방향과 서비스 지원대책을 마련하기 위한 1, 2차 시범사업 실시 결과와 장애인계의 의견을 바탕으로 장애인에게는 장기요양 욕구보다는 사회활동에 대한 욕구가 강하다는 점을 고려하여 당시 시행되고 있던 활동보조사업에 방문목욕, 방문간호서비스를 추가하여 2011년 4월 「장애인활동지원에 관한 법률」을 제정하여 2011년 10월부터 장애인활동지원제도를 도입하였다(김용득 외, 2012). 이는 장애인 당사자의 권리와 참여가 예전에 비해 대폭적으로 확대되었다는 것을 의미한다고 할 수 있다.

### (7) 장애인복지법 개정

2011년 3월, 생활시설 또는 거주시설의 변화를 위한 개혁적인 시설운영자들과 전문가들의 지속적인 노력, 그리고 탈시설을 주장하는 장애운동의 영향으로 시설운영 개선과 관련된 내용을 중심으로 「장애인복지법」이 개정되어 2012년 3월부터 시행되고 있다.

개정된 법률의 주요 내용을 보면, 장애인 생활시설을 포함한 장애인복지시설의 개념과 기능을 재정립하여 장애인 생활시설의 거주기능을 별도로 분리하고, 장애인거주시설의 정원은 30명을 초과할 수 없도록 하였다. 또한, 장애인거주시설에 대한 이용 절차 및 시설이 제공하는 서비스의 최저기준을 도입하였다. 이를 통해 장애인복지시설 이용자 중심의 서비스체계를 구축함으로써 장애인의 복지 증진에 이바지하려는 것을 목적으로 하고 있다. 또 지난 2012년에는 장애인학대 정의 등을 「장애인복지법」에 규정하고, 장애인복지시설의 운영자 및 종사자로 하여금 직무상 장애인학대를 알게 된 경우 수사기관에 신고를 의무화하는 등 장애인학대와 관련된 규정을 신설하였다.

#### (8) 제4차 장애인정책종합계획수립 시행

2012년 「장애인복지법」의 개정으로 보건복지부장관은 5년마다 장애인정책종합계획을 수립·시행하도록 하였다. 이에 2012년 12월, 제4차 장애인정책종합계획(2013~2017)을 발표하였다. 이 계획은 '장애인과 비장애인이 더불어 행복한 사회'라는 비전을 세우고, 이를 달성하기 위하여 장애인 복지·건강 서비스 확대, 장애인 생애주기별 교육 강화 및 문화 체육 향유 확대, 장애인 경제자립기반 강화, 장애인의 사회참여 및 권익증진 등 4개 분야, 19대 중점과제, 71개 세부과제로 구성하였다. 이를 통해 정부는 장애인지적 관점에서 장애인정책에 새로운 개념을 도입하고 장애인 삶에서의 권익증진 및 자립생활 기반을 구축함으로써 실질적인 사회통합과 권리실현의 전기를 마련한다는 추진방향을 제시하였으며 이에 맞추어서 정책을 추진하였다.

#### (9) 제5차 장애인정책종합계획 수립 시행 및 장애인복지법 개정

2018년 3월, 정부는 지난 4차 계획의 성과와 한계를 분석하고, 장애인 및 고용관련단체, 학계 등의 의견을 수립하여 제5차 장애인정책종합계획(2018~2022)을 발표하였다. 이 계획은 복지·건강 지원체계 개편, 교육·문화·체육 기회보장, 경제적 자립기반 강화, 권익 및 안전 강화, 사회참여 활성화 등 5대 분야, 22대 중점과제, 70개 세부과제로 구성하였다. 이 5차 계획의 추진을 통해 장애인과 비장애인의 삶의 격차를 최소화하고, 나아가 '장애인의 자립생활이 이루어지는 포용사회(Inclusive Society)'라는 비전을 달성하는 것을 기본 방향으로 수립하였다. 제5차 장애인정책 종합계획에서 가장 중요한 부분은 '장애등급제 폐지 및 맞춤형 종합지원체계 구축'이라고 할 수 있다. 즉, 장애인이 지역사회에서 자립하여 생활하는데 필요한 서비스를 원활하게 이용할 수 있는 맞춤형 서비스 지원체계 구축을 위해, 기존의 획일적 장애등급을 폐지하고 종합판정도구를 단계적으로 도입하는 것이다. 이러한 계획의 실행을 위해 2017년 12월 19일, 「장애인복지법」이 개정되었다.

이번 「장애인복지법」 개정 핵심은 2019년 7월 1일 시행된 장애등급제 폐지와 맞춤형 서비스 제공에 따른 '서비스 지원 종합조사' 도입과 관련된 사항으로, 주요 내용은 다음과 같다. 첫째, 장애등급제 관련하여 제32조(장애인 등록)에 기존의 '장애등급'을 '장애정도'로 변경하였다. 즉 장애인 등록은 하지만, 장애진단을 통해 장애등급이 아닌 장애 정도를 사정(査定) 받도록 하였다. 둘째, 맞춤형 서비스 제공을 위하여 제32조의4(서비스 지원 종합조사)를 신설하였으며, 이를 통해 장애인에게 개별맞춤형으로 서비스를 제공할 수 있는 법적 근거를 마련하였다. 이번에 도입된 '서비스 지원종합조사'는 장애인 개인의 욕구와 그를 둘러싼 환경 등을 종합적으로 조사해서 필요하다고 판단되는 복지서비스를 장애등급과 관계없이 제공하는 것을 그 목적으로 하고 있다.

이에 정부는 장애등급을 폐지하는 것과 함께 장애인 개인의 욕구와 환경 등을 종합적으로 고려하여 장애인이 필요로 하는 서비스를 지원·연계할 수 있는 '종합적 욕구조사'를 단계적으로 확대해 나갈 계획이라고 밝히고 있다(국무조정실 보도자료. 2018.3.5.). 구체적으로 2019년 7월 장애등급제가 폐지되는 시기에 장애인활동지원, 보조기기 지급, 거주시설 입소자격 부여 등의 일상생활지원서비스를 중심으로 종합판정표를 우선 도입한 후 2020년에는 이동지원, 그리고 2022년에는 소득·고용지원 분야로 확대한다고 로드맵을 다음의 〈표 2-1〉과 같이 제시하고 있다.[8)]

**표 2-1 | 서비스 지원 종합조사 단계적 확대 계획**

| 시기 | 서비스 분야 | 서비스 내용 |
|---|---|---|
| 2019년 7월 | 일상생활지원 | 활동지원, 보조기기지급, 거주시설 입소자격 부여 |
| 2020년 | 이동지원 | 장애인 전용 콜택시, 장애인 주차구역 이용 등 |
| 2022년 | 소득·고용지원 | 장애인연금 지급 등 |

출처: 국무조정실 보도자료(2018. 3. 5.).

이러한 계획에 따라 지난 2019년 7월 1일, 활동지원급여, 장애인 보조기기, 장애인 거주시설, 응급안전서비스 등 '일상생활지원서비스'에 장애인 서비스 지원 종합조사가 도입·적용되었으며, 2020년 10월 30일, 장애인전용주차구역 주차표지 발급, 특별교통수단 등 '이동지원서비스'까지 확대하는 개편 2단계가 시행되었다. 한편 2022년 장애인연금 등 '소득·고용지원서비스'분야까지 확대를 계획하고 있다.

1997년 이후 우리나라의 장애인복지발전 도약기를 정리하면 다음과 같다. 지난 1990년대 후반기는 「장애인·노인·임산부 등의 편의증진보장에 관한 법률」의 제정 등으로 장애인 편의시설 등 사회 환경의 변화를 위한 조치들이 본격적으로 이루어진 시기라고 할 수 있다. 이후 2000년대 들어오면서 중증장애

8) 한편, 각종 감면과 할인 서비스에 대해서는 기존의 장애등급을 대체하는 장애정도(중·경증)를 우선적 기준으로 활용하고, 별도의 의학적 심사가 필요한 서비스는 현행 수준의 기준을 유지하는 별도의 기준을 마련할 계획이다. 아울러, 위기상황(학대, 생계곤란 등)에 처한 장애인을 위한 '찾아가는 상담'을 확대하고, '장애인 전담 민관협의체(시군구)' 구성을 통해 지역사회와 함께 전문 사례관리를 하는 등 장애특성을 고려한 맞춤형 서비스 지원체계를 구축해 나갈 계획이라고 하였다(국무조정실 보도자료, 2018.3.5.).

인 중심의 장애운동이 시작되었고, 장애인차별금지 및 권리구제 등에 관한 법률이 제정되는 등 인권의식이 확장된 시기라고 할 수 있다. 이러한 인권의식의 확장은 이후 자립생활지원을 위한 활동지원제도, 그리고 거주시설의 소규모화, 장애인학대 규정 등을 제도화하는 데 도움이 되었다고 할 수 있다. 2018년 이후 장애등급제 폐지 및 맞춤형 종합지원체계 구축, 탈시설 정책 등을 통해 우리나라의 장애인복지가 한 단계 더 발전할 것을 기대해 본다.

### 생각해보기

1. 해외 장애인복지수준과 비교할 때 우리나라의 장애인복지 수준은 어떻다고 생각하는가?
2. 앞으로 우리나라 장애인복지는 어떠한 형태로 발전해야 한다고 생각하는가?
3. 우리나라 장애인복지 발전을 위해 장애인복지 실천현장에서 사회복지사가 할 수 있는 일이 무엇이 있을까?

# 3장
# 장애인복지의 이념과 태도

**주요 학습문제**

- 장애인복지에서 추구하는 이념은 무엇인가?
- 장애인에 대한 비장애인의 태도는 어떠한가?
- 장애인에 대한 수용과 참여는 어떠한 차이가 있는가?
- 장애인에 대한 태도개선 방법에는 무엇이 있는가?

## 1. 장애인복지 이념

우리 사회의 장애인 복지를 정확하게 이해하기 위해서는 장애인복지와 관련하여 논의되고 있는 이념에 대한 이해가 먼저 선행되어야 한다. 서구사회에서 산업혁명 이후에 전개된 장애관련 이념 중 대립되는 이념들을 살펴보면 분리와 통합, 개별적 책임과 사회적 책임, 전문가 주도와 당사자 주도 등으로 요약할 수 있다(김용득 외, 2012). 이러한 대립되는 이념들은 각각 '분리와 노멀라이제이션', '개별적 모델과 사회적 모델', '재활모델과 자립생활모델'로 설명할 수 있다. 여기서는 장애인복지를 포함한 사회복지의 기본 이념이라고 할 수 있는

'인권과 인간존중'에 대해 먼저 살펴보고, 이어 장애인복지의 이념에 대해서 살펴보고자 한다.

### 1) 인권존중과 인간의 존엄성

장애인의 기본적인 이념을 정립하기 위해서는 장애인에 대한 사회적 평가가 지난 오랜 역사동안 편견이나 차별이 있었다는 사실을 먼저 인식해야 한다. 그리고 이와 동시에 장애인이 한 사람의 인간으로서의 존엄성을 갖고 있으며, 인간으로서 당연히 가져야 할 권리와 의무가 있다는 인권과 인간존중의 이념에 대해서 알아야 한다. 세계인권선언(1948) 제1조에서는 장애인을 포함한 모든 사람은 태어날 때부터 자유롭고 동등한 존엄성과 권리를 가지고 있다고 하였고, 장애인권리선언(1975) 제3조에서도 장애인은 인간으로서의 존엄성이 존중되고 같은 나이의 시민과 동등한 기본적 권리를 가지고 있다고 하고 있다. 또한 UN 총회에서 결의되어 1983년 채택된 '장애인에 관한 세계행동계획'의 제2항에는 '세계적으로 5억 이상의 인구가 정신, 신체 또는 감각기관의 손상으로 인한 장애를 가지고 있지만, 이들도 다른 사람과 동등한 권리와 평등한 기회를 누려야 한다'고 말하고 있으며, 제26항에서는 '장애인은 다른 사람과 동등한 권리를 가지고 있음과 동시에 당연히 동등한 의무를 지고 있다'고 하여 장애인도 비장애인과 똑같이 대등한 인간으로 보고 있다. 한편 지난 2006년 제61차 유엔총회에서 채택된 'UN장애인권리협약'에는 제1조에서 '이 협약의 목적은 장애인이 모든 인권과 기본적인 자유를 완전하고 동등하게 향유하도록 증진, 보호 및 보장하고, 장애인의 천부적 존엄성에 대한 존중을 증진하는 것이다'고 규정하여 장애인의 인권존중과 인권의 존엄성, 그리고 비장애인과 같은 인권의 대등성을 규정하고 있다. 이러한 인권존중의 의무는 우리나라 「헌법」에서도 규정하고 있다. 「헌법」 제10조에서는 '모든 국민은 인간으로서의 존엄과 가치를 지니며, 행복을 추구할 권리를 가진다. 국가는 개인이 가지는 불가침의 기본적 인권을 확인하고 이를 보장할 의무를 진다.'고 규정하고 있는데, 이는 장애인도 다른 비장애인들과 마찬가지로 동등한 인권을 가지고 있다고 규정한 것이라고 볼 수 있다. 이는 「헌법」 제34조 제1항에서 '모든 국민은 인간다운 생활을 할 권리를 가지고 있다.'는 규정을 통해서도 확인할 수 있다.

## 2) 장애인복지이념의 이해

### (1) 분리와 노멀라이제이션

분리와 노멀라이제이션[1)]은 장애인을 사회적으로 기여할 수 없는 무가치한 존재로 인식하여 비장애인중심의 일반 사회에서 격리 보호하는 것이 타당하다고 보는 관점과 장애인도 사회의 동일한 구성원으로서 비장애인과 동일한 삶의 장소와 동일한 생활양식을 유지하여야 한다고 보는 관점의 대립이다(김용득 외, 2012).

산업화 이후 생산력이 떨어지는 장애인은 다른 사람들의 생산에 방해가 되기 때문에 시설 또는 의료 기관에 '분리'되어 보호, 치료를 받아야 하는 존재가 되었다. 보호시설의 형태는 대규모 수용 방식이었으며, 장애인을 통제하고 기득권층의 안정을 위하여 수용·격리하였다. 또한 치료서비스가 제공되는 경우에도 장애인은 환자 역할(sick role)을 하게 되는데, 질병의 특성과 장애 정도에 따라 정상적인 사회활동과 책임을 박탈당하였다. 장애는 비정상적이고 바람직하지 못한 상태이며, 영구적으로 다른 사람에게 의존하여야 하는 존재로 규정되었다. 이런 의존적 상황의 지속은 장애인 스스로 자신의 문제에 자주적으로

1) 노멀라이제이션(Normalization)은 현재 우리나라에서 많은 경우 '정상화'로 번역되어 사용되고 있다. 그러나 정상화라는 용어는 정상과 비정상이라는 것을 연상시켜, 분리의 반대 의미, 즉 통합을 설명하지 못하고 있다. 이에 본 장에서는 번역하지 않고 '노멀라이제이션'이라는 단어를 그대로 사용하고자 한다.

대처하는 능력을 약화시켰고, 사회적 책임 주체에서 제외되도록 함으로써 장애인을 사회와 분리되도록 하였다(김용득 외, 2012).

이러한 분리에 반대되는 의미로 사용되는 노멀라이제이션(Normalization)은 1959년 덴마크의 지적장애인부모회에서 처음으로 사용한 용어로, 이후 1960년대 후반 북유럽에서 발달장애인서비스 실천의 원칙으로 제기되어 시설보호에 반대하며, 일상적인 생활 형태와 리듬을 강조하는 개념으로 발전하였다. 즉 대형시설에 대한 반대와 시설 중심의 장애인 재활서비스에 대한 개선책으로 장애인에게도 비장애인과 같은 일반적인(normal) 생활 형태와 리듬을 찾아주자는 것이었다. 노멀라이제이션 이념은 기존의 장애인을 분리시키는 재활중심 이념에 반대하며, 정상적이고 일상적인 생활 리듬을 존중할 것을 강조한다. 또한 개인의 성장과 발달에서 일반적인 발달경험, 인생주기에서의 선택의 자유, 정상적인 이웃과 함께하는 일반적인 가정에서의 삶, 지역사회에 통합되어 있는 삶을 강조하는 이념(오혜경, 1999)으로 주로 장애인의 일상생활을 비장애인과 동일하거나 비슷한 리듬을 찾아주자는 것이다. 즉 아침에 일어나고 저녁에 잠자리에 드는 등의 행위를 포함하는 하루 일과에서의 일반적인 리듬, 일주일에 낮 시간의 5일은 직장에 나가서 일하고, 일주일의 밤 시간과 주말은 휴식을 취하는 일주일의 일반적인 리듬, 일 년 중 특정시기에 휴가가 있고, 휴식 기간을 가지는 등의 일 년 동안의 일반적인 리듬 등을 서비스 분야에서도 동일하게 적용되어야 함을 주장한다(김용득 외, 2012; Cocks, 2001).

노멀라이제이션의 제창자인 뱅크 미켈슨(Bank-Mikkelsen)은 이의 구현을 위해서 인간생활의 조건을 주거조건, 일과, 여가의 3가지로 나누어서 그 각각의 국면이 어떠해야 하는가를 제시하고 있다(신현석, 2012). 즉, 주거조건에서 장애아, 특히 지적장애아동의 생활을 일반화하기 위해서는 시설이 아닌 부모의 집에서 가족들과 함께 살도록 하는 것이며, 성인장애인의 경우는 다른 성인들과 함께 생활하도록 하고 가능한 한 자립할 수 있는 여건을 조성하는 것이다.

일과에 대해서는 장애아동의 경우에는 교육을 받을 권리가 다른 아동들과 동등하게 존중되어야 하며, 성인의 경우 능력에 맞는 노동을 할 수 있는 여건이 마련되어야 한다. 또한 여가에 있어서도 다른 사람과 똑같이 여가시설을 이용할 수 있는 기회와 권리가 확보되어야 한다.

이와 같이 노멀라이제이션 이념은 장애를 가진 사람을 단지 '장애인'으로 취급하는 것이 아니라 그전에 한 사람의 인간으로서 일반적인 생활환경 속에서 일상적인 생활을 하도록 하는 사회의 실현을 꾀하려는 이념이라고 할 수 있다.[2] 노멀라이제이션 이념은 1970년대와 80년 초반을 거치면서 울펜스버거(Wolfensberger) 등에 의하여 사회적 역할의 가치화(social role valorization)로 정교화되었으며, 장애인복지서비스 제공에 있어서 의 강력한 하나의 이념으로 그리고 장애인복지 분야의 서비스 질을 개선시키는 데 중요한 기준으로 평가되고 있다.

### (2) 개별적 모델과 사회적 모델

장애를 설명하는 또 하나의 대립적인 이념은 개별적 모델과 사회적 모델이다. 개별적 모델은 장애를 개인이 가진 의학적·기능적 문제라고 보는 시각이며, 치료모델 또는 개인중심의 모델이라고 할 수 있다. 반면에 사회적 모델은 장애인이 살고 있는 사회환경의 문제를 중요하게 인식하는 시각이며, 사회행동 모델 또는 환경중심의 모델이라고 할 수 있다(김용득 외, 2012).

먼저 장애를 질병 등으로 개인에게 발생한 문제라고 간주하는 개별적 모델은 장애로 인한 기능제약 또는 심리적인 상실로 문제가 발생한다고 본다. 이 관점은 의료전문가에 의한 개별적 치료를 해결책으로 제시하며 장애문제 해결

---

2) 이러한 노멀라이제이션 이념이 잘 정착되어 있는 사회라면 장애인에 대한 배려는 오히려 장애인을 차별하는 것이 될 것이다.

을 위해서 개인의 적응과행동의 변화 등을 목표로 둔다.

반면에 사회적 모델은 개별적 모델에서 전제하고 있는 두 가지를 부정하는 것에서 시작된다(김용득 외, 2012). 첫째, 장애는 개인에게 귀속된 것이 아니라 사회 환경에 의해 만들어진 조건들의 집합체로 보는 것이다. 장애는 사회 내에 존재하는 것으로, 장애인 개인에게 있는 개별적인 제한이 아니라 장애인의 욕구를 사회에서 수용하고 이에 적합한 서비스를 제공하는데 실패한 결과라는 것이다. 이러한 실패는 단순하게 개인에게만 영향을 미치는 것이 아니라, 이로 인해 부정적인 경험을 하게 되는 집단에 속하는 장애인 모두에게 제도적 차별이라는 형식으로 전달된다고 본다. 이 모델에서는 장애문제를 해결하기 위해서는 사회행동을 필요로 한다. 그리고 장애인이 전 영역의 사회생활에 완전히 참여할 수 있도록 환경의 개조가 필수적으로 필요하다고 주장한다.

### (3) 재활모델과 자립생활모델

최근까지 장애인복지정책을 지배해 온 이념은 재활이념이었다. 재활이념에 의한 재활모델에 따르면, 장애인은 일상적인 활동을 부적절하게 수행하여 자신의 능력을 적절하게 발휘할 수 없거나 직업을 갖기 위한 준비가 되지 않아서 취업 등에 부적절한 것으로 정의되어 왔다. 이 경우 모든 문제는 개인에게 있는 것이 된다. 따라서 변화가 필요한 쪽은 장애인 개인이며, 장애인들은 자신들의 문제를 해결하기 위하여 의사, 물리치료사 등의 전문가의 지도에 따라야 한다. 여기서 장애인 개인은 환자나 클라이언트의 역할을 하도록 기대될 뿐이다. 신체적 기능의 회복이나 직업을 얻는 것이 재활의 목적이므로 재활의 성공은 장애인이 얼마나 규정된 치료체계에 잘 순응하느냐에 달려 있다(김용득 외, 2012). 즉 재활모델에서 바라보는 장애인서비스는 의료적 회복과 고용적 합성이 초점이었으며, 장애인을 의존적이고 수동적인 존재로 간주하고 있다. 여기서 장애인에게 요구되는 역할은 환자역할(sick role)과 손상된 역할(impaired role)이다.

자립생활모델은 이러한 재활모델로부터 탈피하고자 하는 목적으로 시작되었다. 장애정도가 너무 심해서 재활서비스를 통해서는 특별한 성과를 기대하기 어려울 것으로 생각되었던 중증장애인들이 적절한 지원서비스를 통해 지역에서 자립생활이 가능하다는 것을 보여주었다. 이러한 사실이 이례적인 것이 아니라는 생각이 퍼져나가면서 대부분의 장애인, 그중에서도 중증장애인들은 재활모델을 부정하고 자립생활모델을 지지하게 되었다(김용득 외, 2012; Dejong, 1981).

장애인 자립생활에 대한 개념적 접근을 살펴보면 다음과 같다(최윤영 · 이경준, 2010)[3]. 전미장애인자립생활협의회(National Council on Independent Living: NCIL)는 '삶에 대한 자기 결정에 대하여 타인의 개입 또는 보호를 최소화하여 스스로의 삶에 대하여 선택하고 결정하는 모든 과정에 장애인 당사자가 참여하는 과정'이라고 자립생활을 정의하였다. 이러한 맥락에서 존스(Jones, 1993)는 '장애인 자신의 건강관리, 식사조절, 취침시간과 같은 모든 일상의 활동뿐만 아니라 보호자의 결정, 금전관리, 거주지 결정까지 모두 스스로의 선택과 판단에 의해 의사결정과정에 참여하는 과정'이라고 정의하였다. 즉 모든 장애인은 자신의 생활 전반을 조정하고 관리할 수 있는 사람이며, 장애인은 인간으로서 필요한 원조와 지원을 바탕으로 스스로 자신의 삶의 목표를 성취할 수 있다는 신념을 전제로 하고 있으며, 장애인 당사자 중심, 지역사회 중심, 인권중심의 지향을 지닌다고 할 수 있으며, 장애인 문제를 의료적, 직업 훈련적 접근이 아닌 인권적, 장애인 주체적 관점으로 바라보았다. 따라서 장애인을 '치료

3) 자립과 자립생활의 사전적 의미는 신체적·경제적으로 다른 사람에게 의지하지 않는 것, 자신의 힘으로 살아가는 것을 의미한다고 할 수 있다. 즉, 의사결정과 일상생활에 있어서 타인에 대한 의존을 최소한으로 하면서 스스로의 선택에 의하여 자신의 생활을 관리하는 것을 의미한다. 그러나 장애인에게 자립생활이라는 의미는 이러한 사전적인 의미와는 조금 다른 좀 더 포괄적인 정의가 필요하다고 할 수 있다.

대상자'나 '클라이언트'가 아닌 '소비자'와 '이용자'로 보았다. 여기서 전문적 재활과정과 같은 사회 통제 기제는 오히려 장애인의 역량을 기르는 데 방해물이 되고, 장애인의 선택권과 자기결정권, 그리고 개별적 지역사회 생활 중심 서비스 제공 필요하다고 주장하였다.

재활모델과 자립생활모델을 비교하면 다음의 〈표 3-1〉과 같다.

표 3-1 | **재활모델과 자립생활모델의 비교**

| 재활모델 항목 (Rehabilitation Model) | | 자립생활모델 (Independent Living Model) |
|---|---|---|
| 문제의 정의 | 신체적 손상/직업기술의 부족 | 사회적 억압/전문가·친척에의 의존 |
| 문제의 위치 | 장애 개인<br>(disabled individual) | 환경과 사회/재활 과정<br>(disabling society) |
| 문제의 해결 | 의사, 물리치료사, 작업치료사, 직업재활 상담원 등 전문가 | 동료 상담원, 옹호, 자조, 소비자주권 사회적 장애 제거 등 |
| 장애인의 사회적 역할 | 환자 및 클라이언트 | 소비자 |
| 통제조정자 | 전문가 | 소비자 자신 |
| 접근방법의 특징 | 개인적 비극이론에 기초함 개인적인 치료에 의존한 재활<br>의료적 접근(병리적 차원)<br>전문가집단에 의해 조정, 관리, 지배됨<br>전문가적 지식 요구됨(예: 정신의학, 의사, 간호사, 심리학자, 각종 치료사 등) | 사회적 억압이론, 정상화 이론, 통합화 이론에 기초함<br>사회적 문제<br>사회적 행동과 조치가 요구됨<br>자조 활동적 접근<br>개인, 집단적 책임<br>장애에 대한 경험적 체험이 요구됨 |
| 기타 특징 | 개인의 적응(심리적응, 사회적응 등), 개인적 정체성, 편견, 태도, 보호, 통제, 보호가 요구됨 | 장애에 대하여 있는 그대로 승인하는 긍정과 지지(affirmation)<br>집단적 정체성, 차별, 행동권리, 선택, 정치, 사회적 변화 요구됨 |
| 추구하는 결과 목표 | 최대한의 ADL(일상생활활동) | 자립생활 |

## 2. 장애인에 대한 비장애인의 태도

### 1) 태도 구성 요소

#### (1) 인지적 요소(Cognitive Component)

태도의 인지적 요소는 대상에 대한 개인의 관념적인 지각과 관련된 것을 것으로 인식이라 불린다. 사회적 인식을 이야기할 때 가장 많이 사용되는 개념은 인지도식(schemata), 즉 타인에 대한 일반적 기대감과 예상이라고 볼 수 있다. 인지도식으로 인해, 우리는 타인들에 대해서 모종의 기대감을 갖고 그들의 행동이 그러한 기대와 일치한다는 생각을 더욱 갖게 된다. 우리는 인지도식에 맞추어 해석하며, 그러한 것들을 더 잘 기억하는 경향이 있다. 인지도식은 이러한 기억내용뿐만 아니라 기억방식에도 영향을 미친다. 만일 특정인에 대해서 갖고 있는 어떤 일반적 지식을 토대로 어떤 인상을 형성하였다면 우리는 흔히 실제 이상으로 그의 행동을 그 인상에 맞아떨어지는 것으로 기억하게 된다. 이것은 장애인에 대해서도 마찬가지이나. 만약 상애인에 대한 일반적인 인지도식이 부정적인 것이라면, 장애인의 부정적인 면에 대해서 더 많은 기억을 하게 되는 것이다.

#### (2) 감정적 요소와 행동적 요소(Affective Component & Behavioral Component)

태도의 감정적 요소는 대상에 대한 개인들의 좋고 나쁜 느낌이나 감정에 관한 측면을 말한다. 한편, 태도의 행동적 요소는 대상에 대한 개인들의 전반적인 행동적 경향을 말한다. 다시 말해서 주어진 대상에 대하여 어떠한 행동을 하고자 하는 경향을 말한다.

이것은 행동 그 자체는 아니고, 어디까지나 그러한 행동을 하려는 경향으로서의 한 태도적 측면을 지칭하는 것이다.

이와 같은 3가지 요소를 통해서 태도를 설명할 수 있다. 즉 장애인에 대한 인식과 감정, 그리고 행동 혹은 행동하고자 하는 경향이 어떠한가 하는 것을 함께 볼 때 장애인에 대한 태도를 온전히 파악할 수 있을 것이다.

### 2) 장애인에 대한 비장애인의 태도

장애인은 예로부터 멸시를 받으며 무능력자로 취급되어 왔으며, 장애를 가지고 있는 것이 동일한 특성을 소유하고 있는 것과 마찬가지로 보아왔다. 예를 들어 휠체어를 탄 중증뇌병변 장애인이 있다면, 이 장애인에 대해 비장애인들은 일반적으로 불쌍한 사람, 반드시 도와주어야 하는 사람으로 '인식'을 하고, 불쌍하다는 '감정'을 가지게 되며, 나아가 소위 자선을 베푸는 등의 '행동'적인 측면을 보여 주게 된다. 결국 장애인을 불쌍한 존재로 전락시키고 있는데, 일반적으로 장애의 종류에 상관없이 장애인이라는 이름을 붙이는 순간, 어떠한 고정관념(stereotype)을 형성하게 되는 것이다. 이러한 부정적인 태도는 아동들에게도 비슷하게 나타난다. 일반적으로 비장애아동은 장애아동을 호의적으로 받아들이지 못하고, 학교 등 통합된 환경에서 자주 거부하며, 학습이나 사회적 기준에 못 미치는 장애아동에게 언어적 학대를 가하는 경향을 볼 수 있다. 이러한 비장애인의 장애인에 대한 부정적인 태도는 여전히 진행형이라고 할 수 있다. 어머니가 아이를 데리고 길거리를 지나가다가 장애인을 한 명 보게 되었을 때 어머니가 아이에게 '말 안 들으면 저렇게 돼. 말 안 들으면 저 아저씨가 때린다.' 등의 말을 지금도 하는 것이 우리의 현실이다. 장애인은 무능하고, 문제가 있으며, 심지어 가까이 하여서는 안 되는 사람으로 인식하고 있는 것이다. 이는 비장애인의 태도가 '장애인에 대하여 방향되어 있지 않기 때문이다(not the disabled-oriented)'라고 정리할 수 있다.

## 3) 장애인에 대한 비장애인의 부정적인 태도 형성 배경

### (1) 장애인과 비장애인 간의 의사소통 장벽

"장애가 과연 어떤 것인지를 왜 비장애인들은 이해하지 못할까?"

이 말은 장애를 가진 사람들이 그것을 비장애인들에게 이해시키려고 할 때의 어려움을 표현하는 것과 같다. 왜 비장애인들은 장애인을 이해하지 못할까? 이에 대해서 어빙 케네스 졸라(Irving Kenneth Zola, 1984)는 다음과 같은 의견을 제시하고 있다.

> 나는 지팡이를 짚고 긴 다리 버팀목과 등보조대를 대고서 뻣뻣하게 걷는 장애인이다. 대체로, 나는 나의 외모가 상당히 남과 다르다고 생각하고 그래서 쉽게 알아볼 수 있을 것이라고 생각한다. 그러나 몇 년 동안 나는 다른 사람으로 오해되곤 했다. 대개 낯선 장소에서 모르는 사람들은 나를 톰, 딕, 혹은 해리라고 부르며 인사했다. 내가 그 사람이 아니라고 설명하면, 그제서야 그들은 미안하다고 하면서 '마치 그 사람 같군요.'라고 했다. 운명일지 몰라도 나는 우연히 톰, 딕, 혹은 해리라 불리는 사람을 만났는데, 그는 키가 나보다 몇 인치 크거나 혹은 작았으며 몸무게는 40파운드가 더 나가든지 덜 나가는 사람이었다. 또한 양다리 절단으로 목발이나 휠체어를 사용하는 하반신장애인들이었다. 나는 그 후로도 계속 다른 사람으로 착각되어 성가심을 당했는데, 어떻게 '단 하나뿐인 나라는 존재'가 '그'로 착각되는지 궁금하기조차 했다. 결국 내가 알게 된 것은 많은 사람들에게 있어 나는 장애인일 뿐이라는 사실이었다. 비장애인들의 눈에는 나와 다른 장애인들이 모두 비슷하게 보이는 것이다(Marineli & Orto, 1997).

우리는 우리와 외모가 다른 외국 사람을 볼 때, 쉽게 구분하지 못하는 경우가 있다. 즉 겉모습이 전혀 비슷하지 않지만, 단지 외국인이라는 이유로 비슷하게 인식하는 경우를 주위에서 많이 볼 수 있다. 비장애인이 장애인을 보는 것이 이것과 같은 것은 아닐까? 비장애인의 눈에는 자신과 다른 장애인들이 모두 비슷하게 보이는 경향이 있다.

① 말하는 어려움에 관하여(on the difficulty in telling)

장애라는 것을 어떻게 하면 장애인들이 비장애인들에게 설명할 수 있을까? 장애인이 자신의 장애를 비장애인에게 설명하고, 이해시키는 것은 매우 어려운 작업이다. 이에 대해서 어빙 고프만(Erving Goffman)은 장애인, 여성, 흑인 등 소위 '소수'집단 대변자들은 성공적인 적응자(adapter)이기 때문에 유리한 지위를 차지하며, 그 결과 여러 의미에서 장애인 집단보다 비장애인, 남성, 백인 등 소위 '다수'집단에 가깝다는 사실에 주목했다. 즉 그 집단에서는 덜 대표적인 인물인 경우가 많다. 즉, 소위 장애를 '극복'한 사람이 많은 것이다. 이와 같이, 성공하고, 유명한 장애인들이 제공하는 메시지는 다음과 같다.

첫째, 긍정적 메시지가 있다. 즉, 소아마비와 같은 병에 걸리거나, 시각장애, 청각장애, 지체장애 등이 있다고 해서 그들의 삶이 끝나는 것도 아니라는 것이다. 여전히 배울 수 있고, 행복할 수 있으며, 사랑할 수 있고, 결혼하여 부모가 될 수 있으며, 위대한 업적을 세울 수도 있다. 이것은 장애인에 대한 긍정적인 시각을 형성할 수 있다. 둘째, 부정적 메시지가 있다. 루즈벨트 대통령, 스티븐 호킹 박사 등이 소위 그들의 장애를 극복할 수 있었던 것처럼, 모든 장애인들이 그러할 수 있고 또 그래야만 한다는 것이다. 그리고 이러한 장애극복에 실패한다면, 그것은 장애인 개인의 문제이고 그의 성격적인 문제이자 동시에 부족함 때문이다. 이 메시지에서 개인주의적으로 장애를 설명하는 것은 매우 심각한 문제이다. 만일 장애인이 자신의 장애를 극복하고, 비장애인 중심의 사회에서 성공을 하면 이는 스스로가 잘했기 때문이다. 하지만 만일 실패한다면 이것도 장애인 자신과 성격의 문제이자 동시에 그의 부족함 때문이라고 하는 셈이다.

② 이야기를 듣는 것에 관하여(on the story to be told)

앞서 제시한 위대한 성취자 이야기는 비장애인뿐만 아니라 성공한 장애인 당사자, 즉 성취자들 자신에게도 자신이 장애인이라는 생각을 하지 못하게 만드는 경향이 있다. '당신도 알겠지만, 나는 당신을 결코 장애인으로 생각하지 않는다.'고 말할 때, 장애인들은 그것을 즐겁게 받아들인다. '그렇게 큰 어려움을 어떻게 이겨냈는가?'라는 질문을 받고 장애인들은 그 질문에 대답한다. 그러나 이 말을 받아들이고, 이 질문에 대답할 때, 장애인들은 점점 더 자신의 장애문제에서 멀어지게 된다(Marineli & Orto, 1997). 즉 성공한 장애인들이 장애문제에서 멀어지게 되는 것이다. 이는 비장애인들이 주로 만나게 되는 장애인으로부터 '장애인의 이야기를 듣는 경험'이 사라지게 되는 결과를 낳는다. 즉, 장애인들이 현재의 '비장애인 중심 사회'에 성공적으로 적응을 하는 과정은 장애를 갖고 있다는 생각을 벗어 던지는 것이고, 동시에 장애인으로 살아가는 데 생활의 불편함을 부인하는 것이기 때문이다.

### (2) 가족 안에서의 장애인 특성

한편 장애인은 흑인 등 다른 소수 집단과 또 다른 특성을 갖고 있다. 즉 다른 소수집단이 자신들이 중심이 된 어떤 하위 문화 속에서 성장하여 일련의 규범과 기대를 형성해 나가는 반면 장애인들은 이와 유사하게 준비되어 있지 못하다. 예를 들어 흑인아동은 흑인들로 구성된 가족에서 태어나 그 세계 속에서 사회화된다. 그러나 장애아동들은 대부분이 비장애인, 소위 정상인들로 구성된 가족에서 태어나 그 세계 속에서 사회화된다. 이는 장애인들이 자신들이 질병을 가지고 있으며, 비정상적이며, 병약하다는 이야기를 계속 듣고, 이 과정을 되돌려 놓을 기적, 즉 정상의 세계로 복귀시켜 줄 새로운 약이나 수술을 간절히 원하게 되는 경향이 있는 것이다. 예를 들어 "검은 것이 아름답다", "자매애는 강하다"는 말은 통할 수 있다. 그러나 "시각장애여, 영원하라!", "나는 소아마비인 것이 기쁘다."라고 외칠 수 있을까? 이러한 긍정적이고도 공통된 정체성의 근거는 아직 마련되지 못했다.

이러한 이유들로 인해, 장애인이 살아가는 세계는 그 구조와 내용이 단편적이다. 따라서 그 세계를 다른 사람들에게 전달해 주는 것은 물론, 자신의 경험 안에 통합시키기가 매우 어렵다. 이와 같이 장애와 관련된 여러 가지 경험의 이야기는 말하기도, 듣기도 어렵다. 따라서 서로 이해하지 못하고 남아있는 것은 아닐까?

## 4) 장애인에 대한 사회적 수용과 참여

### (1) 수용(acceptance)과 참여(participation)

사회적 수용을 이야기하기 위해서는 먼저 수용과 참여를 구분하야 한다. 수용과 참여는 '비수용'과 '비참여'를 가지고 설명하는 것이 쉬울 것이다. 비참여는 '장애인이라는 현실로 인해 제한이 있는 사회적 활동에 대한 분별 있는 자제'라고 정의를 내릴 수 있다. 비수용은 '비장애인의 부정적인 태도이고 일종의 추방'이라고 할 수 있다. 즉, '참여'의 주체는 장애인 당사자이고, '수용'의 주체는 비장애인이 되고 장애인은 대상이 되는 것이다. 이것은 굉장히 중요한 문제이다.

예를 들어 장애인과 비장애인 모두 한쪽 다리가 없는 장애인이 프로야구선수로 활약하기를 기대하지는 않는다. 물론 본인이 그러한 활약을 하고 싶을 수는 있지만, 현실적으로 참여하는 것은 불가능하며, 구단에서 받지 않을 것이다. 그러나 구단에서 이 장애인을 받지 않는다고 해서 이를 '비수용'이라고 아무도 생각하지 않는다. 이는 단지 '비참여'의 문제일 뿐이다. 이러한 주체의 차이는 비참여와 비수용의 문제를 바라보는 시각을 다르게 변화시킬 수 있다.

즉, 비참여와 관련해서는 아무런 문제도 되지 않는다.

진정으로 중요한 문제는 '비수용'이다. 이러한 '비수용'을 어떻게 해결할 수 있을까? 이에 대해서 다음과 같은 예문을 먼저 살펴보자(Marineli & Orto, 1997).

> 모든 사람이 춤추러 갔다. 그들은 데이트를 즐겼지만, 나는 집에 머물렀다. 다른 친구들은 내가 춤을 출 수 없다고 생각했으며, 누구도 나에게 춤을 추러 가자고 이야기하지 않았다.

위와 같은 것은 무엇이 잘못된 것일까? 비장애인들은 종종 장애인들의 참여가 불가능하다고 생각하는 경우에는 그것을 제안한 것 자체가 좋지 않은 행동이라고 생각하는 경향이 있다. 그러나 참여를 권하는 경우가 장애인들의 감정을 상하게 할 위험이 적다. 즉 위와 같이 참여자체를 권하지 않는 것이 더욱더 문제가 될 수 있을 가능성이 높다. 이에 대한 해결책은 할 수 있느냐 없느냐에 대한 판단을 장애인이 하도록 하는 것이다. 이는 '비수용'을 '비참여'로 전환시키는 중요한 변화이다. 다음과 같은 예문을 앞서 살펴본 예문과 비교해서 보면 무엇이 다른지 쉽게 알 수 있을 것이다(Marineli & Orto, 1997).

> 나는 낚시를 하지 못하는 것에 관해 기분 나빠하지 않는다. 나는 그들을 따라가 지켜보는 것만으로도 즐겁다.

### (2) 장애인 참여활동 시 고려사항

비장애인이 장애인을 활동에 참여시키고자 할 때는 비장애인이 참아야 할 불편함의 정도를 명료하게 하는 것이 좋을 것이다. 만일 불편함이 사소한 정도라면 젊은이가 노인과 동행할 때 걸음을 천천히 걷는 것과 같이 비장애인들은 그 불편함을 당연한 것으로 받아들일 것이다. 또 장애인의 참여를 보다 쉽고 덜 어색하게 하기 위해 계획을 약간 변경하는 것도 필요하다. 예를 들어 한쪽 팔만 있는 장애인과 함께 식사를 한다면, 식사에서 스테이크는 제외하고, 한 손으로 먹을 수 있는 것으로 준비한다. 또 다리가 불편한 사람들이 함께 하는 레크리에이션 활동이 있다면 비교적 움직임이 크지 않은 프로그램을 진행하는 것 등이 예가 될 것이다.

### 5) 장애인에 대한 태도 개선 방안

장애인에 대한 비장애인의 태도를 개선시키는 방법에는 무엇이 있을까? 여기서는 개인의 태도를 변화시키기 위해 주로 많이 실시하는 '역할연습(role play)'과 장애인에 대한 사회적인 태도를 변화시키는 방법에 대해서 살펴보고자 한다.

#### (1) 개인의 태도 변화시키기

"환경의 변화에 초점을 맞출 것인가, 장애인 당사자의 변화에 초점을 맞출 것인가?"

장애인에 대한 비장애인의 태도를 개선하기 위하여 많은 곳에서 실시하고 있는 것이 역할연습(role-play), 즉 '장애체험'이다. 현재 많은 기관에서 휠체어를 타보거나, 시각장애체험을 하는 등의 체험활동을 많이 하고 있다. 이러한 장애체험은 장애에 대한 이해를 높이는 데 도움이 되지만, 이와 함께 장애인에 대하여 동정심을 유발하고, 장애인의 능력을 평가절하 한다는 의견도 제시되고 있다(Marineli & Orto, 1997). 예를 들어 휠체어를 타보는 것은 '나약하고 좋지 못하며, 불안하고, 동정적이라는 느낌'을 가지게 된다.

청각장애의 경험은 '스스로가 위축되는 경향이 있으며, 우울한 느낌'을 가지게 되며, 시각장애는 '외로움, 공포, 무기력한 느낌'을 갖게 된다. 또한 지체장애는 '타인에 대한 의존, 당황감 등을 경험'할 수 있다고 알려져 있다. 이러한 감정은 자칫하면 비장애인이 경험하여 느끼게 된 감정을 그 장애를 갖고 있는 모든 장애인의 전체적인 삶에 투사하는 것이 될 수도 있다. 즉 장애인에 대해서 동정심을 갖게 하는 경험이 될 수 있다.

그렇다면, 긍정적인 방향의 역할 연습은 무엇이 있을까? 이러한 역할 연습에서 가장 중요한 것은 '역할 바꾸어 보기'라고 할 수 있다. 예를 들어, 팔에 장애가 있는 사람의 역할을 통해서 다른 사람의 도움을 받아 식사를 하였다면, 그 후 역할을 바꾸어서 식사를 도와주는 역할을 반드시 하도록 하는 것이다. 휠체어 이용 장애인 체험에서는 휠체어를 타보는 것과 휠체어를 밀어주는 역할을 번갈아 하는 것이다. 또 시각장애인 체험에서도 시각장애인과 그의 안내자의 역을 번갈아 맡는 것을 예로 들 수 있다. 이러한 활동을 통해서 참석자가 장애인과 비장애인, 내부자와 외부자의 입장을 모두 경험할 수 있고, 이를 통해 얻은 양자에 대한 직접적인 지식을 원조 관계에 이용할 수 있다는 것을 보다 현실적으로 인식하게 한다는 점에서 보통의 장애체험 절차와는 다르다고 할 수 있다. 또 이러한 형태의 역할연습은 '문제의 개선'에 초점을 둔다는 점에서 '장애를 느끼는 것'에 초점을 두는 기존의 역할연습과 다르다고 할 수 있다.

#### (2) 사회의 태도 변화시키기

장애인에 대한 비장애인들의 태도 개선방안에는 장애인과의 접촉강화, 장애에 대한 정보제공, 그리고 접촉과 정보의 결합 등이 있다. 첫째, 장애인과의 접촉강화는 장애인과 여러 가지 상황에서 만나는 것이다. 이에 대한 다양한 연구결과 접촉만으로는 본질적으로 장애인에 대한 비장애인의 태도를 의미 있게 변화시키지 않는 것으로 나타났다. 둘째, 장애인에 대한 정보제공이 있다. 이는 여러 가지 형태를 통해 장애인에 대한 정확한 정보를 제공하는 방법이다.

예를 들어 책을 통해 이러한 정보를 제공할 수도 있고, 강의나 토론, 영화감상이나 기관 견학의 형태 등이 있다. 그러나 이러한 정보제공만으로는 의미 있는 긍정적인 태도변화가 나타나지 않았다. 예를 들어 장애영화 관람이나 기관견학은 기관이나 기관종사들에 대한 그들의 평가는 긍정적인 방향으로 변했지만 지적장애아동 등 장애인 당사자에 대한 태도는 결코 긍정적인 변화를 보이지 않았다는 연구결과가 있다. 이는 장애인에 대한 지식은 늘어났지만, 긍정적인 변화는 발생하지 않은 것이다. 셋째, 접촉과 정보제공을 모두 제공하는 것으로 앞서 제시한 2가지 방법을 함께 실시하는 것이다. 강의나 토론, 영상 시청, 책을 통해 정확한 정보를 제공하고, 비장애인들에게 장애인과 함께 할 수 있는 다양한 접촉경험을 함께 제공하는 것이다.

이와 같은 2가지 활동을 함께 수행하게 되면, 장애인에 대한 인식과 태도가 긍정적으로 변화할 수 있는 것으로 조사되었다. 결국 지식 없는 접촉은 제한적으로 효과가 있거나, 혹은 기존의 부정적 태도를 더욱 견고하게 만든다. 한편, 접촉이 없는 정보제공은 지식은 증가시키지만 태도에 어떠한 영향도 미치지 못한다.

앞서 지적한 것처럼 장애인에 대한 비장애인의 부정적인 태도를 개선하도록 노력하는 것은 장애인들이 비장애인 중심의 사회에서 살아가는 데 매우 중요한 요소이다. 장애인에 대한 부정적인 태도를 감소시키기 위해서는, 장애인이 비장애인과 마찬가지로 서로 다른 관심, 개성과 성격을 갖고 있을 뿐 비장애인과 같은 일상적인 생활을 한다는 것을 비장애인에게 인식시켜야 한다. 장애인에 대한 비장애인의 잘못된 태도가 형성된 가장 큰 이유는 비장애인 중심인 이 사회에서 장애인들이 잘 안 보이기 때문이다. 우리의 현실을 보면 장애인들이 밖으로 나올 수 없고, 나오면 쳐다보고, 나와도 갈 곳이 없다. 비장애인들에게는 매우 익숙한 거리, 학교, 식당은 물론이고, 영화관, 놀이공원 등에서 장애인을 볼 수가 없는 것이다. 잘 보이지 않게 되고, 안 보게 되니까 관심도 없고, 때로는 잘못된 인식을 하고, 어색하게 느끼게 되는 것이다. 나아가 이러한 낯선 사람과 함께하지 않으려 하는 것이다. 그러면 이러한 문제를 어떻게 해결할 수 있을까? 이에 대한 답은 이미 앞에서 제시되어 있다. 즉, 비장애인 중심의 사회에서 장애인들이 자주 보여야 한다. 특히 아이들에게 장애인에 대한 정확한 정보를 제공하고, 적절한 교육을 실시하며, 장애인과 자주 만나서 꾸준한 접촉을 하게 하는 것이 중요하다. 사실 제대로 된 장애인에 대한 태도 개선 정책이란 장애인을 낯설게 여기지 않도록 하는 것이 본질이라고 할 수 있다. 학교에서 자연스럽게 옆에서 볼 수 있고, 또 교과서에서 쉽게 배울 수 있도록 하여야 한다. 직장이나 교회·성당·절 등 종교시설, TV 등 대중매체에서도 쉽게 접할 수 있어야 한다. 극장을 가거나 놀이공원을 가도 쉽게 만날 수 있어야 한다. 이러한 접촉은 대상으로서의 접촉이 아니라 친밀한 이웃으로서의 접촉이 고안되어야 할 것이다.

## 생각해보기

1. 장애인복지 분야에서 노멀라이제이션을 추구하는 이유가 무엇인가?
2. 재활모델과 자립생활모델에는 어떠한 차이가 있는가?
3. 장애인에 대한 비장애인의 태도가 부정적인 이유는 무엇일까?
4. 기존의 장애체험(역할연습, role play)의 문제점과 개선방안은 무엇일까?
5. 비장애인 중심의 우리사회에서 장애인의 참여를 높이기 위한 방안에는 무엇이 있을까?

# 4장 장애범주와 유형별 특성

주요 학습문제

- 우리나라의 장애범주는 어떻게 되는가?
- 장애유형별 현황과 원인, 세부 유형과 특성은 어떻게 되는가?

## 1. 우리나라의 장애범주: 장애인복지법을 중심으로

장애와 관련하여 우리나라에서 기준이 되는 법은 「장애인복지법」이다. 이 법은 지난 1981년 「심신장애자복지법」으로 제정되어 1989년 「장애인복지법」으로 명칭이 변경되어 현재에 이르고 있다. 1981년에 제정된 「심신장애자복지법」에서는 장애인이라는 용어대신에 '심신장애자'라는 용어를 사용하였는데, 여기서는 '지체부자유, 시각장애, 청각장애, 음성 · 언어기능장애 또는 정신박약 등 정신적 결함으로 인하여 장기간에 걸쳐 일상생활 또는 사회생활에 상당한 제약을 받는 자'로 심신장애자를 정의하고 있다. 이후 1989년 개정된 「장애인복지법」에서는 '지체장애, 시각장애, 청각장애, 언어장애 또는 정신지체 등 정신적 결함으로 인하여 장기간에 걸쳐 일상생활 또는 사회생활에 상당한 제약을 받는 자'로 수정하여 정의를 내리고 있다. 여기서는 심신장애자라는 용어 대신에 장애인이라는 용어를 사용하였으며, 지체부자유를 지체장애로, 정신박약을 정신지체로 변경하였다. 그러나 여전히 지체장애, 시각장애, 청각장애, 언어장애, 정신지체 등 5개 장애유형만을 장애인으로 인정하였다.

1999년 1월 「장애인복지법」이 전면적으로 개정되면서 장애인의 정의가 '신체적 · 정신적 장애로 인하여 장기간에 걸쳐 일상생활 또는 사회생활에 상당한 제약을 받는 자'와 같이 일반적 정의로 바뀌게 되었다. 이 정의는 이후 약간의 수정을 거쳐 지금까지 활용되고 있다. 한편 이러한 장애인의 정의 변경과 함께 2000년과 2003년 2번에 걸쳐서 장애의 범주가 확대되었다. 2000년 1월 1단계 장애범주 확대에서는 '지체장애, 시각장애, 청각장애, 언어장애, 정신지체' 등 기존의 5가지 장애유형에 '뇌병변장애, 발달장애[1], 정신장애, 신장장애, 심장장애' 5가지 유형이 추가로 장애인 범주에 포함되게 되었다.

뇌병변장애는 이전에 지체장애에 포함되어 있던 영역을 분리한 것이며, 나머지 4개의 장애는 새로이 추가된 영역이다. 그리고 지체장애 영역에 왜소장애를 추가하여 지체장애의 범위를 확대하였다. 2003년 7월 당시 10종인 장애의 종류에 '만성 · 중증의 호흡기장애, 간장애, 안면장애, 장루 · 요루장애, 간질장애 등 5종'을 추가하여 장애종류를 15개 영역으로 확대하였다. 한편 2007년 「장애인복지법」 대통령령 개정으로 정신지체는 지적장애로, 발달장애는 자폐성장애로 변경되었으며, 2014년에는 간질장애인을 뇌전증장애인(腦電症障碍人)으로 변경하였다.

2019년 7월부터는 장애인등록과정에서 큰 변화가 나타났다. 기존의 장애인 등급제가 폐지되면서, 장애인복지 요구도를 중심으로 장애인지원 종합조사를

1) 이때 처음으로 발달장애라는 용어가 법적 용어로 사용되었다. 당시에 사용된 발달장애는 지금의 자폐성장애와 동일한 의미로 사용되었다

하게 된 것이다. 이로 인해, 의학적 기준에 따라 경중을 1~6급으로 나누었던 기존의 장애등급은, 장애인복지 요구도에 따라 '장애의 정도가 심한 장애인', '장애의 정도가 심하지 않은 장애인'으로 구분이 되는 방식으로 변되었다. 이 과정에서 종전 1~3급 장애인은 '장애의 정도가 심한 장애인'으로, 종전 4~6급 장애인은 '장애의 정도가 심하지 않은 장애인'으로 일괄 전환되게 되었다. 현재로서는 장애인 등록 기준 사이의 촘촘한 벽을 없앴을 뿐, 개별 맞춤 지원을 위한 장애특성별 요구도를 충분히 고려한 기준은 충분히 마련되지 못한 실정이다. 물론 장애인등록업무와 관련된 행정처리에서 경과적 조치였기에, 추후 장애당사자와 전문가의 의견을 모은 개선책이 필요하다.

현재에도 우리나라 「장애인복지법」 시행령상 세부 장애분류는 15개 장애체계를 유지하고 있다. 이를 장애유형을 세부적으로 분류하면 다음과 같다. 먼저, 신체적 장애와 정신적 장애로 크게 나눌 수 있으며, 신체적 장애는 외부신체장애와 내부기관장애로 정신적 장애에는 발달장애와 정신장애로 구분할 수 있다. 구체적인 장애인의 종류와 기준은 다음의 〈표 4-1〉과 같다.

**표 4-1 | 우리나라 장애인 종류: 장애인복지법**

| 분류 | | 장애유형 |
|---|---|---|
| 신체적 장애 | 외부신체장애 | 지체장애, 뇌병변장애, 시각장애, 청각장애, 언어장애, 안면장애 |
| | 내부기관장애 | 신장장애, 심장장애, 장루·요루장애, 간장애, 호흡기장애, 뇌전증장애 |
| 정신적 장애 | 발달장애 | 지적장애, 자폐성장애 |
| | 정신장애 | 정신장애 |

# 2. 장애유형별 특성

## 1) 외부신체장애

외부신체장애에는 지체장애, 뇌병변장애, 시각장애, 청각장애, 언어장애, 안면장애 등 총 6가지 유형이 있다. 각각의 장애의 현황과 원인, 유형과 특성에 대해서 살펴보면 다음과 같다.

### (1) 지체장애

① 현황과 원인

지체장애는 지체부자유의 상태로 신체의 골격, 근육, 신경중 어느 부분에 질병이나 외상으로 인하여 기능장애가 영구적으로 남아 있는 경우를 말한다(이채식 외, 2008).

2020년 12월 기준, 우리나라에 등록된 지체장애인은 1,207,368명으로 전체 등록장애인 2,633,026명의 46.9%를 차지하고 있어 15개 장애유형 중에 가장 많은 것을 알 수 있다.

2017년 장애인실태조사(김성희 외, 2018)의 지체장애 발생 시기를 보면 거의 대부분 출생 이후에 발생(99.2%)되고 있어 후천적 원인의 비중이 압도적으로 크다. 한편 지체 장애의 원인에는 선천성 기형, 출생 시 각종 손상, 감염, 중독, 각종 질환에 의한 손상, 교통사고로 인한 재해, 산업재해 등으로 인한 외상 등이 있는데, 이러한 지체 장애 발생 원인을 선천적, 출생 당시 및 후천적 원인(질환, 사고)으로 구분해서 살펴보면, 다음과 같다. 전체 지체장애인의 49.7%가 사고로 인해 장애를 갖게 되고 다음으로는 질환이 48.0%로 나타나 후천적 원인인 사고와 질환이 장애발생 원인의 대부분을 차지하고 있으며 선천적 원인은 1.6%로 극히 적은 것으로 나타났다. 성별로는 남성의 경우 사고가 65.3%로 매우 많은 데 비해 여성은 질환이 67.8%로 가장 많아 성별 발생원인에서 차이를 보이고 있다. 지체장애의 후천적 원인을 질환과 사고로 나누어 구체적으로 보면 질환에 의한 원인 중에서는 근골격계 질환이 39.8%로 가장 큰 비중을 차지하고 성별로는 남성보다 여성이 근골격계 질환으로 장애를 갖는 경우가 약 3배 수준으로 더 많다. 한편 사고로 인한 원인에서는 기타 사고 및 외상이 26.5%로 가장 많았으며, 교통사고도 14.4%를 차지하고 있어 사고의 경우 안전사고나 교통사고가 큰 비중을 차지했다. 성별로 살펴보면 남성은 기타 사고와 교통사고의 비율이 매우 높았고, 여성의 경우에도 기타 사고의 비율이 가장 높았지만 가정 내 사고의 비율이 높아 차이를 보이고 있다. 지체장애 발생원인을 주된 진단명에 따라서 분류하면, 척추질환이 25.1%로 가장 높은 비율을 차지하였고, 이어서 골절 23.1%, 관절질환 22.9%, 절단 13.1%, 소아마비 5.9% 등의 순이었다. 성별로 보면 여성은 관절질환 33.8%, 척추질환 32.9%, 골절 15.8% 순으로 높은 반면, 남성은 골절 28.7%, 척추질환 19.1%, 절단 18.7%, 관절질환 14.3% 순으로 나타나 성별에 따라 다른 양상을 보였다.

② 유형

지체장애의 유형에는 절단장애, 관절장애, 지체기능장애, 변형 등이 있다. 첫째, 절단장애는 상지나 하지 등 신체의 일부를 잃은 경우를 의미하며, 선천적 결손을 포함한다. 절단장애는 절단부위와 정도에 따라 장애의 정도를 구분하고 있다. 둘째, 관절장애는 해당 관절의 강직, 또는 관절의 불안정(동요관절, 인공관절치환술 후 상태 등)이 있는 경우 등을 의미한다. 관절장애는 관절의 수동적 운동범위를 기준으로 장애의 정도를 구분하게 된다. 셋째, 지체기능장애에는 팔·다리의 기능장애와 척추장애 등이 있다. 이것은 신체의 일부 또는 전부를 움직일 수 없거나, 움직일 수 있어도 조절이 되지 않고, 약화된 상태를 의미하는 것으로 팔 또는 다리의 마비, 관절의 강직으로 팔 또는 다리의 전체기능에 장애가 있는 경우나, 말초신경계의 손상이나 근육병 등으로 운동기능장애가 있는 경우를 의미한다. 또 척추의 기능에 장애가 있는 경우에도 운동기능장애가 발생할 수 있다. 이 모든 경우에, 운동기능에 따라 장애의 정도를 구분하게 되는 것이다. 마지막으로 변형 등의 장애는 척추나 상·하지의 형태가 변형된 상태로서 기능적 장애가 있는 경우를 의미한다. 신체의 외적인 모양이 소위 정상과 다른 것으로 한쪽 다리가 다른 쪽보다 짧거나 왜소증과 같이 신체의 전반적인 발육부진으로 왜소한 경우도 변형에 포함된다. 이 경우에는 신체 변형으로 인한 장애는 장애의 정도가 심하지 않은 것으로 분류된다.

2017년 장애인 실태조사결과(김성희 외, 2018) 장애부위를 상지, 하지, 척추로 구분하여 볼 때, 지체장애의 장애부위는 하지가 44.9%로 가장 많았고 다음으로 척추 32.1%, 상지 23.0%의 순으로 나타나, 2014년 실태조사결과와 동일한 결과를 보였다. 성별로 보면 남성의 경우 상지 한쪽 과 하지 한쪽이 여성에 비해 많은 반면, 여성의 경우는 하지 양쪽에 장애가 있는 비율이 높았고, 특히 척추 부위의 장애가 상대적으로 많아 차이를 보이고 있어 성별 지체장애의 부위에 있어 양상이 다름을 알 수 있다. 지체장애의 장애형태를 절단, 마비, 관절장애, 변형으로 구분하여 조사한 결과를 보면, 관절장애가 68.2%로 가장 많고, 그 다음 마비 13.5%, 절단 13.3%, 변형 5.1% 순으로 나타났다. 성별로는 남성의 경우 절단, 마비가 많고, 여성은 변형, 특히 관절장애가 남성보다 더 많아 성별로 차이를 보이고 있다. 우리나라 「장애인복지법」 시행령에서 정의하고 있는 지체장애인의 정의 및 기준을 살펴보면 다음과 같다.

- 지체장애인(肢體障碍人)

가. 한 팔, 한 다리 또는 몸통의 기능에 영속적인 장애가 있는 사람

나. 한 손의 엄지손가락을 지골(指骨: 손가락 뼈) 관절 이상의 부위에서 잃은 사람 또는

한 손의 둘째손가락을 포함한 두 개 이상의 손가락을 모두 제1지골 관절 이상의 부위에서 잃은 사람
다. 한 다리를 리스프랑(lisfranc: 발등뼈와 발목을 이어주는) 관절 이상의 부위에서 잃은 사람
라. 두 발의 발가락을 모두 잃은 사람
마. 한 손의 엄지손가락 기능을 잃은 사람 또는 한 손의 둘째손가락을 포함한 손가락 두 개 이상의 기능을 잃은 사람
바. 왜소증으로 키가 심하게 작거나 척추에 현저한 변형 또는 기형이 있는 사람
사. 지체(肢體)에 위 각 목의 어느 하나에 해당하는 장애정도 이상의 장애가 있다고 인정되는 사람

③ 특성

지체장애의 유형은 매우 다양하기 때문에 공통된 특성을 찾기가 쉽지 않다. 먼저 지체장애아동의 경우에는 운동장애로 발생하는 직접적인 요인과 환경의 간접적 요인과의 상호작용에 의해 발달상의 특징이나 문제가 파생되기도 한다. 또 지체장애는 유아기 탐색활동의 제한과 하령기 경험부족을 유발하여 학업부진이나 학습장애를 가져오기도 한다. 한편 사춘기를 포함한 청년기의 경우에는 자신의 신체나 운동에 대한 열등감을 일으키기도 하고, 욕구불만, 열등감, 사회성 미숙 등 개인에 따라 독특한 특성을 형성하는 경우가 있다. 즉 지체장애인은 자신의 장애 때문에 위축되거나 자아개념에 영향을 받을 수 있으며, 운동장애는 자신에 대한 가치를 저하하는 방향으로 작용하기도 한다. 특히 척수손상의 경우에는 그에 따른 부수적 사항인 욕창관리, 방광관리, 장관리, 호흡기관리, 성기능관리 등과 같은 신체 내적 합병증 관리가 특히 필요하다.

### (2) 뇌병변장애

① 현황과 원인

뇌병변장애는 지난 2000년 「장애인복지법」의 개정으로 장애범주가 확대되면서 지체장애에서 분리된 것으로, 중추신경계의 손상으로 인한 복합적인 장애로 뇌성마비, 외상성 뇌손상, 뇌졸중 등의 뇌의 기질적 병변으로 인해 보행 혹은 일상생활 동작에 제한을 받는 것을 의미한다. 2020년 12월 기준, 우리나라에 등록된 뇌병변장애인은 250,407명으로 전체 등록장애인 2,633,026명의 9.5%를 차지하고 있다. 뇌병변장애의 발생시기를 보면, 뇌성마비와 뇌졸중 등 세부 장애형태에 따라 다르지만 전체적으로 남녀 모두 장애가 거의 대부분 출생 이후에 발생하는 것을 알 수 있다. 즉, 뇌성마비 일부를 제외하고 뇌병변장애의 상당수를 차지하는 뇌졸중의 경우 대부분 후천적 원인이라고 할 수 있다.

뇌병변장애의 원인은 다음과 같이 알려져 있다. 먼저 출산 전의 원인으로는 산모의 풍진, 약물중독, 가스중독, 혈액형 부조화 등이 있으며, 출산시 원인으로는 난산으로 인한 산소결핍, 조산 등이 있다. 한편, 출생 후에는 사고나 외상으로 인한 뇌손상, 질병, 약물남용 등이 있으며, 원인을 알 수 없는 경우 역시 매우 많다. 2017년 장애인실태조사결과(김성희 외, 2018) 뇌병변장애의 장애원인을 선천적, 출생 시, 후천적 원인으로 구분해서 보면 거의 대부분의 뇌병변장애는 후천적 원인에 의한 것(90.9%)으로 조사되었으며, 이 중에서도 질환이 81.0%로 대부분을 차지하고 있다. 뇌병변장애의 장애원인 중후천적 원인을 질환과 사고로 나누어 세분해서 보면 질환이 훨씬 많으며, 그중에서도 심혈관질환이 76.2%로 가장 많은 것으로 조사되었다. 이는 뇌병변장애의 상당수를 차지하는 뇌졸중에서 기인한 결과로 볼 수 있다. 다음으로는 신경계질환이 8.5%를 차지하고 있다. 반면 사고 등에 의한 장애는 교통사고가 6.5%, 기타사고나 외상이 2.5%였으며, 나머지는 미미한 수준에 불과하였다. 성별로는 남성의 경우 여성에 비해 상대적으로 교통사고, 기타 사고 및 외상이 많았다.

② 유형

뇌병변장애의 유형은 크게 뇌졸중과 뇌성마비, 그리고 외상성 뇌손상으로 나눌 수 있다. 첫째, 뇌졸중(腦卒中, stroke)은 뇌기능의 부분적 또는 전체적으로 급속히 발생한 장애가 상당 기간 이상 지속되는 것으로, 뇌혈관의 병 이외에는 다른 원인을 찾을 수 없는 상태를 일컬으며, 중풍이라고도 불린다. 한편 뇌졸중은 뇌혈관이 막혀서 발생하는 뇌경색(허혈성 뇌졸중)과 뇌혈관의 파열로 인해 뇌 조직 내부로 혈액이 유출되어 발생하는 뇌출혈(출혈성 뇌졸중)로 나눌 수 있는데 우리나라 노령인구 사망 1위를 차지하는 질환으로 신경계 장애의 가장 흔한 원인이 되고 있다. 이러한 뇌졸중에 의한 뇌병변장애는 뇌혈관 질환으로 몸의 반대편 절반에 마비가 온 것으로 반신불수나 편마비라고도 한다. 주요 증상으로는 마비, 언어장애(실어증, 조음장애), 시각장애, 인지능력장애, 안면신경마비 등이 있다. 둘째, 뇌성마비(cerebral palsy)는 미성숙한 뇌에 출생 시 또는 출생 후 여러 원인인자에 의해 비진행성 병변이나 손상이 발생하여 임상적으로 운동과 자세의 장애를 보이게 되는 질환을 의미하는 것이다. 뇌가 발육하는 시기에 손상을 받아 그 기능이 저하되면 마비와 기타 여러 장애가 동반되는 비진행성 마비가 올 수 있다.

뇌성마비는 하나의 질병이 아니라 비슷한 임상적 특징을 가진 증후군들을 집합적으로 일컫는 개념으로, 흔히 경직형, 불수의운동형, 운동실조형, 저긴장형, 혼합형으로 나눌 수 있다. 경직형 뇌성마비는 전체 중 약 70~80%를 차지하며 경직에 의해 팔다리가 뻣뻣하고 관절을 부드럽게 움직일 수 없는 특징이 있다. 불수의운동형 뇌성마비 아동은 경직과 불수의적 운동이 반복하는 특징을 보인다. 즉, 갑자기 움직이거나 흥분했을 때, 사지나 몸통이 뻣뻣해지거나 뒤로 휘는 양상을 보이다가 금방 힘이 빠지는 모습을 보인다. 운동실조형 뇌성마비 아동은 움직이려고 할 때 종종 떨림을 동반한다. 앉았다 일어설 때, 걸을 때, 그리고 서 있을 때 머리와 몸통의 흔들림이 있는데, 기능적으로 복잡한 동작을 취하려 할 때 운동실조가 증가하게 된다. 저긴장형 뇌성마비는 전반적인 뇌손상이 있는 경우로 상당히 드물게 발생하는데, 이 아동은 팔 다리의 근육 긴장도가 감소되어 관절을 수동적으로 움직일 때 전혀 저항이 없다. 마지막으로 혼합형 뇌성마비는 앞에 설명한 하나 이상의 유형을 보이는 경우를 의미한다(국가건강정보포털 의학정보, 네이버 건강백과). 셋째, 외상성 뇌손상은 외상으로 인해 뇌에 손상을 입은 상태를 의미한다. 최근 교통사고, 산업재해, 스포츠 등 각종 사고가 증가하여 외상성 뇌손상이 증가하고 있는 상황이다.

현재 우리나라 「장애인복지법」에는 '수정바델지수'를 활용하여 보행 및 일상생활동작을 평가하여 장애의 정도를 나눈다. 즉, 개인위생, 목욕, 식사, 용변, 계단오르기, 착탈의, 대변조절, 소변조절, 이동, 보행, 휠체어 이동 등에서의 도움의 정도를 평가하여 점수화하는데, 수정바델지수가 현저히 낮은 경우에 장애의 정도가 심한 장애인으로, 70점~96점까지는 장애의 정도가 심하지 않은 장애인으로 분류한다.

> • **뇌병변장애인(腦病變障碍人)**
> 뇌성마비, 외상성 뇌손상, 뇌졸중(腦卒中) 등 뇌의 기질적 병변으로 인하여 발생한 신체적 장애로 보행이나 일상생활의 동작 등에 상당한 제약을 받는 사람

③ 특성

뇌병변장애는 지적장애와 시각장애, 언어장애와 청각장애를 동반하는 경우가 많다. 뇌성마비에 동반되는 장애를 구체적으로 살펴보면 지적장애, 경련, 시각장애, 청각장애 등이 있다. 지적장애는 뇌성마비 아동의 약 50%에서 동반되고 있으며, 학습장애 등을 포함하면 약 75%에 이르므로 매우 흔한 동반장애이다. 뇌성마비 아동의 약 50%에서 경련을 동반하며, 사지마비형과 편마비에서 흔하게 발생한다. 뇌성마비 아동의 약 50%에서 사시가 있으며 약 15%에서

심한 시력저하가 나타난다. 약 5~15%의 뇌성마비 아동들에게 감각신경성 난청이 동반될 수 있다. 혹은 기타 구강운동장애, 위장관 장애 등이 동반되기도 한다(국가건강정보포털 의학정보, 네이버 건강백과). 2017년 장애인실태조사에서 뇌병변장애인 중 뇌성마비의 특성을 구체적으로 알아보기 위해 동반증상을 조사한 결과는 다음과 같다(김성희 외, 2018). 뇌성마비의 동반증상으로는 경직· 불수의 운동이 71.4%로 가장 많은 것으로 나타났고, 관절구축이 55.9%, 배변장애 25.4%, 연하장애 15.4%로 대부분 경직·불수의운동과 관절구축이 가장 많은 동반증상인 것으로 조사되었다. 한편 뇌병변장애의 주특성은 장애의 중복을 들 수 있는데, 주 동반장애로는 언어장애가 42.4%로 가장 많았고, 이어서 지적장애 23.5%, 시각장애 19.1%, 청각장애 13.7%의 순으로 나타나 언어장애와 지적장애가 많음을 알 수 있다. 성별로는 남성과 여성 모두 언어장애, 지적장애, 시각장애의 순으로 동반장애를 갖는 비율이 높았는데 남성의 경우 동반장애를 갖는 비율이 여성에 비해 높게 나타났다.

### (3) 시각장애

① 현황과 원인

시각장애는 시기능의 현저한 저하 또는 소실에 의해 일상생활 또는 사회생활에 제약이 있는 것을 의미하는 것으로 시력장애와 시야결손장애가 있다. 2020년 12월 기준, 우리나라에 등록된 시각장애인은 252,324명으로 전체 등록장애인 2,633,026명의 9.6%를 차지하고 있다. 2017년 장애인실태조사 결과 장애가 최초로 발생된 시기를 살펴보면, 출생 전 또는 출생 시에 발생한 비율은 1.7%이며, 돌 이전 2.9%, 돌 이후 95.4%로써 대부분 돌 이후에 시각장애 상태가 발생한 것으로 조사되었다.

한편 시각장애는 녹내장, 백내장, 트라코마, 포도막염, 망막박리, 망막색소변성, 바이러스질환 등의 질병과 이물침입, 화상, 화학성 외상, 찰상, 분만외상 등의 외상 등이 주요 원인으로 알려져 있으며, 이외에 영양결핍, 약물중독으로 시각장애가 발생하기도 하고, 드물게 유전성질환이나 심리적 원인으로 발생하기도 하는 것으로 알려져 있다. 2017년 장애인 실태조사결과 시각장애 발생 원인은 후천적인 원인 중에서도 질환이 53.6%로 가장 많았고, 그 다음은 사고에 의한 장애발생이 35.8%였는데, 전체적으로 사고나 질환과 같은 후천적 원인에 의한 장애 발생이 가장 많다고 볼 수 있다. 한편 발생원인이 밝혀지지 않은 원인불명의 경우 5.2%, 선천적인 원인 4.8%로 분석되었다. 후천적 장애 발생 원인을 좀 더 세부적으로 살펴보면, 남녀 모두 '감각기 질환'에 의한 장애 발생이 가장 높은 것으로 분석되었는데 그 비율이 남성은 39.4%, 여성은 54.9%였다. 그 다음 순위의 후천적 장애발생 원인은 남성과 여성 모두 '기타 사고 및 외상'에 의한 원인이 각각 22.1%, 12.9%로 조사되었다(김성희 외, 2018).

② 유형

시각장애는 크게 시력감퇴에 의한 시력장애와 시야결손에 의한 시야결손장애로 나눌 수 있다. 첫째, 시력장애는 눈의 여러 가지 기능장애를 포괄적으로 나타내는 것으로 안구나 시신경의 장애로 시력(물체의 존재 및 그 형태를 인식하는 눈의 능력)이 떨어지는 일이나 그런 상태를 의미하는 것이다. 「장애인복지법」에서 시력장애는 좋은 눈의 시력(교정시력기준)이 0.2 이하인 사람이나 나쁜 눈의 시력이 0.02 이하인 사람을 의미한다. 한편 특별한 이상이 없으나 정상적인 교정시력이 나오지 않는 경우를 약시라고 하는데, 통상적으로 교정시력 0.2 이하, 즉 신문이나 책에 실린 보통 크기의 글자를 읽을 수 없는 경우를 의미한다. 두 번째, 시야결손장애는 시야[2](visual field)의 이상, 즉 시야의 결손이 생긴

2) 눈앞의 한 점을 바라보고 응시하고 있을 때 동시에 보이는 범위.

상황을 의미한다. 「장애인복지법」에서는 두 눈의 시야가 각각 모든 방향에서 5도 이하로 남은 사람은 장애의 정도가 심한 장애인으로 보고, 두 눈의 시야가 각각 정상 시야의 50% 이상 감소한 사람은 장애의 정도가 심하지 않은 장애인으로 구별하고 있다.

한편 미국에서는 시력과 시야를 기준으로 하여 시각 장애를 '법적 맹'과 '저시력'으로 구분한다. 법적 맹(legal blindness)은 두 눈 중 좋은 눈을 교정하여 시력이 20/200(0.1) 이하이거나 또는 20/200 이상일 경우에 시야가 20도 이하인 경우를 말하며, 저시력(low vision)은 교정시력이 20/200(0.1) 이상 20/70(0.3) 이하를 말한다(국립특수교육원, 2009). 2017년 장애인 실태조사결과 전체 시각장애인 중에서 시야결손장애는 0.9%로 시력장애(99.1%)로 인한 시각장애인이 대부분인 것을 알 수 있다(김성희 외, 2018). 「장애인복지법」 시행령에서 정하고 있는 시각장애인의 정의 및 기준을 살펴보면 다음과 같다.

- 시각장애인(視覺障碍人)

가. 나쁜 눈의 시력이 0.02 이하인 사람
나. 좋은 눈의 시력이 0.2 이하인 사람
다. 두 눈의 시야가 각각 주시점에서 10도 이하로 남은 사람
라. 두 눈의 시야 2분의 1 이상을 잃은 사람
마. 두 눈의 중심 시야에서 20도 이내에 겹보임[복시(複視)]이 있는 사람

③ 특성

시각장애인 상당수는 명암을 구분할 수 있는 광각이 있거나 희미하게나마 색깔을 구분할 수 있거나 또는 여러 가지 정도의 잔존 시각기능을 이용하여 그것을 일상생활에서 중요하게 활용하고 있다. 시각장애는 특히 학습상의 어려움이 있고, 신체적 불완전성에서 오는 심리적 불안감이 있을 수 있다. 또 60대

이후에 많이 발생하는 장애로 선천성 시각장애인은 10% 미만이다. 2017년 장애인실태조사 결과를 보면 조사 당시 장애등급 1~4급을 가진 시각장애인 중 점자해독이 가능한 비율은 12.4%이고, 현재 점자해독을 배우는 중에 있는 비율 1.6%를 합쳐도 14.0%밖에 되지 않는 것으로 조사되었다. 성별로 보면 남성 19.5%, 여성 4.7%로 남성이 여성보다 점자해독가능 비율이 훨씬 높았다(김성희외, 2018).

### (4) 청각장애

① 현황과 원인

청각장애는 청력장애와 평형기능장애로 청각기관의 결함이나 청력이 손실되면서 의사소통에 장애가 오는 경우를 말한다(이채식 외, 2008). 먼저 청력장애는 기질적 혹은 기능적인 장애가 원인이 되어 듣는 기능이 일시적이거나 영구적으로 저하되거나 결여된 상태를 의미하는 것으로, 장애의 정도에 따라 농인과 난청인으로 구분할 수 있다. 한편 평형기능에 장애가 있는 경우에도 청각장애로 판단한다.

2020년 12월 기준, 우리나라에 등록된 청각장애인은 395,789명으로 전체 등록장애인 2,633,026명의 15.0%를 차지하고 있어 지체장애인 다음으로 많은 숫자를 기록하고 있다. 청각장애의 원인으로는 손상된 위치에 따라 외이손상과 중이손상, 내이손상, 중추신경 손상 등으로 나눌 수 있다. 먼저 외이손상은 산모의 바이러스 감염, 풍진, 인플루엔자 감염 등으로 인한 선천적인 원인이 주원인이다. 다음으로 중이손상은 중이염이나 외상성 고막파열 등이 주원인이다. 셋째, 내이손상은 대부분 심한 청력손실을 가져오게 되는데, 유전성 이상(50% 정도), 임신 중 혹은 분만 시 발생하는 선천적인 원인이 있을 수 있다. 또한 귀질환, 전신질환(당뇨병, 매독, 신장병 등)으로 인한 난청, 약물중독, 소음성 난청, 노인성 난청 등이 또 다른 원인으로 제시된다.

2017년 장애인실태조사 결과 우리나라 청각장애 발생의 주된 원인에 대해서는 후천적 원인이 92.4%로 가장 많았으며, 세분하여 살펴보면 질환이 80.4%, 사고가 12.0%였다. 그리고 선천적 원인에 의한 장애 발생은 4.5%, 출생 시 원인이 0.6%, 원인불명 2.6%로 나타났다. 성별로는 모두 질환에 의한 후천적 원인이 가장 많은 비율을 차지하며, 그 다음 순위는 사고에 의한 원인으로 나타났다. 특히, 여성의 경우, 질환에 의한 후천적 원인이 남성보다 3.4%p 높게 나타났고, 남성은 사고로 인한 청각장애의 비율이 여성보다 6.4%p 높게 나타났다.

청각장애의 장애발생 원인 중 가장 많은 비율을 차지하고 있는 후천적 원인에 대해서 그 원인이 되는 질환과 사고에 대해서 세분하여 살펴보면 다음과 같다. 청각장애의 후천적 원인 중 질환에 의한 경우는 감각기(눈, 귀, 조음기관) 질환에 의한 경우가 52.6%로 가장 많았고, 다음으로 기타(중독성 질환, 감염성 질환 등) 32.7%의 순이었다. 후천적 원인 중 사고에 의한 경우는 전상 4.3%, 폭력에 의한 사고 2.9%, 기타 사고 및 외상 2.6% 순이었다. 사고에 의한 장애는 여성보다 남성이 더 높지만 폭력에 의한 사고와 가정 내 사고가 원인인 비율은 여성이 약간 더 높은 것으로 파악되었다(김성희 외, 2018).

② 유형

청각장애는 크게 청력장애와 평형기능장애로 나눌 수 있으며, 청력장애는 다시 농인과 난청인으로 구분할 수 있다. 청력장애란 일반적으로 데시벨(dB)의 소리를 들을 수 있는가와 같은 크기의 소리라도 어음의 청음명료도를 퍼센트로 표시하여 그 장애 정도를 분류할 수 있다. 첫째, 농인(deaf person)은 보청기를 착용하거나 착용하지 않은 상태에서 귀만으로 말을 들어 이해할 수 없을 정도를 의미하는데, 일반적으로 70dB ISO 이상의 청력의 손실이 있는 경우를 말한다.[3] 둘째, 난청인(hard-of-hearing person)은 보청기를 착용하거나 하지 않은 상태에서 귀만으로 말을 들어 이해하기가 불가능하지는 않으나 곤란한 정도를 의미하며, 일반적으로 35~69dB의 청력손실이 있는 경우를 말한다.

「장애인복지법」에서는 두 귀의 청력을 각각 80데시벨 이상 잃은 사람, 즉 두 귀가 완전히 들리지 않거나 거의 들리지 않는 사람을 장애의 정도가 심한 장애인으로 구분한다. 한편 두 귀의 청력손실이 60데시벨 이상이거나, 두 귀에 들리는 보통 말소리의 최대 명료도가 50% 이하인 사람, 혹은 한 귀의 청력 손실이 80데시벨 이상이면서 다른 귀의 청력 손실이 40데시벨 이상인 경우에 장애의 정도가 심하지 않은 장애인으로 구분한다.

다음으로 평형기능장애가 있는데, 이는 청력기능의 손상으로 신체의 평형기능에 장애가 있어 생활에 불편이 따르는 경우를 말하는 것이다. 평형기능은 공간 내에서 자세 및 방향감을 유지하는 능력을 말하며 시각, 고유 수용감각 및 전정기관에 의해 유지되는데, 이 평형기능에 장애가 생긴 경우에 청각장애인으로 분류된다. 「장애인복지법」에서는 양측 평형기능의 소실로 두 눈을 감고 일어서기 곤란하거나 두 눈을 뜨고 직선으로 10m 이상을 지속적으로 걸을 수 없는 사람을 장애의 정도가 심한 장애인으로 구분한다. 한편 양측 평형기능의 감소로 두 눈을 뜨고 10m 거리를 직선으로 걸을 때 중앙에서 60cm 이상 벗어나며, 복합적인 신체운동은 어려운 사람은 장애의 정도가 심하지 않은 장애인으로 분류하고 있다.

2017년 장애인실태조사 결과 청각장애의 장애형태를 청력장애, 평형기능장애로 구분하여 살펴보면, 청력장애는 100.0% 모두 가지고 있었으며, 이들 중에서 평형기능장애도 함께 가진 비율은 0.4%인 것으로 나타나 청각장애인의 일부는 평형기능장애를 동반하고 있었다(김성희 외, 2018). 「장애인복지법」 시행령에서 정하고 있는 청각장애의 종류 및 기준을 살펴보면 다음과 같다.

---

3) 70dB: 가까이에서 큰 소리로 해야 들림.
80dB 이상: 아무 소리도 들리지 않고 크게 진동하는 소리만 들림.

> • **청각장애인(聽覺障碍人)**
> 가. 두 귀의 청력 손실이 각각 60데시벨(dB) 이상인 사람
> 나. 한 귀의 청력 손실이 80데시벨 이상, 다른 귀의 청력 손실이 40데시벨 이상인 사람
> 다. 두 귀에 들리는 보통 말소리의 명료도가 50퍼센트 이하인 사람
> 라. 평형기능에 상당한 장애가 있는 사람

③ 특성

청각장애인의 일차적인 장애는 소리를 잘 듣지 못하는 것이며, 이로 인해 야기되는 이차적인 장애로 가장 흔한 것이 언어장애이다. 특히 청각장애인은 시각장애인과 함께 교육적으로 불이익을 받거나 사회적으로 소외되는 경우가 많다. 또한 경제생활이나 취미, 오락, 종교생활 등 사회 전 영역에 걸쳐 참여의 기회가 제한되거나 본인의 욕구와는 다르게 차별을 당하게 될 수도 있다. 청각장애인들은 수화(수어)/지화, 구화, 필담, 손발이나 몸짓 등을 의사소통 수단으로 사용하고 있다. 한편 정서불안이나 미숙, 자기중심성, 내향성, 냉담성, 공격성 등의 정신적 특성을 보이기도 하나 이는 청각장애 자체 때문이 아니라 의사소통이 잘 안 되기 때문이며, 그로 인해 스트레스를 많이 받는 환경에 처해 있기 때문이라고 할 수 있다.

2017년 장애인 실태조사 결과를 보면 전체 청각장애인의 73.2%는 보청기를 사용하고 있었다. 2014년 보청기 사용률이 61.8%인 것과 비교하면 점차 증가하는 경향을 보였다. 한편 인공와우수술을 하였는지에 대해서는 전체 청각장애인의 3.7%만이 인공와우수술을 하였다고 응답하였다. 의사소통 방법과 관련해서는 청각장애인이 자신의 의사를 다른 사람에게 전달할 때 의사소통을 할 만큼 수화(수어)를 사용할 수 있다는 비율은 7.2%로 나타났다. 청각장애인들이 자신의 의사를 다른 사람에게 전달할 때 주로 어떤 방법을 사용하는지 조사한 결과를 보면, 가장 많이 사용하는 의사소통 방법은 '말'로 나타났다. 주된 의사

소통으로 '말'을 사용한다는 비율이 88.0%로 가장 높게 나타났고, '수화(수어)' 3.8%, '구화' 3.4%의 순으로 나타났다. 2014년 결과에서 '구화'를 사용한다는 비율이 7.5%, '수화(수어)'를 사용한다는 비율이 6.0%였던 것과 비교하면 '말'을 사용하는 비율이 증가하였는데, 보청기의 사용이 증가한 결과로 볼 수 있다(김성희 외, 2018).

### (5) 언어장애

① 현황과 원인

언어장애는 어떤 사람이 의사소통상의 방해를 받아 사회생활면에서 정상적인 적응이 불가능한 경우를 말하는 것으로, 말이 불완전하거나 말이 쉽게 이해되지 않거나, 음성이 듣기에 거북하거나, 특정 음성의 변형이 있거나, 발성이 어렵거나 말의 리듬, 음조 혹은 고저에 이상이 있거나, 말이 말하는 사람의 연령, 성, 신체적인 발달 정도와 일치하지 않는 특성을 보이는 경우 등을 말한다(김성희 외, 2018). 즉, 음성기능 또는 언어기능에 영속적인 현저한 장애가 있는 사람을 의미하며, 음성 또는 언어장애 때문에 의사소통이 어렵거나 이루어지지 않는 경우를 말한다. 2020년 12월 기준, 우리나라에 등록된 언어장애인은 22,391명으로 전체 등록장애인 2,633,026명의 0.9%를 차지하고 있는 것으로 조사되었다. 언어장애는 청각장애나 지적장애, 뇌병변장애 등 다른 장애와 중복되어 나타나기 때문에 실제 언어장애인은 등록된 언어장애인의 수보다 훨씬 더 많다.

언어장애의 원인을 나누어 보면, 크게 기질적 언어장애, 기능적 언어장애로 구분할 수 있다. 첫째, 기질적 언어장애는 언어장애의 주된 원인으로 구개열(언청)의 조음장애, 실어증, 지적장애, 뇌성마비의 조음장애 등이 여기에 해당된다. 둘째, 기능적 언어장애는 신체적 또는 신경계통의 원인이 발견되지 않는 언어장애를 의미하며 말더듬 등이 주로 여기에 해당된다. 이외에 환경적인 원인 등을 포함한 복합적 언어장애가 있으며, 지적장애, 청각장애 등 다른 장애가 언어장애의 요인이 되기도 한다.

2017년 장애인 실태조사 결과 언어장애 발생의 주된 원인이 무엇인지에 대해서는 후천적 원인이 50.4%로 가장 많았고, 선천적 원인 27.2%, 원인불명 16.6%, 출생 시 원인 5.9% 순이었다. 후천적 원인 중 질환에 의해 언어장애가 발생한 비율은 39.9%로 사고에 의한 발생 10.5%보다 월등히 높았다. 성별로는 남성이 여성보다 선천적 원인에 의한 장애발생이 약간 높았으며, 질환에 의한 장애발생 비율은 여성이 남성보다 높았다.

언어장애인의 장애발생 원인 중 가장 많은 비율을 차지하였던 후천적 원인을 질환과 사고로 세분하여 살펴보면, 후천적 원인 중 질환에 의한 경우는 심혈관질환에 의한 경우가 40.2%로 가장 많았고, 다음으로 기타(중독성·감염성 질환 등) 13.5%, 신경계 질환 8.1%, 신생물(종양) 질환 7.6%, 감각기 질환 5.4% 등의 순이었다. 후천적 원인 중 사고에 의한 경우는 교통사고(탑승자+보행자) 7.4%, 의료·약물사고 4.7%의 순이었다(김성희, 2018).

② 유형

언어장애의 유형에는 조음장애(음운장애), 음성장애, 유창성 장애 등으로 구분할 수 있다. 첫째, 조음장애(articulation disorder)는 음운장애(phonological disorder)라고도 하며, 말할 때 말소리를 생략, 대치, 왜곡 또는 첨가하는 것을 말한다. 이는 호흡기관, 발성기관 또는 조음기관의 손상 등으로 인하여 말소리의 산출이 잘못된 말장애와 주변기관은 정상적이나 뇌손상으로 인하여 말소리를 만들지 못하는 장애로 구순, 치열, 혀 등의 기형이나 손상 및 신경마비 등이 그 주된 원인이다. 둘째, 음성(말소리)장애(voice disorder)는 후두·구강·비강 등에 장애가 있어 음성장애를 일으키는 것으로, 음도, 강도, 음질이 정상인의 목소리와 많은 편차를 보이는 특징이 있다. 이러한 음성장애가 후두 내의기능

장애와 관련이 있으면 발성(phonation)장애, 구강 및 비강통로의 기능장애와 관련이 있으면 공명(resonance)장애라고 한다. 셋째, 유창성 장애가 있다. 말의 흐름에는 유창성·속도·리듬 등 세 가지 요소가 포함되는데 이 세 가지 요소 중 일부 또는 전부에 이상이 있으면 말의 흐름에 장애가 있다고 한다. 이를 '말의 흐름장애' 또는 '유창성 장애'라고 하는데, 여기에는 말더듬, 속화증(성급하게 말하기)이 있다.[4] 넷째, 뇌성바미·지적장애·청각장애에 따른 언어장애와 정상적인 언어발달 단계에서 기대된 시기에 언어발달이 이루어지지 않고 언어의 이해와 표현에 어려움을 갖는 언어발달지체, 실어증 등이 있다(김성희 외, 2018). 현재 「장애인복지법」에는 음성기능이나 언어기능을 잃은 사람과 표현언어와 수용언어 지수가 25 미만인 경우에 장애의 정도가 심한 장애인으로 보고, 음성·언어만으로는 의사소통을 하기 곤란할 정도로 음성기능이나 언어기능(수용 및 표현언어 지수 25~65)에 현저한 장애가 있는 사람은 장애의 정도가 심하지 않은 장애인으로 구분한다.

언어장애인의 장애형태는 언어장애 및 실어증이 34.2%로 가장 많았고, 그 다음으로 말은 하지만 발음이 이상하여 알아듣기 어려운 조음장애가 28.8%, 말을 전혀 하지 못하는 경우 26.0%, 음성장애 6.6%, 말더듬 4.5%의 순이었다. 언어장애의 성별 유형을 보면, 남녀 간에 약간의 차이가 있는데, 남성은 조음장애 다음으로 언어장애 및 실어증의 순으로 장애형태가 나타났지만, 여성은 말을 전혀 하지 못한다는 경우가 가장 많았고 다음으로 언어장애 및 실어증의 순이었다(김성희 외, 2018).

4) 말더듬(stuttering): 말소리, 음절 또는 조음 운동을 비정상적으로 반복, 또는 연장하는 것. 속화증(cluttering): 말더듬과 유사하나, 말더듬과는 반대로 화자가 자기의 말에 주의를 기울이면 개선되고, 이완되어 있을 경우에는 두드러지게 나타남.

> • **언어장애인(言語障碍人)**
> 음성기능이나 언어기능에 영속적으로 상당한 장애가 있는 사람

③ 특성

언어장애는 많은 경우 청각이나 지적장애 등 다른 장애와 중복되어 나타나는 경향이 높은데, 여기서의 음성장애는 음성장애보다는 조음장애 등을 포함하고 있는 구어장애의 의미라고 할 수 있다. 2017년 장애인실태조사에서 언어장애인들이 다른 사람에게 자신의 의사를 전달할 때 수화를 사용할 수 있는지를 조사한 결과, 의사소통을 할 만큼 수화를 사용할 수 있는 사람의 비율은 14.1%로 조사되었다. 성별로 보면, 타인과 의사소통을 할 수 있는 수준의 수화를 사용하는 여성의 비율은 남성의 비율보다 더 높았다. 언어장애인들이 자신의 의사를 다른 사람에게 전달할 때 주로 사용하는 방법으로 가장 많이 사용하는 의사소통법은 '말'이었다. '말'로 의사소통하는 경우가 44.2%, 몸짓 34.3%, 수화 8.4%, 필담 5.4%, 구화 3.0% 순으로 나타났다. 성별로는 남성의 경우 말로 의사소통하는 비율이 여성보다 높았고, 대신 몸짓이나 수화, 구화 비율은 여성보다 낮았다. 의사소통보조기구(터치방식, 음향)를 사용하여 의사소통을 하는 언어장애인의 경우, 여성은 2.9%, 남성은 1.3%가 사용하는 것으로 파악되었다(김성희 외, 2018).

### (6) 안면장애

① 현황, 원인과 특성

안면장애는 안면부위의 변형 또는 기형으로 인하여 사회생활을 하는 데 상당한 제한을 받는 장애이다. 2020년 12월 기준, 우리나라에 등록된 안면장애인은 2,677명으로 전체 등록장애인 2,633,026명의 0.1%를 차지하고 있는 것으로 조

사되어 15개 장애유형 중 가장 적은 숫자를 기록하고 있다. 안면장애는 기능상의 특별한 문제점이 없더라도 사회적으로 생활하는 데 큰 어려움을 겪는 사회적 장애의 대표적인 사례로, 지난 2003년 「장애인복지법」 시행령 개정으로 2차 장애인범주가 확대되면서 장애인의 범주에 새롭게 들어가게 되었다.

안면장애의 원인에는 혈관종이나 혈관기형, 신경섬유종증, 거대모반증 등의 선천적인 원인이나 안면부의 화상, 각종 사고로 인한 반흔 등 후천적인 원인이 있다. 2017년 장애인실태조사 결과에서 안면장애 발생 원인을 보면, 선천적인 원인이 41.3%로 가장 높았고, 후천적 원인(사고) 39.3%, 원인불명 10.8%, 후천적 원인(질환) 8.5% 순으로 나타났다. 성별로는 남성은 후천적 사고로 인한 경우가 59.2%로 가장 높았고, 여성은 선천적 원인이 55.4%로 가장 높아 성별로 차이를 보였다. 2014년 조사에서는 남성은 후천적 사고가 원인인 경우가 40.4%였으며, 여성은 후천적 사고가 원인이 100%로 조사에 포함된 표본에 따라 다소 큰 변화폭을 보였다.

안면장애의 후천적 발생 원인을 구체적으로 살펴보면, 후천적 사고는 화상이 37.3%로 가장 높았으며, 기타 사고 및 외상이 26.3%, 교통사고(보행자) 10.6%, 가정 내 사고 7.9%였으며, 질환은 기타(감염성 질환, 중독성 질환)가 15.1%, 신생물(종양) 질환이 2.7%였다. 성별로는 여성이 화상이 69.6%로 가장 높았고 남성은 기타 사고 및 외상이 40.4%로 가장 높았다. 2014년 조사에서는 남성은 감염성질환에 의한 경우가 44.7%로 가장 높았고, 여성은 화상으로 인한 경우가 69.7%였다(김성희 외, 2018).

② 유형

안면장애에는 면상반흔, 색소침착, 모발결손, 조직의 비후나 함몰, 결손이 포함된다. '함몰이나 비후'라 함은 연부조직, 골조직 등의 함몰이나 비후, 위축을 말한다. '안면부'라 함은 두부, 안면부, 경부, 이부와 같이 상지와 하지, 몸통 이외에 일반적으로 노출되는 부분을 의미하며, '노출된 안면부'라 함은 전두부와 측두부, 이개후부의 모발선과 정면으로 보았을 때 경부의 전면과 후면을 구분하는 수직선을 연결한 선을 경계로 얼굴, 귀, 목의 앞면을 포함한다. 모발결손은 탈모증에 의한 것은 제외하며 반흔을 동반한 모발결손으로 국한한다. 얼굴 전면에 혈관종을 앓고 있거나 화상으로 인한 얼굴 변형도 그 정도에 따라 안면장애로 인정받을 수 있다(김성희 외, 2018). 현재 「장애인복지법」에는 노출된 안면부의 75% 이상이 변형된 사람이거나 노출된 안면부의 50% 이상이 변형되고 코 형태의 2/3 이상이 없어진 사람이 장애의 정도가 심한 장애인으로 판정되고, 안면부의 30% 이상이 변형되거나, 코 형태의 1/3 이상이 없어진 경우 혹은 노출된 안면부의 45% 이상에 백반증이 있는 경우에는 장애의 정도가 심하지 않은 장애인으로 규정하고 있다. 「장애인복지법」 시행령에서 정하고 있는 안면장애의 정의를 살펴보면 다음과 같다.

> • **안면장애인(顔面障碍人)**
> 안면 부위의 변형이나 기형으로 사회생활에 상당한 제약을 받는 사람

## 2) 내부기관장애

내부기관장애에는 신장장애, 심장장애, 장루·요루장애, 간장애, 호흡기장애, 뇌전증장애 등 총 6가지 장애가 있다. 내부장애의 현황, 원인과 특성, 그리고 장애판정 기준 등 유형에 대해서 살펴보면 다음과 같다.

### (1) 신장장애

① 현황, 원인과 특성

내부기관장애 중 신장장애는 통상적으로 만성신부전증을 뜻하는 말로, 정상

적인 신장은 인체의 불순물을 제거하고 체내의 수분을 균형 있게 유지시켜 주지만, 만성신장질환으로 인해 신장에 이상이 발생하게 되면 신장은 더 이상 정상적인 기능을 할 수 없게 된다. 따라서 신장장애가 생기면 혈액정화를 목적으로 혈액투석기계를 사용하여 혈액투석을 하거나 인체의 복막을 이용한 복막투석을 하게 된다. 신장장애인은 진료일수가 길고 병원에서 소비하는 시간이 많이 취업 등의 사회적 활동에 제약이 많이 있으며 의료비 부담이 커서 경제적인 고통을 많이 받고 있다.

2020년 12월 기준, 우리나라에 등록된 신장장애인은 97,530명으로 전체 등록장애인 2,633,026명의 3.7%를 차지하고 있어, 내부장애인 중에서는 가장 높은 비율을 차지하고 있다. 2017년 장애인 실태조사 결과에서의 신장장애인의 발생시기를 보면, 40대에 신장장애가 발생한 경우가 28.8%로 가장 많았고 50대 26.7%, 60대 15.1%, 30대 12.0%, 70대 9.6% 등의 순으로 40~50대의 중장년 시기에 발생한 경우가 절반 이상이었다. 성별로는 남성이 40대에 발생한 경우가 34.0%로 가장 높은 반면, 여성은 50대가 33.5%로 가장 높아 여성이 남성에 비해 신장장애 발생시기 연령대가 높은 경향을 보였다. 신장장애인 중 현재 혈액투석 혹은 복막투석을 받고 있는 비율은 81.0%였으며, 성별로 보면, 남성 78.1%, 여성 85.4%로 여성의 비율이 다소 높았다. 한편 신장장애인 중 신장이식을 받은 비율은 23.0%로 나타났다.

신장장애의 장애발생 원인을 살펴보면, 후천적 원인 중 질환에 의한 경우가 97.6%로 압도적으로 높았으며, 후천적 사고는 1.2%, 선천적 원인 1.2%로 나타났다. 한편 신장장애의 주요 원인으로는 만성사구체신염, 당뇨병성 신증, 고혈압성 사구체 경화증 등의 신장질환이 있는데, 원인 질환을 보면, 신장·비뇨·생식기계 질환이 66.7%로 가장 높고, 대사, 면역 및 내분비계 질환이 23.0%, 심혈관 질환 8.0%, 신생물(종양) 질환 0.8%, 기타 0.2% 순이었으며, 사고는 기타사고 및 외상이 1.0%, 교통사고(보행자)인 경우가 0.2%였다. 성별로는 신장

·비뇨·생식기계 질환에 의한 경우 남성 63.3%, 여성 72.1%로 여성이 다소 높았고, 대사, 면역 및 내분비계 질환은 남성과 여성이 유사하게 23% 전후의 비율을 보였으며, 심혈관 질환에 의한 경우는 남성이 9.7%로 여성의 5.3%에 비해 높았다(김성희 외, 2018).

② 유형

만성신부전증으로 3개월 이상 혈액투석이나 복막투석을 받고 있는 사람은 장애의 정도가 심한 장애인으로, 신장을 이식받은 사람은 장애의 정도가 심하지 않은 장애인으로 구분된다. 「장애인복지법」 시행령에서 정하고 있는 신장장애의 정의를 살펴보면 다음과 같다.

> • **신장장애인(腎臟障碍人)**
> 신장의 기능부전(機能不全)으로 인하여 혈액투석이나 복막투석을 지속적으로 받아야 하거나 신장기능의 영속적인 장애로 인하여 일상생활에 상당한 제약을 받는 사람

### (2) 심장장애

① 현황, 원인과 특성

심장장애는 치료일수가 길고 의료욕구가 큰 만성심장질환에 해당하는 것으로 심장의 기능부전으로 인하여 일상생활 정도의 활동에도 호흡곤란 등의 장애가 있어 일상생활 활동에 현저한 제한을 받는 장애로 규정되어 있다. 2020년 12월 기준, 우리나라에 등록된 심장장애인은 5,233명으로 전체 등록장애인 2,633,026명의 0.2%를 차지하고 있다. 2017년 장애인 실태조사 결과 심장장애의 발생시기를 살펴보면 돌 이후가 76.6%로 가장 많았으며, 1세 전에 발생한 경우가 20.6%, 출생 전 또는 출생 시가 1.8%로 조사되었다. 2014년 조사에서 돌 이후에 발생한 경우가 90.0%로 대부분을 차지한 것과 비교하면 약간의

차이가 있다.

돌 이후에 심장장애가 발생한 경우 구체적 발생시기를 보면, 40대 29.5%, 50대 29.4%로 40~50대가 가장 높은 것으로 나타났으며, 이어서 60대 17.1%, 20대 10.8% 등의 순이었다. 이는 심장장애가 고령층에만 한정된 장애가 아님을 보여주는 결과라고 할 수 있다. 한편 2017년 실태조사에서는 심상이식을 받은 경우는 조사되지 않았다. 2014년 조사에서도 심장이식을 받은 비율은 9.2%로 나타나 신장장애, 간장애 등과 비교하면 그 비율이 높지 않은 것을 알 수 있다.

심장장애의 발생원인을 살펴보면 후천적 원인 중 질환에 의한 비율이 63.2%로 가장 높았고, 선천적 원인 27.5%, 원인불명 9.3%로 나타났다. 2014년 결과의 후천적 질환 87.4%, 선천적 원인 8.7%, 후천적 사고 9.3%인 것과 비교하면 선천적 원인에 의한 경우가 높아지고 후천적 질환에 의한 경우가 낮아진 경향을 보이는 것을 알 수 있다. 한편 심장장애의 원인이 후천적인 경우 심혈관질환이 100.0%인 것으로 나타나, 장애와 관련된 선천적 원인 혹은 후천적 심혈관 질환에 의해 발생하는 것으로 볼 수 있다(김성희 외, 2018).

심장장애의 증상으로는 호흡곤란, 경정맥 부종 등이 발생하는데, 일상적인 생활 및 사회생활에서 큰 어려움을 겪게 되며, 특히 직업생활이 어려운 경우가 많아서 경제적 어려움 또한 가중되는 대표적인 장애라고 할 수 있다.

② 유형

심장장애는 입원치료경험자로 임상 및 검사소견 등을 참조한다. 구체적으로는 운동부하검사 또는 심장질환증상중증도(5점 만점), 심초음파 또는 핵의학검사상 좌심실 구혈률(8점 만점), 의학적 검사소견(10점 만점), 심장수술 및 중재시술 병력(8점 만점), 입원병력(5점 만점), 입원횟수(3점 만점), 치료병력(3점 만점)을 종합하여 일정 점수(20점) 이상인 경우에 장애의 정도가 심한 장애인으로 판정한다. 한편 심장을 이식받은 경우에는 장애의 정도가 심하지 않은 장애인으로 구분한다. 「장애인복지법」 시행령에서 정하고 있는 심장장애의 정의를 살펴보면 다음과 같다.

> • **심장장애인(心臟障碍人)**
> 심장의 기능부전으로 인한 호흡곤란 등의 장애로 일상생활에 상당한 제약을 받는 사람

### (3) 호흡기장애

① 현황, 원인과 특성

호흡기장애는 '폐나 기관지 등 호흡기관의 만성적 기능부전으로 인하여 호흡기능의 장애로 인하여 일상생활을 하는데 상당한 제한을 받는 것'을 의미한다. 2020년 12월 기준, 우리나라에 등록된 호흡기장애인은 11,544명으로 전체 등록장애인 2,633,026명의 0.5%를 차지하고 있다. 2017년 장애인 실태조사 결과 호흡기장애의 발생시기를 살펴보면 돌 이후에 장애가 발생한 비율이 100.0%로 조사되었다. 발생시기를 구체적으로 보면, 50대가 33.6%로 가장 많았고, 60대 21.4%, 40대 18.6%, 30대 12.9%의 순이었다. 이는 10~20대에 발생하는 경우도 일부 있지만, 대부분 50대를 중심으로 60대, 30~40대 등 중장년과 노령시기에 발생하는 경향을 보여주고 있다.

호흡기장애의 주된 원인에는 급성과 만성의 기관지염이 있으며, 만성호흡부전을 가진 환자들이 만성적 기침, 객담배출, 호흡곤란을 주증상으로 하며 잦은 폐렴 및 기관지염을 수반하는 질환인 만성 폐쇄성 폐질환 등이 있는데, 이러한 후천적 질환으로 인한 발생원인이 94.9%로 나타났고, 이외에 후천적 사고로 인한 경우가 5.1%였다. 호흡기장애의 원인을 구체적으로 살펴보면 질환으로는 호흡기질환에 의한 경우가 77.5%로 가장 높았고, 다음으로 신생물(종양)질환

9.8%, 기타(중독성 질환, 감염성 질환 등) 7.6% 등의 순이었으며, 사고에 의한 경우는 의료·약물사고가 3.6%, 교통사고(탑승자, 보행자) 1.6%로 나타났다. 성별로는 남성은 호흡기 질환에 의한 비중이 82.8%로 압도적인 반면, 여성은 57.2%만을 차지한 것으로 조사되었다. 반면에 신생물(종양)질환의 경우 남성은 2.6%에 불과한 반면, 여성은 37.0%로 매우 높은 비율로 조사되었다(김성희 외,2018).

② 유형

호흡기장애는 충분한 내과적 치료에도 불구하고 장애가 지속적으로 유지되는 만성호흡기질환임을 확인해야 하며, 호흡곤란 정도, 폐기능 검사에 의한 폐환기기능, 동맥혈 가스 검사에 의한 동맥혈산소분압 등에 의해 장애정도를 판정한다(김성희 외, 2018).

「장애인복지법」상 호흡기 장애의 정도가 심한 장애인은 다음과 같은 특성이 있다. 최중증 호흡기 장애인은 폐나 기관지 등 호흡기관의 만성적인 기능부전으로 안정 시에도 산소요법을 받아야 할 정도의 호흡곤란이 있는 경우이다. 혹은 평상시의 폐환기 기능(1초시 강제호기량) 또는 폐확산능이 정상 예측치의 40% 이하이거나, 안정시 자연호흡상태에서의 동맥혈 산소분압이 65mmHg 이하인 사람도 장애의 정도가 심한 호흡기 장애인으로 분류된다.

한편 폐를 이식받았거나, 늑막루가 있는 사람의 경우에는 장애의 정도가 심하지 않은 경우로 구분하고 있다. 「장애인복지법」 시행령에서 정하고 있는 호흡기장애의 정의를 살펴보면 다음과 같다.

> • 호흡기장애인(呼吸器障碍人)
> 폐나 기관지 등 호흡기관의 만성적 기능부전으로 인한 호흡기능의 장애로 일상생활에 상당한 제약을 받는 사람

### (4) 간장애

#### ① 현황, 원인과 특성

간장애는 간의 만성적인 기능부전과 그에 따른 합병증 등으로 인한 간기능의 장애로 인해 일상생활을 하는 데 상당한 제한을 받는 것을 의미한다. 2020년 12월 기준, 우리나라에 등록된 간장애인은 13,808명으로 전체 등록장애인 2,633,026명의 0.5%를 차지하고 있다. 2017년 장애인실태조사에서 간장애인의 장애발생 시기는 남녀 모두 출생 이후에 발생한 것으로 나타났으며, 여성 중 10.2%는 돌 이전에 발생한 것으로 조사되었다. 간장애인의 장애 발생시기를 구체적으로 보면, 50대가 30.3%로 가장 높게 나타났다. 이를 성별로 보면, 남성은 40대가 26.9%로 가장 높게 나타난 반면, 여성은 50대가 58.5%로 압도적으로 높게 나타났다.

한편 간장애인의 간이식 여부를 보면, 간이식을 한 장애인은 87.2%로 신장장애인이나 심장장애인에 비해서 높은 수치를 기록하였다. 또 지난 2011년 60.7%, 2014년 63.2%에 비해 점차 증가하는 추세이다.

간 장애의 주된 장애발생 원인을 보면, 대부분이 후천적인 원인에 의해 나타났으며, 질환에 의한 발생이 97.3%로 나타났다. 또한 간장애가 발생하는 주요 원인으로는 B형 또는 C형 바이러스의 만성적인 감염과 알코올 과다섭취 등을 들 수 있다. 2017년 장애인 실태조사에서 간장애의 주된 원인을 살펴보면, 소화기계 질환이 60.2%로 가장 높은 분포를 보였으며, 그 다음이 신생물(종양) 질환으로 36.3%를 나타냈다. 지난 2014년 조사의 소화기계질환 75.7%, 신생물(종양)에 의한 원인 24.3%와 비교하면 소화기계 질환에 의한 비율은 낮아지고, 신생물(종양)에 의한 비율은 높아졌음을 알 수 있다(김성희 외, 2018). 한편 간장애의 증세로는 피로, 구토, 식욕부진, 헛배 부름, 소화불량, 체중감소 등을 들 수 있다.

② 유형

간장애는 최초 진단 이후 1년 이상이 경과하고, 2개월 이상의 적극적인 치료에도 불구하고 호전의 기미가 거의 없는 만성간질환의 경우에 장애를 진단하는데, 충분한 내과적 치료에도 장애가 지속적으로 유지되는 간경변증, 간세포암종 등 만성 간질환임을 확인하여 진단한다(김성희 외, 2018). 「장애인복지법」상 장애의 정도가 심한 간장애인은 만성간질환(간경변증, 간세포함종 등)으로 만성간질환 평가척도상 등급이 B나 C로서, 간성뇌증, 난치성 복수, 세균성 복막염 등의 합병증이 나타나거나 관련 병력이 있는 경우를 말한다. 한편 간이식을 받은 사람은 장애의 정도가 심하지 않은 장애인으로 구분한다. 「장애인복지법」 시행령에서 정하고 있는 간장애의 정의를 살펴보면 다음과 같다.

> • **간장애인(肝障碍人)**
> 간의 만성적 기능부전과 그에 따른 합병증 등으로 인한 간기능의 장애로 일상생활에 상당한 제약을 받는 사람

### (5) 장루 · 요루장애

① 현황, 원인과 특성

장루 · 요루장애는 배변기능 또는 배뇨기능의 장애로 인하여 장루 또는 요루를 시술하여 일상생활을 하는 데 상당한 제한을 받는 상태를 의미하며, 대장암이나 방광암 등으로 수술을 받았거나 각종 사고 등으로 인공배뇨관에 의존해 정상적인 배변기능을 상실해서 발생한다. 2020년 12월 기준, 우리나라에 등록된 장루 · 요루장애인은 15,427명으로 전체 등록장애인 2,633,026명의 0.6%를 차지하고 있다.

장루 · 요루장애의 발생시기를 살펴보면, 돌 이후가 96.0%로 대부분을 차지했으며, 성별로 볼 때 남성은 돌 이후에 100%, 여성은 돌 이후에 87.8%, 출생

전 또는 출생 시에 12.2%로 나타났다. 장루·요루장애의 돌 이후 후천적 발생 기기를 보면, 만 70세 이상이 27.8%로 가장 높았고, 40대 21.9%, 50대 19.6% 등의 순으로 나타났다. 장루·요루장애의 발생원인은 질환이나 사고에 의한 후천적 원인이 96.0%로 대부분을 차지하였다.

그 중에서도 후천적 질환에 의한 경우가 93.5%로 대부분인 것으로 나타났다. 후천적장애 원인을 구체적으로 살펴보면, 신생물(종양) 질환이 80.1%로 다른 원인에 비해 큰비율을 차지하였으며, 신장·비뇨·생식기계 질환이 9.4%, 소화기계 질환이 5.2% 순으로 나타났다(김성희 외, 2018).

장루는 복부를 통해 결장부위에 수술로 만들어진 개구이다. 장루수술을 받게 되면 대변이 더 이상 항문을 통해 배출할 수 없고 결장을 통해 배출되며, 배변활동을 스스로 조절할 수 없다. 따라서 대변을 모으기 위한 일회용 주머니를 착용해야 한다. 결장루는 복부틀 통해 결장부위에 수술로 만들어진 개구이고, 회장루는 아랫배를 관통하여 소장에 수술로 만들어진 개구인데, 상처나 질병으로 인해 직장 및 항문과 함께 결장을 수술로 제거할 수도 있다. 이렇게 되면 회장루를 만들게 된다. 회장루에 의한 대장수술 후 대변은 소장에서 직접 나오기 때문에 피부에 매우 자극이 심할 수 있다. 따라서 이때 착용한 주머니는 인공항문 주변에 맞는 보호용 피부벽을 가져야 한다. 한편 요루는 소변을 몸 밖으로 배출해 주기 위해 아랫배에 수술로 만든 개구이다. 요루수술을 하게 되면 소변은 더 이상 요도를 통해 배출되지 않게 되며, 요루를 통해 배출된다. 요루는 항문괄약근을 가지지 않으므로 요루수술을 한 사람은 소변을 보는 것에 대한 자기스스로의 조절능력이 없다. 대신 소변을 모으기 위한 일회용 주머니를 착용한다(김성희 외, 2018). 이러한 이유로 장루·요루장애인은 당사자의 의지와 상관없이 분비물이 나오며, 분비물 냄새 때문에 대인관계 등에서 특히 어려움이 많이 있다.

② 유형

장루 · 요루장애는 원인질환 등에 관하여 충분한 치료를 한 후에도 장애가 고착(복원수술이 가능한 경우 1년 이상 경과)되었음을 장루 · 요루 조성 시술 시의 수술기록지, 병리소견서, 진단서 등으로 확인하여야 한다(김성희 외, 2018). 「장애인복지법」상 장애의 정도가 심한 장루 · 요루장애는 '장루와 함께 요루 또는 방광루를 가지고 있으며, 그중 하나 이상의 루에 합병증으로 장피누공 또는 배뇨기능장애가 있는 사람', '장루 또는 요루를 가지고 있으며 합병증으로 장피누공과 배뇨기능장애가 모두 있는 사람', 또는 '배변을 위한 말단 공장루를 가지고 있는 사람' 등을 말한다. 한편 장애의 정도가 심하지 않은 장루 · 요루장애는 장루 또는 요루 장애를 가진 사람, 방광루를 가지고 있으며, 합병증으로 장피누공이 있는 사람, 방광루를 가진 사람으로 정하고 있다. 「장애인복지법」 시행령에서 정하고 있는 장루 · 요루장애의 정의를 살펴보면 다음과 같다.

> • **장루·요루장애인(腸瘻·尿瘻障碍人)**
> 배변기능이나 배뇨기능의 장애로 인하여 장루(腸瘻) 또는 요루(尿瘻)를 시술하여 일상생활에 상당한 제약을 받는 사람

### (6) 뇌전증장애

① 현황, 원인과 특성

뇌전증장애는 뇌전증에 의한 뇌신경세포의 장애로 인하여 일상생활 또는 사회생활을 하는데 상당히 제한을 받는 것을 의미하며, 뇌전증발작이 언제든지 재발할 수 있는 만성적인 질병상태를 말한다. 뇌전증 장애는 2003년 제2차 장애인 범주확대에 따라 추가된 장애로 간질장애로 불리다가 지난 2014년 6월 「장애인복지법」 시행령 개정으로 명칭이 뇌전증장애로 변경되었다. 대뇌의 이상 또는 손상이 있게 되면 원래 갖고 있는 전기에너지가 과도하게 방출되

어 주변으로 퍼져나가게 되고, 이로 인해 경련발작, 의식소실 등의 증세를 유발하게 되는데, 뇌전증이란 이러한 현상들이 반복적으로 발생하는 질병을 말하는 것이다(김성희 외, 2015). 2020년 12월 기준, 우리나라에 등록된 뇌전증장애인은 7,093명으로 전체 등록장애인 2,633,026명의 0.3%를 차지하고 있다. 2017년 장애인실태조사 결과 뇌전증의 발생시기를 보면 83.9%가 돌 이후에 발생한 것으로 나타났으며, 출생 전 또는 출생 시 10.7%, 돌 이전 5.3% 등의 순으로 조사되었다. 뇌전증장애의 후천적 발생시기를 살펴보면 만 10~19세가 33.8%로 가장 높았으며, 이어서 만 5~9세 24.3%, 만 1~4세 19.9%의 순으로 조사되어 만 20세 이전에 발생한 경우가 78.0%인 것으로 나타났다. 20세 이전에 발생한 비율이 2011년 61.0%, 2014년 68.9%로 조사되었던 것과 비교하면 점차 증가한 것으로 볼 수 있다(김성희 외, 2018).

뇌전증의 원인은 매우 다양하여 뇌손상을 가져올 수 있는 뇌출혈, 뇌경색, 뇌종양 등의 뇌손상에 의해 일어날 수 있고, 이러한 원인에 의해 손상된 부위에서 소위 비정상적인 전기가 방출되어 재발성 경련이 일어나는 것으로 볼 수 있다. 이러한 뇌전증은 원인을 알 수 없는 뇌전증증후군(유전적 성향 등)과 명확한 원인이 발견되는 징후성 뇌전증(대뇌의 선천성 발달기형, 저산소 허혈성 뇌증, 뇌염, 두부외상 및 대사성 뇌질환 등)으로 구분할 수 있다. 뇌전증장애의 발생 원인을 구체적으로 살펴보면, 후천적 원인에 의한 발생이 59.1%(질환 40.4%, 사고 18.7%)로 가장 높은 비율을 차지하였다. 한편 원인불명도 전체의 22.9%로 매우 높게 나타났다. 이외에 선천적 원인에 의한 발생은 9.0%, 출생 시 저산소증 등과 같은 출생 시 원인으로 인한 발생 9.0%인 것으로 분석되었다. 질환이나 사고와 같은 후천적 원인에 의해 뇌전증장애를 가진 사람들의 장애 원인을 구체적으로 보면, 신경계 질환이 전체의 44.6%로 나타났으며, 기타(중독성 질환, 감염성 질환 등)의 경우가 19.1%로 나타났다. 그 외 심혈관 질환, 폭력에 의한 사고, 가정 내 사고, 교통사고, 운동(스포츠) 및 놀이 중 사고, 전상, 기타 사고 및 외상 등 그 원인이 다양하였다(김성희 외, 2018).

한편 뇌전증의 특성으로는 발작으로 인해 뇌기능이 일시적으로 정지되는 증상이 계속되는 경우 뇌 전체에 나쁜 영향을 미쳐 학습장애, 기억력, 집중력, 지능저하와 사회적응능력 저하를 유발하기도 하며, 갑자기 허공을 응시하고, 멍청해지거나 몸의 일부 또는 전체를 뒤틀고 정신을 잃으면서 온몸을 뒤흔드는 갑작스런 행동변화를 보이기도 한다.

② 유형

「장애인복지법」상 뇌전증장애는 성인과 소아청소년로 구분하여 장애판정의 기준을 정하고 있다. 먼저 성인 뇌전증 장애인은 적극적인 치료에도 불구하고 월 5회 이상의 중증발작 또는 월 10회 이상의 경증발달이 연 6회 이상 있고, 이로 인해 요양관리가 필요한 호흡장애, 흡인성 폐렴, 심한 탈진, 두통, 구역, 인지기능 장애가 필요한 경우에 장애의 정도가 심한 장애인으로 분류된다. 한편 적극적인 치료에도, 월 1회 이상의 중증발작이 있거나, 월 2회 이상의 경증발작이 연 3회 이상이 있는 경우에는 장애의 정도가 심하지 않은 장애인으로 분류된다. 소아청소년의 경우에는 전신발작, 신체의 손상을 초래할 수 있는 머리가 먼저 떨어지는 발작, 뇌전증성 뇌병증, 근간대성발작 등의 빈도와 횟수를 고려하여 장애의 정도를 구분한다. 1개월을 기준으로, 전신 발작이 4회 이상이거나, 부분 발작이 10회 이상이거나, 머리가 먼저 떨어지는 발작, 뇌전증성 뇌병증으로 인한 발작, 근간대성발작으로 자주 넘어져 다칠 수 있는 경우가 발생하면 장애의 정도가 심한 장애인으로 분류한다. 반면에 전신 발작이나 부분발작이 1개월에 1회 이상이거나, 머리가 먼저 떨어지는 발작 혹은 뇌전증성 뇌병증으로 인한 발작 혹은 근간대성발작으로 자주 넘어져 다칠 수 있는 경우가 6개월에 1회 이상 발생한 경우에는 장애의 정도가 심하지 않은 장애인으로 분류한다. 「장애인복지법」 시행령에서 정하고 있는 뇌전증장애의 정의를 살펴보면 다음과 같다.

> • **뇌전증장애인(腦電症障碍人)**
> 뇌전증에 의한 뇌신경세포의 장애로 인하여 일상생활이나 사회생활에 상당한 제약을 받아 다른 사람의 도움이 필요한 사람

## 3) 발달장애[5)]

### (1) 지적장애

① 현황과 원인

지적장애는 18세 이전에 정신발달이 불완전하여 지능이 평균 이하로 저하되고, 이로 인하여 자기의 신변 관리와 사회생활에의 적응이 곤란한 상태에 있는 경우를 말한다(김성희 외, 2015). 2020년 12월 기준, 우리나라에 등록된 지적장애인은 217,108명으로 전체 등록장애인 2,633,026명의 8.2%를 차지하고 있다. 2017년 장애인 실태조사 결과 지적장애 발생시기를 살펴보면 '돌 이후'가 82.8%로 가장 많이 발생하는 것으로 나타났다. 하지만, '출생 전 또는 출생 시'10.2%, '돌 이전'이 6.6%순으로 나타나 다른 장애와 달리 선천적인 요인에 의해서 장애가 발생하는 경향이 높은 것을 알 수 있다. 지적장애가 돌 이후 발생한 경우 1~4세가 39.6%로 가장 많고, 5~9세 32.8%, 10~19세 18.9%, 20~29세 2.4% 등의 순으로 연령이 증가할수록 후천적 지적장애 발생률은 감소하는 경향을 보였다. 지적장애의 장애원인을 살펴보면, 원인불명이 47.0%로 가장 높았고, 이어서 선천적 원인 31.8%, 후천적 사고 7.9%, 출생 시 원인

5) 발달장애에 대한 좀더 자세한 내용은 6장 '중점지원대상 장애인(2): 발달장애인'을 참조하기 바람.

6.9%, 후천적 질환 6.4%의 순이었다. 이러한 결과는 2014년 지적장애의 장애 발생 원인 결과와 비슷한 양상(2014년 원인불명 34.4%, 선천적 원인 27.9%, 후천적 질환 19.2%, 후천적 사고9.8%, 출생 시 원인 8.7%)이라고 할 수 있지만, 후천적 사고와 출생 시 원인이 감소하고 선천적 원인과 원인불명이 증가하였다고 할 수 있다(김성희 외, 2018).

지적장애의 후천적 원인을 질환과 사고로 세분화하여 살펴보면, 후천적 사고에 의한 원인이 55.2%로 후천적 질환에 의한 발생비율 44.8%에 비해 많았다. 이는 지난 2014년(후천적 질환 66.2%, 후천적 사고 33.8%)과 2011년(후천적 질환 55.9%, 후천적 사고 44.1%)의 연구결과와 약간 다른 양상이라고 할 수 있다. 한편 지적장애의 후천적 질환에 의한 세부 장애원인을 보면, 기타(중독성 질환 및 감염성 질환 등)질환이 21.7%로 가장 많았고, 심혈관 질환 13.5%, 신경계 질환 7.4%의 순이었다. 후천적 사고에 의한 경우 교통사고(탑승자+보행자)가 21.4%로 가장 많았고, 기타 사고 및 외상 10.8%, 가정 내 사고 6.0%, 운동(스포츠) 및 놀이 중 사고 5.4%, 폭력에 의한 사고 4.6%의 순으로 나타났다.[6)]

② 유형

현재 「장애인복지법」에는 지적장애는 모두 장애의 정도가 심한 장애인으로 정리하고 있다. 웩슬러 지능지수를 기준으로 지능지수가 70 이하인 사람이 대상이 되는데, 장애의 정도에 따라 일생동안 타인의 보호가 필요한 사람부터, 교육을 통한 사회적, 직업적 재활이 가능한 사람이 모두 속해 있다. 「장애인복

6) 한편 지적장애가 발생하는 요인은 생물학적 요인과 사회심리적 요인으로 구분할 수 있다. 먼저 생물학적 요인에는 첫째, 유전인자나 염색체에 이상이 있는 유전적 요인, 둘째, 약물복용, 감염(풍진, 매독, 톡소플라스마증), 방사선 노출, 과음 등의 산전 요인, 셋째, 뇌손상, 질식, 대뇌무산소증, 조산 등의 출산 시 요인, 그리고 넷째, 감염, 뇌손상, 뇌의 타박상, 약물중독, 뇌종양, 심한 간질병, 뇌염, 뇌막염, 납중독, 심한 영양실조 등의 출생 후 요인 등이 있다. 한편 사회심리적 요인으로 유아기의 애정결핍과 자극부족 등이 제시되고 있다.

지법」 시행령에서 정하고 있는 지적장애의 정의를 살펴보면 다음과 같다.

> • **지적장애인**(知的障碍人)
> 정신 발육이 항구적으로 지체되어 지적 능력의 발달이 불충분하거나 불완전하고 자신의 일을 처리하는 것과 사회생활에 적응하는 것이 상당히 곤란한 사람

③ 특성

지적장애인의 특성에 대해서 살펴보면 다음과 같다. 신체 성장의 경우에는 지적장애를 갖고 있지 않은 아동과 유사하다고 할 수 있다. 운동능력은 비장애 아동에 비해 일반적으로 2~4년 정도 뒤떨어진다고 알려지는데, 지적장애가 심할수록 운동기능이 떨어지는 상황이다. 지적활동과 관련해서는 지능의 균형적 발달이 어렵고, 추상화나 일반화가 비장애인에 비해 어려운 상황이다. 특히 언어발달이 전반적으로 떨어진다고 할 수 있다. 행동적인 면에서 살펴보면 욕구 조절, 도덕적·사회적 가치에 대한 의식 이 약한 편이고, 학습능력과 관련해서도 주의력이 떨어지고, 복잡한 수 개념이 없으며, 추상성이나 일반화의 능력이 비장애인에 비해 낮으며, 시간과 공간 등의 개념이 희박하다고 할 수 있다. 또한 일상생활적인 면에서 살펴보면, 의사소통능력, 집단생활능력, 이동능력, 자기지향력, 일처리능력, 작업능력 순으로 지체를 보인다고 알려져 있다. 한편 결혼생활과 관련해서는 지적장애인도 임신과 출산이 가능하고, 만족스러운 결혼생활 유지가 가능하다. 다만, 지적장애의 특성상 특히 육아문제 해결을 위한 지원이 필요하다고 할 수 있다.

2017년 장애인실태조사 결과 중 의사소통 수행능력을 보면, 스스로 대부분의 의사소통이 가능한 경우가 29.9%로 가장 높았고, 스스로 간단한 의사소통 가능 29.7%, 도움을 통해 간단한 의사소통 가능 24.3%, 의사소통이 전혀 불가능 9.3%, 완전하게 의사소통 가능 6.8% 등으로 나타났다. 한편 의사소통 방법

은 말이 83.2%로 가장 높았고, 이어서 몸짓 16.7%, 의사소통카드(그림 카드 등) 0.2%로 나타났다(김성희 외, 2018).

### (2) 자폐성장애

#### ① 현황과 원인

지난 2000년 제1차 장애범주 확대로 장애범주에 포함된 자폐성장애는 1943년 Leo Kanner에 의해 처음으로 보고되었다. Kanner의 보고에 의하면, 이러한 아동은 태어날 때부터 사람과 주변 환경에 대하여 관계형성이 어렵고, 언어의 발달에 심각한 장애가 있으며, 여러 종류의 행동장애가 동반된다고 하였다(김성희 외, 2018). 미국자폐아협회에서는 '전형적으로 출생 후 30개월 이전에 나타나고, 발달속도나 순서에서 장애가 있으며, 감각자극에 대한 장애와 언어·인지에서의 장애, 사람·사건·사물에 반응하는 능력에서의 장애가 있는 경우'를 자폐성장애로 보고 있다. 결국 자폐성장애는 지적장애나 뇌손상이 아니면서 사회성, 언어, 인지 발달에서 심각한 장애가 있어서 정상적 발달을 이루지 못하여 일상생활에 적응을 하지 못하는 사람이라고 할 수 있다. 2020년 12월 기준, 우리나라에 등록된 자폐성장애인은 30,802명으로 전체 등록장애인 2,633,026명의 1.2%를 차지하고 있다. 대체로 모든 장애유형에서 남성이 여성보다 많지만, 특히 자폐성장애인의 경우에는 남성이 25,946명(84.2%)으로 여성 4,856명(15.8%)에 비해 월등히 많은 것으로 조사되었다. 한편 자폐성장애인의 경우에는 지적장애 또는 뇌전증과 같은 동반장애를 함께 갖고 있는 경우가 많은데, 2017년 장애인실태 조사 결과 지적장애만 동반된 경우 37.6%, 지적장애와 뇌전증 모두 동반된 경우는 12.6%였다. 한편 동반장애가 없는 경우는 49.9%로 조사되었다. 2014년 조사 결과(동반장애 없음 18.7%, 지적장애만 63.8%, 지적장애와 뇌전증장애 모두 동반 18.7%)와는 다소 다른 경향을 보였다. 성별로 보면 여성의 경우 동반장애가 없는 경우가 25.0%에 불과한 반면, 남성은 53.9%가 동반장애가 없는 것으로 조사되어 성별에 따른 차이가 큰 것을 알 수 있다.

2017년 장애인 실태조사 결과 자폐성장애의 발생시기를 살펴보면, 돌 이후가 94.2%로 대부분이었고, 출생 전 또는 출생 시 3.3%, 돌 이전 2.6% 순이었다. 자폐성장애가 돌 이후에 발생한 경우 연령을 보면 만 1~4세에서 발생한 경우가 69.0%, 만 5~9세가 31.0% 순이었다. 성별로 보면 여성은 모두 5세 미만에 발생한 것으로 조사되었으며, 남성은 만 1~4세 64.6%, 만 5~9세 35.4% 순이었다. 자폐성장애의 원인은 불확실하나 기질적 뇌기능상의 이상으로 발생하는 것으로 보고 있다. 환경적인 요인보다는 생물학적, 혹은 기질적인 요인이 주된 요인으로 알려져 있다. 2017년 장애인실태조사 결과에서는 원인 불명이 45.3%로 가장 많았으며, 선천적 원인 39.9%, 출생 시 원인 11.2%, 후천적 질환 3.6%의 순이었다. 2014년 조사결과(원인불명 59.3%, 선천적 원인 17.2%, 후천적 질환 16.5%, 출생 시 원인 7.1%)와 비교하면 원인불명, 후천적 질환 비율은 감소하고 선천적 원인, 출생 시 원인은 높아진 것을 알 수 있다(김성희 외, 2018).

② 장애판정 기준

우리나라에서는 공식적인 발달장애의 분류체계로 사용하고 있는 국제질병분류표 ICD-10(International Classification of Diseases, 10th Version)의 진단지침에 따라 진단명이 전반성발달장애(자폐증)인 경우에 자폐성장애 판정을 하게 되는데, 모두 장애의 정도가 심한 장애인으로 분류된다. 자폐성장애는 전반적 발달장애의 증상이 나타나고, 자폐로 인한 손상의 정도를 파악하며, 정신적 능력상태 등을 종합적으로 판단하여 진단이 이루어진다. 자폐성 장애인 중 일부는 지적장애를 동반할 수도 있으나, 그렇지 않은 경우도 존재한다. 「장애인복지법」 시행령에서 정하고 있는 자폐성장애의 정의를 살펴보면 다음과 같다.

> • **자폐성장애인(自閉性障碍人)**
> 소아기 자폐증, 비전형적 자폐증에 따른 언어·신체표현·자기조절·사회적응 기능 및 능력의 장애로 인하여 일상생활이나 사회생활에 상당한 제약을 받아 다른 사람의 도움이 필요한 사람

③ 특성

자폐성장애의 특성에 대해서 살펴보면 다음과 같다. 첫째, 대인관계 형성 장애가 있다. 출생 후 수개월부터 사람과의 눈맞춤과 신체접촉을 피한다. 한편 낯가림을 보이지 않고, 혼자서 지내기 좋아하고 주 부양자와의 애착형성 안 되는 경향이 있다. 불러도 대답 없고 타인의 존재 인식하지 않는 듯 행동을 많이 보인다. 둘째, 언어장애가 있다. 언어발달이 전혀 안되거나 괴성, 옹알이와 모방언어가 없는 경향이 많다. 언어발달이 시작되어도 무의미한 되풀이나 선전문구 등을 이야기하거나, 발음과 음의 고저가 특이한 경향을 보인다. 한편 언어가 발달되어도 이해력과 연상이 비장애인과 다른 경향을 보인다. 셋째, 행동장애가 있다. 변화에 대한 저항과 반복적 행동을 보인다. 한 가지 물건에 집착하거나 한 가지 행동을 되풀이하거나, 편식이 심하고 고집이 센 경향이 있다. 넷째, 지적인 능력을 살펴보면, 전체 자폐성장애인의 3/4 정도는 비장애인보다 낮은 경향을 보이며, 지적장애를 동반한다. 또, 지능이 전반적으로 낮다기보다 불규칙한 지능발달을 보이는 경향이 많은데, 장기기억보다 단기기억에 기억결함이 나타날 가능성이 높다. 한편 고기능 자폐성장애인의 경우 뛰어난 장기기억을 보유하는 경우가 있다.

2017년 장애인실태조사 결과 중 의사소통 수행능력을 보면, 도움을 통해 간단한 의사소통 가능이 37.2%로 가장 높았고, 스스로 간단한 의사소통 가능 25.6%, 스스로 대부분의 의사소통 가능 24.6%, 의사소통이 전혀 불가능 11.4%, 완전하게 의사소통 가능 1.3% 등으로 나타났다. 한편 의사소통 방법은

말이 56.0%로 가장 높았고, 이어서 몸짓 40.8%, 의사소통카드(그림 카드 등) 3.2%로 나타났다. 성별로 보면 여성이 남성에 비해 의사소통수행능력이 더 부족한 것을 알 수 있으며, 의사소통 방법에서는 남성은 말로 의사소통을 하는 비율이 62.8%로 가장 높은 반면, 여성은 몸짓이 85.8%로 말 14.2%보다 훨씬 높게 나타났다(김성희 외, 2018). 이는 자폐성장애의 경우 남성보다 여성의 장애 정도가 심한 경우가 더 많고, 동반장애를 가지는 비율도 높기 때문으로 판단된다.

## 4) 정신장애

### (1) 정신장애

① 현황, 원인과 특성

지난 2000년 장애인범주의 확대로 새롭게 장애인 범주에 포함된 정신장애는 생물학적·심리적 병변으로 인하여 정신기능의 제 영역인 지능, 지각, 사고, 기억, 의식, 정동, 성격 등에서 병리학적 현상이 진행되는 것이라고 할 수 있다. 즉, 지속적인 조현병 증상, 조현정동장애, 양극성 정동장애, 재발성 우울장애에 따른 감정조절·행동·사고 기능 및 능력의 장애로 인하여 일상생활이나 사회생활을 하는데 어려움이 있어 다른 사람의 도움이 필요한 경우를 말한다. 2020년 12월 기준, 우리나라에 등록된 정신장애인은 103,525명으로 전체 등록장애인 2,633,026명의 3.9%를 차지하고 있다. 2017년 장애인실태조사에서 정신장애의 발생시기를 살펴보면, 98.9%가 돌 이후에 발생한 것으로 조사되었으며, 돌 이전에 발생한 경우가 1.1%였다. 장애발생시기를 연령별로 살펴보면, 20대에 발생한 경우가 35.5%, 10대에 발생한 경우가 23.3%, 30대에 발생한 경우가 21.0%, 40대에 발생한 경우가 10.4% 등의 순으로 조사되어(김성희 외, 2018), 비교적 젊은 연령대에 장애가 발생하는 것을 알 수 있다. 정신장애의 장애발생원인은 후천적 원인에 의한 경우가 95.4%로 가장 높았고, 그외 원인불명과 선천적 원인은 각각 3.8%, 0.8%로 나타났다. 정신장애의 후천적 장애원인으로 정신질환에 의한 경우가 87.5%로 가장 높았고, 후천적 사고에 의한 경우는 폭력에 의한 사고 4.3%, 교통사고(탑승자) 2.0%, 가정 내 사고 1.9%, 전상(군대에서의 상해 포함) 1.5%의 순이었다. 특히 남자의 후천적 사고에 의한 장애발생을 보면 폭력에 의한 사고가 6.3%, 교통사고(탑승자) 3.1%, 전상(군대에서의 상해 포함) 2.9%, 가정 내 사고 2.0%, 운동(스포츠) 및 놀이 중 사고 1.5% 등으로 나타났다. 여자는 기타 2.3%, 폭력에 의한 사고가 2.2%, 가정 내 사고 1.8%, 교통사고(탑승자) 0.9%의 순이었다. 정신장애는 전체적으로 조현병의 발생비율이 70.4%로 가장 높았고, 그외 우울장애 12.1%, 양극성 정동장애 11.2%, 조현정동장애 4.2% 순으로 나타났다. 성별로 보면, 조현병과 우울장애는 여성의 발병률이 77.0%와 15.4%로 남성의 64.3%와 9.0%에 비해 높았고, 양극성 정동장애와 조현정동장애는 남성의 발병률이 17.9%와 5.4%로 여성의 3.8%와 2.8%에 비해 높았다.

② 유형

우리나라에서 공식적인 정신질환 분류체계로 사용하고 있는 제10차 국제질병사인분류(International Classification of Diseases, 10th Version) 의 진단지침에 따라 ICD 10의 F20 조현병, F25 조현정동장애(調絃情動障碍), F31 양극성 정동장애 및 F33 재발성 우울장애, F028 · F06(단, F067 제외) · F07(단, F072 제외) 뇌의 신경학적 손상으로 인한 기질성 정신장애, F42 강박장애, F952 투렛장애(Tourette's syndrome), G474 기면증으로 진단된 경우에 정신장애 판정을 할 수 있다. 이때 정신장애판정을 받기 위해서는 장애판정 직전 1년간 지속적으로 치료하였다는 것을 증명하는 치료력을 제출하여야 한다. 정신장애 정의에서 제시된 주된 정신질환명들에 대해 구체적으로 살펴보면 다음과 같다(김성희 외, 2018).

- 조현병: 주로 사춘기 전후부터 20대 초반에 발생하는 정신질환으로 환각 등의 지각장애, 망상이나 사고전파 등의 사고장애, 감정이 무뎌지는 감정장애, 무관심 등의 의지장애 등이 나타남.
- 양극성 정동장애: 기분 및 감정의 변동이 심한 증상이 반복적으로 나타나는데, 기분이 비정상적으로 너무 고양되고, 과대망상, 사고비약, 수면장애(잠을 거의 자지 않음) 등의 증상이 동반되는 조증상태와 기분이 비정상적으로 침울하고, 죄책망상, 자살사고, 수면장애(잠을 너무 많이 자거나 자고 싶어도 잠을 못 잠), 식욕부진, 대인관계 기피 등의 증상이 동반된 우울상태가 반복됨.
- 재발성 우울장애: 기분이 비정상적으로 침울하고, 죄책망상, 자살사고, 수면장애, 식욕부진, 대인관계 기피 등의 증상이 동반된 우울상태가 반복됨.
- 조현정동장애: 조현병의 증상과 정동장애(조증 또는 우울증)의 증상이 동일한 정도로 존재함.

법으로 정한 정신장애인은 모두 장애의 정도가 심한 장애인으로 분류되었으나, 2021년 4월 장애인복지법 시행규칙이 일부 개정되어 정신장애인의 범주에 강박장애, 투렛장애 등으로 일상생활에 상당한 제약을 받는 사람을 추가하면서, 경증장애인까지 확대되었다. 현재 치료 중인 상태에서, 정신질환의 진단명과 진단 시기를 고려하여, 정신질환의 정도와 질환으로 인한 정신적 능력 장애를 확인하여 이를 종합하여 판정을 내리게 된다. 즉, 앞에서 언급된 투약 상태에서 조현병, 양극성 정동장애, 재발성 우울장애, 조현정동장애의 증상이 나타나는지 살피고, 6가지 기준으로 분류된 일상생활에서의 능력상의 장애가 3항목 이상에서 발생하는지 검토하며[7], 전반적 기능상태(global assessment of functioning)가

7) 능력장애를 구분하는 6가지 기준은 적절한 (1) 음식섭취, (2) 대소변관리, 세면, 목욕, 청소 등의 청결 유지, (3) 적절한 대화기술 및 협조적 대인관계, (4) 규칙적인 통원, 약물 복용, (5) 소지품 및 금전관리나 적절한 구매 행위, (6) 대중교통이나 일반 공공시설의 이용이다.

60점 이하인지 종합적으로 검토하여 장애판정을 하는 것이다.

> • **정신장애인(精神障碍人)**
> 다음의 장애 및 질환에 따른 감정조절, 행동, 사고 기능 및 능력의 장애로 일상생활이나 사회생활에 상당한 제약을 받아 다른 사람의 도움이 필요한 사람
> – 지속적인 양극성 정동장애(여러 현실 상황에서 부적절한 정서 반응을 보이는 장애), 조현병, 조현정동장애 및 재발성 우울장애
> – 지속적인 치료에도 호전되지 않는 강박장애, 뇌의 신경학적 손상으로 인한 기질성 정신장애, 투렛장애 및 기면증

## 생각해보기

1. 우리나라 「장애인복지법」에서의 장애인 범주는 적합한가?
2. 장애인범주를 확대한다면 새롭게 추가되어야 할 장애는 무엇이라고 생각하는가? 또 그 이유는 무엇인가?
3. 최근 장애인등급제가 폐지되고, 장애의 정도에 따른 구분으로 전환되었다. 이후 장애인 당사자를 위한 맞춤형 지원을 위해 장애인 등록과 지원은 어떤 방식으로 개편되어야 한다고 생각하는가?

# 5장 중점지원대상 장애인(1): 장애여성

주요 학습문제

- 우리나라 장애여성의 현황과 실태는 어떠한가?
- 장애여성의 성발달과 성정체성에 영향을 주는 요인은 무엇인가?
- 임신, 출산과 육아에서 장애여성이 겪는 어려움은 무엇이 있는가?
- 장애여성이 경험하는 학대와 폭력에는 무엇이 있으며, 이에 대한 대책은 어떠한가?

비장애인 남성 중심의 사회에서 장애인이면서 여성이라는 주변적 위치를 갖는 장애여성은 교육, 노동, 문화, 정치 등 삶의 모든 영역에서 심각한 차별을 받아 왔다. 특히 우리나라의 장애여성은 전통적인 가부장적인 문화와 사회적 체제 속에서 여성과 장애인이라는 이중차별과 함께 빈곤 등 다양한 영역에서 다중의 차별을 경험하고 있다.

여기서는 먼저 장애여성의 차별과 우리나라 장애여성 실태를 살펴보았다. 이를 위해 장애여성의 일반적인 특성과 임신, 출산, 육아 등의 문제 및 실태를 장애인실태조사 결과를 중심으로 먼저 살펴보았다. 그리고 장애여성의 삶에서 큰 비중을 차지하는 성, 출산과 육아 등 여성으로서 필수적으로 겪게 되는 주제를 분석하고, 학대와 폭력 등 장애여성이 많은 부분 경험하고 있는 문제에 대해서도 살펴보았다.

# 1. 장애여성과 차별

## 1) 장애여성

능력주의와 정상신체주의를 중요하게 생각하는 우리 사회에서 살아가는 장애인은 의존적이고 능력이 없으며 정상에서 벗어나 문제가 있는 사람으로 간주된다. 또 남성 중심의 가부장제 사회에서 사는 여성은 남성보다 열등하고 의존적인 존재로 인식된다. 이러한 사회적 구조와 규범 속에서 장애여성은 비가시적이고 의존적인 존재로 가치 절하되며, 사회적 억압과 차별에 노출되어 왔다(Fine & Asch, 1988; Lonsdale, 1990; Morris, 1991; 임종호 · 이영미 · 이은미, 2016에서 재인용). 오혜경과 김정애(2000)는 장애여성이란 '하나 혹은 그 이상의 신체적 · 정신적 장애를 지니면서 사회적 장애를 경험한 여성으로 손상의 심각성, 성적 성향, 문화적 배경, 생활공간이 지역사회이든 시설이든 상관없이 장애 소녀를 비롯한 모든 연령대의 여성'으로 정의하고 있다. 현재 우리 사회에서는 여성장애인, 장애여성 등을 혼용하여 사용하고 있다.[1)]

---

1) 장애를 가진 여성을 지칭할 때 '여성장애인' 또는 '장애여성'이라는 말을 사용하는데, 전자는 여성이라는 성별보다는 장애라는 특성을 가진 장애인을 강조하는 말로 사용되는 경향이 있고, 후자는 여성을 강조하는 말로서 여성으로서 장애라는 차이와 제한을 가지고 있다는 의미를 강조할 때 사용되는 경향이 있다(임종호 · 이영미 · 이은미, 2016). 여기서는 '장애여성'을 사용하고자 한다.

### 2) 장애여성 차별

사람들 사이에는 다양한 차이가 존재한다. 그런데 모든 차이가 차별을 야기하는 것은 아니다. 개인과 집단 간의 차이들 가운데 차별로 전환되는 것은 그 차이가 위계성을 띄며, 개인과 집단을 배제, 분리하고 통제하게 되는 경우이다. 비장애남성이 기준인 사회에서 장애여성은 차이로서 인식되는 것이 아니라 정상의 규범에 미치지 못하는 열등한 존재로 자리매김되며, 구별·배제·제한되어 차별을 경험하게 된다(오상진, 2012).

우리나라에서 장애여성 차별에 관한 이론으로는 성차별에 장애인 차별이 더해진 것이라는 이중차별론이 먼저 대두되었다(오혜경·김정애, 2000). 이에 대해 김은실과 박승희(2002)는 우리 사회에서 장애여성의 지위를 열악하게 만드는 요인으로 제시되고 있는 장애여성 차별을 구성하는 내용으로 다음과 같이 3가지를 제시하고 있다. 첫째는 여성차별과 장애인차별이 중첩됨으로써 나타나는 차별이며, 둘째는 장애인문제에서 배제됨으로써 발생하는 차별이며, 셋째는 여성문제에서 배제됨으로써 발생하는 차별이라는 것이다. 이러한 3가지 차별은 서로 유기적으로 상호작용하면서 새로운 형태의 차별을 발생시키고 있다고 할 수 있다. 이러한 점에서 장애여성 차별은 장애차별과 여성차별의 단순한 합이 아니라 다중적으로 새롭게 경험되는 형태의 차별이라고 할 수 있다.

## 2. 장애여성과 성

현대 사회에서 미와 여성의 전통적 역할에 대한 중시는 장애여성이 여성으로서 무가치한 존재로 인식하도록 만들었다. 또 장애여성은 성장과정에서 성정체감 형성에 많은 어려움을 겪고 있다. 예를 들어 장애여아에 대한 부모의 기대가 비장애아동에 비해 없거나 현저하게 적으며, 이는 성정체감을 형성할 수 있는 기회가 부족하다는 것을 의미한다고 할 수 있다. 장애여성의 성발달에 관한 연구를 보면, 첫째, 장애인소녀는 비장애인소녀들에 비해 사회적이고 성적인 성취가 적으며 첫키스, 첫데이트 등이 늦다. 둘째, 그들의 제한된 경험은 관심의 부족에서 오는 것이 아니라 기회의 부족에서 오는 것이다(김교연, 2005).

이러한 장애여성들이 성장하면서 사회관계 영역에 대한 접근의 부족은 여러 가지 부정적인 효과를 가져온다. 사회적이고 성적인 활동에 대한 참여는 중요한 사회적 기술을 발달시키고 가족에게서 독립하게 한다. 그런데 이러한 관계를 가질 수 있는 기회의 부족은 성정체감의 발달을 저해한다고 할 수 있다.

외국에서 150명의 장애청소년을 대상으로 한 조사에 따르면 여성 장애청소년들이 남성 장애청소년들보다 데이트 경험이나 성적 접촉이 적고, 결혼할 수 있을지에 대해 매우 불확실한 생각을 가지고 있었다(Anderson & Clarke, 1982). 이러한 고립에는 장애여성들의 부모가 한몫을 하는데, 이 부모들 역시 (어쩌면 더 심각하게) 사회나 비장애인들이 가진 편견과 가정에 사로잡혀 있거나 자신들의 자녀들이 데이트나 성관계 등에서 상처를 입거나 버림받을 수 있다는 두려움이 앞서기 때문이라고 할 수 있다(임종호 · 이영미 · 이은미, 2016).

중요한 발달과업인 성정체감의 발달에 영향을 주는 요인을 보면, 부모의 긍정적 기대와 부모와의 적절한 의사소통, 지지적인 친구나 친척, 역할모델의 존재 등이 있다. 특히 장애인소녀들의 성정체감의 발달에는 부모의 기대라는 요인이 대단히 영향을 준다고 할 수 있다. 반면에 이러한 성정체감 형성의 어려움은 장애여성이 성인으로서 건강한 이성관계와 결혼관계를 유지하는 데 많은 어려움을 줄 수 있다. 예를 들어 스스로에 대한 가치저하로 폭력적 관계나 건강하지 못한 관계를 유지할 수 있다. 한편 가족이나 사회에 의해 장애여성에게 주어지는 방해물도 있는데, 장애여성에 대한 사회적 편견, 편의시설 등의 접근성의 부족 등이 그것이다.

이처럼 장애여성은 아동기부터 청년기에 이르는 동안 부모 등을 통해서 자신의 장애와 성에 관련하여 부정적인 사회적 의미를 전달받고 이를 자신에게 내면화시키는 경향이 있다. 따라서 이들을 지원하는 사람들은 사회적 편견과 장애여성의 심리적 특성을 반드시 이해해야 장애여성을 효과적으로 도울 수 있다(김교연, 2005).

## 3. 장애여성과 결혼

장애여성은 결혼하기도 쉽지 않고, 결혼상태를 유지하는 일도 쉽지 않다. 장애여성들은 배우자를 만나고 결혼할 수 있는 기회가 매우 제한적이며, 결혼을 하더라도 가사 및 양육 부담 등으로 인해 많은 어려움을 겪는다. 또 장애여성의 경우에는 배우자가 장애인인 비율이 남성에 비해 훨씬 높아, 자신의 장애 외에도 배우자의 장애까지 부담으로 느낄 가능성이 높고, 장애인 배우자의 수발과 보호를 맡아야 할 책임까지 감당해야 하는 경우가 많다(임종호·이영미·이은미, 2016). 장애여성의 결혼과 관련된 내용을 살펴보면 다음과 같다.

### 1) 장애여성의 결혼실태

2017년 장애인 실태조사에 따르면 만 18세 이상 장애인 중 84.6%는 결혼한 경험이 있는 것으로 조사되었다. 미혼의 비율이 여성 11.5%, 남성 18.1%로 나타나 결혼율은 여성이 훨씬 높은 것으로 조사되었다. 여성의 유배우자 비율은 42.5%로 조사되었다. 남성의 유배우자 비율은 65.0%로 남녀 간 차이가 많은 것으로 나타났다. 한편 사별의 비율이 남성에 비해 여성이 훨씬 높은데, 이는 여성의 평균 수명이 높아, 노인 여성의 비율이 남성에 비해 높은 것과 관계가 있는 것으로 판단된다.

**표 5-1 | 결혼상태** (단위: %)

| 구분 | 남성 | 여성 | 전체 |
|---|---|---|---|
| 유배우 | 65.0 | 42.5 | 55.3 |
| 사별 | 5.3 | 36.6 | 18.7 |
| 이혼 | 9.9 | 7.9 | 9.0 |
| 별거 | 1.6 | 1.5 | 1.6 |
| 미혼 | 18.1 | 11.5 | 15.3 |
| 기타(미혼모/부) | 0.0 | 0.1 | 0.1 |
| 계 | 100.0 | 100.0 | 100.0 |

2017년 장애인 실태조사에서의 결혼하지 않은 이유를 보면 성별에 따른 차이가 큰 것을 알 수 있다. 먼저 건강문제와 장애문제를 이유로 제시한 경우가 전체 응답자의 46.1%로 가장 높았으며, 성별에 따른 차이도 거의 없는 것을 알 수 있다. 그러나 집 장만, 결혼비용 등 경제적 어려움을 이유로 제시한 경우를

**표 5-2 | 결혼하지 않은 이유** (단위: %)

| 구분 | 남성 | 여성 | 전체 |
|---|---|---|---|
| 이성을 만날 기회가 없어서 | 11.2 | 8.7 | 10.4 |
| 결혼 생각이 없어서 | 11.7 | 14.4 | 12.6 |
| 가족 등 주위의 반대로 | 0.1 | 1.7 | 0.6 |
| 건강문제·장애문제 | 46.1 | 45.9 | 46.1 |
| 집장만, 결혼 비용 등 경제적 어려움 | 7.2 | 1.4 | 5.3 |
| 결혼생활, 직장일 동시 수행 어려움 | 0.0 | 0.6 | 0.2 |
| 결혼에 적당한 나이 놓쳐서 | 5.6 | 3.9 | 5.1 |
| 아직 결혼하기 이른 나이여서 | 17.8 | 23.4 | 19.6 |
| 기타 | 0.2 | 0.0 | 0.1 |
| 계 | 100.0 | 100.0 | 100.0 |

보면 여성은 1.4%에 불과한 반면, 남성은 7.2%로 상대적으로 매우 높은 것을 알 수 있다. 한편 결혼생각이 없다고 응답한 경우는 여성이 14.4%로 남성 11.7%에 비해 높게 나타났다.

한편 이혼 사유는 성격차이가 39.0%로 가장 많았으며, 다음으로 경제적 문제 21.5%, 건강·장애문제 11.0% 등의 순으로 나타났다. 남성의 경우 이혼사유가 주로 성격 차이(43.0%), 경제적 문제(26.6%)인데 반해, 여성의 경우는 성격차이(32.2%) 다음으로 학대 또는 폭력(15.8%), 배우자의 외도(14.8%)가 경제적 문제(13.1%)보다 높은 것으로 나타나 남성과 여성의 이혼 사유가 다른 양상을 보여주고 있음을 알 수 있다.

**표 5-3 | 이혼경험 시 이혼 사유** (단위: %)

| 구분 | 남성 | 여성 | 전체 |
|---|---|---|---|
| 배우자의 외도 | 5.3 | 14.8 | 8.9 |
| 학대 또는 폭력 | 0.6 | 15.8 | 6.3 |
| 성격차이 | 43.0 | 32.2 | 39.0 |
| 가족부양 의무 불이행 | 0.9 | 4.8 | 2.4 |
| 가족 간 불화 | 11.1 | 6.3 | 9.3 |
| 경제적 문제 | 26.6 | 13.1 | 21.5 |
| 건강·장애문제 | 10.8 | 11.4 | 11.0 |
| 다문화가정으로 의사소통 어려움 | 0.6 | 0.0 | 0.4 |
| 기타 | 1.0 | 1.6 | 1.2 |
| 계 | 100.0 | 100.0 | 100.0 |

## 2) 장애여성의 임신과 출산

장애여성 스스로의 임신에 대한 우려, 의료진의 부정적 태도, 여성으로 보지 않는 사회의 편견, 그리고 장애아를 출생할 수 있다는 우생학적 주장들이 임신을 막는 요인으로 제기되고 있다. 물론 실제 임신과 관련해서 처방되는 약들 중에는 장애의 증상을 악화시킬 수 있는 것이 있다. 예를 들어 조기진통을 시키기 위한 약이 근무력증 여성의 근육약화를 초래할 수 있다. 하지만 이러한 경우가 일반적인 것은 아니다. 임신과 출산과 관련된 여러 가지 문제점을 살펴보면 다음과 같다. 첫째, 장애여성은 임신과 출산에 관련하여 다양한 산부인과적 의료서비스를 필요로 한다. 임신과 출산, 피임방법, 폐경기에 대한 조치, 성병과 에이즈에 대한 조치, 낙태, 골반검사, 유방의 건강, 성교육과 동료상담 등 욕구의 분야는 매우 다양하다. 이러한 서비스 욕구는 대체로 비장애여성과 같지만 장애를 갖고 있음으로 해서 세부적으로 다른 점도 많다. 그런데 이 특수한 욕구에 대응하는 자원이 너무 적은 것이 현실이다. 많은 장애여성들은 임신과 출산에 대한 정보를 원한다. 그러나 장애와 관련된 문제에 대해서는 정보가 너무 없다. 또 의료진의 편견이나 지식부족이 정보접근에 장애물이 되고 있다. 또 여전히 장애여성이 임신했을 때 전문가들이나 가족들은 그들에게 낙태를 권하거나 강요하는 경우도 있는 상황이다.

둘째, 지난 2009년 한국장애인개발원의 '여성장애인 의료관리체계 구축연구'에 따르면 63%의 장애여성들이 산부인과 진료시 불편함을 84.8%의 장애여성은 임신·출산 전문병원의 필요성을 호소했다(홍성대·이만우·김성훈, 2009). 이외에도 의료서비스를 제공하는 의료시설은 장애여성에게 물리적으로 접근가능해야 하는데, 여전히 검사를 위해 병원에 접근하는 것도 쉽지 않은 상황이다. 따라서 장애여성의 산부인과 진료에 대한 접근성을 높이기 위한 노력이 필요할 것으로 판단된다. 예를 들어 재활병원 등에 장애여성 관련 진료내용의 개설 등이 요구된다고 할 것이다. 또, 비장애여성과 같지만 장애를 갖고 있음으로 해서 세부적으로 다른 특수한 욕구에 대해서 장애여성의 특수성을 고려하여 연구되고 고찰되어야 할 것이다.

2017년 장애인 실태조사에 따르면 임신 경험이 있는 장애여성에게 임신기간 중 애로사항 1순위는 자녀가 장애를 가질까봐 두려운 것이 20.6%로 가장 높았으며, 본인의 건강악화 13.8%, 병원비 등 돈이 많이 들어서 12.4%, 자녀양육 잘할 수 있을지 두려워서 9.4%, 집안일하기가 힘들어서 6.1% 등의 순으로 나타났다.

**표 5-4 | 임신 기간 중 애로사항(1순위)** (단위: %)

| 구분 | 18~44세 | 45~64세 | 전체 |
|---|---|---|---|
| 병원비 등 돈이 많이 들어서 | 9.1 | 16.6 | 12.4 |
| 병원 다니기가 힘들어서 | 0.0 | 6.0 | 2.6 |
| 병원의 시설 설치미비 | 0.0 | 2.9 | 1.2 |
| 병원 내 의사의 여성장애인에 대한 차별 | 0.0 | 0.0 | 0.0 |
| 출산과정에 대한 두려움 | 6.1 | 0.7 | 3.7 |
| 자녀가 장애를 가질까봐 두려워서 | 20.8 | 20.4 | 20.6 |
| 자녀양육을 잘 할 수 있을지 두려워서 | 12.1 | 6.0 | 9.4 |
| 본인의 건강악화 | 16.3 | 10.6 | 13.8 |
| 집안일하기가 힘들어서 | 4.7 | 7.9 | 6.1 |
| 직장에서의 퇴직 권유로 | 0.0 | 1.3 | 0.6 |
| 가족들의 출산 반대로 | 4.0 | 4.5 | 4.2 |
| 주위의 시선 때문에 | 1.6 | 2.0 | 1.8 |
| 임신·출산 관련 정보 부족 | 0.0 | 2.2 | 0.9 |
| 어려움 없음 | 25.3 | 18.0 | 22.2 |
| 기타 | 0.0 | 1.0 | 0.4 |
| 계 | 100.0 | 100.0 | 100.0 |

2017년 장애인 실태조사 결과에 따르면, 출산을 경험한 장애여성의 산후조리를 도와준 사람으로는 친정식구가 43.8%로 가장 높게 나타났으며 산후조리원 27.0%, 시댁식구 12.5%, 남편 8.3%, 산후도우미 3.8% 등의 순으로 나타났다. 지난 2014년 조사결과(친정식구 47.5%, 시댁식구 18.2%, 남편 14.3%, 산후조리원 10.1% 등)와 비교해서 보면 친정식구와 시댁식구, 남편 등에 대한 도움 의존비율이 낮아지고, 산후조리원을 이용하는 장애인의 비율이 매우 높아진 것

을 알 수 있다. 한편 출산 후 산후조리의 충분 정도에 대해서는 충분하다 49.8%, 부족하다 31.9%, 매우 부족하다 15.6%, 매우 충분하다 2.7%의 순으로 나타나, 52.5%의 응답자는 충분한 것으로, 나머지 47.5%의 응답자는 부족하다는 의견을 보였다. 향후 장애여성의 임신과 출산 정책을 수립함에 있어 산후조리에 대한 지원책뿐만 아니라 장애여성의 임신 전, 임신 중, 출산 시까지 전 과정을 포함하는 장애여성 임신 출산정책을 고려해야 할 필요가 있다(김성희 외, 2018).

표 5-5 | **출산 후 산후조리 도우미** (단위: %)

| 구분 | 남편 | 친정 식구 | 시댁 식구 | 복지 기관 | 산후 조리원 | 산후 도우미 | 기타 | 돌봐주는 사람 없었음 (혼자했음) | 전체 |
|---|---|---|---|---|---|---|---|---|---|
| 계 | 8.3 | 43.8 | 12.5 | 0.0 | 27.0 | 3.8 | 1.6 | 2.9 | 100.0 |

표 5-6 | **출산 전·후 산후조리의 충분도** (단위: %)

| 구분 | 18~44세 | 45~64세 | 전체 |
|---|---|---|---|
| 매우 충분하다 | 0.0 | 6.5 | 2.7 |
| 충분하다 | 61.2 | 33.8 | 49.8 |
| 부족하다 | 25.7 | 40.6 | 31.9 |
| 매우 부족하다 | 13.2 | 19.1 | 15.6 |
| 계 | 100.0 | 100.0 | 100.0 |

### 3) 장애여성의 육아

장애여성이 갖고 있는 장애 자체로 육아에 부적절하다는 편견이 있으나 실제 성장과정에 따라 육아능력은 다르며, 가족을 둘러싼 사회체계의 지원에 따라서도 다르다고 할 수 있다. 따라서 이러한 편견들을 극복할 수 있도록 지원이 중요하다고 할 수 있다. 2017년 장애인 실태조사 결과를 보면 장애여성들이 임신이나 출산관련 교육 및 정보제공에 대한 욕구 다음으로 자녀 양육지원 서비스에 대한 필요성이 높다고 응답하였다. 또 장애여성으로서 특히 어려웠던 점에 대하여 자녀양육의 어려움이 여전히 높은 순위를 차지하고 있는 것으로 조사되었다. 한편, 오혜경 등(2002)의 연구에서는 영유아기 자녀를 양육하는데 어려움 점에 대해 복수 응답한 결과 '학습지도, 외출 등 이상적인 부모역할 수행이 어렵다'는 비율이 64.0%로 가장 높게 나타났으며, 그 다음으로 '양육비, 교육비 등의 경제적 문제'가 61.1%로 나타났다. 이어서 '자녀활동에 적극적으로 개입하지 못하는 점' 38.6%, '정보공유, 학부모 모임 등 자녀양육과 관련된 모임에 참여하기 어려운 점' 29.9% 등 자녀를 양육하는 데 부모역할을 잘 수행하지 못하는 많은 어려움을 겪고 있음을 알 수 있다.

또 장애인 어머니의 육아능력을 분석할 때는 어머니를 둘러싼 가족과 다른 사회체계를 살펴보는 것이 중요하다. 다양한 형태의 가족 구성 변수가 각각 다르게 고찰되어야 하며 어머니의 고립 정도, 지원의 부족, 무시당하는가 여부, 또는 경제적 착취나 성적 착취 · 학대 · 폭력 등의 스트레스 원천도 함께 살펴보아야 한다(김교연, 2005).

2017년 장애인 실태조사 결과에 따르면 본인의 장애가 자녀의 성장이나 발달에 지장을 초래한다고 생각하는지에 대해서 전혀 없다 26.0%, 별로 없다 38.7%로 전체 응답자 중 64.7%가 본인의 장애가 자녀의 성장이나 발달에 지

**표 5-7 | 본인의 장애로 인한 자녀의 성장·발달에의 지장여부** (단위: %)

| 구분 | 남성 | 여성 | 전체 |
|---|---|---|---|
| 전혀 없다 | 30.1 | 17.3 | 26.0 |
| 별로 없다 | 40.5 | 34.8 | 38.7 |
| 약간 많다 | 21.3 | 28.7 | 23.7 |
| 매우 많다 | 8.0 | 19.2 | 11.6 |
| 계 | 100.0 | 100.0 | 100.0 |

장을 주지 않는 것으로 생각하는 것으로 응답하였다. 한편 성별로 나누어서 살펴보면 남성에 비해 여성이 더 지장이 있다고 생각하는 것을 알 수 있다.

자녀가 17세 미만인 장애인을 대상으로 자신의 장애로 인해 자녀 양육 시 가장 어려운 점이 무엇인가에 대해 알아본 결과, 자녀 양육/교육비용이 많이 들어서가 7.2%로 가장 높은 비율을 차지하였다. 이를 통해 보면 장애인도 자녀를 양육하는데 비장애인이 겪는 어려움과 별 차이가 없음을 알 수 있다.

표 5-8 | **본인의 장애로 인한 자녀양육 시 애로사항** (단위: %)

| 구분 | 자녀 양육/교육 비용이 많이 들어서 | 주거 환경상 여건이 되지 않아서 | 아이를 돌볼 사람이나 시설 부족 | 양육할 충분한 시간 부족 | 양육과 관련한 정보 부족 | 아플 때 병원에 데리고 가기 힘들어서 | 주위의 편견 및 시선 때문에 | 자녀와의 의사소통이 어려워서 | 어려움 없음 | 자녀 양육 시 장애가 없었음 | 기타 | 계 |
|---|---|---|---|---|---|---|---|---|---|---|---|---|
| 남성 | 11.3 | 0.5 | 1.1 | 1.0 | 0.4 | 0.1 | 1.1 | 0.9 | 13.8 | 69.6 | 0.2 | 100.0 |
| 여성 | 3.1 | 0.1 | 1.1 | 0.4 | 0.2 | 1.1 | 1.0 | 1.2 | 3.2 | 88.3 | 0.2 | 100.0 |
| 전체 | 7.2 | 0.3 | 1.1 | 0.7 | 0.3 | 0.6 | 1.1 | 1.1 | 8.5 | 78.9 | 0.2 | 100.0 |

본인의 장애로 인한 자녀 교육 시 애로사항으로는 '어려움이 없다'는 응답이 44.3%로 가장 높은 것으로 나타났다. 지난 2014년 조사에서 어려움이 없다는 응답이 39.2%였던 것과 비교하면 자신의 장애가 자녀교육에 걸림돌이 되지 않는다고 생각하는 장애인의 비율이 비교적 큰 폭으로 높아진 것을 알 수 있다. 한편 애로사항을 중심으로 살펴보면 여성과 남성 모두 교육비 등 경제적 부담을 가장 먼저 꼽았다. 장애여성 응답을 중심으로 살펴보면 교육비 등 경제적 부담 24.7%, 학습지도 및 학교과제 수행의 어려움 13.2%, 자녀와의 의사소통의 어려움 10.3%, 주변의 편견 및 시선 때문에 6.5% 등의 순으로 나타났다.

**표 5-9 | 본인의 장애로 인해 자녀 교육 시 애로사항** (단위: %)

| 구분 | 학습 지도 및 학교 과제 수행의 어려움 | 학교 갈 때 통행 지도 | 학교 선생님 과의 관계 | 교육비 등 경제 부담 | 자녀 와의 의사 소통의 어려움 | 자녀의 부모 차별 | 학부형 모임에 어울 리지 못함 | 주위의 편견과 시선 때문에 | 기타 | 어려움 없음 | 계 |
|---|---|---|---|---|---|---|---|---|---|---|---|
| 남성 | 4.9 | 0.6 | 0.4 | 32.3 | 5.5 | 0.8 | 1.4 | 4.8 | 0.8 | 48.5 | 100.0 |
| 여성 | 13.2 | 2.4 | 2.2 | 24.7 | 10.3 | 0.0 | 5.9 | 6.5 | 1.9 | 32.8 | 100.0 |
| 전체 | 7.2 | 1.1 | 0.9 | 30.2 | 6.8 | 0.6 | 2.6 | 5.3 | 1.1 | 44.3 | 100.0 |

한편 장애여성으로서 가장 필요로 하는 서비스(1순위)가 무엇인가에 대한 질문에 임신과 출산 관련 교육 및 정보제공이 16.0%로 가장 높은 비율을 차지하

**표 5-10 | 장애여성에게 가장 필요한 서비스(1순위)** (단위: %)

| 구분 | 18~44세 | 45~64세 | 전체 |
|---|---|---|---|
| 임신·출산관련 교육 및 정보제공 | 16.0 | 15.9 | 16.0 |
| 임신·출산·육아 관련 hot-line 서비스 | 4.4 | 5.6 | 4.8 |
| 출산비용 지원 | 9.4 | 8.3 | 9.1 |
| 여성장애인 임신·출산 전문병원 | 7.1 | 10.1 | 8.0 |
| 산후조리 서비스 | 5.4 | 11.5 | 7.2 |
| 육아용품 대여 | 0.3 | 0.0 | 0.2 |
| 자녀양육 지원 서비스 | 13.5 | 12.3 | 13.2 |
| 자녀교육 도우미 | 2.1 | 2.8 | 2.4 |
| 가사도우미 | 6.8 | 9.3 | 7.5 |
| 활동지원인 | 11.7 | 6.4 | 10.1 |
| 건강관리 프로그램 | 8.6 | 3.1 | 7.0 |
| 상담서비스(심리·정서) | 7.7 | 8.8 | 8.0 |
| 자조집단(멘토) | 3.0 | 3.7 | 3.2 |
| 학교교육 이외의 학습 및 재능교육지원 | 3.9 | 1.9 | 3.3 |
| 기타 | 0.0 | 0.2 | 0.1 |
| 계 | 100.0 | 100.0 | 100.0 |

였으며, 이어서 자녀양육지원 서비스 13.2%, 활동지원인 10.1% 등의 순으로 조사되었다. 또 장애를 고려해서 출산을 도와줄 담당의사로부터 충분한 의료 도움을 받지 못하는 어려움이 존재하고 있는 것으로 나타났다.

## 4. 장애여성에 대한 학대와 폭력

### 1) 학대와 폭력에 대한 실태

장애여성은 여성이라는 특성과 함께 장애를 가졌다는 것 때문에 폭력에 훨씬 더 취약한 상태에 있다. 무엇보다 장애여성들은 그들의 배우자에게 경제력이나 일상사를 상당부분 의존하고 있는데, 이런 과도한 의존상태로 인해 쉽게 폭력의 표적이 될 수 있다. 또 여성들이 일반적으로 당하는 학대 외에도 장애와 관련하여 더 심한 학대를 당할 수 있다(김교연, 2005). 예를 들어 구타 등 신체적 학대, 무시·욕설·위협 등의 정서적 학대와 성적 학대 등과 함께 약이나 개인적 원조, 보장구 등을 주지 않는 경우도 있고 휠체어를 없애버린다거나 부숴버리는 경우, 전화선을 절단하거나 음식을 주지 않는 경우도 있다. 한편 활동지원인, 사회복지사 등 지원인력에 의한 폭력도 가해자가 장애인을 지원하는 인력이라는 점 외에 그 폭력의 형태는 가정폭력과 유사하다고 볼 수 있다.

이런 장애여성에 대한 학대는 잘 알려져 있지 않다. 한 연구에 의하면 장애여성의 60%가 가정폭력을 경험했다고 말했으며 또 다른 연구에 의하면 비장애인여성이나 장애여성이나 비슷한 비율로 가정폭력을 경험했으나 장애여성이 학대당한 기간이 훨씬 길었다고 한다(김교연, 2005). 이러한 폭력에 대하여 장애여성은 여러 가지 면에서 취약한 상황이다. 예를 들어 어린 시절 과잉보호와 고립 등의 경험으로 인하여 학습된 무력감, 즉 스스로의 가치절하의 결과로 나타날 수 있다. 또 학대를 당하는 관계라 할지라도 없는 것보다는 낫다는 생각을 하면서 폭력에서 벗어나지 못하는 경우도 있다. 이런 폭력적인 상황을 장애여성들이 벗어나는 데 걸림돌로 작용하는 것들을 살펴보면 다음과 같다(김교연, 2005). 첫째, 장애여성은 폭력을 당하면서도 그것이 폭력이라는 것을 모를 수 있다. 특히 어릴 때부터 폭력을 경험했을 경우에는 그러한 경향이 더욱 크다. 그리고 자신이 어디로 어떻게 도움을 구해야 하는지 모를 수 있다. 둘째, 장애여성은 이동이 불편하고 접근에 대한 여러 가지 어려움으로 도망가고 싶어도 못 가기가 쉽다. 또한 폭력적인 상황에서 벗어나고 싶어도 경제적 지원이나 일상생활에서도 지원이 단절되는 것도 큰 위협이 되며, 배우자나 지원인력에 대한 의존으로 그들을 신고했을 때 지원을 받지 못한다는 두려움도 폭력에서 벗어나지 못하는 원인이 된다. 한편 장애여성에게 서비스를 제공하는 기관이나 활동지원인력 등을 제공하는 기관에서도 이러한 폭력적인 상황에 대해서 전혀 모르는 경우도 발생할 수 있다.

한편, 2017년 장애인 실태조사 결과를 보면 장애여성의 1.3%가 성희롱, 성추행, 성폭력의 경험이 있는 것으로 나타나 남성의 0.4%에 비해 훨씬 높은 것을 알 수 있다.

**표 5-11 | 성희롱, 성추행, 성폭력 피해여부** (단위: %)

| 구분 | 남성 | 여성 | 전체 |
|---|---|---|---|
| 있다 | 0.4 | 1.3 | 0.8 |
| 없다 | 99.6 | 98.7 | 99.2 |
| 계 | 100.0 | 100.0 | 100.0 |

한편 대처방법에 대해서 장애여성의 경우 '그 자리에서 항의한다'가 29.5%로 가장 많고, 자리를 피하거나 도망침 25.4%, 진정·고발 등의 조치를 취함 15.2% 등의 순으로 조사되었다. 한편 그냥 있었음 13.8%, 몰라서 그냥 넘어감

11.5% 등 대처하지 않았다는 응답도 많은 것으로 조사되었다. 한편 이러한 피해를 당했을 경우 누구하고도 상담하지 못했다는 응답이 장애여성의 경우 43.8%로 가장 높았으며, 다음으로 가족 31.5%, 사회복지관련 기관 직원 12.8%, 행정공무원 5.3% 등의 순으로 나타났다. 성희롱이나 성추행, 성폭력 시 상담하지 못한 이유에 대해서는 타인에게 알리기 싫어서가 70.6%로 매우 높은 것으로 나타났고, 다음으로는 효과가 없을 것 같아서 15.0%, 시간이 없어서 10.6%, 가해자로부터 보복이 두려워서 3.8% 등의 순으로 나타났다.

표 5-12 | **성희롱, 성추행, 성폭력 대처방법** (단위: %)

| 구분 | 남성 | 여성 | 전체 |
|---|---|---|---|
| 그냥 있었음 | 22.2 | 13.8 | 16.0 |
| 자리를 피하거나 도망침 | 19.8 | 25.4 | 23.9 |
| 그 자리에서 항의함 | 0.0 | 29.5 | 21.7 |
| 주위에 도움을 요청함 | 0.0 | 3.7 | 2.7 |
| 몰라서 그냥 넘어감 | 34.6 | 11.5 | 17.6 |
| 진정·고발 등의 조치를 취함 | 23.4 | 15.2 | 17.4 |
| 기타 | 0.0 | 0.9 | 0.7 |
| 계 | 100.0 | 100.0 | 100.0 |

표 5-13 | **성희롱, 성추행, 성폭력 시 주 상담자** (단위: %)

| 구분 | 남성 | 여성 | 전체 |
|---|---|---|---|
| 가족 | 23.4 | 31.5 | 29.4 |
| 친척, 친구, 이웃 | 0.0 | 4.9 | 3.6 |
| 장애인 동료 | - | - | - |
| 종교인 | - | - | - |
| 사회복지 관련 기관 직원 | 0.0 | 12.8 | 9.4 |
| 행정공무원 | 0.0 | 5.3 | 3.9 |
| 장애인단체 · 자립생활센터직원 | - | 0.0 | - |
| 성폭력 피해지원 전문기관 | 0.0 | 0.9 | 0.7 |
| 장애인권익옹호 기관 | - | - | - |

| | | | |
|---|---|---|---|
| 못했음 | 72.7 | 43.8 | 51.4 |
| 기타 | 3.9 | 0.9 | 1.7 |
| 계 | 100.0 | 100.0 | 100.0 |

표 5-14 | **성희롱, 성추행, 성폭력 시 상담하지 못한 이유** (단위: %)

| 구분 | 남성 | 여성 | 전체 |
|---|---|---|---|
| 효과가 없을 것 같아서 | 12.9 | 15.0 | 14.2 |
| 시간이 없어서 | 0.0 | 10.6 | 6.6 |
| 상담기관 등에 대한 정보 부족 | - | - | - |
| 몸이 불편해서 | - | - | - |
| 의사소통에 어려움이 있어서 | - | - | - |
| 경제적 부담 | - | - | - |
| 집근처에 상담기관이 없어서 | - | - | - |
| 가해자로부터 보복이 두려워서 | 32.5 | 3.8 | 14.5 |
| 타인에게 알리기 싫어서 | 54.6 | 70.6 | 64.6 |
| 기타 | - | - | - |
| 계 | 100.0 | 100.0 | 100.0 |

## 2) 문제해결을 위한 과제

이러한 폭력적인 상황에서 벗어나기 위해서 장애여성 자신과 서비스제공자, 서비스기관, 그리고 정책적인 지원 등에서 필요로 하는 가이드라인을 제시하면 다음과 같다. 우선, 장애여성 자신을 위한 원칙은 다음과 같다. 첫째, 장애여성은 학대가 무엇인지를 먼저 인지해야 한다. 특히 장애여성들은 성학대에 취약한데, 이는 앞서 이야기한 것처럼 여성과 장애인에 대한 복합적인 가치절하와 과잉보호 등도 하나의 원인이 될 수 있다. 또한 성적으로 좋고 나쁨이 무엇인지 배우지 못했을 가능성도 많다. 특히 발달장애인의 경우, 과잉보호된 환경에서 자라날 가능성이 많은데, 이러한 양육환경으로 인해 장애여성들은 친절한 사람들은 모두 친구라는 비현실적 관점, 사회적 기회의 제한, 낮은 자존감, 자기주장이나 거부 기술 부족 등의 특징을 가질 수 있으며, 이는 학대에 대처하는 데 부적절하게 작용할 수 있다(김교연, 2005). 또한 폭력의 원인이 그들 자신이 아니며 가해자에게 문제가 있다는 사실을 알도록 지원해야 한다. 둘째, 원조체계에 다른 사람들을 참여시키는 것이다. 학대받는 여성들을 보면, 대체로 가해자 외에는 그들을 도와줄 사람이 없는 것을 알 수 있는데 절대로 단 한 사람에게 전적으로 의존을 해서는 안 된다. 셋째, 자신을 지원하는 활동지원인 등을 선택할 때에는 참고할 사항을 꼼꼼하게 점검하여서 신중하게 결정하여야 한다. 그리고 만일 상황이 발생하면 참지 말아야 하며 미리 이런 긴급상황에 대해 어떻게 할 것인지에 대한 계획을 갖고 있어야 한다.

다음으로 장애여성에게 서비스를 제공하는 서비스 기관의 역할을 살펴보면 다음과 같다. 첫째, 기존의 서비스와 프로그램에 대해 장애여성이 쉽게 접근할 수 있도록 다양한 방안을 마련해야 한다. 여기에는 경사로를 설치하는 등의 물리적인 접근이 먼저 해당되겠지만, 수어통역사나 점자자료를 제공하는 것 등도 해당된다. 둘째, 장애인에게 서비스를 제공하는 기관은 자원봉사자나 활동지원인, 혹은 사회복지사 등에 의한 학대나 폭력이 있을 수 있다는 점을 인정하고, 이들에 대한 기록을 제공한다거나 장애여성들이 쉽게 불만을 제기할 수 있도록 하여야 한다. 셋째, 장애여성과 함께 하는 사회복지사 등의 전문가들은 학대를 식별하는 방법이나 학대에 대한 질문법 등을 사전에 교육/훈련을 받아야 한다. 여기에는 경찰이나 판검사 등도 해당된다고 할 수 있다. 특히 장애여성을 돕는 실무자는 성폭력 등과 관련하여 학대의 징후를 식별할 수 있어야 하는데, 상처가 있다거나 과잉행동 또는 감정의 갑작스러운 변화, 수면장애나 악몽, 식사장애나 체중감소, 신체상의 문제나 장애, 또는 개입에 대한 두려움 등을 보이면 학대를 의심해 보아야 한다.

마지막으로 정책적인 지원과 관련하여 장애여성이 학대나 성폭력 등의 긴급한 상황에 처했을 때 이를 지원할 수 있는 긴급지원시스템을 세워야 한다. 다음으로 활동지원인력 등에 대한 보수를 현실적인 수준까지 높이는 것도 하나의 방법이 될 것이다. 낮은 보수는 결국 지원의 질을 낮추고 좋은 인력의 이직을 높이는 길이 되기 때문이다. 마지막으로 활동지원인력 등에 대한 과거 범죄기록 등을 점검하고, 이들에 대한 긍정적 평가나 불만 등을 관리하여, 장애여성 스스로 참고할 수 있도록 하여야 하는 등의 서비스 인력 관리체계를 구축하여야 한다.

## 5. 장애여성의 교육과 고용

장애인이 우리사회에서 독립된 주체로 살아가기 위한 조건은 교육 수준과 취업여부가 가장 중요한 요소가 될 수 있다. 2017년 장애인실태조사 결과 장애인 교육 정도를 살펴보면 남성과 여성이 많은 차이를 보이는 것을 알 수 있다. 먼저 학력을 살펴보면 초등 이하가 여성 55.6%, 남성 24.5%였으며, 대학 이상은 여성 9.0%, 남성 19.7%로 조사되어, 여성이 남성에 비해 교육정도가 현저히 떨어지는 것을 알 수 있다. 학교를 다니지 않았거나 중도에 그만둔 이유를 살펴보면 전체 응답자의 72.5%가 '경제적으로 어려워서'라고 응답하였다. 한편 장애

**표 5-15 | 교육 정도** (단위: %)

| 구분 | 남성 | 여성 | 전체 |
|---|---|---|---|
| 무학 | 4.0 | 19.1 | 10.4 |
| 초등학교 | 20.5 | 36.5 | 27.3 |
| 중학교 | 18.3 | 14.5 | 16.7 |
| 고등학교 | 37.6 | 20.9 | 30.4 |
| 대학 이상 | 19.7 | 9.0 | 15.1 |
| 계 | 100.0 | 100.0 | 100.0 |

여성의 경우에는 '집에서 다니지 못하게 해서'라는 응답이 19.5%로 남성 2.9%에 비해 월등히 높은 것을 알 수 있다. 이는 장애여성에 대한 가정 내 편견과 차별이 남성에 비해 훨씬 더 높은 것을 나타내는 결과라고 할 수 있다.

표 5-16 | **학교를 다니지 않았거나 중도에 그만둔 이유** (단위: %)

| 구분 | 남성 | 여성 | 전체 |
|---|---|---|---|
| 심한 장애로 인하여 | 5.4 | 5.6 | 5.5 |
| 집에서 다니지 못하게 해서 | 2.9 | 19.5 | 11.9 |
| 다니기 싫어서 | 9.8 | 3.5 | 6.4 |
| 경제적으로 어려워서 | 78.8 | 67.2 | 72.5 |
| 근처에 학교가 없어서 | 1.1 | 1.7 | 1.4 |
| 학교내 편의시설이 부족해서 | 0.1 | 0.1 | 0.1 |
| 주위의 시선 및 편견 때문에 | 1.2 | 1.1 | 1.1 |
| 학교까지 이동이 어려워서 | 0.3 | 0.6 | 0.5 |
| 특수교육 대상자를 위한 보조인력의 부족 | 0.2 | 0.0 | 0.1 |
| 기타 | 0.2 | 0.5 | 0.4 |
| 계 | 100.0 | 100.0 | 100.0 |

장애인의 성별 취업인구는 남성이 678.2천 명 그리고 여성이 253.1천 명으로 장애여성의 취업인구 규모가 남성의 약 3분의 1 수준이다. 남성과 여성의 취업률은 각각 94.5%, 96.0%로 비슷하나 인구대비 취업자 비율은 장애여성 23.4%, 장애남성 47.0%로 장애여성의 취업률이 훨씬 낮은 것으로 나타났다.

표 5-17 | **성별 취업인구 및 취업률** (단위: 명, %)

| 구분 | 15세 이상 인구 | 경제활동인구 | | | 비경제 활동인구 | 경제활동 참가율 | 취업률 | 실업률 | 인구대비 취업자 비율 |
|---|---|---|---|---|---|---|---|---|---|
| | | 계 | 취업 | 실업 | | | | | |
| 남자 | 1,442,632 | 717,367 | 678,264 | 39,103 | 725,265 | 49.7 | 94.5 | 5.5 | 47.0 |
| 여자 | 1,079,961 | 263,661 | 253,165 | 10,496 | 816,300 | 24.4 | 96.0 | 4.0 | 23.4 |
| 계 | 2,522,592 | 981,028 | 931,429 | 49,599 | 1,541,565 | 38.9 | 94.9 | 5.1 | 36.9 |

경제활동 참가율 역시 여성 24.4%, 남성 49.7%로 장애남성의 절반에도 못 미치는 것을 알 수 있다.

취업장애인의 주당 평균 근무시간을 보면 장애여성은 33시간으로 남성 42시간에 비해 훨씬 낮은 것을 알 수 있다. 특히 취업장애인의 월평균 수입은 장애여성 93만 원으로 장애남성 200만 원에 비해 현저히 낮았다. 이러한 취업률과 수입의 차이는 장애여성이 경제적으로 매우 열악한 상황에 처해 있다는 것을 보여 주는 것이라고 할 수 있다.[2)]

표 5-18 | **취업자의 주 평균 근무시간, 월평균 임금, 평균 근속기간**

**(단위: 시간, 만 원, 개월)**

| 구분 | | 남성 | 여성 | 전체 |
|---|---|---|---|---|
| 주당 평균 근무시간 | | 42 | 33 | 40 |
| 월 평균 수입 | | 200 | 93 | 171 |
| 평균 근속기간* | | | | |
| | 전체 | 155 | 126 | 147 |
| | 임금근로 | 109 | 66 | 96 |
| | 비임금근로 | 249 | 289 | 258 |

* 무응답 제외.

- **참고: 장애여성의 생애**

장애여성의 청소년기 체험은 교육기회와 친구로부터의 소외를 경험하며, 학교적응의 어려움을 겪는 과정에서 희망을 상실하게 된다. 장애여성은 가족에서 역시 소외를 경험하는 대상이며, 집에만 있는 만만한 애로 취급당함으로써, 자신에 대한 부정적 수용을 하게 된다. 장년기가 되면서 장애여성은 장애라는 이유로 자신이나 가족 모두 결혼을

2) 이러한 장애여성의 낮은 소득은 비단 우리나라만의 문제는 아니다. 미국 취업자의 월평균소득을 비교해 보면 비장애인남성의 소득을 100으로 보았을 때, 장애남성의 소득은 88%, 비장애인여성의 소득은 기준의 60%에 해당하는 반면, 장애여성의 소득은 기준의 49%로 절반에도 미치는 못하는 것으로 나타났다(김용득 외 8인, 2005; Altman, 1996).

아예 생각하지 않는다. 어렵게 결혼을 하게 되어도 주위의 봉 잡았다는 편견 속에서 여자라는 이름으로 불안정한 결혼생활을 하게 된다. 이 과정에서 장애여성들은 남편의 폭력을 경험하기도 하고, 남편이 아내를 부끄러워하는 것 같아 좌절감을 느끼기도 한다. 임신을 통해 장애여성은 여성으로서의 충만감을 경험하기도 하나, 사귀던 남성과 이별 혹은 남편의 무관심으로 상처와 슬픔의 양가감정을 경험한다.

임신과정에서 장애여성은 장애로 인한 몸의 구조적 특성으로 인하여 어려움을 겪는다. 어렵게 자녀를 낳은 후에도 장애여성의 자녀양육은 조심스러움의 연속이다. 이를 장애여성은 애간장이 녹는다고 표현하고 있다. 이 시기의 장애여성은 혼자라는 두려움과, 무성의 존재로서 장애의 불편함을 호소하기도 한다. 그러나 장애여성은 비장애인과 다른 사람이나 장애인이기 이전에 한 인간으로서 간주되기를 바란다. 장애여성에게 장애는 그녀의 인간됨과는 구분된 삶의불편한 요소일 뿐이다.

출처: 김미옥(2003). pp. 337~338.

## 생각해보기

1. 우리나라에서 장애남성과 다른 장애여성의 특성은 무엇인가?
2. 비장애여성과 다른 장애여성의 어려움은 무엇이 있는가?
3. 장애여성이 경험하는 차별과 어려움을 해결할 수 있는 방안은 무엇이 있을까?
4. 장애인복지 실천현장에서 장애남성과 장애여성을 나누어서 고려해야 하는가?

# 6장
# 중점지원대상 장애인(2): 발달장애인[1]

**주요 학습문제**

- 발달장애는 무엇인가?
- 지적장애의 요인과 주요한 특성은 무엇인가?
- 자폐성장애의 요인과 주요한 특성은 무엇인가?
- 발달장애인이 겪는 어려움은 무엇인가?

지적장애와 자폐성장애로 대표되는 발달장애인은 많은 장애인 중에서도 자기표현·자기결정 등의 자립 역량이 부족하거나 불가능한 경우가 많다. 또한 장애의 정도가 심한 중증장애이면서 다른 장애를 함께 갖고 있는 중복장애의 비율도 높다. 이러한 특성으로 인해 발달장애인은 취업 등 독립적인 성인기 전환이 특히 어려운 상황이며, 발달장애로 인한 어려움은 전체 생애주기와 일상생활 전반에서 나타나는 것이 특징이다.

그러나 사회복지사가 현장에서 만나는 다수의 장애인들이 발달장애인이라는

---

1) 본 장은 2018 공공후견인 후보자 양성교육 교재 「발달장애인을 위한 후견제도의 이해와 실제」의 '5. 발달장애인의 이해(서동명 저)'의 내용 중 일부를 중심으로 작성하였다.

것을 고려하면 발달장애에 대한 이해는 장애인 복지실천현장에서 일하는 사회복지사에게는 필수적으로 요구되는 사항이라고 할 수 있다. 여기서는 먼저 발달장애의 개념과 발달장애의 주요 범주인 지적장애와 자폐성장애의 특성에 대해서 살펴보며, 발달장애인이 겪고 있는 여러 가지 문제와 실태를 함께 살펴보고자 한다.

## 1. 발달장애의 개념 정의 및 특성

현재 발달장애의 정의는 사회복지학(장애인복지)을 비롯하여 특수교육학이나 의학, 심리학 등 여러 학계에서 사용되고 있으나 일치된 견해는 없다. 이는 발달장애를 좁은 부분으로만 한정하거나 반대로 장애명칭과 장애조건을 모두 포함하는 광의적 의미로 이해하는 부분으로 나누어졌기 때문이다. 발달장애라는 개념은 미국 공법 88-164, 「정신지체 시설 및 지역사회 정신건강센터 건축법(Mental Retardation Facilities and Community Mental Health Centers Construction Act of 1963)」에서 소개되기 시작하였다. 이법에서는 발달장애를 정신지체, 뇌성마비, 간질 또는 18세 이전에 발생하는 기타 여러 신경학적 장애를 의미하는 것으로, 비교적 항구적으로 증상이 나타날 수 있다고 정의하였다(국립특수교육원, 2009). 현재 미국법전 제42편 보건 및 복지, 제144장 「발달장애원조와 권리장전(The Developmental Disabilities Assistance and Bill of Rights)」에서는 발달장애를 특정장애의 명칭으로 표현하고 있지 않다. 이 법에서 발달장애에 대한 정의를 살펴보면 다음과 같다.[2)]

---

2) 미국 발달장애 정의에 대한 원문은 다음과 같다.
The term “developmental disability” means a severe, chronic disability of an individual that -

> 발달장애는 22세 이전의 사람에게 나타나는 심각하고, 만성적인 장애로, 정신적이거나 신체적 손상, 혹은 2가지를 복합적으로 동반하고, 장기적으로 지속되는 경향이 있으며, 자기관리, 수용 및 표현언어, 학습, 이동, 자기지시, 독립생활능력, 경제적 자족 등 주요 일상생활 영역 중 3가지 이상의 기능적 한계를 지니며, 장기간 또는 평생에 걸쳐 개별적으로 계획 조정되고 통합된 형태의 다학문적이고 포괄적인 특별서비스, 개별화된 지원, 기타 원조를 필요로 한다.

즉 연령이 22세로 제한되고, 주요한 일상생활에서 3가지 이상의 기능에 명백한 제한이 나타나야 하고, 장기간 또는 평생에 걸쳐서 그 상태가 지속적으로 유지될 것이라는 것을 뜻한다. 이와 같이 미국은 장애유형을 명시하지 않고 몇 가지 기준을 충족하면 발달장애에 포함시키는 비범주적 접근 방식을 채택하고 있다. 한편 일본은 「발달장해자지원법(発達障害者支援法)」(제2조 제1항)에서 자폐증, 아스퍼거증후군과 같은 광범성 발달장해, 학습장해, 주의결함다동성장해(주의력결핍과잉행동장애, ADHD), 그외 이와 유사한 뇌기능의 장해로서 그 증

---

(i) is attributable to a mental or physical impairment or combination of mental and physical impairments;
(ii) is manifested before the individual attains age 22;
(iii) is likely to continue indefinitely;
(iv) results in substantial functional limitations in 3 or more of the following areas of major life activity:
 (I) Self-care.
 (II) Receptive and expressive language.
 (III) Learning.
 (IV) Mobility.
 (V) Self-direction.
 (VI) Capacity for independent living.
 (VII) Economic self-sufficiency; and
(v) reflects the individual's need for a combination and sequence of special, interdisciplinary, or generic services, individualized supports, or other forms of assistance that are of lifelong or extended duration and are individually planned and coordinated.

상이 통상 저연령에서 발현하는 것으로 정령[3]에서 정하는 것'이라고 정의(이세영, 2012; 장애인직업안정연구원, 2013)를 내리고 있는데 이는 우리나라의 '자폐성장애'와 유사한 정의라고 할 수 있다.

우리나라의 장애관련 대표적인 법률인 「장애인복지법」에서는 발달장애를 정의하고 있지 않다. 하지만, 「장애인복지법」에 '발달장애'라는 용어가 포함되었던 시기가 있었다. 앞서 살펴본 것처럼 지난 1999년 1월 「장애인복지법」이 개정되면서 처음으로 발달장애라는 장애유형이 등장하게 되었다. 당시 법률의 개정으로 장애인에 대한 정의가 일반적인 정의로 변경되고, 2000년부터 장애범주가 5가지에서 10가지로 확대되면서 처음으로 '발달장애인'이라는 용어를 사용하게 된 것이다. 2000년 당시 「장애인복지법」 시행령 〈별표 1〉에서 정의한 발달장애인은 다음과 같다.

> **발달장애인**: 소아기 자폐증, 비전형적 자폐증에 의한 기능 및 능력 장애로 인하여 일상생활 혹은 사회생활을 영위하기 위한 기능 수행에 제한을 받아 도움이 필요한 사람

이는 현재의 '자폐성장애인'을 의미하는 것으로 처음에는 자폐성장애인이 장애범주에 포함되면서 발달장애인으로 칭하게 되었다고 할 수 있다.[4] 이후 지난 2007년 「장애인복지법」이 다시 개정되고 같은 해 10월 시행령이 개정되면

3) '정령'은 시행령, '후생노동성령'은 시행규칙을 말한다. 정령에서 정하는 장해에는 '뇌기능의 장해로서 그 증상이 통상 저연령에서 발현하는 장해 중 언어장해, 협조운동장해, 그 밖에 후생노동성령으로 정하는 장해(심리적 발달장해와 행동 및 정서장해)'가 있다(厚生労働省 홈페이지).

4) 이는 정신적 장애에 관한 국제적 분류인 미국정신의학협회(American Psychiatric Association)가 발간하는 '정신장애 진단 및 통계 편람(Diagnostic and Statistical Manual of Mental Disorders, DSM)'의 제4차 개정(1987)에서 자폐증 관련 장애들을 유목화한 '전반적 발달장애(Pervasive Developmental Disorders)'가 별도의 항목으로 출현한 것에 영향을 받은 결과였다(김치훈, 2012: 46).

서 발달장애는 자폐성장애로, 정신지체는 지적장애로 변화되었으며 발달장애라는 용어는 법령에서 제외되게 되었다. 이후 2014년 4월 「발달장애인 권리보장 및 지원에 관한 법률」(약칭 「발달장애인법」)이 제정되면서 다시 발달장애인이 법률상의 용어로 등장하게 되었다. 이 법에서 정의하고 있는 발달장애인은 다음과 같다.

> 1. "발달장애인"이란 「장애인복지법」 제2조제1항의 장애인으로서 다음 각목의 장애인을 말한다.
> 가. 지적장애인: 정신 발육이 항구적으로 지체되어 지적 능력의 발달이 불충분하거나 불완전하여 자신의 일을 처리하는 것과 사회생활에 적응하는 것이 상당히 곤란한 사람
> 나. 자폐성장애인: 소아기 자폐증, 비전형적 자폐증에 따른 언어·신체표현·자기조절·사회적응 기능 및 능력의 장애로 인하여 일상생활이나 사회생활에 상당한 제약을 받아 다른 사람의 도움이 필요한 사람
> 다. 그 밖에 통상적인 발달이 나타나지 아니하거나 크게 지연되어 일상생활이나 사회생활에 상당한 제약을 받는 사람으로서 대통령령으로 정하는 사람

여기서는 지적·자폐성장애인뿐 아니라 다른 장애인도 '발달장애인'의 범주에 들어갈 수 있는 가능성을 열어둔 것이라고 할 수 있다. 즉 '인간의 발달상의 과정에 있어서 해당하는 연령대에 이루어져야 할 발달이 성취되지 않은 상태, 또는 그 수준이나 정도에 지체가 있거나 장애가 있다'는 것으로 발달장애를 법률적으로 정의할 수 있으며, 하나의 장애유형이라기보다는 다양한 장애유형을 포함하는 넓은 범위의 개념이라고 할 수 있다. 그러나 우리나라는 통상적으로 발달장애를 자폐성장애와 지적장애를 포괄하는 중분류의 개념으로 정리하고 있으며, 장애인복지론 등 사회복지교재에서도 「장애인복지법」상의 지적장애인과 자폐성장애인을 포괄하는 개념으로 발달장애인을 사용하고 있다(김용득 외, 2012).

하지만 단순하게 지적장애와 자폐성장애만을 발달장애라고 정의를 내리는 것은 범주를 너무 좁게 보는 것이라고 할 수 있다. 현재 우리나라 특수교육학계에서는 발달장애에 대해서 '발달이 평균으로부터 유의미하게 일탈하여 신체적, 정신적 또는 두 가지 영역 모두에서 심각하고(severe) 만성적인(chronic) 장애가 지속될 가능성이 있는 장애를 의미한다(국립특수교육원, 2009)고 정의하고 있으며, 발달장애의 범주로 정신지체(지적장애), 자폐증, 뇌손상, 뇌장애, 미소뇌기능장애, 과잉행동, 학습장애, 지각의 손상, 만성적인 뇌증후군, 미성숙, 발달의 불균형, 최소신경학적장애, 인지능력손상, 언어장애, 난독증과 같은 신경학적 장애, 간질, 뇌성마비 등을 들고 있다(대한특수교육학회, 2000). 이러한 포괄적인 정의는 복지부에서 시행하고 있는 '영유아 발달장애 정밀진단비 지원사업'에서의 발달장애에 대한 개념을 '해당하는 나이에 이루어져야 할 발달이 성취되지 않은 상태로 발달 선별 검사에서 해당 연령의 정상기대치보다 25% 뒤쳐져 있는 경우'로 정의(장애인개발원, 2011)한 것을 통해서도 알 수 있다.

한편 김승국과 김은경(1997)의 발달장애의 개념적 해석에 의하면 발달장애에 포함시킬 수 있는 대표적인 장애는 '정신지체(지적장애), 전반적 발달장애(자폐성장애), 신체장애 중 경증이 아닌 뇌성마비' 등이다. 이러한 3가지 장애를 '발달장애'라는 하나의 영역으로 묶는 이유는 이러한 장애들의 특징이나 그에 따른 교육적인 요구가 비슷하기 때문이라고 할 수 있다. 예를 들어, 자폐증의 약 75%는 중증도나 중도의 정신지체(지적장애)를 보이며, 많은 뇌성마비아동들이 정신지체(지적장애)를 지니고 있다. 그러므로 이들에 대한 교육처치를 분리하여 접근하기보다는 교육적인 특성이나 필요성이 서로 공통적으로 나타날 수 있는 유사한 장애영역을 묶어서 교육과 관련 서비스를 제공하고자 하는 것이며, 이것은 더욱 통합적으로 교육과정을 구성하고 운영하고자 하는 관점으로 볼 수 있다(이승희·조홍중, 2001). 결국 발달장애는 지적장애, 자폐성장애, 그리고 정서 및 행동장애를 모두 포함하는 용어로 인식하는 것이 타당할 것이다.

그리고 발달장애를 하나의 장애 명칭을 의미하는 것이 아니라 장애의 진단을 받은 사람에게 법률적, 행·재정적, 교육적으로 유리한 지원을 할 수 있도록 하기 위해서 사용하는 용어로 인식(국립특수교육원, 2009)하는 것이 필요하다.

## 2. 주요 발달장애의 이해: 지적장애와 자폐성장애를 중심으로

지금까지 발달장애에 대한 전반적인 내용에 대해서 살펴보았다. 앞서 살펴본 것처럼 발달장애는 지적장애, 자폐성장애뿐 아니라 정서 및 행동장애, 학습장애, 언어장애 등을 모두 포괄하는 개념이라고 이해하는 것이 정확할 것이다. 그러나 현재 우리나라에서 발달장애에 관해서는 주로 지적장애와 자폐성장애를 중심으로 논의되는 경향이 있으며, 「발달장애인 지원 및 권리보장에 관한 법률」에서도 실질적으로 지적장애인과 자폐성장애인을 발달장애인으로 정의하고 있다. 이에 여기서는 발달장애인의 하위 범주에 속하며 동시에 대표적인 발달장애유형이라고 할 수 있는 지적장애와 자폐성장애에 대해서 좀 더 자세히 살펴보고자 한다.

### 1) 지적장애

#### (1) 지적장애의 정의

장애에 대한 정의는 계속해서 변화되어 왔는데, 이는 지적장애에 대해서도 마찬가지이다. 특히 지적장애는 그 개념자체가 복잡하기 때문에 다른 장애에 비해 계속적으로 용어가 변화되어 왔다. 지난 1950년대까지 지적장애는 주로 정신박약(mental deficiency), 저능 등으로 사용되어 왔다. 학계에서는 이러한 용어의 의미를 반영하는 통합적이면서 포괄적인 용어가 필요했다. 이에 1959

년에 정신지체(mental retardation)라는 용어를 사용하게 되었는데, 이 단어의 의미에는 다음과 같은 세 가지 가정을 포함한다(강종구 · 김라경, 2012).

① 장애(disability)는 사람의 내부에 있는 문제이며, ② 정신지체를 가지고 있는 것은 결함을 가지고 있는 것이고, ③ 결함은 이 사람의 정신(mind)에 있다.

이러한 가정들은 정신지체를 가진 사람은 정신의 결함(mental deficiency) 때문에 정신의 활동이 열등하고 이것은 사고의 지연(slowness)[5]적 특성으로 이어진다는 생각을 바탕으로 한다(Shalock et al., 2007; 박정식, 2010).

정신지체라는 용어가 채택된 이후 정신지체의 정의는 시대에 따라 조금씩 변하였다. Herber(1959)는 정신지체란 '발달기에 나타나며, 일반적으로 지능(IQ)가 낮고 이에 따른 성숙, 학습, 사회적 적응력의 제약이 있다'고 정의하였고, Grossman(1983)은 정신지체란 '심각한 낮은 지능과 함께 적응행동에 결함이 있으며 발달연령 기간에 나타나는 장애'로 정의하였다(강종구 · 김라경, 2012). 한편 미국정신지체협회(American Association on Mental Retardation: AAMR)는 1992년에 정신지체를 '현재기능의 근본적인 한계로서 18세 이전에 시작되고, 지적 기능에서 의미 있게 낮은 능력을 보이며, 동시에 의사소통, 자조, 가정생활, 사회적 기술, 지역사회 이용, 자기관리, 건강과 안전, 학습능력, 여가, 그리고 일 등의 적응기술 영역에서 두 가지 이상 관련된 한계를 갖는 경우'라고 정의하였다(Luckasson et al., 1992). 이러한 미국정신지체협회(AAMR)의 1992년 정의는 중요한 의미가 있다. 즉 정신지체를 '개인의 결함에서 발생된 내부적인 문제'로 보는 것이 아니라 '개인의 능력과 환경적 맥락과의 상호작용을 통해 발생되는 환경적 기능에서의 제약'으로 보게 된 것이다.

이러한 1992년 정의는 개인의 내부적 손상에 초점이 맞추어졌던 것에서 환

5) Henry Herbert Goddard는 사고의 지연(slowness)에 대한 정의를 '생활연령(chronological age)과 정신연령(mental age)의 차이로 인한 지연 및 지체'로 설명하였다.

경적으로 요구되는 지원에 대한 많은 관심으로 초점이 옮겨갔다는데 긍정적으로 평가되지만, 이에 따른 정확한 평가체계를 제시하지 않았다는 비판과 함께 많은 호응을 얻지는 못하였다. 따라서 미국정신지체협회(AAMR)는 정신지체에 대한 정의를 2002년에 재수정하였는데 이들이 제시한 정신지체의 정의는 다음과 같다(Luckasson et al, 2002; 이소현, 2003; 김미옥, 2004; 강종구·김라경, 2012).

> 정신지체는 지적기능과 개념적, 사회적, 실제적 적응기술로 표현되는 적응행동 2가지 영역에서 유의미한 제한성을 가진 장애로 18세 이전에 시작된다. 이 정의의 적용을 위해서는 다음과 같은 5가지 가정이 전제되어야 한다(Luckasson et al., 2002: 1).
>
> 1) 개인이 현재 나타내고 있는 기능상의 제약은 반드시 그 개인의 또래나 문화가 포함된 지역사회 환경의 맥락 안에서 반드시 고려되어야 한다.
> 2) 타당한 평가를 위해서는 개인의 의사소통능력, 감각능력, 운동능력, 행동 특성에서의 차이뿐만 아니라 문화 및 언어적 다양성까지 고려해야 한다.
> 3) 개인 내적 약점은 항상 강점과 공존한다.
> 4) 개인에게 나타나는 능력의 한계들을 기술하는 주된 목적은 개인에게 필요한 지원이 무엇인지 파악하기 위함이다.
> 5) 일정기간동안 지속적으로, 적절하게 개별화된 지원을 한다면 정신지체를 가진 개인의 생활기능은 일반적으로 향상될 것이다.

이러한 다섯 가지 가정들은 지적장애인(정신지체인)에게 있어서도 개인이 속한 지역사회 환경의 중요성을 인정하고 개인의 능력의 한계 뿐 아니라 그 기능상의 한계를 극복시키는 데 필요한 지원 방법을 개발할 필요성을 제시하는 것이다. 또한 지적장애인(정신지체인)이라 할지라도 그들에게 적합한 개별화된 도움을 제공하면 그들의 기능은 향상되며, 다른 모든 사람들과 마찬가지로 이들도 어떤 영역은 다른 영역에 비해 훨씬 잘하는 경우가 있음을 인정하는 것이다.

한편 지적장애(정신지체)에 대한 정의는 지속적으로 변화하여왔지만, 지적장애는 1959년 이후 50년 가까이 '정신지체'라는 용어로 분류되어 왔다. 하지만 정신지체라는 용어는 지난 반세기 동안 변화된 정의를 수용하지 못하며, 이 집단을 적절하게 설명하지 못한다. 이에 따라 미국정신지체협회(AAMR)는 새로운 표준과 보다 사회적으로 수용할 수 있는 방법으로 지적장애를 나타내기 위해 2007년 1월부터 협회의 명칭을 '미국 지적장애 및 발달장애협회(American Association on the Intellectual & Developmental Disabilities: AAIDD)'로 변경하였다. 또한 2010년에는 2002년의 정의를 그대로 사용하고 정신지체에서 지적장애로 장애명칭을 공식적으로 변경하였다(강종구 · 김라경, 2012).[6)]

앞서 살펴본 것처럼 우리나라에서도 2007년 「장애인복지법」의 개정으로 정신지체가 지적장애로 변경되었다. 현재 우리나라 「장애인복지법」 시행령에서는 지적장애인을 '정신발육이 항구적으로 지체되어 지적 능력의 발달이 불충분하거나 불완전하고 자신의 일을 처리하는 것과 사회생활에의 적응이 상당히 곤란한 사람'으로 정의하고 있다. 그리고 「장애인 등에 대한 특수교육법」에서는 지적장애인(지적장애를 지닌 특수교육대상자)을 '지적 기능과 적응행동상의 어려움이 함께 존재하며 교육적 성취에 어려움이 있는 사람'으로 정의하고 있다.

이러한 정의를 종합해 볼 때, 지적장애는 발달기(18세 이전)에 나타나고, 지능의 발달지체(IQ 70 이하)와 적응행동의 결함으로 인한 사회적응 능력이 일정 수준 이하라는 조건을 만족시키면 지적장애라고 볼 수 있다.[7)]

---

6) 2010년 용어의 변화는 단순한 단어선택의 변화가 아니라 장애개념의 진전을 반영하는 것이다. 특히 1992년 이후로 지원에 대한 개념은 꾸준히 발전되고 구체화되었다. 2002년에 지원의 개념을 진단, 측정, 계획, 실행, 평가에서의 지원으로 확장시키고, 2010년에는 지원체계(조직 체계, 인센티브, 인지적 지원, 도구, 물리적 환경, 기술/지식, 타고난 능력 등에서의 지원)를 제시하고 개별화된 지원의 중요성을 강조하고 있다(강종구 · 김라경, 2012에서 재인용).

7) 한편 동일한 증상이 18세 이후에 나타나는 증상은 치매(dementia)로 분류할 수 있다(좀 더 자세한 내용은 중앙치매센터 홈페이지(www.nid.or.kr)를 참조할 것).

### (2) 지적장애의 분류

1992년 전까지 정신지체는 단순히 IQ에 따라 분류하여 경도, 중등도, 중도, 최중도로 분류하거나 교육적 분류에 따라 교육가능, 훈련가능, 보호대상으로 분류하였다.

표 6-1 | IQ에 따른 정신지체 분류(Carne, L., 2002)

| | AAMR(1992년 이전) | APA(DSM-Ⅳ) | 교육적 기대 |
|---|---|---|---|
| 경도(Mild) | IQ 55~70 | IQ 50~55에서 70 | 교육가능급(55~70) |
| 중등도(Moderate) | IQ 40~55 | IQ 35~40에서 50~55 | 훈련가능급(20~55) |
| 중도(Severe) | IQ 25~40 | IQ 20~25에서 35~40 | |
| 최중도(Profound) | IQ 25미만 | IQ 20 혹은 25 미만 | 보호대상(20 미만) |

출처: 강종구·김라경(2012). pp. 10~11.

미국정신지체협회(AAMR)에서는 1992년의 새로운 정의에 따라 정신지체 분류를 '필요로 하는 지원(support)의 강도'에 따라 ① 간헐적 지원(intermittent support), ② 제한적 지원(limited support), ③ 확장적 지원(extensive support), ④ 전반적 지원(pervasive support)으로 구분하였다(이소현, 2003). 이는 앞서 정의에서 제시한 것처럼 정신지체를 '개인 내적 문제'에서 '개인의 능력과 환경적 맥락과의 상호작용을 통해 발생되는 환경적 기능에서의 제약'이라는 사회문화적 시각을 반영한 것을 보여주는 것으로 의의가 있다. 이를 정리하여 제시하면 다음의 〈표 6-2〉와 같다.

여기에서 이야기하는 지원(support)이란 개인의 발달, 교육, 흥미와 행복을 증진시키기 위한 자원과 전략이다. 예를 들어 어떤 지적장애인이 의사소통 수준은 중도(Severe)장애이지만, 시공간 문제해결은 경도(Mild) 장애수준이라면 단순한 IQ 점수로는 이 사람에 대한 평가와 지원의 정도를 파악하기 어렵다. 그러나 새로운 분류체계는 지원이 필요한 영역(학업, 우정, 재정, 직업훈련, 행동, 가사생활, 지역사회, 건강 등)을 파악하고, 어느 정도 얼마동안의 기간에 얼마나 직접적으로 제공해야 할지를 계획할 수 있다(그림 6-1). 이러한 분류체계의 변화는 인간의 기능적 제약은 그 사람이 속한 문화, 언어, 사회들과의 상호작용 안에서 고려해야 하는 것이며, 적절한 지원을 통하여 이들의 성과(outcome)가 향상될 수 있음을 시사한다.

표 6-2 | **요구되는 지원의 정도에 따른 분류 및 특성**

| 요구되는 지원 | 특성 |
|---|---|
| 간헐적 지원 (intermittent support) | 필요한 때에 제공되는 지원으로 간헐적 성격의 특성을 지니며, 개인이 항상 지원을 필요로 하는 것은 아니지만, 인생에서 전이 시기 동안 단기간의 지원을 필요로 하는 경우를 의미함(예: 실직, 심각한 의료적 위기). 간헐적 지원은 고강도, 혹은 저강도로 제공될 수 있음 |
| 제한적 지원 (limited support) | 일정한 시간에 걸쳐 일관적으로 그러나 간헐적이 아닌 시간 제한적인 것으로 특징지어짐(예: 시간제한적 고용훈련, 혹은 학교에서 성인기로의 전이 지원 제공 등) |
| 확장적 지원 (extensive support) | 적어도 몇몇 환경(예: 직장 또는 가정)에서 정기적으로 요구되는 지원으로 시간 제한적은 아님(예: 장기간의 가정생활 지원) |
| 전반적 지원 (pervasive support) | 항구성을 지니는 고강도의 지원으로 전반적 환경에 걸쳐서 제공되며, 잠재적으로 삶을 유지하는 데 필요한 성격의 특성을 지님. 일반적으로 확장적 또는 시간 제한적 지원보다 더 많은 수의 요원을 필요로 하며 개인에게는 더 개입적일 수 있는 지원을 포함함 |

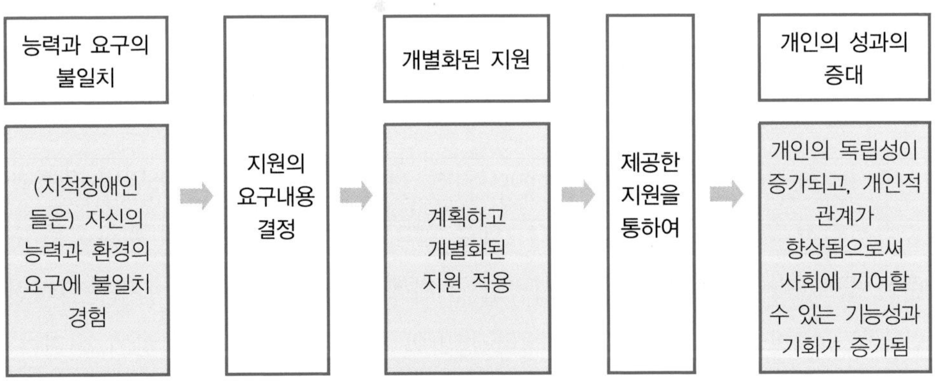


그림 6-1 | **지원모델: 지적장애인을 위한 지원계획**

출처: 강종구·김라경(2012)에서 재인용.

### (3) 지적장애의 원인

지적장애의 원인은 매우 복잡하다. 특히 다른 장애유형과 달리 선천적인 원인을 갖고 있는 경우도 많고, 원인을 알 수 없는 경우도 많아 원인을 설명하는데 한계가 있다고 할 것이다. 원인을 크게 생물학적 요인과 심리사회적 요인으로 분류하여 살펴보면 다음과 같다(신현석, 2013).

① 생물학적 요인

생물학적 요인은 감염과 중독, 분만 시의 원인, 대사장애와 영양결핍, 염색체 이상 등으로 나누어 볼 수 있다.

- 감염과 중독: 임신부가 홍역, 풍진, 매독 등에 감염되면 태아가 지적장애를 일으킬 확률이 높다. 또한 유아나 어린 아동이 뇌막염이나 뇌염에 감염되면 정신적인 발달에 영향을 받을 수 있다. 중독도 감염과 같이 태아나 유아에게서 지적장애를 일으킬 수 있으며 알코올, 카페인, 니코틴중독도 미숙아 발생을 일으킬 수 있는 원인이 된다.
- 분만시의 원인: 분만시의 뇌손상, 질식, 대뇌무산소증과 조산에 의하여 지적장애를 일으킬 수 있다. 겸자분만으로 인한 뇌손상, 난산으로 인한 산소결핍, 조산으로 충분한 영양섭취가 안되었을 경우 지적장애의 원인이 될 수 있다.
- 대사장애와 영양결핍: 유전적으로 결정되는 대다수의 지적장애는 대사장애에 기인하는 경우가 많다. 결손열성유전인자의 조합으로 이루어지는 대사장애는 PKU(페닐케토뇨증)와 갈락토세미아 등이 있다. 또한 태내기에서의 영양부족도 뇌세포성장을 억제하여 뇌손상을 일으킬 수 있다.
- 염색체 이상: 가장 보편적 염색체 장애는 다운증후군이다. 다운증후군은 염색체가 정상 숫자인 46개보다 1개가 더 많은 47개가 있는 경우이며, 산모의 나이가 많으면 많을수록 발생률이 높다. 일반적으로 몸이 작고 귀가 작으며, 얼굴이 넓고 편평하며, 눈꼬리가 위로 치켜 올라가 있고, 눈과 눈 사이의 간격이 넓으며, 지능이 낮은 경향이 있다.[8)]

---

8) 모든 다운증후군을 갖고 있는 사람들이 그렇지는 않지만, 그들 중 많은 사람들은 다음과 같은 의료적인 문제를 갖고 있다(Atherton & Crickmore Ed., 2012: 27).

② 심리사회적 요인

아동을 양육하는 형태, 가정의 경제적인 위치, 거주지 문화의 정도, 감각자극의 상실, 어머니와의 상호작용 장애 등의 요인이 아동에게 결핍환경으로서 영향을 줄 수 있다. 사회심리학적 원인들은 단일요소로 작용하기보다 다른 부분의 요소들을 포함하여 복잡하게 영향을 끼치며 특히 경도 지적장애의 경우 많은 유전적 요소들과 상호작용을 하게 된다.

표 6-3 | **지적장애의 위험요인**

| 시기 | 생의학적 | 사회적 | 행동적 | 교육적 |
|---|---|---|---|---|
| 출생 전 | 염색체이상<br>단일유전자장애<br>증후군<br>대사장애<br>뇌발생장애<br>산모질병<br>부모연령 | 빈곤<br>산모영양실조<br>가정폭력<br>산전관리부족 | 부모의 약물복용<br>부모의 음주<br>부모의 흡연<br>부모의 미성숙 | 인지적 장애를 보이는 부모에 대한 지원 결여<br>부모가 될 준비 부족 |
| 출생 시 | 조산<br>출생 시손상<br>신생아질환 | 산전관리부족 | 부모의 양육거부<br>부모의 아동유기 | 퇴원 시 중재서비스를 위한 의료적 의뢰의 결여 |
| 출생 후 | 외상성 뇌손상<br>영양실조<br>뇌막염<br>발작장애<br>퇴행성장애 | 1. 아동-양육자 간 상호작용 문제<br>2. 적절한 자극의 결핍<br>3. 가정빈곤<br>4. 가정 내 만성질환<br>5. 시설수용 | 아동학대 및 방치<br>가정폭력<br>부적절한 안전조치<br>사회적 박탈<br>다루기 힘든 아동의 행동 | 잘못된 양육<br>지체된 진단<br>부적절한 조기중재 서비스<br>부적절한 특수교육 서비스<br>부적절한 가족지원 |

출처: AAIDD(2010). p. 97.

- 다운증후군을 갖고 있는 아이들의 40~50%는 심장질환을 갖고 태어나며, 이들 중 절반 정도는 심장수술을 요구한다.
- 다운증후군을 갖고 있는 많은 사람들 중 많은 사람들은 청각과 시작의 문제를 가지게 될 것이다.
- 치매 특히 알츠하이머병으로 발전할 위험이 있다.
- 기타: 갑상선 장애, 건강하지 못한 면역체계, 호흡기 문제 등

한편 미국 지적장애 및 발달장애협회(AAIDD)는 지적장애의 위험 요인들을 범주별로, 그리고 개인들의 일생에서 그 위험들이 발생하는 시기를 다음의 〈표 6-3〉과 같이 보여주고 있다. 생의학적 상태에 우선적으로 기초한 ICD-10과 같은 분류체계와 달리 이 분류체계는 지적장애의 원인에 대한 다요인적 접근을 나타낸다. 다음의 위험요인 목록은 배타적인 것이 아니라 새로운 위험 요인이 발견됨에 따라 확장될 수 있다.

### (4) 우리나라 지적장애의 판정

우리나라에서 지적장애는 웩슬러 지능검사 등의 개인용 지능검사를 실시하여 얻은 지능지수(IQ)에 따라 판정하는데, 지능지수는 언어적 지능지수와 동작성 지능지수를 종합한 전체 검사 지능지수를 말한다. 「장애인복지법」(시행규칙)에 제시된 지적장애인의 장애정도 기준을 보면 '지능지수가 70 이하인 사람으로서 교육을 통한 사회적·직업적 재활이 가능한 사람'으로 정의되어 있으며 모두 '장애의 정도가 심한 장애인'으로 규정되어 있다. 지난 2017년 「장애인복지법」 개정으로 장애등급제가 폐지(개편)되면서 장애등급(1~6급)은 장애정도(중증/경증)로 변경되었다. 개정 전 「장애인복지법」(시행규칙)에 제시된 지적장애의 장애등급기준은 다음과 같다.

**표 6-4 | 지적장애의 장애등급기준(구(舊))**

| 장애등급 | 장애정도 |
|---|---|
| 1 | 지능지수가 35 미만인 사람으로서 일상생활과 사회생활의 적응이 현저하게 곤란하여 일생 동안 다른 사람의 보호가 필요한 사람 |
| 2 | 지능지수가 35 이상 50 미만인 사람으로서 일상생활의 단순한 행동을 훈련시킬 수 있고, 어느 정도의 감독과 도움을 받으면 복잡하지 아니하고 특수한 기술이 필요하지 아니한 직업을 가질 수 있는 사람 |
| 3 | 지능지수가 50 이상 70 이하인 사람으로서 교육을 통한 사회적·직업적 재활이 가능한 사람 |

### (5) 지적장애인의 특성

지적장애인의 특성에 대해서 정동영 등(2001)은 심리적 특성으로 동기유발 부족, 의존적인 경향, 부정적 자아 개념을, 행동적 특성으로 말과 언어의 지체, 주의집중력 및 단기기억력 부족, 적응능력의 부족 등을 제시하고 있다. 구체적인 내용은 다음과 같다(신현석, 2013).

- 심리적 특성

① **동기유발 부족:** 지적장애인은 학령기에서부터 자주 실패에 부딪히기 때문에 실패를 미리 예상하는 경향이 있다. 즉, 실패의 쓴 경험에서 도피하기 위해 그들은 실패를 야기하는 상황을 피하는 경향을 보이며, 결과적으로 자기성취 예언과 목표를 낮게 설정하는 경향이 있다. 학업을 성취하지 못하거나 성공감과 만족감을 갖지 못하는 경우 어떤 상황이나 대상을 피하고 싶어 한다. 그것이 결국 동기유발에 부정적인 영향을 미치게 된다.

② **의존적인 경향:** 지적장애인은 문제상황을 해결하기 위해 일반적으로 다른 사람에게 의존하는 경향을 보인다. 이는 곧 그들 자신의 능력에 대한 불신의 결과이다. 따라서 지적장애아동의 경우 교사나 조력자, 동료아동의 도움을 요구하는 의존경향을 나타낸다.

③ **부정적 자아 개념:** 지적장애인은 일반적으로 열등한 자아개념을 가진다. 그들은 자신의 능력과 잠재성에 대해 부정적이다. 이런 부정적 자아개념은 생활에의 부적응과 중요한 상관관계를 가지고 있다.

- 행동적 특성

① **말과 언어의 지체:** 말과 언어의 발달은 지적발달과 밀접하게 연관되어 있기 때문에 지적장애인은 말과 언어의 구사에 많은 어려움을 지니고 있다. 특히, 음의 대치와 생략 같은 조음장애가 자주 발생하고, 구어발달의 지연, 제한된 어휘, 그리고 정확하지 않은 문법사용 등을 포함한 언어장애를 갖는 것이 보통이다.

② **주의집중력 및 단기기억력 부족:** 지적장애인은 주의집중의 3요소, 즉 주의집중지속시간, 주의집중의 범위와 초점, 선택적 주의(중요한 자극특성의 변별)에 심한 곤란을 가지며, 일반적으로 장기적으로는 정보를 공유하지만, 단기 기억분야에서의 한계를

가지고 있다.

③ **적응능력의 부족**: 지적장애인의 대인관계가 원만하지 못하고 여러 상황에 적응하지 못하는 것은 적응능력이 부족하기 때문이다. 특히 자기 지향성, 책임감, 사회적 기술 등이 부족하여 부적절한 행동을 하게 되고 이로 인해 주위사람들로부터 거부당하는 것을 볼 수 있는데, 이러한 거부는 비장애인들이 지적장애인에 대한 행동의 부적절성을 의식하는 데서 비롯된다.

이상의 내용을 종합하면, 지적장애인은 '주의집중이 안 된다', '동작이 느리다', '기억력이 낮다'는 등의 특성을 지니고 있다고 할 수 있다. 그러나 이러한 내용들은 사실상 긍정적인 면보다 지적장애에 대해서 부정적인 면을 더 부각시켜 왔고, 편견으로 자리 잡아 온 것이 사실이다(권선진, 2001). 즉 지적장애는 기능성(functioning)에 어떠한 방식으로 결함이 있는 하나의 상태(state)이지 특성(trait)이 아님을 알아야 한다. 한 개인의 기능성(functioning)이 있다, 없다 또는 좋다, 나쁘다는 식으로 평가하는 것은 그가 현재 살아가고, 공부하고, 일하며, 경험하는 다양한 환경들과의 상호작용의 결과물이며, 그 결과 또한 다양한 유형과 다양한 강도를 지닌 개별적인 지원 제공의 유무에 따라 변화될 수 있는 것이기 때문이다. 또, 장애 정도에 따라 다르고, 개인에 따라 차이가 크기 때문에 지적장애인의 공통적인 특성이 있다고 할 수는 없을 것이다. 결국 지적장애인의 기능성(functioning)은 개인의 능력과 환경의 상호작용 속에서 결정된다고 할 수 있다. 따라서 지적장애인을 볼 때 한 개인이 환경에서 실제로 어떻게 기능하느냐가 특히 중요하게 고려되어야 하고, 능력의 한계가 있으나 그 장애인을 둘러싸고 있는 환경의 적절성과 환경 내에서의 지원을 통하여 장애가 아니라 기능성이 발휘될 수 있다면 그 장애는 더 이상 장애(disability)가 아닌 것이 될 것이다.

## 2) 자폐성장애

### (1) 자폐성장애 진단의 역사[9)]

자폐증(autism)은 일반적으로 극도의 사회적 위축, 인지적 결함, 언어장애, 상동행동으로 특징지어지는 전반적 발달장애로 30개월 이전에 발생하는 것을 의미한다(김미옥, 2003). 1943년 Leo kanner에 의해 유아 자폐증(infantile autism)이 처음으로 진단되었다. 그는 관찰을 통해 일관적으로 타인에게 관심을 전혀 기울이지 않는 아이들의 특성을 확인할 수 있었다. 그가 붙인 autism(자폐증)이란 용어는 원래 그리스어에 어원을 둔 것으로 self(자아)의 의미를 담고 있다. 자폐성장애 진단의 역사를 살펴보면 다음과 같다(한국자폐인사랑협회, 2010).

1970년대 후반까지 자폐성장애는 정신병적 장애로 인식되어왔다. 실제로 ICD-9(WHO, 1978)에서는 정신병에 포함되었다. 이후 DSM-Ⅲ의 발달적 장애 범주에 학습장애와 같은 범주로 포함된 것은 중요한 발전이었다. 1980년 DSM-Ⅲ의 출간으로 자폐성장애가 기질적 증세로 인식되기 시작하였으며 매우 어린 시기부터 출현한다는 연구결과들이 제시되었다. DSM-Ⅲ에서 자폐성장애가 불안장애와 같은 정서적인 장애보다는 정신지체나 발달지체, 읽기장애 등과 유사한 특성이 더 많은 장애라는 점을 인식하게 되었고 DSM-Ⅲ이후로 자폐성장애는 전반적 발달장애(Pervasive Developmental Disorder)로 분류되었다. DSM-Ⅲ에서는 전반적 발달장애 내에 아동기 발현 전반적 발달장애(Childhood Onset Pervasive Developmental Disorder: COPDD)를 포함하였으며, DSM-Ⅲ-R과 DSM-Ⅳ에서는 달리 분류되지 않는 전반적 발달장애(Pervasive Developmental Disorde Not Otherwise Specified: PDD-NOS)를, DSM-Ⅳ에서는

---

9) 이 부분은 한국자폐인사랑협회에서 2010년에 발간한 '자폐성장애인 부모를 위한 생애주기별 매뉴얼: 특별한 우리 아이 알아가기'의 해당 부분을 중심으로 작성한 것이다

소아기 붕괴성 장애(Childhood Disintegrative Disorder: CDD)와 아스퍼거 증후군, 렛트 증후군 등을 자폐성장애에 포함하였다.

1980년 이후 미국심리학회(APA)에서 개발한 진단 규정들에서는 대부분 전반적 발달장애라는 이름으로 자폐성장애를 설명하였지만 몇몇 연구자들은 전반적 발달장애라는 범주의 적절성에 대하여 의문을 제기하곤 하였다. 정신지체(지적장애)는 인지적 기능이 주된 결함이므로 특정한 발달장애(Specific developmental disorder)에 속한다. 예를 들어 다운증후군 아동들의 사회적 기능과 의사소통 기능은 이들의 정신연령에 적절하다. 그러나 전반적 발달장애 범주의 사용을 반대하는 사람들은 중도 및 최중도의 정신지체인들이 오히려 가장 전반적인 (범위의) 발달장애를 보이는 사람들이라고 주장한다(Baird et. al., 1991). 고기능 자폐인들의 경우 사회·인지적 기능에서만 특별한 결함을 가지고 있을 뿐, 기계적 암기능력, 시각-운동기술, 자조기술 등과 같은 많은 영역들의 기능에서 별다른 문제를 보이지 않기 때문에 '전반적'이라는 용어는 다양한 영역에서 문제를 보이는 심각한 자폐인들에게만 적용되어야 한다는 것이다(Happe & Frith, 1991).

'전반적 발달장애'라는 용어 사용은 그 하위범주에 '달리 분류되지 않는 전반적 발달장애(PDD-NOS)'라는 용어를 사용함으로써 용어의 혼란과 교육적 불이익의 가능성에서 적절성 문제가 제기되었다(Baird et al., 1991). 자폐성장애는 일반인들에게 잘 알려져 있으나 전반적 발달장애라는 용어는 일반인들에게 덜 알려져 있고, '달리 분류되지 않는 전반적 발달장애(PDD-NOS)'로 진단받은 사람들은 이러한 용어를 잘 알지 못하기 때문에 교육적 지원을 받으려 하지 않는 경향이 높다는 것이었다(Baird et al., 1991). 따라서 많은 전문가들은 자폐성장애, 자폐스펙트럼 장애(Austism Spectrum Disorders: ASD)라는 용어가 전반적 발달장애 보다 정확하며 적절하게 포괄할 수 있다고 주장하였다. 이와 같이 전반적 발달장애 명칭 사용을 강력히 반대하는 반론들에도 불구하고, DSM-Ⅳ에서는 여전히 이 용어를 사용되었다. 하지만, 2013년 DSM-Ⅴ에서 그 용어가 '자폐성장애: 자폐스펙트럼장애(ASD)'로 변경되었다.

### (2) 자폐성장애의 정의와 분류

앞서 설명한 것처럼 자폐증, 전반적 발달장애라는 용어가 자폐스펙트럼장애(자폐성장애)로 변경되었다. 자폐스펙트럼장애는 특별히 사회적 의사소통 능력 부재와 행동적 매너리즘과 연관된 뇌기능의 발달지연으로 야기된 증후군이다. 자폐스펙트럼장애(자폐성장애)를 가진 사람은 그 누구도 똑같은 특성을 갖고 있지 않다. 각각 서로 다른 신체생리학적 특성, 살아온 환경, 가정인자, 교육환경 등이 다르기 때문에 이러한 조건들이 조합하여 다양한 성향을 보일 수 있다. 이는 마치 햇빛이 프리즘을 통과하면 다양한 색깔로 펼쳐져 보이는 스펙트럼처럼 자폐스펙트럼장애(자폐성장애)를 가진 아동들도 증상적 특성과 성향과 프로필이 각양각색으로 보이기 때문에 자폐증이라는 말에 스펙트럼이라는 용어를 첨가하여 사용하기 시작한 것이다(양문봉·신석호, 2011). 자폐스펙트럼장애는 아주 가벼운 상태의 자폐증이 한쪽 끝에 위치하고 다른 끝에는 전형적이고 심한 형태의 자폐증이 있어, 이를 연속선상으로 연결하여 그 사이에 다양한 증상들과 기능 수준을 보이는 장애인이 존재한다고 간주한다.

한편 우리나라에서는 아직 DSM-Ⅳ에서 제시되고 있는 내용과 지침들을 기준으로 진단을 하고 있는데, DSM-Ⅳ상에서 '전반적 발달장애(Pervasive Developmental Disorder)'로 명시되어 있으며, 여기에는 자폐장애(Autistic Disorder), 레트장애(Rett's Disorder), 소아기붕괴성장애(Childhood Integrative Disorder), 달리 분류되지 않는 전반적 발달장애(PDD-NOS), 아스퍼거장애(Asperger's Disorder) 등이 포함되어 있다(김미옥, 2003; 조수철 외, 2011; 하나의학사 역, 1999; 한국자폐인사랑협회, 2010).

① **자폐장애:** 만 36개월 이전에 발병이 확인되며 상호적·사회적 상호작용, 구어와 비구어적 의사소통의 질적인 결함, 제한된 활동과 관심 영역이 특징이다. 감각이상이나 인지적장애의 동반, 언어지연 등이 동반된다.

② **레트장애:** 자폐장애와는 달리 여아들에게서 주로 발견되는 장애로 남자에 비하여 여자의 출현율이 4배 정도 높다. 생후 5개월까지는 비교적 정상적인 발달을 보이다가 이후 5~48개월 사이에 두뇌 성장속도가 느려지면서 이전에 습득했었던 의도적인 손의 움직임을 상실한다. 걸음걸이의 협응이 잘 이루어지지 않으며 움직임이 둔하다. 표현언어와 수용언어에서 심각한 결함을 보이며 손 씻기와 같은 움직임이나 손 비틀기 등이 전형적인 행동적 특성이다. 학령 전의 레트 장애 아동들은 자폐아동과 유사한 사회적 결함을 보이지만 보다 큰 결함은 정신지체(지적 장애)와 운동능력의 상실이다.

③ **소아기붕괴성장애:** 헬러 증후군(Hellers Syndrome)이라고도 하며, 2세까지 정상발달을 보이다가 2세 이후에 퇴행을 하는 장애이다. 자폐장애의 행동적 특성이 첫 돌 즈음에 나타나는 것과는 대비된다. 퇴행은 10세 이전에 나타나고, 표현언어와 수용언어, 사회적 기술, 장과 방광의 통제, 놀이기술, 운동기술 등과 같은 영역 중 최소 두 가지 영역 이상에서 나타난다. 이러한 기술을 상실하기 전에 연령에 적절한 사회적 의사소통 기술과 놀이기술을 보였어야만 소아기붕괴성장애로 진단될 수 있다. 습득되었던 기술의 상실이 특징적이다.

④ **달리 분류되지 않는 전반적 발달장애(PDD-NOS):** 아동이 사회적 의사소통적 기능의 결함을 보이거나 반복적인 행동을 보이지만 문제의 발현 연령이 늦거나 비전형적이거나 역치 이하의 증세를 보이는 경우이다. 달리 분류되지 않는 전반적 발달장애(PDD-NOS) 아동들은 '비전형적 자폐성장애'로 진단되기도 한다.

⑤ **아스퍼거장애:** 지능이 정상범위이거나 그 이상이며 언어의 지연이 드물게 나타나고 억양의 변화가 없으면서 매우 현학적인 표현을 사용하다. 이들은 대화를 시작하거나 유지하는 것을 어려워하며 대화주제를 사회적 상황에 적절하게 조절하는 데 어려움을 겪는다. 목적을 위한 대화를 할 뿐이며 친구들과 잡담을 하지 않는 등의 특징이 있다. 서투른 몸 움직임과 지능에 대비하여 사회적 규칙과 단서에 둔감한 특징을 나타낸다. 즉 언어 및 인지발달은 정상적이지만, 운동기능의 발달에 있어서 지체를 보일 수 있으며, 정서적·사회적 발달에 있어서의 결함을 보인다.

한편 2013년 5월 선보인 새로운 진단기준인 DSM-V에서는 범주에 해당하는 전반적 발달장애(Pervasive Developmental Disorder)라는 용어가 사라지고, 자폐스펙트럼장애를 새로운 범주(category)의 용어로 통일하여 사용하게 되었으며, 세부진단은 자폐성장애(Autistic Disorder)만 사용되게 되었다. 즉, 아스퍼거증후군, PDD-NOS, 소아기붕괴성 장애 등의 진단명을 없애고, 자폐스펙트럼장애의 범주로 포함시키고 있으며, 레트 장애(Rett's disorder)는 어려서만 일시적으로 자폐적인 증상을 보이는 신경계 질환으로 보아, DSM-V에서 그 진단명이 빠지게 되었다. 이와 같이 자폐스펙트럼장애의 진단기준에 있어 DSM-V가 DSM-IV-TR과 비교하여 달라진 점을 정리하면 다음과 같다(한국자폐인사랑협회 홈페이지, http://www.autismkorea.kr).

① 아스퍼거증후군(장애), PDD-NOS, 소아기 붕괴성 장애의 진단명이 없어지고, 자폐스펙트럼장애의 범주로 포함시키고 있다
② 레트장애(Rett's disorder)는 DSM-V의 자폐스펙트럼장애 범주에서 진단분류가 사라졌다.
③ 전반적 발달장애(Pervasive Developmental Disorder)라는 용어 대신 자폐스펙트럼장애를 진단범주(category)의 새로운 용어로 공식적으로 사용한다.
④ DSM-V의 Autism Spectrum Disorder의 진단범주에 아스퍼거 장애가 포함되면서, 자폐스펙트럼장애의 진단기준에서는 '언어발달의 지연'항목이 빠졌으며, 사회적 의사소통(socialcommunication)의 장애로서 포괄적으로 설명한다.
⑤ DSM-IV-TR에서는 자폐증상이 만 3세 이전에 발현되어야 한다는 나이의 제한이 있었으나, DSM-V에서는 나이 기준을 유아기(early childhood)라고만 기술하고 있다.

### (3) 자폐성장애의 원인

현재 자폐성장애의 원인에 대하여는 분명히 밝혀져 있지 않으나 심리적 원인과 생물학적 원인으로 구분할 때 생물학적 원인일 가능성이 높다. 즉 부모의

양육이나 부부간의 불화문제 등과 같이 심리적 요인에 의해 이 질환을 설명하려는 시도가 있었으나 그 가능성은 희박한 것으로 알려져 있다.[10] 이외에도 환경오염, 백신, 소화기 기능 이상 등 여러 가지 요인들이 자폐성장애의 발생 원인으로 설명되기도 하지만, 현재로서는 뇌의 생물학적 이상으로 인하여 나타나는 여러 요인들이 복합적으로 작용하여 자폐성장애를 일으키는 것으로 알려지고 있다. 한편 생물학적 내지 기질적 원인으로는 다음과 같은 요인들이 추정되고 있다. 임신, 분만을 전후한 합병증(고령임신, 임신 중 약물사용, 난산 등), 경련성 질환의 동반, 대사장애와 동반, 풍진 등 감염성 질환, 뇌의 이상(측두엽 부위의 이상, 대뇌의 위축, 소뇌의 발달단계에서의 이상 등) 등 생화학적 측면에서의 연구가 진행되고 있으나 의견의 일치를 보이지는 못하고 있다(김미옥, 2003; 권선진, 2000).

### (4) 자폐성장애인의 인구통계학적인 특성

① 발생률

북미, 아시아, 유럽에서 실시된 역학 소사 결과, 자폐발생률은 아동 1만 명당 2~13명이었다. Fombonne(2005)이 1987년 이후 역학 연구를 종합한 결과로는 발생률이 1만 명당 2.5~72.6명 범위였으며, 중간값은 11.3명이었다. 이러한 자폐성장애의 발생률 조사는 어떤 집단을 대상으로 어떤 진단도구를 사

10) 미국 Johns Hopkins 대학병원의 소아정신과 주임교수였던 Dr. Leo Kanner는 유아기 자폐성장애에 대한 원인으로서 소위 '냉장고 엄마(refrigerator mother)'를 제시하였다. 즉, 차갑고 정이 없는 엄마가 아기에 대하여 냉혹하고 거부감을 보임으로써, 아기가 이로 인하여 발달이 지연되면서 자폐성장애를 보인다고 하였다. 그러나 이후 연구에서 자폐성장애가 심리적인 원인으로 인해서 발생한다는 이론은 폐기되었다. 이러한 부모의 자폐 발생 원인에 대한 잘못된 믿음은 치료의 방향을 잘못 설정하게 만들기도 하였다. 예를 들어, 자폐아동의 부모가 잘못 양육했기 때문이라는 가설은 이미 수용되기 어려운 가설이 되었음에도 불구하고 부모가 잘못 양육했기 때문에 자폐성장애를 가지게 되었다는 죄책감을 지니는 것은 교육 및 치료의 방향을 부모와 아동의 관계에만 초점을 두게 할 가능성이 있으므로 주의해야 한다(한국자폐인사랑협회 홈페이지).

용하는가에 따라 차이를 보일 수 있다.

또한 자폐를 어떻게 정의하고 어떤 진단기준을 사용하는가도 발생률에 영향을 미치게 된다. DSM-Ⅳ에서는 아동 1만 명당 2~5명으로 유병률을 제시하고 있으며, 최근 연구일수록 높은 경향을 보인다. Gillberg 등은 스웨덴 서부 지역을 중심으로 연구를 실시한 결과, 1980년대에는 인구 1만 명 중 4명 정도 출현하였으나 1984년도에는 1만 명당 7.5명이, 1988년에는 1만 명당 11.6명이 출현하였다고 하였다(한국자폐인사랑협회, 2010).

질병개념의 확대, 진단기준의 변화, 연구방법 및 연구대상의 차이 등 여러 요소들이 영향을 미치므로 실제로 자폐증의 발생률이 증가하였는지에 대해서는 아직 논란이 있다. 그러나 오늘날 자폐인구가 증가하고 있는 것은 사실이라고 할 수 있다.

② 성별에 따른 출현율

모든 연구가 여아보다 남아의 유병률이 높은 것으로 보고하고 있으며, 비율은 남아 3~4명당 여아 1명이었다. DSM-Ⅳ에서는 여성보다 남성이 4배 혹은 5배 정도 높게 출현하는 것으로 기술되었다. 물론 지적장애, 학습장애 등에서도 여성보다 남성들이 비율이 높다. 하지만, 자폐성장애의 경우에는 그 성비의 차이가 다른 장애보다 크다. Lord와 Schopler(1987)의 연구에 의하면 자폐성장애는 남아의 출현율이 높지만 여아인 경우 자폐의 정도가 보다 심각하다고 하였다. 또 Lord와 Schopler(1987)는 자폐 남성과 자폐여성을 비교하여 볼 때 여성이 지적장애를 동반할 가능성이 보다 높다고 하였다. 즉 여성 자폐인들이 지능지수가 낮은 집단에서 보다 높은 출현율을 보인다고 할 수 있다(한국자폐인사랑협회, 2010).

③ 지적장애의 동반

대다수의 자폐성장애인은 지적장애를 동반하고 있는 것으로 보고되고 있다. 자폐성장애인의 40~60%는 IQ가 50 이하이며, 20~30%만이 70 이상이다(조수철 외, 2011). Gillberg(1984)는 자폐인들 중 23% 정도의 지능이 70 이상의 정상 혹은 정상 범주의 지능이라고 하였다. 나머지 77% 정도는 자폐성장애와 더불어 지적장애를 동반하고 있다. 즉, 50% 정도는 IQ가 50~70 정도이며 27%는 IQ 50 이하라 할 수 있다(한국자폐인사랑협회, 2010).

④ 유전적인 경향

자폐성장애는 유전적인 경향이 매우 높은 장애로 알려져 있다. 일란성 및 이란성 쌍생아에서의 진단 일치율을 통하여 측정하게 되는 유전율은 자폐성장애의 경우 90% 이상인 것으로 보고되고 있다. 가족 내에 자폐장애가 있는 경우 다음 형제에게 자폐장애가 발생할 위험성은 일반 인구 집단에 비해 50배에서 많게는 200배까지 높아지는 것으로 보고되고 있다(조수철 외, 2011: 21). 1989년 UCLA의 유타 대학에서는 자폐형제가 있는 경우 다른 형제가 자폐일 가능성은 일반인에 비하여 215배가 높다는 연구결과를 발표하였다(Ritvo & Jorde et al., 1989). 즉, 자폐 형제가 태어난 이후 다른 형제가 자폐일 가능성은 8.6%이다. 이들 연구 중 흥미로운 것은 첫 아이가 자폐 남아인 경우 둘째 아이가 자폐일 가능성은 7%이며, 첫 아이가 여아 자폐인 경우 둘째 아이의 자폐 가능성은 14.5%라는 것이다. 이러한 높은 유전적인 경향 때문에 자폐 자녀를 둔 부모들은 유전상담을 할 필요가 있다고 많은 연구자들은 권유하고 있다(한국자폐인사랑협회, 2010).

### (5) 자폐성장애의 판정 및 등급

자폐성장애에 대한 판정을 하기 위해서는 이 장애가 확실해진 시점에서 장애를 진단한다. 자폐성장애의 상태와 능력장애의 상태에 대한 판정을 종합하여 최종 장애등급 진단을 내리는데 자폐성장애는 장애의 상태와 능력장애의 상태의 변화 가능성이 희박하므로 등급판정을 다시 받아야 할 필요는 없으나 연령증가에 따라 장애정도에 많은 변화가 예상되는 경우에는 의사의 소견에 따라 일정기간 후에 재판정을 받도록 할 수있다(신현석, 2013: 140).

우리나라의 「장애인복지법」상 자폐성장애의 장애등급 판정은 ① 자폐성장애의 진단명에 대한 확인, ② 자폐성장애의 상태(impairment) 확인, ③ 자폐성장애로 인한 정신적 능력장애(disability) 상태의 확인, ④ 자폐성장애 등급의 종합적인 진단의 순서를 따라 이루어지는데 구체적인 내용은 다음과 같다(한국자폐인사랑협회, 2010).

① 자폐성장애의 진단명에 대한 확인

우리나라에서 공식적인 자폐성장애의 분류체계로 사용하고 있는 국제질병분류 ICD-10의 진단지침에 따라 진단명이 F84, 전반성발달장애(pervasive developmental disorders)인 경우에 자폐성장애 판정을 한다.

② 자폐성장애의 상태(impairment) 확인

진단된 자폐성장애의 상태가 자폐성장애 등급판정기준에 따라 어느 등급에 적절한 지를 임상적 진단평가과정을 통하여 판단한 뒤 등급을 정하며, 자폐증상의 심각도는 전문의의 판단에 따른다. 또한 K-CARS 또는 여러 자폐성 척도를 이용하여 판단할 수 있다. 이 경우 사용한 척도와 그 점수 및 판단 소견을 기술한다.

③ 자폐성장애로 인한 정신적 능력장애(disability) 상태의 확인

자폐성장애에 대한 임상적 진단평가와 보호자 및 주위 사람의 정보와 일상 환경에서의 적응상태 등을 감안하여 등급판정을 내린다.

④ 자폐성장애 등급의 종합적인 진단

자폐성장애의 상태와 GAS 평가를 종합하여 최종 장애등급 진단을 내린다.

우리나라 「장애인복지법」(시행령)에서 규정하고 있는 자폐성장애는 '소아기 자폐증, 비전형적 자폐증에 따른 언어·신체표현·자기조절·사회적응 기능 및 능력의 장애로 인하여 일상생활이나 사회생활에 상당한 제약을 받아 다른 사람의 도움이 필요한 사람'으로 진단 받은 후 최소한 6개월이 경과되어야 판정을 받게 된다. 지난 2017년 「장애인복지법」 개정으로 장애등급제가 폐지(개편)되면서 장애등급(1~6급)은 장애정도(중증/경증)로 변경되었다. 개정 전 「장애인복지법」(시행규칙)에 제시된 자폐성장애의 장애등급기준은 다음과 같다.

표 6-5 | **자폐성장애의 장애등급 기준(구(舊))**

| 장애등급 | 장애정도 |
|---|---|
| 1 | ICD-10의 진단기준에 따른 전반성발달장애(자폐증)로 정상발달의 단계가 나타나지 아니하고, 지능지수가 70 이하이며, 기능 및 능력장애로 인하여 주위의 전적인 도움이 없이는 일상생활을 해나가는 것이 거의 불가능한 사람(기능 및 능력장애로 인하여 GAS 척도[11] 점수가 20 이하인 사람) |
| 2 | ICD-10의 진단기준에 따른 전반성발달장애(자폐증)로 정상발달의 단계가 나타나지 아니하고, 지능지수가 70 이하이며, 기능 및 능력장애로 인하여 주위의 많은 도움이 없으면 일상생활을 해나가기 어려운 사람(기능 및 능력장애로 인하여 GAS 척도 점수가 21~40 이하인 사람) |
| 3 | 제2급과 같은 특징을 가지고 있으나 지능지수가 71 이상이며, 기능 및 능력장애로 인하여 일상생활 혹은 사회생활을 해나가기 위하여 간헐적으로 도움이 필요한 사람(기능 및 능력장애로 인하여 GAS 척도 점수가 41~50인 사람) |

### (6) 자폐성장애인의 특성

자폐성장애아동들은 사회적 환경에 대해서는 결코 관심을 보이지 않는 반면, 생명이 없는 환경에 대해서는 극도의 관심을 보이고는 한다. 예컨대, 어떤 아동은 자신의 부모가 가까이 있는 것을 전혀 인식하지 못하면서도 자기 집의 가구가 재배치되어 있는 것은 금방 인식하고 그 변화에 대하여 커다란 공포를 느끼곤 한다. kanner는 이러한 사회적 역기능과 환경에 대한 일상적이지 못한 반응을 자폐성장애의 핵심적인 두 가지 특징으로 간주한 바 있다(신현기,

---

11) 참고로 GAS(Global Assessment Scale for Developmentally Disabled) 채점표는 다음과 같다.

100-91 독립적인 자조기술과 양호한 일상생활 기술. 다룰 수 없을 정도의 어려움 없음. 여러 가지 활동에 참여

90-81 독립적인 자조기술과 양호한 일상생활 기술. 일과성 증상이 있고 일상 생활에서의 문제가 간혹 다루기 힘듬. 기능상의 장애는 없음.

80-71 독립적인 자조기술. 약간의 양호한 일상생활 기술. 일과성 감정 반응으로 인하여 약간의 기능상 붕괴

70-61 독립적인 자조기술이 있으나 다소의 지도감독이 필요함. 약간의 신체적 도움이 필요하기도 하나 이것은 단지 신체적 장애 때문. 일반적으로 행동문제는 없음. 혹은 약간의 양호한 일상생활 기술을 갖고 있지만 사회적으로 부적절한 행동 때문에 중재가 간헐적으로 필요함.

60-51 자조기술 수행할 수 있으나 지도감독이 필요함. 언어를 통한 지시가 자조에 필요하나, 신체적 도움은 조금 필요한데 이것은 신체적 결함 때문. 중재가 필요한 행동문제가 발생할 때도 있으나 이것은 간헐적임.

50-41 자조를 위하여 언어나 신체적 지시가 필요함. 중재가 필요한 행동 문제가 지속적 양상으로 나타나지는 않음. 일반적으로 활동에 참가하려는 의도가 있음.

40-31 자조기술에 약간의 신체적 도움이 필요함. 자주 발생하는 행동 문제나 신체적 제한을 지도 감독하면 활동에 참여할 수 있음. 혹은, 간헐적으로 심각한 행동 문제(폭력적이거나 자학적)를 보이지만 자조기술은 있음.

30-21 자조에 약간의 신체적 도움이 필요하고 활동에 참여할 의도가 다소 있으나 행동문제 때문에 정기적인 지도감독이 필요함. 혹은, 결함 때문에 광범위한 도움이 필요하나 신체적으로 할 수 있는 한도 내에서는 과제를 수행하고 참여하려는 의지를 보임.

20-11 자조에 신체적 도움이 필요. 자주 참여하려하지 않음. 혹은 심각한 행동문제(폭력, 자해) 때문에 정기적인 중재가 필요

10- 1 거의 전적인 신체적 보살핌이 필요. 혹은, 심각한 행동(폭력이나 자해) 때문에 정기적 중재가 필요하기 때문에 항상 지도감독이 필요

2001). 사회성 결핍은 모든 자폐성장애인에게서 일관되게 나타나는 특징이다. 고기능 자폐성장애 성인의 경우 다소의 사회적 기술을 가지고 있는 경우도 있지만, 역시 그들에게서 나타나고 있는 최대의 어려움은 사회적 관계에서의 문제이다(신현기, 2001). 한편 지능이 낮은 자폐성 장애인이 사회적 발달에서 더 심한 손상을 보이고, 상동행동과 자해 행동 등 행동적 문제를 더 많이 보이며, 예후 또한 좋지 않다. 자폐성장애의 임상적인 양상을 살펴보면 사회적 상호작용의 질적 장애, 언어와 대화의 장애, 비정상적인 행동 패턴 등으로 구분할 수 있다(권선진, 2001). 자폐성장애의 임상적인 양상은 다음과 같이 나타난다고 할 수 있다(조수철 외, 2011; 18~21; 한국자폐인사랑협회 홈페이지).

① 사회적 특성: 사회적 상호작용의 질적 장애

자폐성장애의 일반적인 특성은 사람에 대한 반응에서 나타나는데 유아기부터 어머니와 눈을 맞추지 않거나 소리를 들을 수 있으면서도 쳐다보지 않고 안아주어도 좋아하지 않는다. Kanner는 사회적 결손을 자폐증의 핵심증상으로 간주하였다. 자폐증(自閉症)이라는 난어의 의미 자체도 대인관계를 회피한다는 뜻이다. 생후 2~3개월이 되면 주변 사람의 자극에 대해 웃는 것이 일반적인데 자폐 아동은 이러한 반응이 관찰되지 않는다. 8~9개월이 경과되면 낯선 사람을 분명히 구별할 수 있는 능력이 생기는데, 자폐에서는 이러한 행동이 보이지 않아 아무에게나 잘 안기는 행동을 보이기도 한다. 초등학교 입학을 하거나 또는 청소년기가 되어도 친구관계 형성이 안 되며, 신체적인 발달은 이루어져 성적인 관심을 갖기도 하지만 서로 공감적인 이성관계가 형성되지 못한다. 영아기에는 눈맞춤을 피하고, 사람의 말소리에 거의 관심을 보이지 않으며, 안기려고 팔을 내밀지도 않고, 감정이 무디고 표정도 거의 없다. 유아기에는 대부분의 자폐아가 엄마 등 애착대상과 떨어질 때 우는 등의 분리불안을 보이지 않고 낯선 이에 대해서도 불안해하지 않는다. 놀이방이나 유치원 등에서도 다른 아동들에 대해 전혀 관심을 보이지 않고 함께 어울려 놀지도 못한다. 아동 중기에는 부모나 다른 친숙한 성인에게 애착을 보이긴 하나 또래들과의 관계에서 심한 어려움을 보인다. 장애가 경한 아동의 경우 다른 아동들과 게임이나 놀이에 참여할 수 있으나 대개는 피상적이고 수동적이다. 나이가 들면서 부모와 형제들에게 애정을 보이고 다정하게 대하지만 먼저 사회적인 접촉을 시도하거나 관심을 보이는 일 또한 거의 없다. 일부 경증 자폐아는 우정을 원하지만 다른 사람의 관심과 정서를 알아차리지 못해 사회적으로 부적절한 말을 하거나 행동을 하여 우정을 발달시키지 못한다.

② 언어와 의사소통의 특성: 언어와 대화의 장애

대부분의 자폐아동들에게 언어발달은 거의 일어나지 않거나 지연되는 현상을 보이며, 언어발달이 일어나더라도 말의 의미를 적절하게 이해하지 못하는 경우가 많다. 혼자서 중얼거리기도 하고 노래도 부르지만 누가 곁에서 말을 걸면 이에 대해 적절하게 답변을 하지 못하는 경우도 있다. 반향어의 형태로 표현되기도 하고 나 또는 너의 대명사를 혼동하여 사용하기도 하며, 말을 하더라도 억양이 전혀 없는 등의 장애도 동반된다. 표현성 언어뿐만 아니라 수용성 언어발달에 장애가 있어서 다른 사람의 말을 이해하는 능력이 결핍되어 있다. 기능성이 높은 자폐성장애인의 경우에는 대화를 하는 것은 가능하지만, 대화 유지능력이 부족하거나 주제가 자신의 이익과 관심사에 한정되는 경향을 보인다. 같은 말이나 상대의 말을 반복하는 경향이 있다. 반향어를 많이 사용하는데, 이는 대화를 하는 데 도움이 되기도 하고, 때로는 정상적인 언어발달에 지장을 초래하기도 한다.

③ 행동적 특성: 비정상적인 행동 패턴, 규칙성과 일상에 대한 집착

자폐아동들은 또래와의 놀이 능력을 습득하지 못하는 경우가 많은데, 이러

한 이유로는 사회적 이해력 부족, 사회적 상호작용 능력의 지체, 상상놀이(imaginative play)의 부재 등을 들 수 있다. 이에 일반아동과는 다른 놀이의 형태를 보이기도 한다. 즉, 의도적 놀이나 모방놀이, 상상력이 필요한 놀이는 곤란하며, 놀이형태가 매우 단순하다. 장난감을 가지고 놀 때에도 그 장난감의 기능이나 목적에 맞게 놀지 못하며, 놀이가 아주 단순하고 기계적인 양상을 띤다. 일렬로 배열하거나, 같은 색깔로만 모아 두거나 크기 순서대로 나열만 하며, 이것이 흐트러졌을 때에는 아주 불안한 행동을 보이기도 한다. 이러한 상상능력의 부족과 그에 따른 또래와의 놀이의 부재는 사회적 감각을 형성하는데 어려움을 초래하고 통합적 사회에서 문화적으로 격리되기도 한다.

소아기가 되면 강박적인 행동도 관찰될 수 있다. 상동적인 행동, 매너리즘, 자해적인 행동, 충동적인 행동 등도 관찰된다. 변화에 대한 저항도 극심하여 항상 일정한 것만 고집하는 행동도 있다. 항상 같은 길로만 가려고 한다거나, 이사를 갈 때나 혹은 집안에서라도 가구의 위치를 옮기면 떼를 부리는 행동도 나타날 수 있다. 즉, 사회성과 의사소통 능력과 연관된 사회적 인지능력 부족으로 자신이 위치한 환경과 사회적 분위기를 인지하는 데 어려움이 있는 경우가 많다. 심리적 부담감이나 불안감을 느끼게 될 때, 이를 극복할 수 있는 방어기제가 작용하는데, 예를 들어 일과성, 규칙성 등에 의존, 혹은 집착하게 된다. 또 일과와 스케줄에서의 일탈의 의미는 자폐성장애인에게는 방어기제의 해체이면서 안정감의 붕괴를 의미한다고 할 수 있다. 작게는 초조함을 느끼고 크게는 공포감, 성질을 부리는 행동(tantrum)으로 이어질 수 있다.

④ 감각적 특성: 감각적 자극에 대한 불균형적인 반응

자폐아는 외부에서 유입되는 감각적 자극을 뇌로 전달하거나 혹은 유입된 자극에 대해 적절히 반응하는데 장애를 보인다. 특정 감각기관이 지극히 예민하거나 혹은 둔감하게 기능하는 등 불균형적인 감각유입(sensory input)의 구도를 보이기도 한다. 예를 들어 자폐아는 부모 목소리 등에 대해 무관심한 것과는 대조적으로 청소기 혹은 라디오 소리에 대해 민감한 반응을 보이고 빛, 무늬, 소리, 회전 물체나 촉각적 감각에 사로잡히기도 한다.

⑤ 인지적 특성: 복합적인 언어적 정보처리의 어려움

자폐성장애인의 인지적 특성을 보면, 시각적 사고(visual thinking)를 주로 하고, 긴 내용이나 다단계의 언어적 정보를 처리하는데 어려움을 갖고 있으며, 집착 및 충동성을 보이는 경향이 있다. 자폐성장애인의 인지능력 중 지체 영역을 살펴보면 다음과 같다(한국자폐인사랑협회홈페이지).

- 기억 기능(memory functioning)
- 근육 운동 기술과 감각적 기능 통합(motor and perceptual integration)
- 언어 이해력(verbal understanding)
- 추상 개념화(abstraction)
- 순서 개념(sequencing)
- 시간적 정보 이해(temporal information)
- 상징 이해와 상징 놀이(symbols in play and activities)
- 유기적 연관성(organization)
- 보편화 혹은 일반화(generalization)

즉, 자폐성장애는 발달의 전 영역에 걸쳐서 장애가 일어나는 것으로 첫째, 대인관계 등 사회적 상호작용에 질적 장애가 있으며, 둘째, 언어의 발달이 일어나지 않거나 발달상에 심각한 지연이 있어 언어와 대화에 장애가 있으며, 셋째, 상동행동, 과잉행동, 공격적 행동, 자해적 행동 등 행동상의 장애가 동반되는 특징이 있으며, 넷째, 외부에서 유입되는 감각적 자극에 불균형적인 반응을 보이는 경향이 있으며, 다섯째, 긴 내용이나 다단계의 언어적 정보를 처리하는데 어려움을 갖고 있다고 할 수 있다. 한편 국립재활원(2007)에서는 자폐성 아동의 특성을 다음과 같이 제시하고 있다(신현석, 2013). 물론 이러한 특성은 개인적인 특성에 따라서 모두 나타나는 것은 아니며 그 정도에서도 차이가 있을 수 있다.

- 의사소통의 형태가 매우 독특하고 언어적 장애가 존재한다. 아예 말을 하지 않거나 시선을 마주치는 것을 극히 싫어하는 등, 말 이외의 의사소통에서도 장애를 보인다.
- 대인관계를 제대로 형성하지 못한다. 자폐아는 다른 사람의 기분이나 존재에 대해 개의치 않는다. 다른 사람이 아프거나 다쳐도 별로 상관하지 않으며, 사회적인 놀이를 하지 못하고, 또래들과 어울리지도 못한다.
- 환경의 변화를 싫어하는 강박적인 요구로 인해 행동이나 관심의 폭이 극도로 좁다. 예컨대, 엄마 손을 붙잡고 시장에 갈 때도 늘 똑같은 길로만 가려고 한다.
- 지능발달이 지연된다. 일반적으로 자폐아의 3분의 1만이 정상지능이다.
- 이상한 자세나 행동을 취한다. 예컨대 흥분하면 팔을 흔들거나, 껑충껑충 뛰거나, 발끝으로 걷기도 한다.
- 자폐아동은 생물보다는 무생물에게 강한 매력을 느낀다.
- 기분이 수시로 바뀐다. 따라서 이유 없이 웃거나 울기도 한다. 감정을 못 느끼거나 두려움이 없어 보일 때도 있다. 혹은 별것이 아닌데도 지나치게 두려워하기도 한다.
- 변칙적이기도 하지만 고립된 장소에서는 훌륭한 인지적 잠재력을 발휘하기도 한다.
- 편식이 심하거나 음료수를 지나치게 마시거나 놀라면서 밤에 자주 깬다.
- 기계적 암기력이 좋다.

### (7) 지적장애와 자폐성장애의 공통점과 차이점

지적장애와 자폐성장애는 생애 전체를 고려할 때 매우 많은 공통점을 지니고 있으며 특별히 지적기능에서 결함이 있다는 점은 공통적인 요소이다. 또한 반향어와 자기자극적 행동, 자해행동, 지연된 상징놀이, 주의집중의 문제들과 같은 몇 가지 증상들도 공통적으로 나타나는 현상이다. 그리고 많은 자폐성장애인들이 지적장애를 동반하고 있다. 하지만, 이 두 장애 간에는 공통점과 함께 차이점도 많이 있다. 이러한 차이점은 다음의 진단기준(DSM-V)를 통해 비교해보면 쉽게 알 수 있다.

**표 6-6 | 지적장애와 자폐성 장애의 진단기준(DSM-Ⅴ)**

| | |
|---|---|
| 지적장애 | 지적장애(지적발달장애)는 발달 시기에 시작되며, 개념, 사회, 실행 영역에서 지적 기능과 적응 기능 모두에 결함이 있는 상태를 말하여, 다음의 세 가지 진단 기준을 충족해야 한다.<br>A: 임상적 평가와 개별적으로 실시된 표준화된 지능 검사로 확인된 지적 기능(추론, 문제해결, 계획, 추상적 사고, 판단, 학업, 경험 학습)의 결함이 있다.<br>B: 적응 기능의 결함으로 인해 독립성과 사회적 책임 의식에 필요한 발달학적, 사회문화적 표준을 충족하지 못한다. 지속적인 지원 없이는 적응 결함으로 다양한 환경(가정, 학교, 일터, 공동체)에서 한 가지 이상의 일상 활동(의사소통, 사회적 참여, 독립적 생활) 기능에 제한을 받는다.<br>C: 지적 결함과 적응능력의 결함은 발달 시기 동안에 시작된다. |
| 자폐성 장애 (자폐스펙트럼 장애) | DSM-Ⅴ에 따른 자폐 스펙스럼 장애(ASD) 진단 기준을 충족하려면, 아동은 사회적 의사소통 및 상호작용의 세 가지 영역(아래 A.1에서 A.3) 각각에서 지속적인 결함(persistent deficits)과 함께 제한적이고 반복적인 행동들(아래 B.1에서 B.4) 4가지 유형 중 적어도 2가지가 있어야 한다.<br>A. 다양한 분야에 걸쳐 나타나는 사회적 의사소통 및 사회적 상호작용의 지속적인 결함으로 현재 또는 과거력상 다음과 같은 특징으로 나타난다.<br>1. 사회적-감정적 상호성의 결함(예: 비정상적인 사회적 접근과 정상적인 대화의 실패, 흥미나 감정공유의 감소, 사회적 상호작용의 시작 및 반응의 실패)<br>2. 사회적 상호작용을 위한 비언어적인 의사소통 행동의 결함(예: 언어적·비언어적 의사소통의 불완전한 통합, 비정상적인 눈맞춤과 몸짓 언어, 몸짓의 이해와 사용의 결함, 얼굴 표정과 비언어적 의사소통의 전반적 결핍)<br>3. 관계발전, 유지 및 관계에 대한 이해의 결함(예: 다양한 사회적 상황에 적합한 적응적 행동의 어려움, 상상놀이를 공유하거나 친구 사귀기가 어려움, 동료들에 대한 관심 결여)<br>B. 제한적이고 반복적인 행동이나 흥미, 활동이 현재 또는 과거력상 다음 항목들 가운데 적어도 2가지 이상 나타난다.<br>1. 상동증적이거나 반복적인 운동성 동작, 물건 사용 또는 말하기(예: 단순 운동 상동증, 장난감 정렬하기, 또는 물체 튕기기, 반향어, 특이한 문구 사용)<br>2. 동일성에 대한 고집, 일상적인 것에 대한 융통성 없는 집착, 또는 의례적인 언어나 비언어적 행동 양상(예: 작은 변화에 대한 극심한 고통, 변화의 어려움, 완고한 사 |

|  | 고방식, 의례적인 인사, 같은 길로만 다니기, 매일 같은 음식 먹기)<br>3. 강도나 초점에 있어서 비정상적으로 극도로 제한되고 고정된 흥미(예: 특이한 물체에 대한 강한 애착 또는 집착, 과도하게 국한되거나 고집스러운 흥미)<br>4. 감각 정보에 대한 과잉 또는 과소 반응, 또는 환경의 감각 영역에 대한 특이한 관심(예: 통증/온도에 대한 명백한 무관심, 특정 소리나 감촉에 대한 부정적 반응, 과도한 냄새 맡기 또는 물체 만지기, 빛이나 움직임에 대한 시각적 매료) |
|---|---|
|  | C. 증상은 반드시 초기 발달 시기부터 나타나야 한다(그러나 사회적 요구가 개인의 제한된 능력을 넘어서기 전까지는 증상이 완전히 나타나지 않을 수 있고, 나중에는 학습된 전략에 의해 증상이 감춰질 수 있다). |
|  | D. 이러한 증상은 사회적, 직업적 또는 다른 중요한 현재의 기능 영역에서 임상적으로 뚜렷한 손상을 초래한다. |
|  | E. 이러한 장애는 지적장애(지적발달장애) 또는 전반적 발달지연으로 더 잘 설명되지 않는다. 지적장애와 자폐스펙트럼장애는 자주 동반된다. 자폐스펙트럼장애와 지적장애를 함께 진단하기 위해서는 사회적 의사소통이 전반적인 발달 수준에 기대되는 것보다 저하되어야 한다. |
|  | 주의점(Note): DSM-IV의 진단기준상 자폐성장애, 아스퍼거 장애 또는 달리 분류되지 않는 광범위성 발달장애로 진단된 경우에서는 자폐스펙트럼장애의 진단이 내려져야 한다. 사회적 의사소통에 뚜렷한 결함이 있으나 자폐스펙트럼장애의 다른 진단 항목을 만족하지 않는 경우에는 사회적(실용적) 의사소통장애로 평가해야 한다. |

출처: 서울대학교병원 발달장애인거점병원·행동발달증진센터 홈페이지(www.nadd-snuh.org);
미국질병통제예방센터 홈페이지(www.cdc.gov/ncbddd/autism/hcp-dsm.html)

이상의 내용을 정리하면 지적장애는 지적기능과 적응기능의 결함을 의미하고, 자폐성 장애는 사회적 의사소통과 상호작용의 결함을 의미한다고 할 수 있다. 예를 들어 지적장애인들의 언어와 사회적 능력은 이들의 지적능력과 같은 수준의 발달을 보인다. 즉, 지적장애인들은 자신의 정신연령에 적절한 애정표현을 한다. 하지만, 자폐성장애인들은 어머니의 무릎에 등을 대거나 반복적인 질문을 하는 등의 부적절한 방식으로 애정을 표현한다. 언어와 사회성 결함은 자폐아동들의 주요 결함이며 정상적인 지능을 지닌 자폐아동들 조차도 언어 및 사회성에서 심각한 결함을 보인다. 지적장애인들은 전반적으로 모든 기능에 있어서 일관된 지체를 보인다. 한편 자폐성장애인들의 경우 이들의 인지적 능력은 보다 다양한 형태로 나타난다. 많은 자폐성장애인들은 지능검사 중에서 특이한 형태의 강점과 약점을 보인다.

한편 자폐성장애인들의 신체발달은 정상적인 형태로 발달하지만(Schreibman, Loos, & Stahmer, 1993), 지적장애인들은 지연된 발달을 보이는 경향이 있다. 그러나 자폐성장애인들도 일반적으로 소근육 운동능력에서는 결함을 보인다. 지적장애인들의 신경학적 결함은 자폐인들 보다 초기에 나타나는 양상을 보인다. 중도 정신지체인의 경우 경련장애가 유아기 때부터 시작되고 자폐성장애인들의 경우는 사춘기 이후에 나타나는 경향이 있다. 자폐성장애인들의 신경학적 결함은 보다 복잡하고 보다 다양한 편이다(Phelps & Grabowski, 1991).

## 3. 우리나라 발달장애인 현황

### 1) 발달장애인 현황

2020년 12월 기준, 우리나라의 등록장애인 수는 2,633,026명이다. 이 중 지적장애인 수는 217,108명으로 전체 등록장애인의 8.25%를 차지하고 있다. 한편 자폐성장애인의 수는 30,802명으로 전체 등록 장애인의 1.17%를 차지하고 있다. 현재 지적장애인과 자폐성장애인 등 발달장애인은 모두 심한 장애로 구분되어 있다.

표 6-7 | **전국 장애인 (유형 장애정도) 현황** (단위: 명)

| 장애유형 | 심한장애 | | | 심하지 않은 장애 | | | 합계 | | |
|---|---|---|---|---|---|---|---|---|---|
| | 남 | 여 | 합계 | 남 | 여 | 합계 | 남 | 여 | 합계 |
| 합계 | 585,769 | 399,196 | 984,965 | 935,491 | 712,570 | 1,648,061 | 1,521,260 | 1,111,766 | 2,633,026 |
| 지체 | 155,408 | 81,286 | 236,694 | 544,318 | 426,356 | 970,674 | 699,726 | 507,642 | 1,207,368 |
| 시각 | 24,184 | 23,532 | 47,716 | 125,553 | 79,055 | 204,608 | 149,737 | 102,587 | 252,324 |
| 청각 | 49,340 | 43,611 | 92,951 | 159,264 | 143,574 | 302,838 | 208,604 | 187,185 | 395,789 |
| 언어 | 8,060 | 3,240 | 11,300 | 7,889 | 3,202 | 11,091 | 15,949 | 6,442 | 22,391 |
| 지적 | 130,767 | 86,341 | 217,108 | 0 | 0 | 0 | 130,767 | 86,341 | 217,108 |
| 뇌병변 | 81,735 | 69,092 | 150,827 | 61,968 | 37,612 | 99,580 | 143,703 | 106,704 | 250,407 |
| 자폐성 | 25,946 | 4,856 | 30,802 | 0 | 0 | 0 | 25,946 | 4,856 | 30,802 |
| 정신 | 52,738 | 50,787 | 103,525 | 0 | 0 | 0 | 52,738 | 50,787 | 103,525 |
| 신장 | 43,328 | 29,835 | 73,163 | 14,256 | 10,111 | 24,367 | 57,584 | 39,946 | 97,530 |
| 심장 | 2,632 | 1,516 | 4,148 | 745 | 340 | 1,085 | 3,377 | 1,856 | 5,233 |
| 호흡기 | 8,331 | 2,887 | 11,218 | 196 | 130 | 326 | 8,527 | 3,017 | 11,544 |
| 간 | 555 | 224 | 779 | 9,165 | 3,864 | 13,029 | 9,720 | 4,088 | 13,808 |
| 안면 | 812 | 600 | 1,412 | 738 | 527 | 1,265 | 1,550 | 1,127 | 2,677 |
| 장루요루 | 933 | 559 | 1,492 | 8,542 | 5,393 | 13,935 | 9,475 | 5,952 | 15,427 |
| 뇌전증 | 1,000 | 830 | 1,830 | 2,857 | 2,406 | 5,263 | 3,857 | 3,236 | 7,093 |

출처: 보건복지부(2021).

## 2) 발달장애인 차별 및 학대 현황

지난 2007년 제정되어 2008년부터 시행된 「장애인차별금지 및 권리구제 등에 관한 법률」(이하 「장애인차별금지법」이라 한다)의 시행은 장애인이 기본적으로 누려야 할 자유권적 기본권 침해 현실에 대응하기 위한 법적 토대를 마련하였다. 또 이 법을 통해 장애인 인권보장 수준 제고에의 획기적 전환을 가져왔다는 점에서 「장애인차별금지법」이 가진 의의는 매우 크다고 할 수 있다. 그러나 「장애인차별금지법」이 신체적 장애인이나 시·청각 등 감각적 장애인에 대한 법률로 주로 한정되어 있고, 지적장애와 자폐성장애를 포함하는 발달장애인에 대해서는 실제로 실효성을 담보하고 있지 못한 것이 현실이다. 이는 발달장애인의 의사표현에 대한 신뢰 여부의 판단기준이 모호하고, 나아가 의사표현을 지원하기 위한 여러 제도적 장치를 마련해 주지 않고 의사표현능력이 선험적으로 판단하고 있어, 법 내용 중 '본인의 의사에 반하지 않는 한'이라는 표현 관련 법률조항에 대해서는 모두 적용 배제되고 있는 실정이다(김진우 외, 2013).

앞서 살펴본 것처럼 우리나라에서 발달장애인은 2020년 말 기준으로 전체 등록장애인의 9.42%에 불과하다. 하지만, 거주시설장애인 중 발달장애인의 비율은 매우 높은 상황이다. 지난 2020년 보건복지부가 실시한 장애인 거주시설 전수조사 결과(강정배 외, 2020)를 통해서 보면, 전체 응답자 24,191명 중 지적장애가 75.86%로 절대적으로 많은 것으로 나타났다. 자폐성 장애가 3.06% 이라는 점을 감안하면, 전체 시설 거주장애인의 78% 이상이 발달장애인이라는 것을 알 수 있다. 또 인권침해 역시 심각해, 2020년 장애인권익옹호기관을 통해서 장애인학대로 판정된 1,008건의 사례 65.3%인 658건이 지적장애로 가장 많았으며, 지체장애 9.8%(99건), 뇌병변 장애 5.5%(55건), 청각장애 4.1%(41건) 등의 순으로 나타났다. 특히 피해장애인의 다수를 차지하는 발달장애(지적정애, 자폐성장애)는 67.8%(683건)이었고, 정신장애를 포함하는 정신적 장애는 71.3%(719건)로 나타났다(보건복지부·중앙장애인권익옹호기관, 2021).

표 6-8 | **학대 피해장애인 주장애유형** (단위: 건, %)

| 장애유형 | 건수 | 비율 |
|---|---|---|
| 지체장애 | 99 | 9.8 |
| 뇌병변장애 | 55 | 5.5 |
| 시각장애 | 27 | 2.7 |
| 청각장애 | 41 | 4.1 |
| 언어장애 | 2 | 0.2 |
| 지적장애 | 658 | 65.3 |
| 자폐성장애 | 25 | 2.5 |
| 정신장애 | 36 | 3.6 |
| 신장장애 | 3 | 0.3 |
| 심장장애 | – | – |
| 호흡기장애 | – | – |
| 간장애 | – | – |
| 안면장애 | – | – |
| 장루·요루장애 | – | – |
| 뇌전증장애 | 4 | 0.4 |
| 미등록 | 58 | 5.8 |
| 계 | 1,008 | 100.0 |

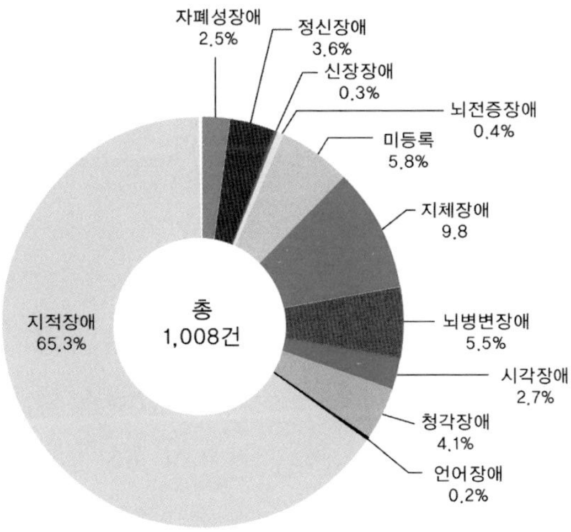


그림 6-2 | **학대 피해장애인 주장애유형**

## 3) 발달장애인 생활 실태

2017년 장애인 실태조사 결과를 보면 발달장애인은 다른 장애보다 일상생활, 교육, 경제, 정치 등 많은 영역에서 어려움을 겪고 있으며 자기결정, 자기권리 주장이나 보호가 어려워 학대, 무시, 권리침해 등에 있어서 사회적으로 가장 취약한 계층에 머물고 있는 것으로 나타났다. 한편 한국장애인고용공단 고용개발원은 지난 2020년 만 15세 이상 발달장애인 당사자와 보호자를 대상으로 '2020년 발달장애인 일과 삶 실태조사'를 실시하였다. 이 중에서 일상생활과 관련된 내용을 살펴보면 다음과 같다(김호진 외, 2021).

### (1) 건강 및 운동, 일상생활에서 겪고 있는 문제

만 15세 이상 발달장애인의 건강상태가 좋은 경우는 39.4%, 나쁜 경우는 29.2%였으며, 평소 운동을 하지 않는 경우는 67.3%였다. 이들이 일상생활에서 겪고 있는 문제를 항목별로 살펴보면, '다소 있다'와 '매우 많다'를 합산하여 문제가 있는 경우로 할 경우 전체 발달장애인 중 '흡연' 문제가 있는 경우는 5.3%, '음주' 문제는 4.0%, '약물 중독' 문제는 0.5%, '스마트폰, 게임 중독' 문제는 14.7%, '과체중(비만)' 문제는 22.3%, '성적(性的)' 문제는 4.2%, '우울증, 스트레스 등 정신적' 문제는 26.6%로 나타났다.

### (2) 일상생활 도움필요 여부 및 정도

만 15세 이상 발달장애인이 일상생활에서 도움이 필요한 경우는 76.8%였다. 도움이 필요한 경우 일과시간의 대부분 필요한 비율은 25.5%, 6시간 이상 12시간 미만 필요한 비율은 18.0%, 2시간 이상 6시간 미만 필요한 비율은 29.4%, 2시간 미만으로 필요한 비율은 27.0%이었다. 한편 일상생활 도움이 필요하지만 필요한 만큼 충분히 도움을 받지 못하는 경우는 10.8%이며, 충분히 도움을 받고 있는 경우는 63.6%으로 조사되었으며, 일상생활에서 주로 도움을 제공하는 사람(1순위)은 부모가 68.5%가 가장 많고, 다음으로 '배우자 및 자녀'(10.5%), '형제자매'(8.9%) 등의 순으로 조사되었다.

**표 6-9 | 건강 및 운동, 일상생활에서 겪고 있는 문제** (단위: 명, %)

| 구분 | | 추정 수 | 비율 |
|---|---|---|---|
| 건강상태 | 나쁘다 | 59,777 | 29.2 |
| | 보통이다 | 64,494 | 31.5 |
| | 좋다 | 80,652 | 39.4 |
| 평소 운동 여부 | 하고 있음 | 66,916 | 32.7 |
| | 하고 있지 않음 | 137,987 | 67.3 |
| 일상생활에서 겪고 있는 문제 - 다소 있거나 매우 많은 경우 | '흡연' 문제 | 10,788 | 5.3 |
| | '음주' 문제 | 8,100 | 4.0 |
| | '약물 중독' 문제 | 1,084 | 0.5 |
| | '스마트폰, 게임 중독' 문제 | 30,210 | 14.7 |
| | '과체중(비만)' 문제 | 45,622 | 22.3 |
| | '성적(性的)' 문제 | 8,696 | 4.2 |
| | '우울증, 스트레스 등 정신적' 문제 | 54,544 | 26.6 |
| 진 체 | | 204,924 | 100.0 |

주: 1) '일상생활에서 겪고 있는 문제'는 항목별 '다소 있다', '매우 많다' 인원과 비율임(항목별 합산의 개념이 성립하지 않음).
2) 모름/응답거절을 표시하지 않았으며, 따라서 항목별 합과 전체가 일치하지 않을 수 있음.

**표 6-10 | 일상생활 도움 필요 여부** (단위: 명, %)

| 구분 | 추정 수 | 비율 |
|---|---|---|
| 필요함 | 157,480 | 76.8 |
| 필요하지 않음 | 47,444 | 23.2 |
| 전 체 | 204,924 | 100.0 |

표 6-11 | **일상생활 도움 필요 내역** (단위: 명, %)

| 구분 | | 추정 수 | 비율 |
|---|---|---|---|
| 도움 필요 수준 | 일과시간의 대부분 필요함(12시간 이상) | 40,102 | 25.5 |
| | 6시간 이상 12시간 미만 | 28,424 | 18.0 |
| | 2시간 이상 6시간 미만 | 46,375 | 29.4 |
| | 2시간 미만 | 42,578 | 27.0 |
| 도움 충분 정도 | 전혀/별로 못 받고 있다 | 16,956 | 10.8 |
| | 보통이다 | 40,378 | 25.6 |
| | 어느 정도/충분히 받고 있다 | 100,145 | 63.6 |
| 주된 도움자 | 부모 | 107,943 | 68.5 |
| | 배우자 및 자녀 | 16,522 | 10.5 |
| | 형제자매 | 14,084 | 8.9 |
| | 활동보조인 | 7,984 | 5.1 |
| 다른 도움 제공자 유무 | 있음 | 91,989 | 58.4 |
| | 없음 | 65,491 | 41.6 |
| 전 체 | | 157,480 | 100.0 |

주: 1) 일상생활 도움이 필요하다고 응답한 경우에 질문함.
2) 응답이 많은 보기를 중심으로 제시하여 항목별 합과 전체가 일치하지 않을 수 있음.

### (3) 하루일과 및 주로 이용하는 기관

만 15세 이상 발달장애인이 평일에 주로 시간을 보내는 활동(1순위)은 'TV 보기'가 26.7%로 가장 많고, 다음으로 '근로'(21.9%), '휴식하기(그냥 쉬기)'(17.5%), '통학'(10.8%) 등의 순이었다. 주말에 주로 시간을 보내는 활동(1순위)은 'TV 보기'가 34.2%로 가장 많고, 다음으로 '휴식하기(그냥 쉬기)'(28.7%), '스마트폰, 컴퓨터, 인터넷하기'(12.3%) 등의 순으로 조사되었다.

한편 보호자가 판단하기에 발달장애인 당사자의 52.1%는 현재 이렇게 하루 일과를 보내는 것을 좋아하고 있으며, 싫어하는 비율은 5.7%로 조사되었으며, 보호자의 36.2%는 발달장애인 당사자가 이렇게 하루 일과를 보내는 것에 만족하고 있으며, 불만족하는 비율은 18.6%이었다. 하루 일과에 대한 보호자의 만족 정도는 당사자(보호자 판단)보다 낮은 것으로 나타났다.

표 6-12 | **하루 일과** (단위: 명, %)

| 구분 | | 추정 수 | 비율 |
|---|---|---|---|
| 평일 주된 활동 (1순위) | TV보기 | 54,814 | 26.7 |
| | 근로 | 44,800 | 21.9 |
| | 휴식하기(그냥 쉬기) | 35,762 | 17.5 |
| | 통학 | 22,156 | 10.8 |
| 주말 주된 활동 (1순위) | TV보기 | 70,165 | 34.2 |
| | 휴식하기(그냥 쉬기) | 58,843 | 28.7 |
| | 스마트폰, 컴퓨터, 인터넷하기 | 25,163 | 12.3 |
| | 종교활동 | 11,854 | 5.8 |
| 당사자가 하루 일과에 대해 좋아하는 정도 (보호자 판단) | 싫어한다 | 11,760 | 5.7 |
| | 그저 그렇다 | 83,587 | 40.8 |
| | 좋아한다 | 106,685 | 52.1 |
| 당사자의 하루 일과에 대한 보호자의 만족 정도 | 불만족한다 | 38,104 | 18.6 |
| | 그저 그렇다 | 91,645 | 44.7 |
| | 만족한다 | 74,201 | 36.2 |
| 전체 | | 204,924 | 100.0 |

주: 응답이 많은 보기를 중심으로 제시하여 항목별 합과 전체가 일치하지 않을 수 있음.

만 15세 이상 발달장애인이 학교, 일자리를 제외하고 이용하는 기관이 있는 비율은 21.3%이며, 주 이용 기관은 '(장애인)복지관' 10.9%, '관련 시설, 센터, 협회' 7.9% 등으로 조사되었다. 또 기관 이용의 주된 목적은 '일상생활 및 사회 적응훈련, 재활, 치료'가 34.3%로 가장 많고, 다음으로 '단기보호(주간, 야간 돌봄 등)' 27.6%, '취미, 여가활동' 19.2%, '직업재활 훈련, 취업' 16.4% 등의 순으로 조사되었다.

표 6-13 | **현재 주로 이용하고 있는 기관** (단위: 명, %)

| 구분 | 추정 수 | 비율 |
|---|---|---|
| 지방자치단체, 공공기관 | 2,711 | 1.3 |
| (장애인)복지관 | 22,366 | 10.9 |
| 관련시설, 센터, 협회 | 16,264 | 7.9 |
| 치료, 병원 | 1,223 | 0.6 |
| 기타 | 1,088 | 0.5 |
| 특별히 없음 | 161,271 | 78.7 |
| 전체 | 204,924 | 100.0 |

### (4) 일상생활 부당한 경험 및 일상생활 만족여부

일자리에서의 경험을 제외하고 평소 장애로 인한 차별을 경험한 비율은 46.2%로 조사되었다. 특히 최근 1년 동안 폭력, 학대, 방치 등을 경험한 경우는 9.5%에 이르는 것으로 조사되었다.

표 6-14 | **일상생활 부당한 경험** (단위: 명, %)

| 구분 | | 추정 수 | 비율 |
|---|---|---|---|
| 장애로 인한 차별 경험 정도 | 경험한 적 없음 | 110,257 | 53.8 |
| | 드물게 경험함 | 75,918 | 37.0 |
| | 자주 경험함 | 18,749 | 9.1 |
| 최근 1년 폭력, 학대, 방치 등 경험 유무 | 경험한 적 없음 | 185,453 | 90.5 |
| | 경험한 적 있음 | 19,471 | 9.5 |
| 전체 | | 204,924 | 100.0 |

마지막으로, 보호자가 판단하는 발달장애인 당사자가 일상생활에 만족하는 비율은 38.4%이며, 불만족하는 비율은 17.3%로 조사되었다. 그리고 발달장애인 당사자의 일상생활에 대해서 보호자가 만족하는 비율은 32.7%이며, 불만족하는 비율은 21.7%로 나타났다.

표 6-15 | **일상생활 만족** (단위: 명, %)

| 구분 | | 추정 수 | 비율 |
|---|---|---|---|
| 당사자의 일상생활 만족 정도 (보호자 판단) | 불만족한다 | 35,467 | 17.3 |
| | 그저 그렇다 | 89,237 | 43.5 |
| | 만족한다 | 78,592 | 38.4 |
| 당사자의 일상생활에 대한 보호자의 만족 정도 | 불만족한다 | 44,390 | 21.7 |
| | 그저 그렇다 | 92,793 | 45.3 |
| | 만족한다 | 67,406 | 32.7 |
| 전체 | | 204,924 | 100.0 |

주: 모름/응답거절을 표시하지 않았음. 따라서 항목별 합과 전체가 일치하지 않을 수 있음.

## 4. 결론 및 제언

지금까지 발달장애의 개념과 특성, 그리고 우리나라 발달장애인의 생활실태에 대해서 살펴보았다. 발달장애인은 다른 장애인에 비해 도움이 더 많이 필요한 경우가 많다. 따라서 자칫하면 당사자의 욕구와 의사결정이 아닌 가족, 사회복지사 등 전문가, 혹은 활동지원인 등의 판단에 따라 중요한 결정이 이루어질 가능성이 높다고 할 것이다. 그러나 '장애인 당사자의 선택과 참여'를 강조하는 현 상황에서 발달장애인이 결코 예외가 될 수 없다. 발달장애인이 자신의 의견을 피력하고 견해를 밝히지 못하는 것이 아니라, 가족이나 전문가 등이 그들의 주장과 의견을 이해하지 못하는 것이라고 보는 것이 정확한 표현일 것이다. 이러한 원칙을 먼저 염두에 두고 판단하는 것이 장애인, 특히 발달장애인에 대한 이해를 높이는 첫 걸음이 될 것이다.

## 생각해보기

1. 발달장애인이 학교생활 등 사회생활을 하는 데 다른 유형의 장애인보다 더 차별을 받거나 학대를 받는 이유는 무엇이라고 생각하는가?
2. 발달장애인이 일상생활에서 경험하는 어려움을 줄이는 방법은 무엇이 있을까?
3. 우리나라에서 발달장애인의 수는 꾸준히 증가하고 있다. 이 이유는 무엇이라고 생각하는가? 발달장애를 줄이거나 예방할 수 있는 방법은 무엇이 있을까?

PART 02

# 장애와 사회보장

# 7장
# 장애인복지 법률 및 전달체계

**주요 학습문제**

- 장애인복지는 무엇이며, 어떻게 이루어지는가?
- 우리나라 장애인복지 관련 법률체계는 어떻게 이루어져 있는가?
- 우리나라 장애인복지 전달체계는 어떻게 구성되어 있는가?
- 바람직한 장애인복지 전달체계 개편 방안은 무엇인가?

## 1. 장애인복지의 두 가지 접근

장애인복지란 비장애인에 비해 낮은 수준의 삶의 질을 경험하고 있는 장애인들을 대상으로 이들의 삶의 질 격차를 줄이는 것을 목표로 하는 총체적 개입이면서 동시에 장애인의 기본적인 욕구충족을 목표로 하는 각종 서비스이다. 이러한 장애인복지를 실행하는 데에는 주류적 접근(mainstream approach)과 분리적 접근(specialized approach) 두 가지 접근방법이 있다.

주류적 접근이란 모든 시민을 대상으로 하는 보편적 복지서비스 내에 장애친화적 장치(disability-friendly mechanism)를 삽입하여 장애인이 해당 서비스를 이용하는 데 어려움이 없도록 하는 방식으로 장애인복지를 시행하는 것을 의미한다. 반면에 분리적 접근이란 주류적 접근을 통해서 장애인의 욕구가 충족되기 어려운 경우에 장애인만을 대상으로 하는 별도의 제도 혹은 기관을 설치하여 장애인이 해당 서비스를 이용할 수 있도록 하는 방식으로 장애인복지를 시행하는 것을 의미한다. 이들 두 가지 접근의 구체적인 예를 살펴보면, 장애인을 대상으로 한 교육서비스에 있어서 통합교육은 주류적 접근이며, 분리교육은 분리적 접근이라고 할 수 있다. 또한 장애인의 이동권을 보장하기 위한 운송수단으로서 저상버스는 주류적 접근이며, 장애인콜택시는 분리적 접근이라고 할 수 있다.

장애인복지의 역사와 패러다임의 변화 경향을 볼 때, 이러한 두 가지 접근 중에서 우선적으로 시행되어야 하는 방식은 주류적 접근이라고 할 수 있으며, 분리적 접근은 주류적 접근으로 충족되기 어려운, 즉 특수하거나 혹은 복합적인 욕구를 지니고 있는 장애인을 대상으로 하는 보충적 방식의 장애인복지라고 할 수 있다.

## 2. 우리나라 장애인복지 법률체계

전 생활 영역에서 비장애인에 비해 열악한 삶의 질을 경험하고 있는 장애인을 대상으로 이들의 삶의 질 향상을 목표로 정부가 시행하고 있는 각종의 장애인복지서비스는 다음의 〈표 7-1〉과 같이 다양한 장애인복지 관련 법률들로 구성된 장애인복지 법률체계에 기반을 두고 제공되고 있다.

우리나라 장애인복지 법률체계를 앞서 살펴 본 장애인복지의 두 가지 접근인 주류적 접근과 분리적 접근의 도식으로 구분하면, 우선 기타 관련 법은 소득보장, 의료보장, 고용보장 등 장애인을 포함한 일반 시민의 해당 욕구를 충족시키고자 하는 주류적 접근을 적용한 법률이라고 할 수 있으며, 일반법과 특별법은 이들 기타 관련법으로 충족되기 어려운 장애인의 특수한 욕구를 충족

표 7-1 | **우리나라 장애인복지 법률체계**

<table>
<tr><th colspan="2" rowspan="2">장애인의 욕구<br>(장애인복지 영역)</th><th colspan="2">분리적 접근</th><th>주류적 접근</th></tr>
<tr><th>일반법</th><th>특별법</th><th>기타 관련 법</th></tr>
<tr><td colspan="2">소득보장</td><td rowspan="12">장애인복지법</td><td>장애인연금법</td><td>국민연금법, 산재보험법, 국민기초생활보장법, 기초연금법 등</td></tr>
<tr><td colspan="2">의료보장</td><td>장애인 건강권 보장 및 의료접근성에 관한 법률</td><td>국민건강보험법, 의료급여법 등</td></tr>
<tr><td colspan="2">고용보장 및 직업재활</td><td>장애인 고용촉진 및 직업재활법</td><td>고용보험법 등</td></tr>
<tr><td colspan="2">교육</td><td>장애인 등에 대한 특수교육법</td><td>영유아보육법, 초중등교육법, 고등교육법 등</td></tr>
<tr><td colspan="2">주거보장</td><td>장애인·고령자 등 주거약자 지원에 관한 법률</td><td>주택법, 임대주택법, 주거급여법 등</td></tr>
<tr><td colspan="2">일상생활 및 사회활동 지원</td><td>장애인활동지원에 관한 법률, 장애인·노인 등을 위한 보조기기 지원 및 활용촉진에 관한 법률</td><td>노인장기요양보험법 등</td></tr>
<tr><td rowspan="3">접근권 보장</td><td>물리적 접근권</td><td rowspan="2">장애인·노인·임산부 등의 편의증진 보장에 관한 법률</td><td>건축법 등</td></tr>
<tr><td>정보 접근권</td><td>정보격차해소에 관한 법률 등</td></tr>
<tr><td>이동권</td><td>교통약자의 이동편의 증진법</td><td>대중교통의 육성 및 이용촉진에 관한 법률, 철도사업법 등</td></tr>
<tr><td colspan="2">차별금지</td><td>장애인 차별금지 및 권리구제 등에 관한 법률</td><td>남녀고용평등과 일·가정양립 지원에 관한 법률, 고용상 연령차별금지 및 고령자고용촉진에 관한 법률 등</td></tr>
<tr><td rowspan="2">기타</td><td>장애아동·발달장애인</td><td>장애아동복지지원법<br>발달장애인 권리보장 및 지원에 관한 법률</td><td rowspan="2">–</td></tr>
<tr><td>청각장애인</td><td>한국수화언어법</td></tr>
</table>

하기 위한 분리적 접근의 법률로서 일반 시민이 아닌 장애인만을 법률 적용의 대상으로 설정한 법률이라고 할 수 있다. 이 중 일반법은 전체 장애인의 일반적인 욕구에 대하여 포괄적으로 대응하는 기본법적 성격을 갖는 법률이라고 할 수 있으며, 특별법은 일반법으로는 충족하기 어려운 특정한 욕구나 또는 일부 장애인의 특별한 욕구를 충족시키는 것을 목표로 일반법에 우선하여 적용되는 구체적 법률이라고 할 수 있다.

최초의 장애인복지 법률로서 1981년에 제정된 「장애인복지법」은 다소의 논쟁이 있으나 법률의 내용을 볼 때 전체 장애인의 모든 욕구에 대응하는 일반법이라고 볼 수 있으며, 그 이후에 제정된 「장애인 고용촉진 및 직업재활법」, 「장애인·노인·임산부 등의 편의증진에 관한 법률」, 「장애인 등에 대한 특수교육법」, 「장애인연금법」, 「장애인활동지원에 관한 법률」 등은 특정한 장애인의 욕구를 충족시키고자 제정된 특별법이라고 볼 수 있다.

## 3. 우리나라 장애인복지 전달체계

### 1) 장애인복지 전달체계 구성 요소 및 원칙

장애인복지 전달체계란 장애인복지 관련 법률에 근거하여 장애인의 욕구 충족을 목표로 제공되는 장애인복지서비스를 구체적으로 추진하고 실천하기 위해 필요한 자원을 조달, 배분하여 서비스를 실시하는 조직체계를 의미한다.

Chiriacescu(2006)는 유럽연합(European Union) 회원국의 장애인복지서비스 전달체계를 비교하면서 전달체계의 하위체계를 서비스 진입체계(the gate keeping mechanisms), 서비스 질 관리체계(the quality principle, standards and indicators), 서비스 공급자 관리체계(the administrative procedures for licensing (authorisation), contracting and funding of social services), 서비스 공급자 내부 관리체계(the internal regulatory mechanisms), 모니터링 및 평가체계(the monitoring and evaluation mechanisms) 등 5가지로 범주화하였다.

서비스 진입체계는 욕구의 확인과 서비스 수급 자격 여부를 결정하는 체계를 의미하며, 서비스 질 관리체계는 서비스 진입체계에서 확인된 장애인의 욕구를 충족시키기 위한 양질의 서비스를 제공하도록 하기 위한 서비스 표준 및 지표를 선택하고 정의하는 체계를 의미한다. 또한 서비스 공급자 관리체계는 서비스 표준에 부합하는 서비스를 제공할 수 있는 서비스 제공 기관을 인증하고, 정부로부터 공공 및 민간 서비스 제공기관으로의 서비스 공급에 대한 공적인 위임과 재정의 지원 등을 관장하는 체계를 의미하며, 서비스 공급자 내부체계는 서비스 공급이 이루어지는 기간 중에 각 서비스 공급자들이 서비스 제공계획 수립, 직원에 대한 정기적인 평가, 이용자의 참여를 촉진하는 절차 등을 규정하는 체계를 의미한다. 마지막으로 모니터링 및 평가 체계는 모든 서비스 제공 단계에서 투명성과 책임성을 입증하고 및 서비스 제공 기관의 변수를 통제하는 것을 가능케 하는 체계를 의미한다.

장애로 인해 복합적인 서비스를 지속적으로 요구하며, 서비스 접근에 어려움을 경험하는 장애인들을 위해 다양한 서비스를 전달하는 장애인복지 전달체계도 우선 사회복지 전달체계의 일반적 원칙을 구현하는 것이 바람직하다. 일반적으로 사회복지전달체계는 통합성(integration), 포괄성(comprehensiveness), 지속성(continuity), 접근성(accessibility), 전문성(specialization), 책임성(accountability)의 원칙을 따라야 한다(최성재 · 남기민, 2000).

**표 7-2 | 장애인복지서비스 전달체계의 하위체계 및 세부 과업**

| 하위체계 | 세부 과업 |
|---|---|
| 서비스 진입체계<br>(Gate Keeping mechanism) | 1. 욕구사정을 담당하고, 욕구사정 정보를 관리하는 조직, 기관이 설립되어야 함.<br>2. 욕구사정을 위한 표준적 도구와 절차가 확립되어야 함. 욕구사정의 도구나 지표는 장애의 정의와 부합해야 함.<br>3. 욕구를 인정받는 사람을 욕구에 적합한 서비스 기관으로 의뢰하는 체계가 확립되어야 함.<br>4. 욕구사정과 관련하여 이용자들의 권익을 대변할 수 있는 기구, 통로가 있어야 함.<br>5. 다양한 욕구를 충족시킬 수 있는 서비스들이 구비되어야 함. 현재 가용한 서비스들을 조사하여 대응시켜야 함.<br>6. 정보수집을 통해 자원의 할당과 의사결정에 반영할 수 있어야 함. |
| 서비스 질 관리체계<br>(Quality System) | 7. 서비스 질 보장 원칙, 표준, 지표를 설정하여야 함.<br>8. 지표는 최소한의 기준과 탁월함의 기준을 제시<br>9. 서비스 질적 표준은 인력 양성과 직결되는 기준<br>10. 서비스 질적 표준의 최저수준은 전국적 차원에서 모든 서비스 제공 기관이 준수하도록 하여야 함.<br>11. 서비스 질적 표준의 최저수준은 지방 이양된 사회서비스들을 구매계 약하는 과정에서 지자체가 범할 수 있는 비리나 태만을 예방하는 효과가 있음.<br>12. 서비스 질적 표준을 지속적으로 개정하는 것을 원칙으로 삼아야 한다. 장애개념의 변화, 장애정책의 변화, 사회적 변화를 고려하여 서비스 질적 표준도 개정이 필요함.<br>13. 서비스 질적 표준 개발과정에서 이용자들의 참여를 보장해야 함. |
| 서비스 공급자 관리체계<br>(the administrative procedures for licensing(authorisation), contracting and funding of social services) | 14. 서비스 공급자로서 자격을 검증하여 확인증을 발급하는 절차<br>15. 서비스 공급자 자격 인정이 곧 서비스 구매계약으로 이어질 필요는 없음.<br>16. 서비스 구매계약을 맺고자 하는 기관은 반드시 서비스 제공자로 승인을 받아야 함.<br>17. 인증은 자발적 절차이며, 서비스 전달기관으로서 탁월한 수준에 있음을 공인받는 절차<br>18. 정부가 민간 서비스 제공자와 형성하는 파트너십 관계임.<br>19. 제한된 기간을 전제로 지정된 서비스를 제공하며 그에 상응하는 재정적 지원을 계약으로 보증함.<br>20. 대안적인 재정지원방식이 있음(계약, 교부금(grant), 보조금, 사회기금 으로부터 지원 등).<br>21. 계약모형이 도입되면 모니터링 및 평가를 통해 책임성을 담보해야 함. |

| | |
|---|---|
| 서비스 공급자 내부 관리체계 (Internal Regulatory Mechanism) | 22. 서비스 제공기관 내부 관리운영 수준에서 서비스 질적 기준 준수를 위한 기제들(서비스 전략이나 계획, 윤리강령, 불편 호소제도, 자가평가와 보고) |
| 모니터링 및 평가체계 (the monitoring and evaluation mechanisms) | 23. 모니터링: 지속적인 정보수집을 통해 서비스 제공자나 서비스 정책당국에 서비스의 향상이나 목표달성에 관한 정보를 제공함.<br>24. 평가: 진행 중이거나 완료된 프로그램이나 서비스나 정책에 대해 설계, 수행, 결과(목표달성, 효율성, 효과성, 영향, 지속가능성)를 평가하는 절차. 평가결과는 계약의 지속이나 중단 등에 영향을 미침. |

출처: Chiriacescu(2006). Ensuring Access of People with Disabilities to Social Services: The need for regulatory mechanisms in South East Europe.

## 2) 우리나라 장애인복지 전달체계 현황

본 고에서는 우리나라 장애인복지 전달체계를 서비스 제공 주체의 성격 및 서비스유형을 중심으로 현황을 살펴보고자 한다.

### (1) 서비스 제공 주체별 전달체계

서비스 제공 주체에 따른 전달체계는 크게 공공이 직접 서비스를 전달하는 공공 전달체계와 민간이 자발적 혹은 공공으로부터 위탁을 받아 서비스를 제공하는 민간 전달체계로 구분된다. 우선 공공전달체계는 중앙행정 전달체계와 지방행정 전달체계로 나뉘는데, 중앙행정 전달체계의 경우 보건복지부를 주무부처로 하여 고용노동부, 교육부, 문화체육관광부, 과학기술정보통신부, 여성가족부 등이 관련 부처로서 장애인복지서비스를 제공하고 있다.

장애인복지의 주무 부처는 보건복지부이며 장애인복지 정책을 총괄하는 부서로서 장애인정책국을 두고 있으며, 산하에 장애인정책과, 장애인권익지원과, 장애인자립 기반과, 장애인서비스과 등 4개 과가 편성되어 있다.

교육부는 장애인 교육과 관련된 업무를 총괄하는 부처로서 학생지원국 산하에 특수교육정책과를 두고 있으며, 고용노동부는 장애인 고용과 관련된 업무를 총괄하는 부처로서 통합고용정책국이 있으며 통합고용정책국 산하에 장애인고용과가 있어 장애인고용업무를 담당하고 있다.

그외 장애인의 문화 및 체육을 담당하는 부처로서 문화체육관광부, 자막·수어 방송 등 장애인의 정보 접근권과 관련된 정책을 담당하는 부처로서 과학기술정보통신부, 그리고 장애여성의 역량 강화 및 인권 보호 등을 담당하는 부처로서 여성가족부가 있다.

한편, 부처 간 다양한 장애인정책 업무의 조정을 위한 기구로서 국무총리 소속하에 장애인정책조정위원회를 두어 장애인 종합정책을 수립하고 관계 부처 간의 의견을 조정하는 역할을 수행하도록 하고 있다.

지방행정 전달체계의 경우 고용센터와 교육지원청 등 부처 산하의 독립적인 지방행정기관이 있는 경우에는 해당 기관이 관련 부처에서 기획한 서비스를 실행하는 일선전달체계로서 기능하며, 보건복지부, 문화체육관광부, 여성가족부 등 독립적인 지방행정조직을 가지고 있지 않은 부처의 장애인복지서비스는 행정안전부 소속의 일반 지방행정조직인 시·도, 시·군·구, 읍·면·동을 통하여 장애인에게 전달되고 있다. 이 경우 행정안전부 소속의 지방자치단체는 중앙부처의 정책을 기초로 또는 자체적인 프로그램개발을 통해 장애인복지서비스를 제공하고 있는데, 서울특별시, 광역시, 도에는 복지건강국 등이 설치되어 있고 하부기관으로 장애인복지과, 사회복지과 등에서 장애인관련 업무를 담당하고 있다. 특히 지역의 복지욕구에 따른 서비스의 다양화와 질을 제고하기 위해 2005년부터 지방이양사업이 실시된 이후에는 장애인복지서비스를 제공하는 주체로서 지방자치단체의 역할은 더욱 커지고 있다.

민간 전달체계는 자발적 혹은 지방행정기관의 위탁을 받아 지역사회에 거주하는 장애인을 대상으로 장애인복지서비스를 제공하는 민간 기관으로서 사회복지법인, 사단법인, 재단법인, 학교법인 등의 민간 법인과 개인 신고 시설 등이 해당된다. 이들 민간 전달체계는 주로 「장애인복지법」에 근거한 다양한 장애인복지시설 등을 운영하고 있는데, 이들 장애인복지시설은 기능과 역할에 따라 크게 장애인거주시설, 장애인지역사회재활시설, 장애인직업재활시설, 장애인의료재활시설, 장애인생산품판매시설 등으로 구분된다. 장애인거주시설은 장애인에 대한 주거 및 요양서비스를 제공하는 시설로서 장애유형별 거주시설, 중증장애인 거주시설, 장애영유아 거주시설, 장애인 단기거주시설, 장애인 공동생활가정 등이 있으며, 장애인지역사회 재활시설은 지역사회장애인을 대상으로 재가서비스, 치료·교육서비스, 문화·여가서비스 등의 다양한 사회서비스를 직접 또는 간접 제공하는 것을 목적으로 하는 시설로서 장애인복지관, 주간보호시설, 장애인체육시설, 장애인수련시설, 장애인생활이동지원센터, 수어통역센터, 점자도서관, 점서 및 녹음서 출판시설, 장애인재활치료시설 등이 있다. 또한 직업상담, 직업평가, 직업훈련 및 취업 알선 등의 직업재활서비스를 제공함으로써 장애인의 자립을 도모하는 것을 목적으로 하는 장애인 직업재활시설에는 장애인 근로사업장, 장애인 보호작업장, 장애인직업적응훈련시설이 있으며, 그 외 상담, 진단·판정, 치료 등의 의료재활서비스를 제공하는 시설로서 장애인의료재활시설과 장애인 생산품의 판매활동, 유통대행, 판로개척 및 정보제공 등을 제공하는 장애인생산품판매시설이있다.

### (2) 서비스 유형별 전달체계

서비스 유형별 전달체계는 우리나라에서 장애인에게 제공하는 다양한 공공 및 민간서비스를 제공받기 위한 진입단계로서 장애 등록 체계와 소득보장, 고용서비스, 특수교육 및 사회서비스 등 주요 서비스 유형별 전달체계로 나누어 살펴보고자 한다.

① 장애 등록체계

우리나라에서 장애인이 정부와 지방자치단체 및 민간기업 등에서 제공하는 다양한 장애인복지서비스를 제공받기 위해서는 법정 장애인으로 등록을 해야만 한다. 이러한 장애인 등록제도는 「장애인복지법」에 의거하여 1988년부터

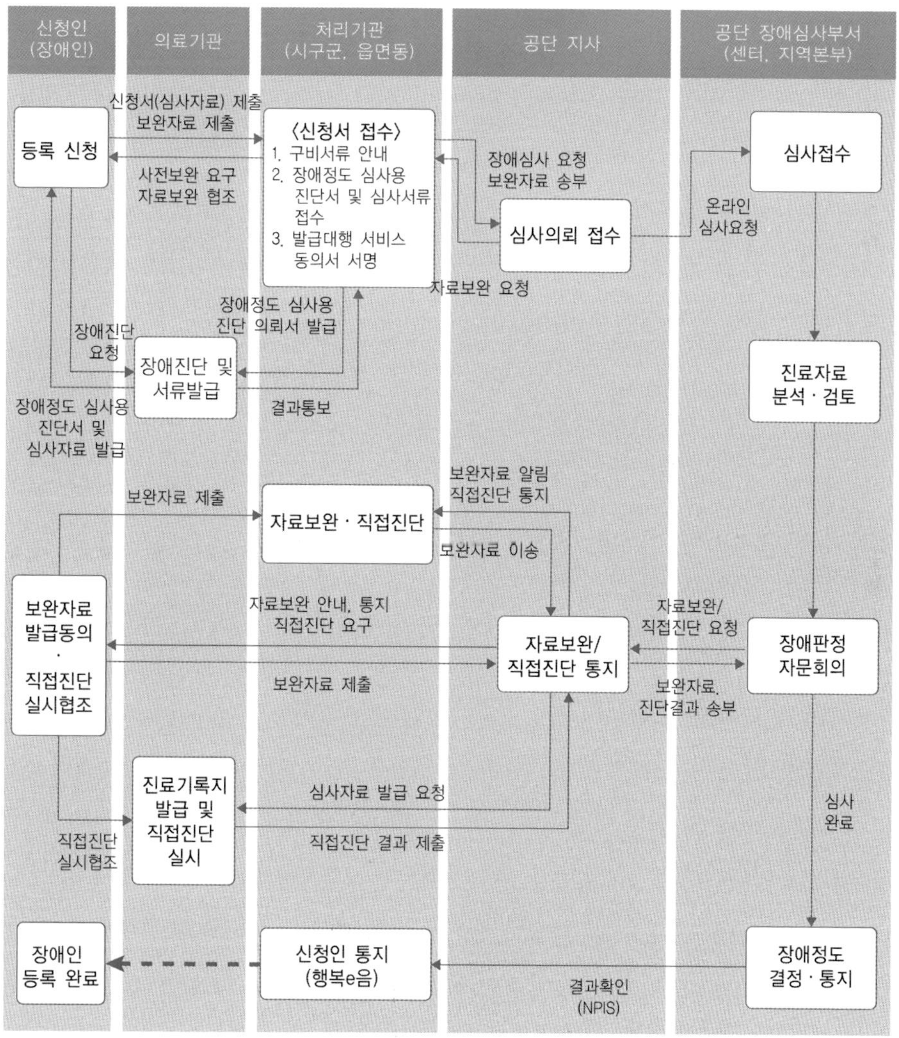


그림 7-1 | **장애등록 및 장애정도심사 절차**

출처: 보건복지부 장애인복지사업안내.

시행되었다. 장애인등록절차는 2011년 이후 크게 변하였는데, 변화의 핵심적인 내용은 장애판정 및 장애정도 결과의 엄격성과 객관성 확보를 위해 장애판정의 절차를 기존 의사 1인의 판정에서 의사의 의학적 소견에 이은 전문평가기관(국민연금공단)의 평가로 개편한 것이다. 이는 그간 장애인으로 등록할 수 없는 자가 장애인으로 등록하고, 장애정도가 심하지 않은 장애인이 장애정도가 심한 장애인으로 판정받는 등 장애판정과 관련한 부정 사례가 지속적으로 언론에 보도된 데 따른 대응조치로, 정부는 2007년부터 장애수당이 대폭 인상되는 시기에 맞춰 기존 장애수당 수급자 중 1, 2급 및 3급 중복에 해당하는 중증장애인의 등급을 재평가하고 신규 신청자의 장애등급을 재평가하였으며, 이후 단계적인 확대를 거쳐 지난 2011년 4월부터 현행의 제도로 전면 개편하였다.

개편된 장애등록체계에서 장애인등록 신청자는 의학적 소견서와 더불어 장애상태의 확인을 위한 '장애정도판정기준'상 장애유형별 참고서식, 검사자료, 진료기록지(주요 진료기록) 등을 반드시 해당 진단의사로부터 발급받아 행정관청에 제출하여야 하며, 장애판정기관인 국민연금공단은 행정관청으로부터 이들 자료를 송부받아 장애평가를 진행한 후 행정관청에 그 결과를 통보하도록 하고 있다.

② 서비스 유형별 전달체계

현행 장애인복지 전달체계는 서비스 유형에 따라 소득보장 전달체계와 고용 및 직업재활서비스 전달체계, 특수교육 전달체계 및 사회서비스 전달체계로 구분할 수 있다. 우선 소득보장 전달체계는 국민연금과 산업재해보상보험과 같은 사회보험형 장애급여 전달체계와 장애인연금, 장애수당, 장애아동수당 및 각종 추가비용지원 등 비기여형 장애급여 전달체계로 구분할 수 있다. 비기여형 장애급여 전달체계는 주로 보건복지부와 지자체를 통해 전달된다.

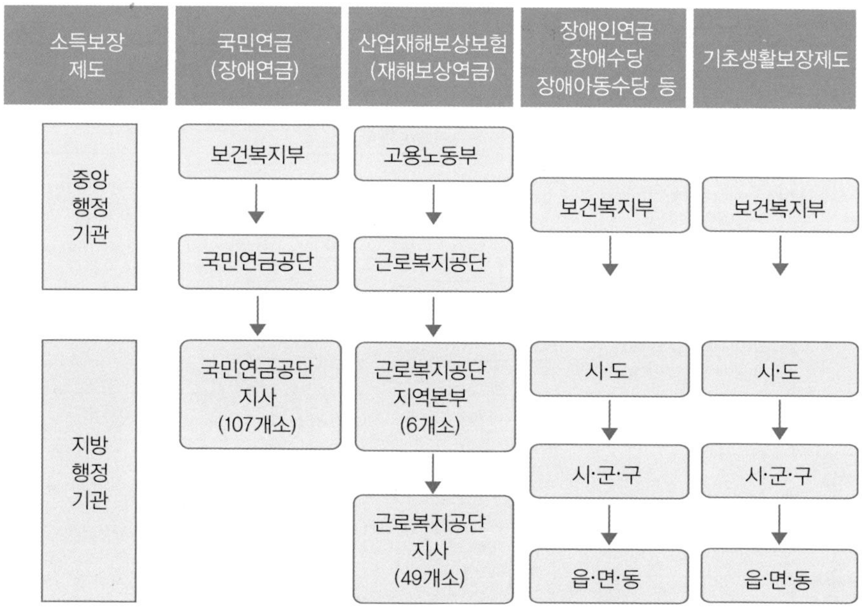


그림 7-2 | **장애인 소득보장 전달체계 현황**

고용 및 직업재활서비스 전달체계는 고용노동부와 산하의 한국장애인고용공단 중심의 전달체계와 보건복지부 및 한국장애인개발원이 지자체를 동해 선달하는 중증장애인직업재활서비스 전달체계로 이원화되어 있다. 고용노동부 전달체계는 일반 고용지원서비스와 장애인 고용지원서비스의 통합, 고용지원서비스에 대한 전문성 면에서 장점이 있고, 보건복지부 전달체계는 지자체 수준에서 다양한 지역사회 재활서비스와 통합적, 연속적 전달에 장점이 있다.

특수교육서비스 전달체계는 교육부와 시 · 도 교육청, 시 · 군 · 구 교육지원청, 각급학교 등으로 이어지는 일반 교육서비스 전달체계와 통합되어 있으며, 각급 학교별 통합 학급과 특수학교로 구성되어 있다.

마지막으로 사회서비스 전달체계는 보건복지부와 지방자치단체로 이어지는 장애인거주시설 및 장애인복지관, 주간보호시설, 수어통역센터 등의 지역사회 재활서비스전달체계로 이루어져 있다.

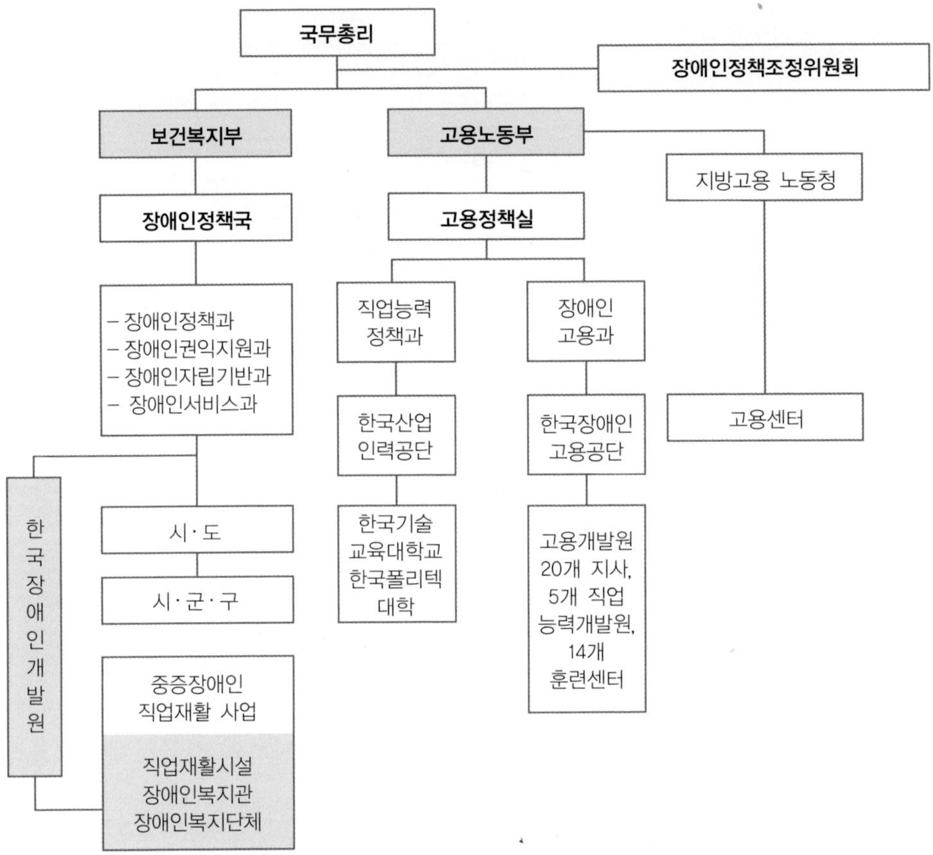


그림 7-3 | **장애인 고용지원 및 직업재활서비스 전달체계**

출처: 한국장애인개발원(2011). 내부자료를 수정.

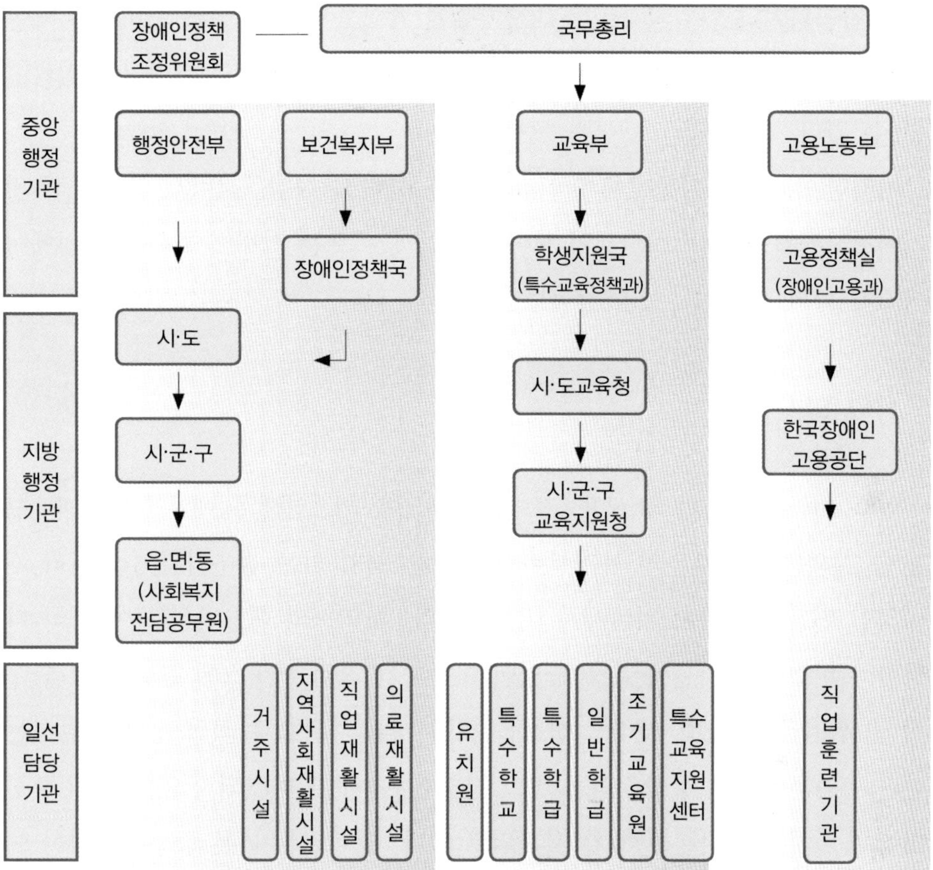


그림 7-4 | **장애인복지서비스 전달체계의 전체적 현황**

# 4. 우리나라 장애인복지 전달체계의 문제점

앞서 살펴보았듯이, 우리나라 장애인복지 전달체계는 서비스 유형별로 공공과 민간에 걸쳐 매우 다양한 기관들이 분포해 있음을 알 수 있다. 이들 기관들은 효율적 전달체계 구축을 위해 반드시 요구되는 상시적으로 연계 및 협력이 체계적으로 이루어지는 통합적 전달체계를 이루고 있기보다는 개별 기관들이 각기 발굴하거나 의뢰된 서비스대상자에게 가지고 있는 자원과 서비스를 제공하는 데 그치고 있는 분절적 혹은 파편적 서비스 전달체계를 형성하고 있다고 할 수 있다.

이러한 장애인복지전달체계의 분절성이 서비스 신청, 서비스 욕구사정 및 서비스자격결정, 서비스연계와 모니터링 등에 이르는 서비스 흐름의 과정에서 어떻게 나타나고 있는지를 살펴보면 다음과 같다.

### 1) 서비스 신청

일부 현금급여(국민기초생활보장제도 생계급여, 기초연금, 장애인연금, 장애수당 등)를 제외하면 대부분의 복지서비스 신청은 책임 있는 정부기관이 아니라 개별적인 민간 사회복지 기관에서 이루어진다. 서비스의 대상과 내용에 따라 다양한 서비스 제공기관이 분포해 있어 이용자가 직접 서비스에 관한 정보를 수집 및 활용해야 하고, 서비스 신청을 위해 개별 기관으로 직접 방문해야 하는 불편이 따른다. 즉, 통합적인 서비스 신청접수창구가 마련되지 않아 서비스 신청이 용이하지 않다는 문제가 지적되고 있다. 서비스는 기본적으로 신청한 이용자에게 제공되는데 이용자의 정보 획득 능력이 서비스수급의 중요한 요인으로 작용함으로써 실제로 서비스 욕구는 훨씬 더 높으나 정보 획득 능력이 상대적으로 취약한 계층의 서비스 수혜율이 낮아지는 역진성이 발생하고 있다. 또한 특정 서비스 신청 시 이용 가능한 전체 복지서비스를 안내하는 시스템도 구축되어 있지 않으며, 추후적인 안내도 충분히 이루어지지 않으므로 서비스 욕구가 있더라도 적기에 서비스 신청이 이루어지지 않아 서비스 개입효과를 기대하기 어렵다는 것이다.

### 2) 서비스 욕구사정 및 자격 결정

시·군·구(읍·면·동)와 개별 서비스 제공기관은 각각 독립적으로 복지서비스 욕구를 사정하고, 서비스 자격을 결정하므로 욕구사정체계의 분산으로 인한 비효율성이 문제로 지적되고 있다. 복지서비스 욕구를 갖고 있는 이용자가 지역사회의 다양한 서비스를 이용하려면 이용자는 개별 서비스 기관을 다시 방문하여 욕구평가를 거쳐야 하며, 장애인연금, 장애수당 등의 현금급여나 장애인활동지원제도, 장애인거주시설 및 장애인이동지원 등 '장애인서비스지원종합조사'라는 표준적 욕구사정이 적용되는 일부 서비스를 제외한 대부분의 서비스에 대해서 욕구평가 및 서비스 자격결정의 실질적 권한이 해당 민간서비스제공기관에 부여되는 문제의 개선도 시급한 것으로 지적되고 있다. 욕구를 사정하는 통일된 기준이 없는 상태에서 욕구사정을 일선 서비스 제공기관에 위임하는 것은 정부가 서비스자격결정에 관한 공적인 책임을 방기하는 것이며, 욕구평가의 전문성과 객관성을 훼손함으로써 이용자의 정당한 서비스 접근을 저해할 수 있기 때문이다.

한편 많은 경우 서비스 자격은 소득수준에 기초해 결정되며, 개별 서비스를 필요로 하는 이용자를 사정할 수 있는 표준화된 욕구평가도구나 욕구사정절차는 제대로 개발되어 있지 않아 욕구사정의 전문성이나 객관성 결여가 문제로 인식되고 있다. 이 같은 욕구사정체계의 문제는 서비스 제공 기관의 편의에 따라 서비스 대상자를 선정함으로써 결과적으로 전달체계의 원칙 중 하나인 형평성을 저해할 우려가 있으며, 동시에 부적절한 대상자에 대한 서비스 제공으로 이어져 자원의 낭비로 이어진다는 비판을 받고 있다.

### 3) 사례관리

복지서비스가 다양함에도 통합적인 사례관리를 담당할 공식적 기관이 마련되어 있지 않은 현실은 장애인복지 전달체계의 근본문제로 지적된다. 즉, 공공 및 민간 기관으로부터 장애인복지서비스를 이용하는 이용자에 대한 통합적인 사례관리체계가 구축되어 있지 않아 공공과 민간 서비스 기관 사이의 서비스 연계와 조정이 잘 이루어지지 않으며, 복지서비스 자원의 분배도 통합적으로 이루어지기 어려운 현실이 문제로 인식되고 있다. 행복e음으로 불리는 사회보장정보시스템 도입 후 시·군·구 수준에서 서비스 연계팀을 통해 일부 사례관리를 실시하고 있으나 전문성이 낮을 뿐만 아니라 기초보장 수급자 및 저소득층 중심으로 진행되고 있어 상당수의 이용자가 배제되어 있으며, 민간서비스 기관으로 연계와 모니터링도 충분히 이루어지지 않으므로 통합적 사례관리체계 부재라는 근본적인 문제는 해결되지 않았다는 것이다. 이렇듯 사례관리시스템의 부재로 인해 자원 배분(예산 투입)의 효과성 파악이 불가하여 기존제도의 확충 및 신규 제도 도입을 위한 재정 당국 설득에 많은 어려움이 있으며, 또한 이용자의 환경 변화에 대응하는 서비스 조정 등의 개입을 어렵게 함으로써 궁극적으로 이용자의 서비스 만족도를 저하시키고 있다.

더불어 통합적 욕구사정체계가 미비되어 있다는 점도 사례관리의 어려움을 가중케 하고 있는 요인이 되고 있다. 개인의 욕구에 대한 포괄적인 사정은 효율적인 전달체계 운영의 핵심적인 요소이며, 최근 주요 선진국들은 장애인복지 영역에서 일선 전달체계의 기능 통합 및 단일 욕구사정체계 구축을 내용으로 하는 전달체계 통합을 적극적으로 추진하고 있다(OECD, 2010). 결국 현재와 같이 서비스 종류에 따라 분절적으로 구축되어 있는 현 욕구사정체계는 이용자 중심의 전달체계 구축을 지향하고자 할 때 반드시 극복되어야 하는 과제이다.

주요 선진국의 장애인복지 전달체계 통합 경향을 파악하고자 장애인복지 영역을 크게 소득지원, 고용 및 직업재활서비스, 사회서비스로 구분하여, 개별 국가별로 각 영역의 전달체계가 장애인을 포함한 모든 시민을 대상으로 한 전달체계(보편형)인지 아니면 장애인만을 대상으로 한 전달체계(특수형)인지, 또한 이러한 전달체계가 소득지원, 고용 및 직업재활서비스 및 사회서비스 영역을 모두 포괄하는 전달체계(통합형)인지 아니면 개별 영역만을 다루는 전달체계(분리형)인지를 비교 분석한 결과는 다음의 〈표 7-3〉과 같다.

분석 결과, 영국과 호주의 경우 장애인을 포함한 모든 시민을 대상으로 소득지원과 고용서비스의 전달체계를 통합한 보편형·부분 통합형 국가로 구분할 수 있으며, 노르웨이는 모든 시민을 대상으로 소득지원과 고용서비스 및 사회서비스 전달체계를 통합한 보편형·완전 통합형 국가로 구분할 수 있다. 한편 미국은 모든 시민을 대상으로 각정책 영역의 전달체계가 모두 독자적으로 운영되고 있는 보편형·분리형 국가이며, 우리나라의 경우에는 모든 시민을 대상으로 소득지원과 사회서비스의 전달체계를 통합한 보편형·부분 통합형 국가라고 할 수 있다. 프랑스의 경우에는 장애인만을 대상으로 모든 정책 영역의 전달체계를 통합하여 운영하고 있는 특수형·완전 통합형 국가로서 유사 사례를 찾기 어려운 독특성을 지니고 있다.

**표 7-3 | 주요 선진국의 장애인복지전달체계에서의 서비스 통합**

<table>
<tr><th rowspan="2">구분</th><th rowspan="2"></th><th rowspan="2">소득지원</th><th rowspan="2">고용서비스</th><th rowspan="2">사회서비스</th><th colspan="2">유 형</th></tr>
<tr><th>보편형 VS 특수형</th><th>통합형 VS 분리형</th></tr>
<tr><td rowspan="2">영국</td><td>부처</td><td>Department of Work and Pension</td><td>Department of Work and Pension</td><td>Department of Health</td><td rowspan="2">보편형 전달체계<br>※소득 지원의 경우, 특수형 전달체계 추가 운영</td><td rowspan="2">2원 전달체계<br>- 소득지원·고용서비스 통합형<br>- 사회서비스 분리형</td></tr>
<tr><td>일선</td><td>Jobcentre Plus offices<br>- Disability Benefit Centre</td><td>Jobcentre Plus offices</td><td>Local office of the social services department</td></tr>
</table>

| | | | | | | |
|---|---|---|---|---|---|---|
| 미국 | 부처 | Social Security Administration | Department of Education | Department of Health and Human Services | - 소득지원·사회서비스: 보편형 전달체계<br>※ 소득지원의 경우, 전문장애 판정기구 설치<br>- 고용서비스: 특수형 전달체계 | 3원 전달체계 |
| | 일선 | Social Security Administration Field office | Vocational Rehabilitation Agency | Local Health and Human Services Offices | | |
| 호주 | 부처 | Department of Families, Housing, Community Services and Indigenous Affairs | Department of Education, Employment and Workplace Relations | Department of Human Services | - 소득지원 · 고용서비스: 보편형 전달체계<br>- 사회서비스: 특수형 전달체계 | 2원 전달체계<br>- 소득지원 · 고용서비스 통합형<br>- 사회서비스 분리형 |
| | 일선 | Centrelink | Centrelink | National Disability Insurance Agency | | |
| 노르웨이 | | Ministry of Labour | Ministry of Labour | Ministry of Health and Care Services | 보편형 전달체계 | 1원 전달체계 |
| | | NAV(The Norwegian Labour and Welfare Administration) office | NAV(The Norwegian Labour and Welfare Administration) office | NAV(The Norwegian Labour and Welfare Administration) office | | |
| 프랑스 | 부처 | Ministre des Solidarités et de la Cohésion sociale (연대 · 사회통합부) | Ministre du Travail, de l'Emploi et de la Sant (고용 · 노동 · 보건부) | Ministre des Solidarités et de la Cohésion sociale (연대 · 사회통합부) | 특수형 전달체계<br>※ 장애연금은 사회보험 전달체계에서 별도 운영 | 1원 전달체계 |
| | 일선 | MDPH | MDPH | MDPH | | |
| 우리나라 | 부처 | 보건복지부 | 고용노동부<br>보건복지부 | 보건복지부 | 보편형 전달체계<br>※ 고용서비스의 경우, 특수형 전달체계 추가 운영 | 2원 전달체계<br>- 소득지원 · 사회서비스 통합형<br>- 고용서비스 분리형 |
| | 일선 | - 시군구 복지 전달체계<br>- 국민연금공단 | - 고용센터<br>- 시군구 복지 전달체계<br>- 한국장애인 고용 공단 | - 시군구 복지 전달체계<br>- 국민연금공단 | | |

출처: 윤상용(2015). 장애인복지전달체계 개편 대안과 쟁점. 한국장애인복지학회 2015년 추계학술대회자료집.

# 5. 장애인복지 전달체계 개편 방안

앞서 살펴본 바와 같이 우리나라의 현행 장애인복지 전달체계는 장애인의 다양한 서비스 욕구에 대한 통합적 사정체계가 결여되어 있으며, 서비스 사례관리시스템의 부재로 인한 비효율성이 발생하여 시급한 개선이 필요한 상태라고 할 수 있다.

지금까지는 이러한 문제점을 시정하는 방식으로 각 기관들이 각각의 장애판정의 목적과 형편에 맞추어 장애판정기준을 개별적으로 각기 개선하는 방식을 취하였고, 이에 따라 각 기관 간의 서비스 연계나 상호 간 정보공유는 단절될 수밖에 없었다. 또한, 장애인의 복지욕구에 대한 사정체계도 기관에 따라 단편적으로 운영되는 방식을 고수하였으므로, 장애인이 원하는 서비스가 무엇인지를 총괄적으로 파악하고 관리하는 체계와 시스템이 갖추어질 기반이 마련되지 못하고 있었다. 사례관리에 대한 관심이 최근에 증가하고 있기는 하나 장애인의 장애상태와 다양한 욕구를 파악하여 각 분야의 전문가가 참여하는 시스템으로 정착되는 것은 아직 요원해 보이는 것도 사실이다.

따라서 이러한 문제를 극복하기 위해서는, 장애판정에 있어서 각 분야 전문가의 협조를 이끌어내고, 장애인에 대한 서비스 욕구 평가체계가 갖추어져야 한다. 아울러 이러한 장애판정과 서비스 욕구 평가를 통한 서비스 제공이 유기적으로 연결되어야 한다. 이와 같은 업무를 시·군·구청장 등 지방정부의 책임으로 수행하는 것이 가장 바람직하지만, 지방정부의 인력, 예산 등의 여건상 필요업무를 충분히 수행하기를 기대하기는 어려운 실정이다.

따라서 이와 같은 업무를 수행하기 위해서는 시·군·구(읍면동) 등 공공 복지전달체계의 개편 등의 소극적인 접근이 아닌 민간 전달체계까지 개편의 영역을 확대하여 공공과 민간의 전달체계를 공간과 기능의 차원에서 완전히 통합하여 장애판정, 욕구사정 그리고 서비스 제공 및 연계가 함께 가는 통합적 장애인복지전달체계를 구축하는 혁신적인 접근이 이루어질 필요가 있다.

### 생각해보기

1. 장애인정책을 담당하는 부처 간 협력 및 조정 업무를 수행하는 장애인정책조정위원회의 역할과 기능이 형식적인 수준에 그치고 있다는 비판을 받는 이유는 무엇이며, 바람직한 대안은 무엇인가?
2. 서비스 공급주체와 재원흐름 측면에서 우리나라 장애인복지 전달체계의 특징은 무엇인가?
3. 최근 장애인복지서비스에 대한 원스톱센터(one-stop shop)로서 '(가칭)장애인서비스센터'의 설치가 필요하다는 것에 다양한 이해관계자들이 인식을 같이 하고 있다. 이러한 주장의 배경은 무엇인가?

# 8장
# 장애와 소득보장

**주요 학습문제**

- 장애인은 왜 빈곤한가?
- 장애가 초래하는 경제적 어려움에 대하여 국가와 사회는 어떻게 대응하고 있는가?
- 우리나라 장애인가구의 경제상태는 어떠한가?
- 우리나라에서는 어떠한 장애인 소득보장제도를 운용하고 있는가?
- 우리나라 장애인 소득보장제도의 바람직한 개선 방향은 무엇인가?

## 1. 장애인의 빈곤 원인

장애인가구는 왜 비장애인가구보다 빈곤하거나 또는 경제적으로 열악할 확률이 높을까? 장애인가구가 비장애인가구에 비해 빈곤율이 높고 소득이 낮다는 것은 유수한 국내외 선행연구를 통해 실증적으로 입증되어 왔다.

장애인가구가 비장애인가구에 비해 상대적으로 빈곤할 수밖에 없는 이유는 두 가지 요인이 복합적으로 작용하기 때문이다. 첫 번째 요인은 장애인가구가 비장애인가구에 비해 생활비가 더 많이 든다는 점이고, 두 번째 요인은 장애인가구의 소득이 비장애인가구의 그것에 비해 낮다는 점이다. 즉, 비장애인가구에 비해 지출은 많고 소득은 적으니 상대적으로 빈곤할 수밖에 없는 것이다.

장애인가구의 소득 수준이 낮은 것은 가구원의 개인 소득이 낮기 때문이다. 장애를 가진 가구원의 경우 장애에서 비롯된 낮은 교육수준, 직업능력의 부족으로 상징되는 인적자본의 취약성과 함께 사회 전반의 장애에 대한 부정적인 인식에서 발생하는 장애인에 대한 차별로 인해 취업의 기회를 얻지 못하거나 취업 중에 있더라도 주로 저임금직종에 종사하는 관계로 소득이 낮을 수밖에 없다. 그리고 비장애 가구원의 경우에는 장애인에 대한 보호 수발로 인해 취업을 하기 어렵거나 취업 중에 있더라도 임시직 등 질 낮은 일자리에 종사하는 비율이 높아 역시 소득이 낮을 수밖에 없다. 한편 장애인의 생활비가 비장애인에 비해 더 많이 드는 것은 장애인의 경우에 의료비, 교육비, 보조기구 구입비, 교통비 등의 영역에서 장애로 인한 추가지출 비용이 발생하기 때문이다.

결국 장애는 추가비용이라는 새로운 지출 요인을 발생시킬 뿐만 아니라 소득감소까지 유발시켜 마침내 장애를 가진 개인을 빈곤 상태에 이르게 한다는 점에서 '장애는 빈곤의 절친한 친구(disability as a close companion of poverty)'라고 할 수 있다.

## 2. 장애 소득보장체계의 개념

현대 사회에서 장애는 실업, 퇴직, 질병, 가구주의 사망 등과 더불어 소득 상실을 유발하는 대표적인 사회적 위험(social risk)으로 간주되고 있다. 사회보험, 사회수당, 사회부조 등 다양한 정책수단의 조합에 의해 장애인에게 제공되는 '장애급여(disability benefit)'의 제공과 관련하여, 대부분의 국가에서는 장애로 인한 소득 상실을 보전하기 위한 급여(소득보전 급여)와 장애로 인한 추가비용 지출을 보전하기 위한 급여(추가비용 급여)를 장애급여의 두 축으로 삼고 제도를 운용하고 있다.

장애급여를 구성하는 이들 두 급여가 어떻게 다른 지를 살펴보면, 소득보전급여란 장애인이 장애로 인해 근로능력 또는 소득활동 능력에 심각한 손상을 입어 더 이상 일을 할 수 없어 소득이 단절되는 상황에 있는 장애인과 그 가족이 기본적인 생활을 영위할 수 있도록 하기 위한 각종의 급여를 의미하며, 추가비용급여는 장애인이 무상의 혹은 비용의 일부 부담을 요하는 각종의 서비스를 제공받고도 완전히 충족되지 않은 욕구를 충족하고자 장애인이 추가적으로 지출하는 비용을 보전함으로써 장애인이 비장애인과 동등한 수준의 삶의 질을 영위할 수 있도록 하기 위한 각종의 급여를 의미한다.

표 8-1 | **장애급여의 구성 요소**

| 유형 | | 보장의 제측면 | 급여종류 | 특성 |
|---|---|---|---|---|
| 소득보전 급여 | 기본급여 | 장애인 개인 소득보전 | 기초급여(정액급여), 소득비례급여 | 장애정도에 따라 차등 |
| | 부가급여 | 부양가족 부양 지원 | 아동부양수당, 성인부양수당 등 | 부양가족 · 결혼 상태에 따라 차등 |
| 추가비용 급여 | | 장애인의 추가비용보전 | 이동수당, 간병수당, 장애아동부양 수당, 중증장애수당 등 | 장애인 개인의 특성에 따라 차등 |

출처: Dixon & Hyde(2000). A Global Perspective on Social Security Programmes for the Disabled People. *Disability & Society, 15*(5).

현대 복지국가에서는 이러한 소득보전급여와 추가비용급여를 어떻게 운용하고 있는 지를 살펴보면 다음과 같다.

### 1) 소득보전급여

근로능력 손상으로 인한 소득단절에 대응하는 소득보전급여는 1차 안전망으로서의 역할을 하는 급여와 1차 안전망의 사각지대에 있는 장애인을 대상으로 운용되는 2차 안전망 급여가 상호 간에 역할분담하는 위계적 체계(hierarchial system)로 운영된다. 1차 안전망 급여로서 대부분의 국가들이 채택하고 있는 방식은 보험료 납부에 기반한 사회보험이며, 일부 국가들이 보험료 납부라는 기여조건을 필요로 하지 않는 사회수당과 사회부조를 2차적 전략으로 활용하고 있다(Dixon & Hyde, 2000). 여기에서 보험료 납부에 기반한 사회보험급여란 구체적으로 공적연금의 장애연금(disability pension)을 의미한다. 그러나 개인이 근로활동을 하고 그 결과로서 발생하는 소득의 일정 비율을 공적연금의 보험료로 납부한 경우에만 장애연금을 지급받을 수 있도록 하고 있는 전통적인 사회보험 운영 방식하에서는 선천적 장애인이나 근로활등 가능 연령대 이전에 장애가 발생한 장애인 등은 장애연금의 사각지대로 존재할 수밖에 없다. 따라서 이들 장애연금의 사각지대에 있는 장애인의 최저 생활 보장을 위한 별도의 소득보전급여가 필요할 수밖에 없는데, 이러한 2차 안전망 소득보전급여는 일반적으로 소득과 재산 조사를 실시하여 일정 수준 이하에 해당하는 장애인에게 조세를 재원으로 한 사회부조의 형태로 지급되며, 이를 기초장애연금(basic disability pension) 또는 장애인부조(social assistance for the disabled)라고 부른다.

### 2) 추가비용급여

장애 추가비용급여는 특정 인구학적 범주(노인, 아동, 장애인 등)에 속한 계층이면 누구나 가지게 되는 특별한 욕구 즉, 추가적인 생활비 지출에 대응하기 위한 보편적 소득보장제도라고 할 수 있는 사회수당(데모그란트)의 한 유형이라고 할 수 있다. 노인을 대상으로 지급되는 사회수당이 주로 노인의 장기요양(간병)욕구로 인한 추가적인 지출을 보전하기 위한 것이라면, 아동을 대상으로 지급되는 사회수당은 아동의 양육이라고 추가적인 지출 요인에 대응하는 성격을 지니고 있다. 반면에 장애인을 대상으로 지급되는 사회수당은 장애로 인한 이동, 돌봄, 치료, 교육, 보조기기 구입 및 유지 등 다양한 생활영역에서 발생하는 추가적인 지출을 보전하는 것을 목적으로 하는 특별한 급여이다.

현대 복지국가에서 운용하는 추가비용급여의 특징을 살펴보면, 수급 조건에 있어서는 소득과 재산조사를 거쳐 지급하는 사회부조 방식의 추가비용급여가 일반적이긴 하나 영국 등과 같이 소득과 재산조사를 실시하지 않고 지급하는 사회수당 방식의 추가비용 급여도 존재하고 있다. 또한 추가비용급여가 보전하고자 하는 추가비용 발생 영역은 돌봄과 이동이 제일 많았으며, 지급 대상의 연령을 구분하여 성인 장애인과 장애아동을 구분하여 각각 별도의 추가비용급여를 운영하는 형태가 많았다.

## 3. 우리나라 장애인가구의 경제 상태

여기에서는 우리나라 장애인이 경험하고 있는 경제적 어려움이 구체적으로 어떻게 나타나고 있는 지를 2017년 장애인실태조사 결과를 중심으로 살펴보고자 한다.

먼저 장애인 중 자신의 주관적 소속계층을 상류층 혹은 중산층으로 인식하는 비율은 38.5%로 지난 2014년 조사에 비해 다소(5.9%p) 높아졌으나, 여전히 전체 장애인가구의 61.5%는 자신의 가구를 경제적으로 어려운 저소득 가구(일반 가구의 1.5배)로 인식하고 있었다.

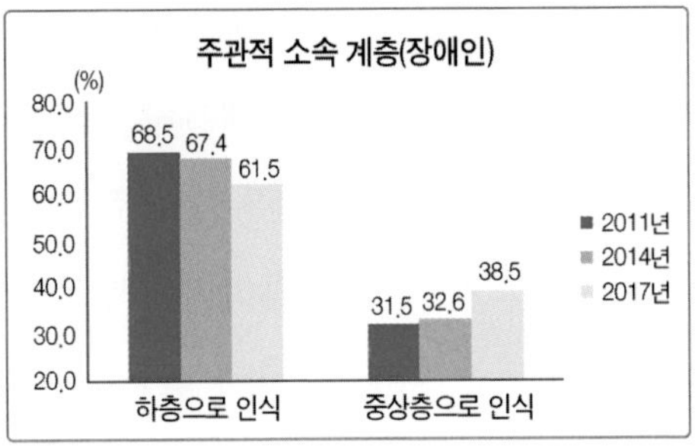


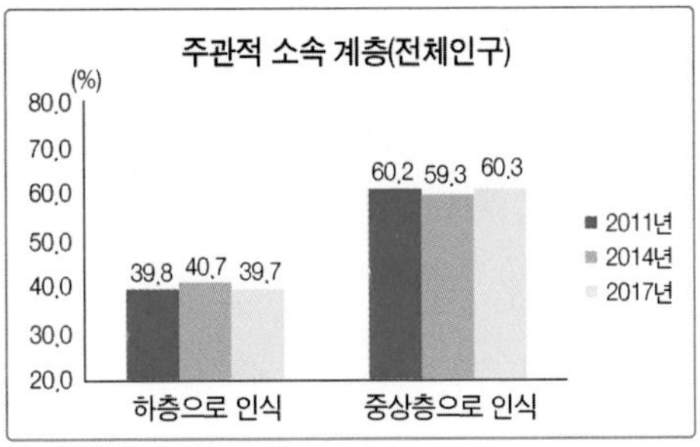


그림 8-1 | **장애인 및 전체인구의 주관적 소속 계층**

이어서 2017년 장애인가구의 월평균 소득은 242.1만 원으로 전국 월평균 가구소득(2017년 기준 361.7만 원)의 66.9%에 불과하였으며, 장애인가구의 월평균 지출액은 190.8만 원으로 전국 월평균 가구 지출(2017년 기준 276.1만 원)의 69.1% 수준으로 나타났다.

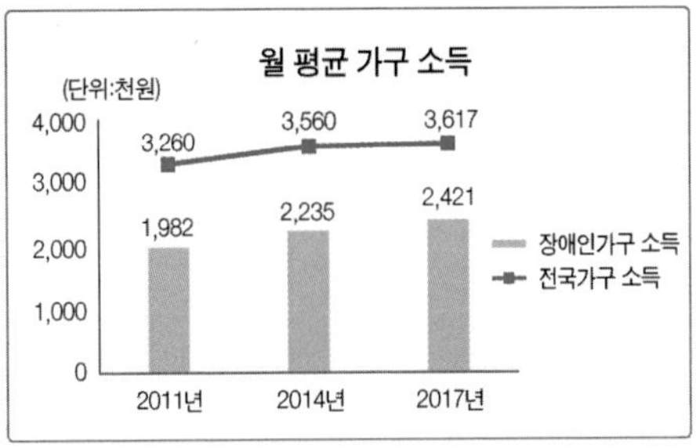


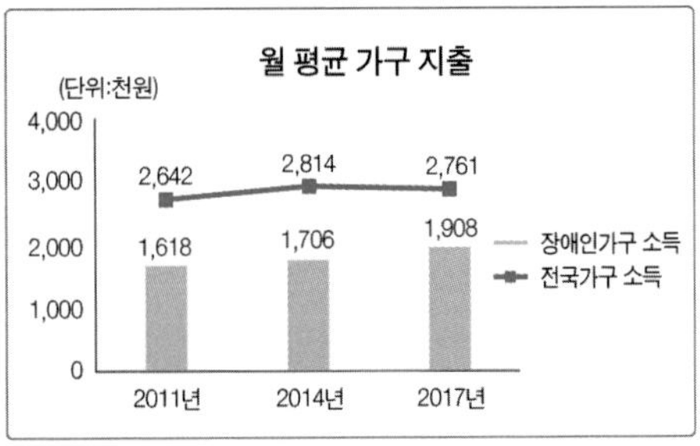


주1: 전국가구소득은 전국 1인 이상 가구 월평균 소득(통계청).
주2: 전국가구지출은 전국 1인 이상 가구 월평균 지출(통계청).

그림 8-2 | **가구 및 전체가구의 월평균 가구소득과 월평균 가구지출**

출처: 김성희 외(2018). 2017년 장애인실태조사. 보건복지부·한국보건사회연구원.

한편, 장애로 인한 평균 추가 소요비용은 월 165.1천 원으로 2014년의 164.2천 원과 거의 비슷하였으며, 추가비용 영역에서는 의료비(65.9천 원) 지출이 가장 많았으며, 이어서 부모사후 및 노후대비비(22.9천 원), 보호간병비(20.6천 원), 교통비(20.5천 원)의 순으로 나타났다.

표 8-2 | **장애로 인한 추가 소요비용(월평균)** **(단위: 천 원)**

| 구분 | 2011년 | 2014년 | 2017년 |
|---|---|---|---|
| 월평균 총 추가비용 | 160.7 | 164.2 | 165.1 |
| 교통비 | 22.8 | 25.6 | 20.5 |
| 의료비 | 56.8 | 66.0 | 65.9 |
| 보육·교육비 | 6.0 | 4.1 | 8.0 |
| 보호·간병비 | 14.1 | 13.6 | 20.6 |
| 재활기관이용료 | 1.9 | 4.2 | 4.8 |
| 통신비 | 9.6 | 9.9 | 9.8 |
| 장애인보조기기 구입·유지비 | 31.7 | 18.9 | 7.2 |
| 부모사후 및 노후대비비 | 5.4 | 16.8 | 22.9 |
| 기타 | 12.3 | 5.1 | 5.4 |

출처: 김성희 외(2018). 2017년 장애인실태조사. 보건복지부·한국보건사회연구원.

장애유형별로는 신체내부장애(268.6천 원), 정신적장애(238.7천 원), 신체외부(감각장애제외)장애(176.5천 원), 감각장애(87.2천 원)의 순으로 나타났다. 세부항목에서는 신체외부장애의 경우 의료비, 보호 · 간병비, 교통비에서, 정신적장애의 경우 의료비, 보육 · 교육비, 부모사후 및 노후대비비에서, 그리고 신체내부장애의 경우 의료비에서 높게 나타났다.

장애정도별로는, 장애정도가 심한 장애의 추가비용 242.5천 원이 장애정도가 심하지 않은 장애의 104.8천 원에 비해 높게 나타났으며, 세부항목별로 살펴보면, 장애정도가 심한 장애는 추가비용 중 의료비, 보호 · 간병비 비중이 높았고, 장애정도가 심하지 않은 장애는 의료비, 부모사후 및 노후대비비, 교통비의 비중이 높았다.

이렇듯 비장애인가구에 비해 현저하게 소득이 낮은 상태에서 장애로 인한 추가비용까지 지출하고 있는 상황은 결국 장애인이 비장애인에 비해 높은 빈곤율을 유지하게 하는 근본적인 요인이 되고 있다. 2020년 기준 전체 장애인 중 절대빈곤층이라고 할 수 있는 국민기초생활보장 생계급여 수급자 비율은 19.0%로서, 이는 같은 해 전체 국민의 국민기초생활보장 수급자 비율인 3.6%보다 무려 5.3배 높은 수준이다.

결과적으로 장애인들이 현재 경험하고 있는 경제적 어려움은 사회나 국가에 대한 요구 사항에서도 나타나는데, 장애인들이 첫 번째 요구로 꼽은 것은 소득보장으로 전체의 48.9%가 희망하였으며, 이어서 의료보장(27.9%), 주거보장

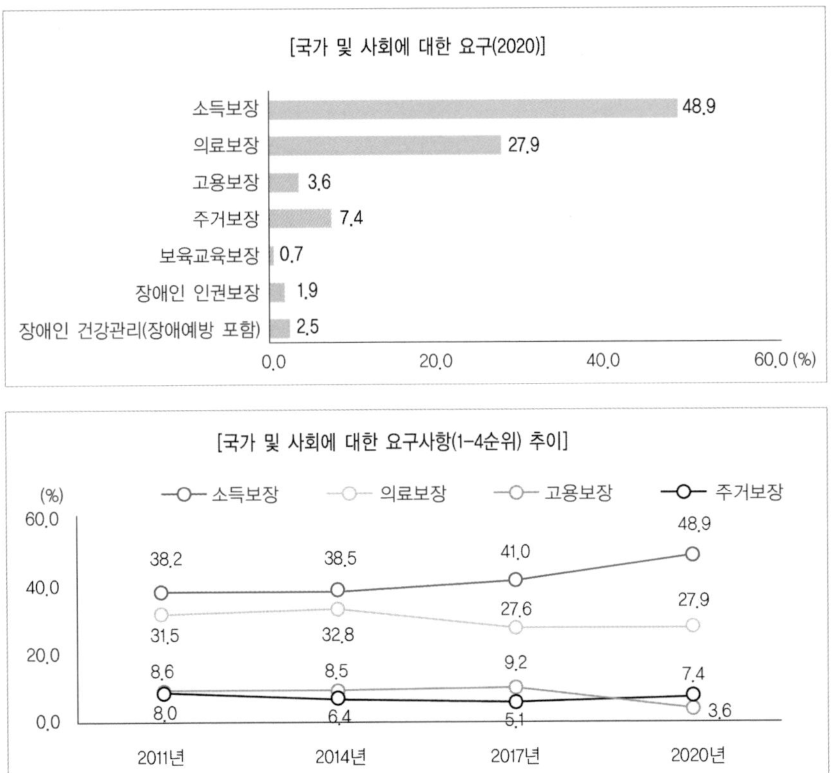


**그림 8-3 | 장애인의 국가 및 사회에 대한 요구사항**

출처: 보건복지부(2021.4.21.). 2020년 장애인실태조사 결과 발표 보도자료.

(7.4%), 고용보장(3.6%)의 순으로 나타났다. 의료보장에 대한 욕구의 주 내용이 장애의 지속적 관리 및 유지를 위해 수준 높은 의료서비스를 저렴한 비용으로 이용하고 싶어 하는 욕구라는 점에서 사실 의료보장의 욕구는 소득보장 욕구의 한 범주 혹은 또 다른 표현으로 간주해도 무방하다고 판단되며, 주거보장과 고용보장 역시 소득보장과 함께 장애인의 경제적 자립 및 지원을 목적으로 하는 제도라는 점에서 소득보장의 또 다른 요소라고 볼 수 있다.

## 4. 우리나라 장애 소득보장제도 현황과 문제점

이렇듯 많은 경제적 어려움을 겪고 있는 장애인을 지원하기 위한 소득보장 제도로서 우리나라는 1988년 국민연금(장애연금) 도입 이후, 1990년 장애수당 도입, 2002년 장애아동수당 도입, 2010년 장애인연금 도입에 이르기까지 지속적으로 장애급여를 확충해 왔으며, 형식적으로는 주요 선진국과 마찬가지로 다중의 소득보전급여체계와 추가비용급여체계를 구축하여 운용하고 있다고 할 수 있다.

표 8-3 | **우리나라 장애 소득보장체계 현황**

| 구 분 | 소득보전급여 | 추가비용급여 | 목적 |
|---|---|---|---|
| 공적연금 | 장애연금 | – | 소득활동 중 발생한 장애로 인한 소득중단(소득감소)에 대한 보상 |
| 범주형 사회부조 | 장애인연금(기초급여) | 장애인연금 (부가급여) 장애수당 (장애아동수당) | 소득활동 이전에 장애가 발생한 자에 대한 소득지원 및 빈곤 예방 |
| 일반 사회부조 | 국민기초생활보장 제도(생계급여 등) | | 최저생활보장 |

먼저 소득보전급여체계가 어떻게 구성되어 있는 지를 살펴보면, 1차 안전망으로서 장애연금(국민연금), 2차 안전망으로서 장애인연금 기초급여, 3차 안전망으로서 국민기초생활보장제도 생계급여가 있다.

표 8-4 | **우리나라 장애 소득보전급여 체계**

| 구분 | 유형 | 제도명 및 내용 |
|---|---|---|
| 1차 안전망 | 사회보험 | • 장애연금(국민연금)<br>– 가입 후 발생한 질병 혹은 부상이 치료 후에도 신체 또는 정신적 장애가 있는 자로서 국민연금법상 장애등급이 1~4급인 자(단, 4급인 경우에는 장애일시보상금 지급)<br>– 평균 장애연금 지급액 406천 원(2020년 말 기준) |
| 2차 안전망 | 범주형 사회부조 | • 장애인연금(기초급여)<br>– 18~64세의 장애인복지법상 장애등급이 1, 2급 및 3급 중복인 자로서 소득하위 70%이하인 자<br>– 최고 30만 원(2020년 말 기준)<br>※ 장애인연금(기초급여) 수급자가 65세가 되면 기초연금 수급자로 변경됨. |
| 3차 안전망 | 일반 사회부조 | • 국민기초생활보장제도(생계급여)<br>– 소득인정액이 생계급여 기준선 이하(2018년말 기준 중위소득 30% 이하인 자)인 전체 국민 대상의 보편적 사회부조로서, 장애인가구에 대한 별도의 생계급여 기준 없음 |

한편 추가비용급여체계는 성인 중증장애인을 대상으로 한 장애인연금 부가급여, 성인 경증장애인을 대상으로 한 장애수당, 그리고 장애아동을 대상으로 한 장애아동수당으로 이루어져있다.

표 8-5 | **우리나라 장애 추가비용급여 체계**

| 구분 | 유형 | 제도명 및 내용 |
|---|---|---|
| 성인 | 사회부조 | • 장애인연금(부가급여)<br>– 만 18세 이상으로서 장애인복지법상 장애등급이 1, 2급 및 3급 중복인 자로서 소득하위 70% 이하인 자<br>– 국민기초생활보장 수급자 8만 원, 차상위계층 7만 원, 차상위 초과자 2만 원(2020년 말 기준) |

| | | |
|---|---|---|
| 성인 | 사회부조 | • 장애수당<br>- 만 18세 이상으로서 국민기초생활보장 수급자 및 차상위계층이면서 장애등급이 3~6급인 자<br>- 월 4만 원(2020년 말 기준) |
| 아동 | 사회부조 | • 장애아동수당<br>- 국민기초생활보장 수급자 및 차상위계층이면서 만 18세 미만인 장애아동<br>- 기초보장수급자 중증 월 20만 원, 차상위계층 중증 월 15만 원, 국민기초생활보장 수급자 및 차상위계층 경증 월 10만 원 지급(2020년 말 기준) |

이렇듯 다양한 장애 소득보장제도를 운용하고 있지만 장애인가구의 소득이 전체가구의 2/3에 불과하고 절대빈곤층 비율은 전체 국민의 5.1배에 이를 만큼 열악한 장애인의 경제 상태는 쉽게 개선이 되지 않고 있다. 이는 현재 실시되고 있는 장애 소득보장제도의 효과가 크지 않다는 것을 말해 주는 것이라고 할 수 있다.

구체적으로 우리나라의 장애 소득보장제도가 지니고 있는 문제점을 꼽아보자면, 우선 장애급여를 필요로 하는 장애인에 비해 현재 장애급여를 지급받고 있는 장애인비율, 즉 장애급여 수급률이 낮다는 점을 들 수 있다. 이를 입증하는 실례로서, 2010년 기준, 주요 OECD 국가의 평균 장애급여 수급률은 5.7%인데 비해 우리나라의 장애급여 수급률은 1.6%에 불과하였다. 또한 장애급여 지급액이 장애인의 욕구를 충족하는 데 역부족이라는, 즉 지급액이 낮다는 점 역시 주요한 문제점이라고 할 수 있다. 마지막으로 장애급여 대상자 선정 기준의 정합성이 낮다는 점, 특히 장애로 인해 소득활동을 하기 어려운 장애인의 최저생활보장을 위해 지급되는 소득보전급여 대상자 선정이 의학적 손상 중심의 평가에 의해 이루어짐으로써 능력제약과 사회환경적 요인이 근로능력에 미치는 영향이 고려되지 않고 있다는 점이 시급히 개선되어야 할 문제라고 할 수 있다.

지금까지 언급한 우리나라 장애 소득보장제도의 문제점을 보다 입체적으로 이해하기 위해 현 제도 중에서 수급자 수가 가장 많고 소요 예산도 가장 큰 장애인연금 기초급여가 국제 비교적 관점에서 어느 정도 수준인지를 비교해 보고자 한다. 이를 위해 우리나라의 장애인연금과 유사한 성격을 가지고 있는 8개 OECD 회원국의 장애인연금을 비교 분석하였다.

우선 지급 대상 기준으로서 장애 요건의 비교 결과를 살펴보면, 노르웨이, 네덜란드, 스웨덴, 핀란드, 덴마크, 아일랜드 등 6개국이 장애로 인해 근로능력을 상실했거나 심각한 손상을 입어 정상적인 소득활동이 어려운 상태를 비기여 연금을 수급할 수 있는 장애 요건으로 설정한 반면에, 이탈리아, 일본 및 우리나라는 의학적 손상 중심의 장애등급(장애율)에 의한 중증장애를 장애 요건으로 설정하였음을 알 수 있다. 장애인연금이 장애가 초래하는 근로능력 손상으로 인한 소득활동의 어려움 혹은 고용기회의 배제에서 비롯된 경제적 비보장에 대응하여 현금급여 지급을 통해 장애인과 그 가족의 최저생활을 보장하기 위한 목적의 소득보전급여임을 고려할 때, 수급요건으로서 장애평가의 핵심 요소는 개인의 의학적 손상이 근로능력(소득활동능력)을 어느 정도 손상시켰는지를 확인하는 것이어야 한다. 따라서 근로능력 상실 정도에 대한 객관적 평가가 고려되지 않은 채 단순한 의학적 손상 수준에 근거하여 비기여 연금 지급 여부를 결정하고 있는 이탈리아, 일본 및 우리나라는 다른 국가와 비교할 때 정책 효과성이 낮을 수밖에 없다.

자산조사를 어떻게 하는 지를 살펴보면, 노르웨이와 네덜란드는 자산조사를 실시하지 않고 있으며, 덴마크와 이탈리아는 장애인 개인의 소득만을 조사하고 있다. 한편 일본은 장애인과 배우자의 소득만을 조사하고 있으며, 아일랜드와 우리나라는 장애인과 배우자의 소득 및 재산을 모두 조사함으로써 비교 국가들 중에서 가장 엄격한 자산조사 방식을 시행하고 있음을 확인하였다.

가장 정책적 관심이 높은 급여 수준의 경우, 금액상으로는 이탈리아와 우리나라를 제외한 7개 국가 모두 월 100만 원을 상회하였는데, 가장 지급액이 높은 국가는 덴마크로서 월 3,337천 원이었으며, 가장 낮은 국가는 우리나라로서 월 200천 원(2014년 7월 기준)이었다. 9개 국가의 비기여 연금 지급 수준을 좀 더 객관적으로 비교하기 위해 월 지급액을 해당 국가의 평균소득으로 나누어 본 결과, 우리나라를 제외한 모든 국가에서 장애인연금의 평균소득 대비 비중이 10%를 초과하였고 평균은 23.6%에 이르렀다. 평균소득 대비 비중이 가장 높은 국가는 덴마크로서 무려 50.8%에 달하였으며, 이어서 네덜란드 25.8%, 아일랜드 24.0%, 핀란드 20.0%, 일본 19.8% 등의 순이었다. 우리나라의 경우에는 평균소득 대비 비중이 6.3%로서 주요 선진국과의 격차가 현격하였다.

**표 8-6 | 주요 선진국의 장애인연금 비교**

<table>
<tr><th colspan="2">구분</th><th>노르웨이</th><th>네덜란드</th><th>스웨덴</th><th>핀란드</th></tr>
<tr><td colspan="2">제도명</td><td>Grunnpensjon<br>(ufØrepensjon)</td><td>Wet arbeidsongesc<br>hiktheidsvoorziening<br>jonggehandicapten<br>(Wajong)</td><td>Grantiersättning<br>(sjuk-och<br>aktivitetsersättning)</td><td>Työkyvyttömyysel<br>äke</td></tr>
<tr><td colspan="2">장애 기준</td><td>근로능력손상<br>50% 이상</td><td>17세 전에 발생한<br>장애로 25% 이상의<br>근로능력 손상</td><td>최소 25% 이상<br>근로 능력손상</td><td>적합 직종에서의<br>영구적 근로무능력</td></tr>
<tr><td rowspan="2">자산<br>조사</td><td>종류</td><td rowspan="2">안 함</td><td rowspan="2">안 함</td><td rowspan="2">기여연금소득<br>(장애인)</td><td rowspan="2">기여연금소득<br>(장애인)</td></tr>
<tr><td>범위</td></tr>
<tr><td rowspan="2">급여<br>수준[1]</td><td>지급액</td><td>6,601크로나<br>(1,292천원</td><td>1,446.60유로<br>(2,109천 원)</td><td>983유로<br>(1,433천 원)</td><td>608.63유로<br>(887천 원)</td></tr>
<tr><td>평균<br>소득<br>대비</td><td>18.0%</td><td>25.8%</td><td>16.9%</td><td>20.0%</td></tr>
<tr><td colspan="2">재원</td><td>조세+연기금</td><td>조세</td><td>조세</td><td>조세</td></tr>
</table>

| 구분 | | 덴마크 | 아일랜드 | 이탈리아 | 일본 | 한국 |
|---|---|---|---|---|---|---|
| 제도명 | | Førtidspension | Disability Allowance, Blind Person's pension | Pensione d'invalidità civile(assegno mensile di assistenza) | 障害基礎年金 | 장애인연금 (기초급여) |
| 장애 기준 | | 어떤 종류의 유급고용에 종사할 수 없을 만큼 영구적인 근로능력상실 | 적합 직종에서의 근로불가능 (등록시각 장애인) | 최소 74% 이상의 장애율 | 20세 전 장애발생자로서 1, 2급 | 1, 2급 및 3급 중복 |
| 자산 조사 | 종류<br>범위 | 소득 (장애인) | 소득+재산 (장애인, 배우자) | 소득 (장애인) | 소득 (장애인, 배우자) | 소득+재산 (장애인, 배우자) |
| 급여 수준[1] | 지급액 | 17,075크로나 (3,337천 원) | 752유로 (1,096천 원) | 278.1유로 (405천 원) | 88천엔 (1,052천 원) | 200천 원 |
| | 평균 소득 대비 | 50.8% | 24.0% | 13.5% | 19.8% | 6.3% |
| 재원 | | 조세 | 조세 | 조세+연기금 | 연기금 | 조세 |

1) 급여수준은 2012년 1월 1인 가구 기준 기본급여 월 최고액이며(단, 한국은 2014년 7월 기준임), 평균 소득대비 비중은 2007년 추정치임(출처: EU, MISSOC).
2) OECD, Pensions at a Glance 2011.
3) 네이버 환율정보(2012.01.02. 17:49 63 회차 외환은행 고시기준 매매기준율 적용)

## 5. 장애 소득보장체계 발전 방안

우선적으로 기존 소득보장제도를 강화하는 것을 목표로 장애 소득보장의 예산 비중을 지속적으로 제고하는 노력이 필요하다. OECD 회원국과 비교할 때 우리나라는 전체 장애인복지예산에서 현금급여가 차지하는 비중이 적으며, 이는 OECD 회원국 중에서 두 번째로 높은 장애인 빈곤율을 유지하게 하는 주된 요인으로 작용하고 있다(OECD, 2010). 따라서 이러한 현실을 고려하여 현재의 장애인 소득보장체계의 틀을 유지하면서 장애연금, 장애인연금 및 장애수당 등 개별 장애 급여의 확대를 내용으로 하는 단기적 발전 방안을 추진할 필요가 있다. 더불어 장기적인 관점에서 소득보장제도의 효율성을 추구하기 위해 현재의 장애인 소득보장체계를 주요 선진 외국과 같이 소득보전급여 체계 중심으로 재편하고 보호수당과 같은 새로운 장애 급여를 도입하며 고용서비스와의 연계가 가능하도록 하는 개혁적인 조치들이 이루어져야 할 것이다. 이러한 개편의 기본 방향에 따른 구체적인 추진 과제는 다음과 같다.

### 1) 국민연금의 역할 확대 및 급여 수준 제고

국민연금은 장애가 초래하는 경제적 비보장에 대한 1차의 사회안전망이라고 할 수 있으나, 장애인 중 국민연금에 가입한 비율이 34.1%에 불과하고 장애연금 수급자가 전체 등록장애인의 3.3%에 불과한 점 등으로 미루어 볼 때, 국민연금이 장애에 대한 실질적이고 유효한 소득보장제도가 되기 위해서는 다양한 제도 개선을 수반하는 국민연금의 역할 확대가 무엇보다 중요하다.

첫째, 중증장애인에 대한 사회보험료 지원을 통해 국민연금 가입률을 제고해야 할 것이다. 독일의 경우 중증장애인의 재활과 취업기회를 제공하기 위해 운영되는 공인작업장에서 근로하는 중증장애인의 연금보험료 등 사회보험료는 모두 국고에서 부담하고 있다는 점을 고려할 필요가 있다(우해봉 외, 2010). 최근 도입된 영세 사업장근로자에 대한 국민연금 및 고용보험 보험료 지원(일명 두루누리 사업)과 자영자 등에 대한 보험료지원의 필요성이 제기되고 있는 시점에서 보다 열악한 지위에 있는 이들 중증장애인에 대해서도 추가적인 사회보험료 지원을 통해 연금 사각지대 완화에 어느 정도 기여할 것으로 예측된다.

둘째, 국민연금 비가입자에 대한 재정적 지원을 통해 국민연금 가입을 유도하는 직접적인 가입제고 방안과 더불어 장애인 가입자를 대상으로 노령연금

조기특례 제도를 도입한다면 자연스럽게 장애인에 대한 국민연금 가입을 유도할 수 있을 것으로 판단된다. 독일의 경우 중증장애인에 대해서는 노령연금 지급연령(비장애인 67세, 중증장애인 65세)이 비장애인보다 낮고, 조기노령연금 수급도 비장애인보다 1년 일찍 수급을 허용(비장애인 63세, 중증장애인 62세)한다는 점을 고려할 필요가 있다. 이러한 논리는 장애인이 비장애인에 비해 기대여명이 짧다는 점에 근거한 것이다.

셋째, 현행 국민연금 장애 개념 확대를 통해 대상범위를 확대할 필요가 있다. 즉, 현재 국민연금제도에 적용되는 장애는 신체적 의학적 장애를 기준으로 적용되고 있다. 국제적으로도 장애의 개념을 이에 국한하지 않고 근로능력의 상실정도로 장애를 판단하는 추세인 점을 고려할 때 보다 적극적으로 장애의 개념을 신체·의학적 관점에서 노동활동 중심적으로 확대 전환할 필요가 있다고 본다.

넷째, 선천성 장애 등 장애연금 지급 대상이 아닌 경우에도 일정정도 이상의 가입기간을 달성한 장애인에 대해서는 장애연금 특례를 적용할 필요가 있다. 예를 들어, 국민연금제도 도입 전 혹은 가입 이전에 「장애인복지법」상 등록장애인인 경우 국민연금제도에 아무리 기여하더라도 동일 장애에 대해서는 장애연금을 수급할 수 없고 노령연금수급대상자로만 가능하다. 또한, 동 가입자가 국민연금제도에 가입하여 보험료를 납부하는 과정에서 해당 장애가 악화되더라도 동일 장애에 대해서는 그 수급권을 인정하고 있지 않다. 반면, 장애연금 수급권자로서 장애가 악화 혹은 완화될 경우 장애등급이 조정되어 적용된다는 점과 비교할 때 형평성 문제도 존재할 수 있다고 판단된다. 또한, 독일이나 일본의 경우 일정기간 이상(예, 20년 혹은 25년) 보험료를 납부할 경우 공적연금 가입 전 장애에 대해서도 장애연금 수급대상자가 될 수 있는 예도 존재한다. 따라서 우리나라의 경우도 10년 이상(혹은 15년 이상) 보험료를 납부한 자로서 해당 장애의 악화로 근로능력을 상실한 경우 장애연금 수급권을 인정하는 방안을 적극적으로 검토할 필요가 있다.

### 2) 장애인연금 지급 대상 확대 및 지급액 인상

장애인연금이 주요 OECD 회원국에서와 같이 공적연금의 사각지대를 해소하고 중증장애인의 생활안정에 실질적으로 기여할 수 있는 장애 급여로서 운용되기 위해서는 무엇보다 지급 대상과 지급액을 지속적으로 확대할 필요가 있다.

먼저 지급대상 확대와 관련하여, 기초연금의 지급대상을 65세 이상 노인 소득 하위 70%로 설정하고 있는 것을 참고하여, 장애인연금의 지급 대상을 중증장애인 소득하위 70%로 설정하고 있는데, 중증장애인의 월평균 소득이 노인보다 낮다는 점을 고려할 때 향후에도 지속적으로 지급 대상을 확대하는 조치가 있어야 할 것이다.

또한 급여 수준 역시 지속적인 인상이 불가피하다. 2010년 도입 이후 최근에 이르기까지 지속적인 법률 개정을 통해 기초급여의 지급액이 최고 30만 원까지 인상되었으나, 장기적으로는 우리나라의 장애인연금과 유사한 주요 선진국의 급여 수준이 평균소득대비 23%에 이르고 있음을 감안할 때, 장애인연금의 평균소득대비 비중이 현재의 6.8%에서 최소한 10%에 도달할 때까지 단계적으로 확대해야 할 것이다. 더불어 지급액 인상과 관련한 단기 목표로서, 물가변동률과 연동되어 매년 지급액이 인상될 수 있는 가능성을 담보하고 있는 기초급여와 달리 부가급여는 지급액 인상이 불확실하다는 점에서, 장애정도가 심한 장애인의 월평균 추가비용인 월 24만 원을 목표로 매년 지속적으로 인상할 수 있는 법적 장치를 마련해야 할 것이다.

### 3) 국민기초생활보장제도 수급 요건에 장애인가구 특성 반영

무엇보다 최후의 사회안전망으로서 역할을 하고 있는 국민기초생활보장제도 내에 장애인 가구 특성을 고려하는 장치, 즉 생계급여 지급을 위한 소득인정액 산정 시 장애인 가구의 다양한 소득 공제 요소 도입을 마련함으로써 실질적 빈곤을 경험하고 있는 장애인 가구의 생계를 보장해야 할 것이다.

장애인의 경우 의료비, 보장구비 등 장애로 인한 추가비용은 지출하지 않으면 일상생활을 유지할 수 없고 생명마저 잃을 수 있는 불가피한 지출을 하고 있는 상황에서 장애인가구는 장애로 인한 추가비용 때문에 비장애인가구와 동일한 소득이라 하더라도 실제 생활에 쓸 수 있는 소득은 비장애인가구보다 더 낮다고 할 수 있다. 따라서 현행수급자 선정을 위한 소득인정액 조사 시 장애인가구의 경우에는 다양한 추가비용에 대한 소득공제를 도입함으로써 실질적으로 빈곤을 경험하고 있으면서도 국민기초생활보장제도의 사각지대에 놓여 있는 상당수의 저소득 장애인가구를 수급 대상에 포함시켜야 할 것이다.

### 4) 고용서비스와의 연계 가능한 장애 소득보장체계로의 개편

장애인과 가족이 장애가 초래한 경제적 어려움에서 벗어나 안정적인 생활을 할 수 있도록 하기 위해서는 소득보장이라는 동일한 목적을 갖고 있는 장애 소득보장제도와 고용서비스가 긴밀히 연계되도록 할 필요가 있으며, 이를 위한 구체적인 제도 개선 방안은 다음과 같다.

첫째, 소득보전급여와 고용서비스와의 적극적 연계를 추진하기 위해서 소득활동능력평가에 따라 소득보전급여 및 고용서비스를 차별화한다.

둘째, 소득활동능력평가에 기반한 소득보전급여로서의 속성을 공유하고 있는 장애연금과 장애인연금의 수급자격기준으로서 소득활동능력 평가 기준을 통일한다.

셋째, 장애연금과 장애인연금에서의 동일한 소득활동능력 평가 결과에 따른 소득보전급여와 고용서비스의 연계는 다음과 같이 실시한다.

- 소득활동능력이 없거나 심각한 제약을 경험하고 있는 장애인의 경우 소득보전급여(장애연금과 장애인연금)의 지급액수준을 강화한다.
- 부분적 소득활동능력이 있는 장애인의 경우 소득보전급여(낮은 수준의 장애연금과 장애인연금)를 일정기간 지급하되 그 기간 동안에 집중적인 맞춤형 고용서비스를 제공하여 취업을 유도한다.
- 소득활동능력에 제약이 거의 없는 장애인의 경우 소득보전급여 대상에서 배제하되, 보편적 고용서비스 강화를 통해 취업을 유도하고 저소득 근로자를 대상으로 하는 근로장려세제 등을 연계하여 자립을 유도한다.

표 8-7 | **소득활동능력에 따른 장애인 소득보전급여 및 고용서비스 연계 모형**

| 소득활동 능력(장애) 정도 | 소득보전 급여 (장애연금/장애인연금 기초급여/기초보장제도) | | | | 고용서비스 |
|---|---|---|---|---|---|
| | 기여 여부 | 1차 안전망 | 2차 안전망 | 3차 안전망 | |
| 소득활동 능력 완전 상실 (완전장애) | 기여 | 완전 장애연금 | – | | 원칙적으로 고용서비스 대상은 아니나, 장애인고용서비스(보호고용, 지원고용) 참여 가능 |
| | 비기여 | – | 완전 장애인연금 | | |
| 소득활동 능력 부분 상실 (부분장애) | 기여 | 부분 장애연금 | – | | 장애인 고용서비스 (의무고용, 보호고용, 지원 고용 등) |
| | 비기여 | – | 부분 장애인연금 | | |
| 소득활동 능력 양호 | 기여 | 실업급여 | | 국민기초 생활보장제도 | 보편적 고용서비스(취업성공 패키지 등) 또는 장애인고용서비스(장애인취업성공패키지, 장애인 일자리사업) 등 |
| | 비기여 | | 실업부조 | | |

주: 음영부분은 현재에는 운용되지 않고 있으나 향후 도입이 필요한 제도를 의미함.

### 5) 보호수당 및 장애인장려세제 도입

주요 선진 외국에서 시행하고 있으나 우리나라에는 아직 도입되어 있지 않은 장애급여로서 보호수당과 장애인장려세제를 도입한다. 이때 보호수당은 장애인을 보호함으로 인해 소득활동을 하지 못하는 보호자의 기회비용을 보전하기 위한 목적의 급여를 의미하며, 장애인장려세제는 장애특성을 고려하여 장애인 근로자 가구의 생활안정을 제고하고 근로유인을 강화할 수 있는 근로유인형 장애급여를 의미한다.

우선적으로 근로장려금, 아동장려금 등 저소득 근로자 가구 대상의 근로장려세제가 최근 확대되고 있는 점을 고려하여 동일한 성격의 급여인 장애인장려세제를 도입하며, 이어서 영국, 아일랜드, 덴마크 등 보호수당을 지급하고 있는 국가의 사례를 참조하여 저소득 가구를 중심으로 보호수당을 도입할 필요가 있다.

표 8-8 | **주요 선진 외국의 보호수당**

| 국가 | 제도명칭 | 연령 | 장애 및 기타 요건 | 지급액 |
|---|---|---|---|---|
| 아일랜드 | 보호자수당 (Carer's Allowance) | 18세 이상 | 지속적 보호가 필요한 자가 있으며, 일정 소득 이하인 자 | - 1인 보호자: 최고 월 856유로(*66세 이상인 경우 월 928 유로)<br>- 2인 이상 보호자: 최고 월 1,284유로(*66세 이상인 경우 월 1,392유로)<br>※ 2008년 기준 |
| 영국 | 보호자수당 (Carer's Allowance) | 16세 이상 | AA 또는 DLA(Care component, 중간 및 최고수준수급자) 수급자를 주 35시간 이상 보호하는 자로서 일정 소득 이하인 자 | 최고 월 213.8유로 (2008년) |
| 덴마크 | 보호자수당 (Tabt arbejdsfortjeneste) | | 장애아동 보호로 인해 임금 손실을 겪고 있는 보호자 | 증명된 임금 손실 수준에 따라 급여 수준 결정 (2012년 최초 수급자는 월 2,632유로) |

## 생각해보기

1. 장애인 소득보장제도 중 장애연금과 장애인연금(기초급여)은 장애로 인한 소득 중단과 소득활동기회의 배제로 생활을 영위하기 어려운 장애인과 그 가족의 생계를 지원하는 것을 목적으로 하는 소득보전급여로서의 성격을 지니고 있다. 이러한 관점에서 장애연금과 장애인연금의 현재 급여수준은 어떠하며, 적정한 급여수준의 목표는 무엇이어야 하는가?
2. 장애인연금은 소득보전급여 성격의 기초급여와 추가비용급여 성격의 부가급여가 통합된 급여이다. 소득보전급여와 추가비용급여의 수급 요건으로서 고려되어야 할 핵심적인 장애 평가 기준은 무엇이며, 이러한 기준에 비추어 볼 때 현재 바람직한 장애인연금 수급자 선정 기준은 어떠해야 하는가?

# 9장
# 장애와 고용보장

**주요 학습문제**

- 장애인은 왜 고용이 잘 안 되는가?
- 장애인 고용을 지원하기 위한 고용서비스는 어떠한 유형이 있는가?
- 우리나라 장애인의 고용실태는 어떠한가?
- 우리나라에서 실시하고 있는 장애인 고용서비스의 현황과 문제점은 무엇인가?
- 우리나라 장애인 고용서비스의 바람직한 개선 방안은 무엇인가?

## 1. 장애인은 왜 고용이 잘 안 되는가

1975년 제30차 UN총회에서 제정된 장애인권리선언을 보면, “장애인은 경제적, 사회적 보장 및 상당한 수준의 생활을 누릴 권리를 가지며, 또한 능력에 따라 고용을 보장·유지하고 유익하고 생산적이며, 보수를 받는 직업에 종사하고 노동조합에 참여할 권리를 가진다”라고 하였다. 이를 통해서 알 수 있듯이 이 세상을 살아가는데 직업은 필수적인 요소이며, 여기에는 장애인이라고 예외라고 할 수 없다.

우리 삶의 가치를 실현하기 위하여 행해지는 다양한 정신적·육체적 활동을 가리켜 '일'이라고 하며, 인간은 이러한 자아완성과 삶의 가치실현에서 오는 만족감을 갖기 이전에 가장 근본적으로는 생계유지를 위해 직업을 갖는다(송미연, 2001; 이채식 외, 2010에서 재인용). 그러나 장애인의 경우 비장애인에 비해 고용과 관련하여 많은 어려움을 갖고 있다. 장애인은 비장애인에 비해 실업률이 높고, 고용이 잘 안 되는 상황이다. 이러한 이유가 여러 가지가 있겠지만, 다음과 같이 설명할 수 있다.

첫째, 접근기회의 상실이다. 비장애인에 비해 장애인은 정규교육에의 접근이 어렵고, 기술습득의 기회 역시 배제되어 있는 경우가 많다. 이 때문에 비장애인에 비해 장애인의 인적자본 수준이 낮으며, 이 때문에 고용의 기회를 많은 부분 놓치고 있다고 할 수 있다.[1)] 물리적 환경의 장벽 역시 취업에 접근할 수 있는 기회의 상실로 이어진다고 할 수 있다. 장애인은 일반적으로 지하철이나 버스 등의 대중교통 이용이 어려운 상황이다. 이 때문에 자가용 등의 다른 교통수단을 이용하게 되고, 이렇게 되면 비장애인에 비해 추가적인 교통비 부담이 발생한다고 할 수 있다. 또한 취업이 어려워 창업을 하려면, 일정 수준의 돈이 필요한데 이러한 창업자금을 만들거나 대여하는데 비장애인에 비해 어려움이 있다고 할 수 있다.

둘째, 장애인은 생산성이 비장애인에 비해 떨어진다는 생각(오해)이다. 이러한 생각은 장애인을 고용하는 고용주뿐만 아니라, 장애인가족, 심지어 장애인 당사자들에게도 널리 퍼져있는 상황이다. 이로 인해 직장을 구하는데도 어렵

---

1) 인적자본이론에 의하면 개인의 인적자본 투자행위, 즉 학교교육, 직업훈련, 건강 유지 등이 소득결정과 고용결정의 기본요인이라고 할 수 있다. 즉 인적자본이론은 고학력, 고기술, 양호한 건강 → 고생산성 → 직업안정과 고소득이라는 구조적 매커니즘이 작동하고 있다는 것이다. 그런데, 장애인은 장애라는 요인으로 인해 생산성이 저하되고 이로 인해 고실업과 저소득에 직면한다고 볼 수 있다. 즉 장애인의 고용률이 낮고, 임금수준이 낮은 것은 장애로 인해 생산성이 낮기 때문이라는 것이다.

고, 구했다고 하더라도 낮은 급여를 받는 상황이 많이 발생한다고 할 수 있다.

셋째, 장애인에 대한 차별이다. 앞서 살펴본 것처럼 장애인에 대한 오해는 필연적으로 장애인에 대한 차별을 가져오게 된다. 즉 장애인에 대한 편견(낮은 생산성)과 반대로 접근성을 높이기 위한 편의시설 설치비 등 고용비용의 증가로 고용주가 의도적으로 장애인을 채용하려고 하지 않는다. 특히 지적·자폐성 장애인 등 발달장애인에 대한 편견과 차별이 가장 크다고 할 수 있다. 이러한 다양한 이유로 장애인의 고용률이 비장애인에 비해 낮은 수준이라고 할 수 있다. 그러나 장애인에게 취업의 기회를 제공하는 것은 그들에게 소득보장의 기회를 제공하는 것이며, 동시에 자립생활을 위한 기회를 열어주는 것이다.

## 2. 장애인 고용서비스의 유형

주요 선진국들에서 시행하고 있는 장애인 고용서비스는 크게 일반 고용서비스(general employment service)와 중증장애인 대상의 맞춤형 고용서비스(tailored employment service)로 구분되는데, 이들 서비스의 특징과 주요 내용을 살펴보면 다음과 같다.

### 1) 일반 고용서비스

일반 고용서비스는 경쟁 고용서비스라고도 하며, 장애인과 비장애인을 같은 상황에서 고용할 수 있도록 지원하는 방법으로, 주로 경증장애인을 대상으로 하는 지원서비스이다. 이는 비장애인과 동일하게 장애인에게 각종 지원서비스를 실시하는 것으로, 어떻게 보면 장애인을 대상으로 하는 별도의 지원서비스가 없다는 것을 의미한다고 볼 수 있다. 일반 고용서비스의 대표적인 유형에는 장애를 이유로 고용에서 차별을 할 때 고용주를 처벌할 수 있도록 하는 입법적 조치로서 「장애인 차별금지법(Anti-discrimination law)」을 들 수 있다. 세계 최초의 장애인 차별금지법은 1990년대 초 미국에서 제정된 「장애인법(Americans with Disabilities Act)」이며, 이어서 호주, 영국 등에서 제정되었으며, 우리나라의 경우에는 2007년 제정되어 2008년부터 시행되고 있다. 이렇듯 개별법으로서 장애인 차별금지법을 제정하지 않은 국가들은 다양한 방식으로 관련 조항을 입법하였는데, 스웨덴(1999), 노르웨이(2001), 독일(2002) 등에서는 포괄적 차별 금지법을 제정하였으며, 그 밖에 나라들은 차별금지조항을 헌법 혹은 일반 법률에 포함시켰다.

「차별금지법」은 고용의 전 영역에서 또는 고용과정에서 장애인을 차별하는 것을 금지하는 것에 관한 내용을 명시하고 있으며, 특히 고용주들이 사업장에서 장애인을 고용할 때 비용과 불필요한 어려움이 발생하지 않는다면, 직장에서 요구되는 사항들이 장애인에 부합할 수 있도록 각종의 정당한 편의제공을 실시할 것을 권고하고 있다. 고용주가 장애인 근로자에게 정당한 편의를 제공하기 위해 추가적인 비용을 지출해야 한다면, 장애인의 고용가능성은 낮아질 수밖에 없다. 따라서 주요 선진국들은 고용주들을 대상으로 하는 다양한 지원제도를 운영하고 있다. 대표적인 정책으로서 장애인 근로자에 대한 임금 보조를 들 수 있으며, 또한 장애인을 고용한 기업에 세금 감면 등과 같은 다양한 금융 혜택을 제공하고 있다. 그리고 장애인을 고용하는 기업에 편의시설 설치 등에 대한 비용을 지원하고 상담서비스 등을 제공하고 있다. 그 밖에 채용과정에서 장애인에게 가산점 등을 부여하는 등의 적극적 우대조치(Affirmative action)도 일반고용서비스에 해당한다고 할 수 있다.

## 2) 맞춤형 고용서비스

맞춤형 고용서비스는 장애인에게 맞추어서 고용을 지원하는 것을 의미하는 것으로, 주로 중증장애인, 그중에서도 근로능력이 있지만, 고용이 어려운 장애인을 대상으로 지원하는 서비스를 의미한다. 여기에는 할당고용, 보호고용, 지원고용 및 유보고용 등의 정책이 있으며, 장애인이 경쟁고용시장에 참여할 수 있도록 능력을 개발하거나 회복시켜 주는 직업재활서비스[2]도 맞춤형 고용서비스의 하나로 볼 수 있다.

### (1) 할당고용(Quotas)

할당고용은 일정규모를 갖춘 공공기관 또는 민간기업에 대하여 전체 근로자 중 일정비율을 정하여 장애인을 채용하도록 강제하는 서비스이다. OECD 회원국 중 1/3 이상이 이러한 할당고용서비스를 실시하고 있다. 할당고용제도는 대개 장애인고용과 관련된 법률에 근거를 두고 있으며, 국가들마다 할당비율은 조금씩 차이가 있다. 이탈리아의 경우 7%로서 가장 높은 할당 비율을 정하고 있으며, 이어서 프랑스 6%, 독일 5%, 호주 4%, 한국 3.4%, 터키 3% 등의 순으로 할당 비율을 정하고 있다. 할당고용제도의 적용을 받는 장애인은 별도의 기준에 따라 정하는 것이 일반적인데, 주로 의학적 손상에 기초하여 손상율이 높은 중증장애인을 대상으로 하고 있다. 일례로서 프랑스의 경우에는 의학적 손상율이 50~80%에 해당하는 자를 할당고용대상으로 규정하고 있는데, 손상율이 80%를 초과한 최중증 장애인은 소득보장의 대상이라는 점에서 그리고 손상율이 50% 미만인 장애인은 사회적 배려의 대상이 될 수 없다는 점에서 이들을 제외하고 있다. 할당고용은 일정 수의 상시 근로자를 고용하고 있는 정부를

2) 여기에는 직업상담, 직업평가, 직업훈련, 취업알선, 사례지도 등의 활동이 포함된다.

포함한 공공기관과 민간기업 모두를 대상으로 적용되는데, 우리나라와 스페인과 터키는 상시근로자 수가 50명 이상일 때, 그 외의 나라에서는 15~20명 이상일 때 적용하고 있다. 한편 우리나라를 비롯한 독일, 일본 등 일부 국가에서는 의무고용대상자 중 장애 정도가 더 높은 중증장애인을 고용하는 경우에 2명 혹은 3명의 경증장애인을 고용한 것으로 인정해주는 더블카운트 또는 트리플카운트 제도를 시행하고 있다.

고용할당제도의 준수율은 상대적으로 낮은 것처럼 보이지만, 대부분 나라에서 50~70%의 준수율을 보이고 있다. 대부분의 국가에서 의무고용률을 준수하지 못하는 경우 고용주에게 벌금 성격의 부담금을 부과하며, 이는 직업재활 및 직업훈련 프로그램에 대한 비용 충당 등 장애인 고용을 강화하는 활동을 지원하는 데 사용된다.

### (2) 보호고용(Sheltered employment)

보호고용은 경쟁노동시장에서 불리한 중증장애인을 위하여 이들의 근로 욕구를 해소하기 위해 특별히 계획된 조건하에서 행해지는 훈련 및 고용으로 보수가 있는 근로의 기회를 제공하여 장애인의 직업적 욕구를 해소하는 정책이다. 일반적으로 보호고용의 유형으로는 조정된 작업환경에서 장애인에게 근로기회를 제공하는 가장 보편적인 형태인 보호작업장, 그외 기업 내 집단고용, 재택고용 등이 있다.

보호고용의 대상이 되는 장애인은 신체, 정신 혹은 다른 장애사항을 가진 어느 정도의 노동능력을 가진 사람으로 특별한 원조가 없으면 경쟁노동시장에서 고용의 기회를 확보할 수 없는 사람이다. 장애유형별로 보면, 지적장애, 뇌병변장애, 자폐성장애 등이 주 대상이 된다.

이러한 보호고용에 대해서는 찬반 논란이 뜨거운데, 최근 유럽국가를 중심으로 보호작업장의 사회적 기업화가 활발히 진행되고 있다. 보호고용의 대표적인 사례로서 samhall(스웨덴), ONCE(스페인) 등이 있다.

**스웨덴 삼할 개요**

- 스웨덴 정부 소유의 장애인 국영기업으로서 전국에 250여 개 지사
- 현재 2만 명의 근로자 중 80%가 장애인 근로자
- 지적장애나 복합장애를 가지고 있는 사람을 40% 이상 우선고용
- 과거에는 핸드폰 배터리 납품, 가구 납품 등 제조업이 대부분이었으나 최근 들어 서비스업에서 일하는 근로자들이 대부분
- 대표적인 예로, 스웨덴의 맥도널드, 맥스라는 스웨덴기업에서는 사회적 책임(CSR) 차원에서 장애인을 고용
- 삼할과 일하는 많은 기업들이 장애인고용을 위해 삼할과 함께 일한다는 것을 광고 이는 대중들의 지지와 관심을 이끌어내며 기업 이미지에 매우 중요하게 작용

### (3) 지원고용(Supported employment)

지원고용은 보호고용의 비판적 대안으로서 1960년대 후반 미국에서 장애인을 위한 재활서비스와 프로그램이 시설 중시에서 벗어나 지역사회 중심으로 재조명되면서 시작되었다. 즉, 기존의 보호고용이 장애인들에게 비장애인과 분리된 장소에서 단순한 작업에 종사하도록 되어 있으며, 이러한 차별적이고 분리된 환경으로 인하여 장애인들이 지역사회의 직업 환경에 수용될 수 있을 정도로 기능할 수 있는 능력과 가능성이 점차 감소되는 문제점이 지적되면서 부각되었다. 미국 「재활법(Rehabilitation Act, PL 102-569)」에서는 지원고용을 '경쟁고용이 불가능하거나 또는 심각한 장애로 인해 경쟁적 고용이 중단되거나 방해를 받게 되는 중증의 장애를 갖고 있는 개인을 대상으로 지속적인 지원서비스

가 제공되는 통합된 환경에서의 경쟁적 고용'이라고 정의를 내리고 있다.

한편 지원 고용의 유형으로는, 직무지도원(job coach)이 장애인과 1:1로 한 조를 이루어 직무를 수행하게 하는 개별화 배치모델(individual placement model), 4명에서 5명의 장애인을 집단으로 동일 직무에 배치하고 해당 업체의 직원에 의해 특별한 지도를 받게 하는 기업 내 집단고용모델(the enclave model), 4명에서 5명의 장애인과 직업코치가 한 조를 이루어 요청이 있는 업체로 이동하면서 작업을 수행하는 이동 작업자 모델(mobile crew model), 먼저 일정 기간 동안 현장 외의 장소에서 특정의 작업에 관해 집단으로 훈련을 받고, 다음 단계로 개별화 배치 모델과 같이 직업현장에 직업 코치에 의해 지원을 받는 고용훈련 모델(employment training model) 등이 있다(이철수 외, 2009). 또, 이러한 지원 고용이 제대로 수행되기 위해서는 고용지도, 전문적 직업훈련, 개인별 맞춤형지도 등이 반드시 필요하며, 교통편의와 보조기기 등이 함께 제공되는 것이 필요하다. 이는 장애인의 유급고용과 직무지도원의 지속적인 지원 등을 핵심내용으로 하는 서비스라고 할 수 있다.

#### (4) 유보고용(Reserved employment)

유보고용은 영국의 「장애인고용법(1944)」에서 최초로 제시되었는데, 구체적인 내용으로는 '2가지 직종(승강기 안내원, 주차장 안내원)의 고용주는 등록장애인 외에는 고용해서는 안 된다'라고 규정하고 있다(이채식 외, 2012). 이와 같이 유보고용은 일정한 직종을 지정하여 그 직종에 대해서는 특정장애유형의 장애인을 우선적으로 고용하는 제도를 의미한다. 주요 국가들의 유보고용의 현황을 살펴보면 다음의 표와 같다.

표 9-1 | **각국의 유보고용 현황**

| 국명 | 장애유형 | 유보직종 | 주요 내용 |
|---|---|---|---|
| 미국 | 시각장애인 | 자판기, 카페테리아운영 | 연방정부 및 주정부, 공공기관 내의 자판기, 카페테리아운영권을 시각장애인에게 우선분양 |
| 캐나다 | 시각장애인 | 자판기운영 | 주정부 또는 공공기관 내 자판기 운영권을 각 장애인에게 우선 분양 |
| 대만 | 시각장애인 | 안마업 | |
| 영국 | 장애인 | 승장기 안내원, 주차안내원, 전화교환원 | |
| 일본 | 시각장애인 | 안마업 | 시각장애인의 경우 병원, 진료소에서 지압과 안마 직종의 70%를 고용 |
| 스웨덴 | 시각장애인 | 복권판매업 | 시각장애인협회가 복권 운영권을 갖고 시각장애인이 복권판매를 함 |
| 한국 | 시각장애인 | 안마사 | 장애인고용촉진 및 직업재활법 시행령 |

출처: 대한안마사협회 홈페이지.

## 3. 우리나라 장애인의 고용실태

2020년 기준 15세 이상 장애인구의 경제활동 참가율은 37.0%, 고용률은 34.9%, 실업률은 5.9%로서, 전체 인구의 경제활동 참가율 및 고용률, 실업률이 각각 63.0%, 60.2% , 4.5%인 것과 비교하면, 전체 인구에 비해 현저히 낮은 경제활동참가율 및 고용률과 전체 인구에 비해 높은 실업률로 나타난다.

표 9-2 | **장애인 경제활동상태 추정(15세 이상 인구, 전체 인구 비교)** (단위: 명, %)

| 구분 | | 15세 이상 인구 | 경제활동인구 | | | 비경제 활동인구 | 경제 활동 인구 | 실 업 률 | 고 용 률 |
|---|---|---|---|---|---|---|---|---|---|
| | | | 계 | 취업자 | 실업자 | | | | |
| 장애 인구 | 2018년 | 2,495,043 | 922,897 | 861,648 | 61,249 | 1,572,146 | 37.0 | 6.6 | 34.5 |
| | 2019년 | 2,526,201 | 941,136 | 881,890 | 59,247 | 1,585,065 | 37.0 | 6.3 | 34.9 |
| | 2020년 | 2,562,873 | 949,047 | 893,392 | 55,654 | 1,613,826 | 37.0 | 5.9 | 34.9 |
| 전체 인구 | 2018년 | 44,141,000 | 28,184,000 | 27,064,000 | 1,121,000 | 15,956,000 | 63.8 | 4.0 | 61.3 |
| | 2019년 | 44,460,000 | 28,468,000 | 27,322,000 | 1,145,000 | 15,992,000 | 64.0 | 4.0 | 61.5 |
| | 2020년 | 44,756,000 | 28,209,000 | 26,930,000 | 1,278,000 | 16,578,000 | 63.0 | 4.5 | 60.2 |

주: 1) 경활률(경제활동참가율) = (경제활동인구/15세 이상 인구)*100
2) 실업률 = (실업자 수/경제활동인구)*100
3) 고용률 = (취업자 수/15세 이상 인구)*100
4) 증감은 '16년 대비 증감비율을 말함
출처: 전체 인구는 통계청 경제활동인구조사(각 연도 5월 참조).

성별에 따라 살펴보면 장애여성의 경제활동참가율과 고용률은 각각 24.1%, 22.7%로서 남성장애인의 동 비율 46.5%, 43.8%의 절반 수준에 불과한 것으로 나타났다. 또한 연령대에 따라 살펴보면 15~29세 청년층의 실업률은 14.7%로 다른 연령대에 비해 높게 나타났으며, 60세 이상 고령장애인의 고용률은 25.8%로 가장 낮게 나타났다. 장애정도에 있어서는 중증장애인의 경제활동 참가율과 고용률이 각각 21.3%, 19.9%로 경증장애인의 동 비율 44.2%, 41.7%의 절반 수준에 머물고 있으며, 실업률은 1.3%p 더 높은 것으로 나타났다. 그리고 장애유형별로 살펴보면 정신적 장애인, 신체내부 장애인의 경제활동상태가 상대적으로 열악하며, 특히 지체장애인을 제외한 신체외부 장애인(뇌병변 등)이 가장 취약한 것으로 나타났다.

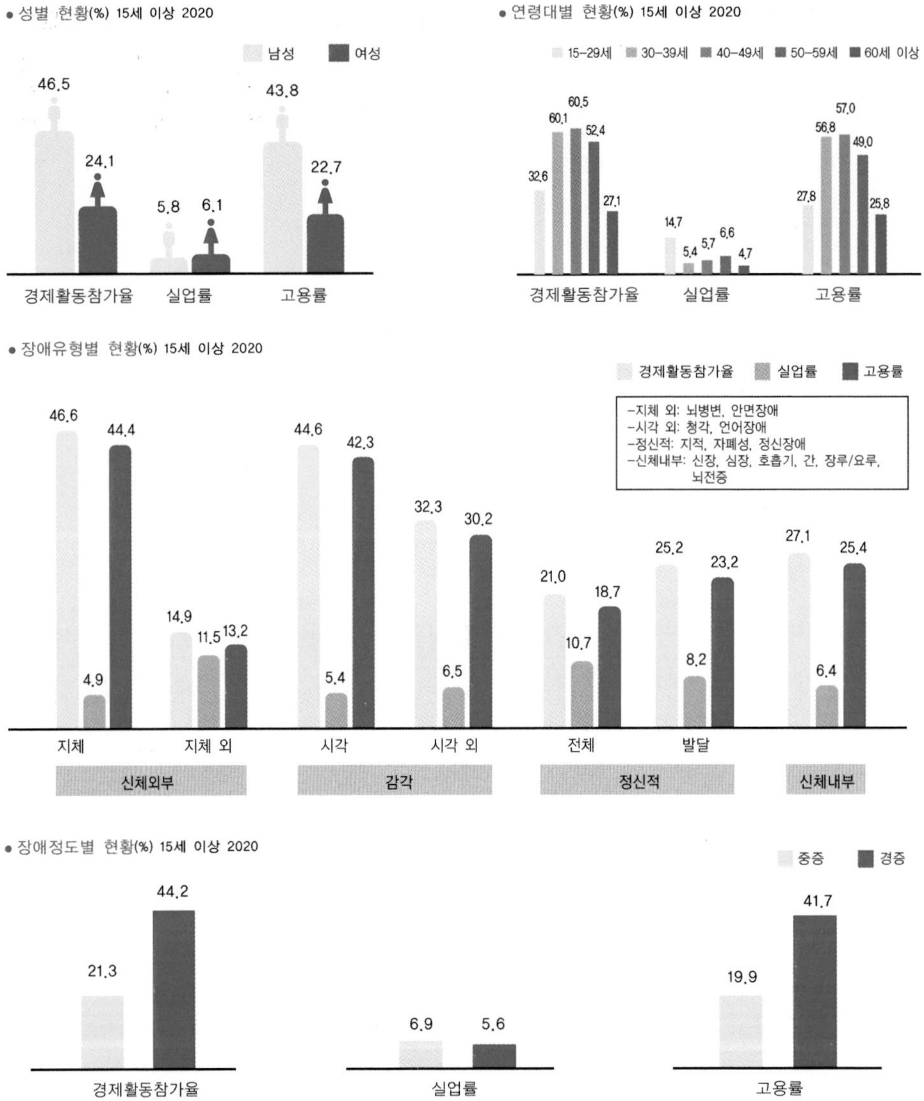


주: 중증장애인은 1-2급에 해당하는 장애인과 뇌병변, 시각, 지적, 자폐성, 정신, 심장, 호흡기, 뇌전증 및 발달장애가 있는 지체장애인 3급에 해당

그림 9-1 | **주요 변수별 장애인 경제활동상태 추정(15세 이상 인구, 2020년 5월 기준)**

출처: 한국장애인고용공단(2020). 한눈에 보는 2020 장애인통계.

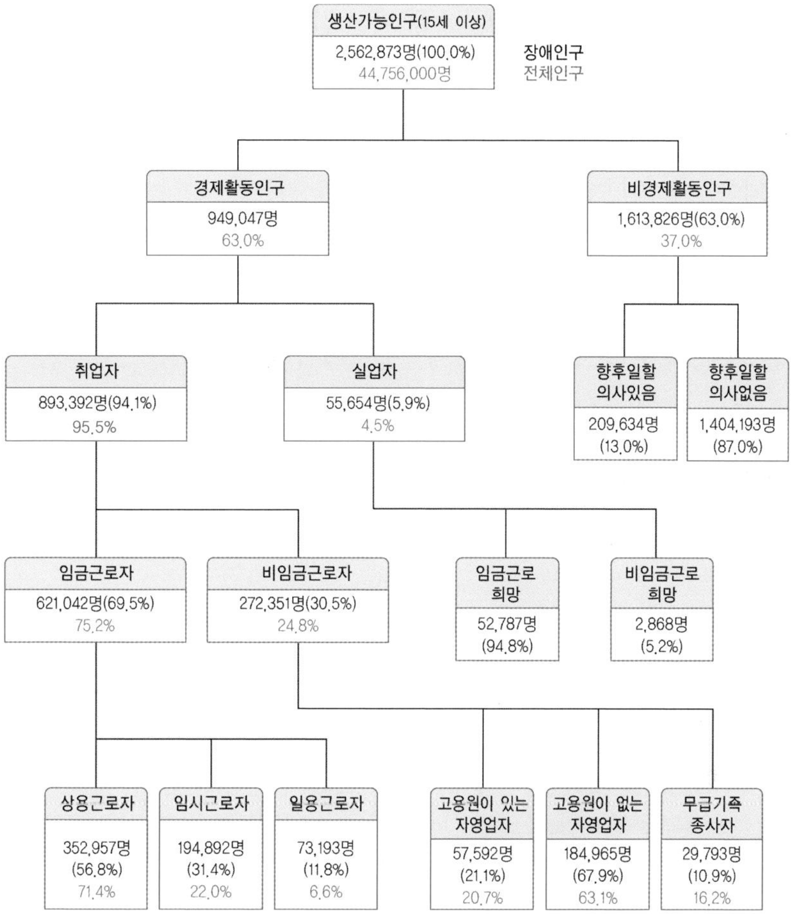


그림 9-2 | **장애인 경제활동상태 구성(15세 이상 인구, 전체 인구 비교)**

출처: 한국장애인고용공단(2020). 한눈에 보는 2020 장애인통계.

장애인 취업자의 69.5%는 임금근로자, 30.5%는 비임금근로자로 구성되어 있다. 임금근로자는 다시 상용 56.8%, 임시 31.4%, 일용 11.8%로 나눠지며, 비임금근로자는 1인 이상의 유급종업원을 두고 있는 자영업자 21.1%, 혼자서 운영하는 자영업자 67.9%, 무급으로 가족의 일을 돕는 무급가족종사자 10.9%로 구성되어 있다.

장애인 취업자는 전체 인구 취업자에 비해 비임금근로자의 비중이 크며, 임금근로자 중 일용근로자의 비율은 2배 이상으로 높게 나타나고, 비임금근로자의 경우 고용원이 없는 자영업자의 비중이 큰 것으로 나타났다.

한편 '2020년 장애인 경제활동실태조사'에 의하면 장애인 취업자의 직장(일자리) 산업은 '제조업'이 15.8%로 가장 높은 비중을 차지하는 것으로 나타났다. 그 다음은 '농업, 임업, 어업 및 광업'(12.6%), '보건업 및 사회복지서비스업'(10.9%), '공공행정, 국방 및 사회보장행정'(10.0%), '도매 및 소매업'(8.6%), '건설업'(7.1%) 등의 순으로 나타났다. 반면에 전체 취업자의 경우에는 제조업(16.3%), 도매 및 소매업(13.1%), '보건업 및 사회복지서비스업'(8.7%), 숙박 및 음식점업(7.9%) 등의 순으로 나타났다.

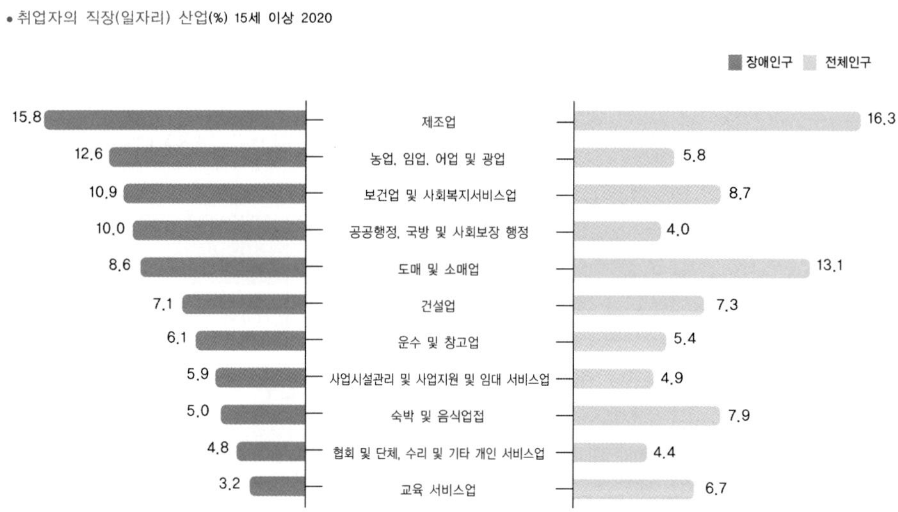


그림 9-3 | **장애인 취업자의 직장(일자리) 산업(전체 인구 비교)**

출처: 한국장애인고용공단. 한눈에 보는 2020 장애인통계.

# 4. 우리나라 장애인 고용서비스 현황과 문제점

우리나라의 장애인 고용서비스는 고용노동부, 보건복지부 및 교육부에서 각각 실시하고 있는데, 각 부서의 주요 정책내용을 살펴보면 다음과 같다. 첫째, 고용노동부는 「장애인고용촉진 및 직업재활법」에 의해서 다양한 장애인 고용정책을 수행하고 있으며, 전문기관으로는 한국장애인고용공단이 있다. 둘째, 보건복지부는 「장애인복지법」과 「장애인차별금지 및 권리보장에 관한 법률」, 그리고 「장애인고용촉진 및 직업재활법」에 의해서 장애인고용정책을 수행하고 있다. 주된 내용은 중증장애인직업재활지원사업과 근로사업장과 보호작업장 같은 직업재활시설 운영, 장애인일자리사업 등의 사업을 실시하고 있다. 장애인 고용과 관련하여 보건복지부의 전문기관으로는 한국장애인개발원, 직업재활시설, 그리고 장애인 복지관이 있다. 마지막으로 교육부에서는 장애인 등에 대한 「특수교육법」에 근거하여, 교육과정으로서 직업지도, 전공과 운영 등을 하고 있으며, 특수학교와 특수교육 지원센터 등의 전문기관을 중심으로 지원하고 있다.

이 중에서 고용노동부와 보건복지부의 고용서비스를 구체적으로 살펴보면 다음과 같다.

## 1) 고용노동부 고용서비스 현황

### (1) 장애인 의무고용제도

우리나라에서는 지난 1990년 1월 장애인고용촉진 등에 관한 법률을 제정하여 300인 이상의 사업장에서 2.0% 이상의 장애인을 고용하도록 하는 장애인의 의무고용제도를 도입하였다. 하지만, 이러한 장애인 고용은 주로 경증의 지체장애인 중심이었으며, 법정 의무고용률 2.0%를 지키는 기업보다 그렇지 않은 기업이 더 많은 상황이었다. 이러한 문제의식에 따라 지난 2000년 「장애인고용촉진 및 직업재활법」으로 개정하면서, 일반취업이 어려운 중증장애인을 위한 직업재활서비스가 제공되는 등 장애인의 고용보장을 위한 노력이 조금씩 이루어졌다. 또 지난 2007년에는 장애인의무고용대상 사업체를 300인 이상에서 조금씩 점진적으로 확대하였다. 2010년에는 상시근로자 50인 이상을 고용하고 있는 사업주에게 그 소속 근로자의 일정비율의 장애인을 고용하도록 하고 있다.

한편 장애인을 고용하기 어렵다고 인정하는 직종의 근로자가 상당한 비율을 차지하는 업종에 대한 '적용제외율제도'가 2006년부터 폐지되어 민간부문은 업종에 관계없이 모든 분야에 장애인고용의무를 적용하고 있으며, 공공부문(공무원)은 고용의무적용 제외직종으로 공안직군, 검사, 경찰·군인·소방·경호공무원에 한정하여 적용하는 방향으로 수정하여 장애인 고용률을 높이고자 하였다. 민간기업 의무고용률은 2010년 2.3%, 2012년 2.5%, 2014년 2.7%, 2017년 2.9%, 2019년 3.1%로 지속적으로 상향되었으며, 공공부문 역시 2010년 3.0%에서 2017년 3.2%, 2019년 3.4%로 단계적으로 상향되었다. 특히 2020년 코로나19에 따른 경기침체로 민간기업의 경영 여건이 악화됨에 따라 근로취약계층인 장애인의 일자리에 대한 우려가 커지면서 공공기관의 책임을 강화하는 차원에서 공공부문에 한해 2022년에서 2023년까지는 3.6%로, 2024년부터는 3.8%로 의무고용률이 상향 적용된다.

한편 할당제를 지키지 못하는 경우에는 고용주에 대해서 부담금이 부과되는데, 우리나라에서는 월평균 상시 100명 이상의 근로자를 고용하는 사업주가 장애인고용의무를 이행하지 않았을 경우에는 고용부담금 신고·납부대상 사업주가 되어 일정금액의 고용부담금을 납부하고 있다. 고용부담금은 미달하는 인원에 부담기초액(월)을 곱하여 연간 합산한 금액을 부담금으로 부과한다. 부담기초액은 장애인 고용으로 인해 매월 소요되는 추가비용[3]의 평균액을 기초로 최저임금액의 60% 이상의 범위에서 정하고 있으며, 장애인 고용률에 따라

부담기초액의 2분의 1 이내의 범위에서 가산하고 장애인을 한 명도 고용하지 않으면 최저임금액을 부과하도록 하고 있다.

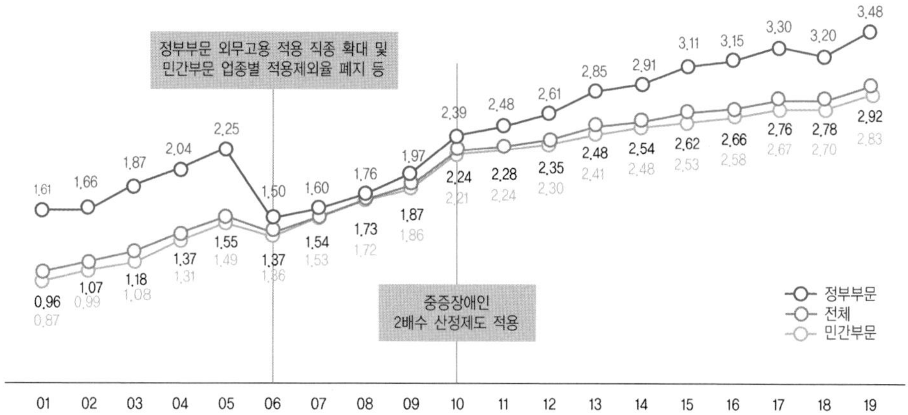


주: 1) 정부부문은 공무원 및 비공무원을 합산하고, 민간부문은 공공기관 및 민간기업 합산한 수치(이하 동일)
2) 법정의무교용률 변화

| 민간기업-공공기관-정부: 2.0%(2000~2008) → 민간기업-공공기관: 2.0%, 정부: 3.0%(2010)<br>민간기업-정부(비공무원): 2.3%(2010~2011) → 2.5%(2012~2013) → 2.7%(2014~2016) → 2.9%(2017~2018 →)<br>민간기업: 3.1%(2019)<br>정부(공무원)-공공기관: 3.0%(2010~2016) → 정부(공무원·비공무원)-공공기관: 3.4%(2019) |
|---|

그림 9-4 | **연도별 장애인 의무고용률**

출처: 한국장애인고용공단(2020). 한눈에 보는 2020 장애인통계.

3) 장애인 고용에 필요한 시설·장비 설치·수리비용, 장애인 고용관리를 위한 조치에 필요한 비용, 장애인을 고용하기 위하여 특별히 드는 비용 등.

표 9-3 | **2020년 부담기초액**

| 장애인 고용률 | 2020년 | 2021년 |
|---|---|---|
| 고용의무이행률이 3/4 이상 | 월 1,078,000원(부담기초액) | 월 1,094,000원(부담기초액) |
| 고용의무이행률이 1/2 이상~3/4 미만 | 월 1,142,680원 | 월 1,159,640원 |
| 고용의무이행률이 1/4 이상~1/2 미만 | 월 1,293,600원 | 월 1,312,800원 |
| 고용의무이행률이 1/4 미만 | 월 1,509,200원 | 월 1,531,600원 |
| 장애인 미고용 | 월 1,795,310원(최저임금액) | 월 1,822,480원(최저임금액) |

한편, 장애인 고용장려금은 의무고용률을 초과하여 장애인을 고용한 사업주에게 지급하는 일종의 인센티브로서, 월별 초과고용 장애인 근로자 수에 지급단가를 곱한 금액을 지급한다. 장애인 고용장려금은 장애인 근로자에게 지급하는 성별 및 장애정도에 따라 다르게 적용할 수 있는데 이 경우 중증장애인과 장애여성에게 대하여 우대하여 정하고 있다. 구체적으로 경증남성 장애인은 30만 원, 경증여성 장애인은 45만 원, 중증남성 장애인은 60만 원, 중증여성 장애인의 지급단가는 80만 원이다.

2019년 12월 말 기준, 의무고용 사업체(29,777개소)의 장애인 고용률은 2.92%로 전년대비 고용률이 0.14%p 상승하는 등 최근 장애인 고용의 증가추세가 지속되고 있다.

*전체 고용률 변화(%): 2.35 ‘12년 ⇨ 2.48 ‘13년 ⇨ 2.54 ‘14년 ⇨ 2.62 ‘15년 ⇨ 2.66 ‘16년 ⇨ 2.76 ‘17년 ⇨ 2.78 ‘18년 ⇨ 2.92 ‘19년

부문별로 살펴보면 2019년 12월 말 기준, 국가 및 자치단체(314개 기관)에 고용된 장애인 공무원은 25,813명, 의무고용률은 2.86%로 전체 장애인의무고용률보다 0.6%p 낮은 것으로 나타났다. 반면에 국가 및 자치단체에 고용된 비공

무원 장애인 근로자의 의무고고용률은 5.06%로 전체 의무고용률보다 매우 높았다. 또한 민간부문 중 공공기관의 의무고용률은 3.33%로 전체 의무고용률보다 0.41%p 높은 것으로 나타났다. 가장 의무고용인원이 많은 28,470개 민간기업에 고용된 장애인은 184,202명으로 의무고용률은 2.79%였으며, 상승하는 추세가 지속되고 있다.

| *민간 고용률 변화(%): | '12년 | '13년 | '14년 | '15년 | '16년 | '17년 | '18년 | '19년 |
|---|---|---|---|---|---|---|---|---|
| | 2.27 | 2.39 | 2.45 | 2.51 | 2.56 | 2.64 | 2.70 | 2.83 |

한편, 부담금을 부과하는 100인 이상 사업체의 장애인의무고용률은 대체로 사업체 규모가 클수록 낮아지는 경향을 보이고 있다. 상시근로자 수 100~299인 사업체의 경우 3.20%였던 의무고용률은 300~499인 사업체에서는 3.10%로 감소하다가 500~999인 사업체에서는 3.18%로 다시 증가하였으며, 1,000인 이상 사업체 및 대기업 집단에서는 각각 2.53%와 2.30%로 크게 감소하였다.

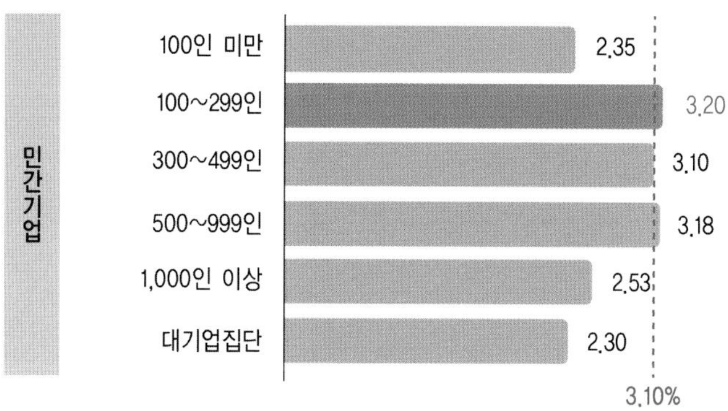


그림 9-5 | **민간기업 장애인 고용 현황**

출처: 한국장애인고용공단(2020). 한눈에 보는 2020 장애인통계.

### (2) 기타 고용서비스

그 밖에 고용노동부 소관의 장애인 고용서비스를 총괄하고 있는 기관으로서 한국장애인고용공단은 취업지원, 교육훈련, 근로장애인과 사업주 지원 등의 다양한 고용서비스를 실시하고 있다.

표 9-4 | **한국장애인고용공단 장애인 지원 주요 고용서비스 현황**

<table>
<tr><th>구분</th><th>사업내용</th></tr>
<tr><td>취업지원서비스</td><td>장애인의 취업 전 준비부터 취업 후 적응까지 체계적으로 도와드립니다.<br>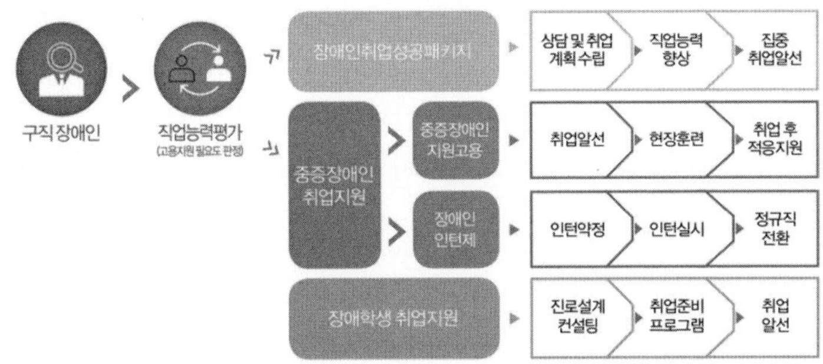
</td></tr>
<tr><td>보조공학기기 지원</td><td>장애인의 고용촉진과 고용안정을 도모하기 위해 직업생활에 필요한 보조공학기기를 고용유지조건 혹은 무상으로 지원하는 제도입니다.<br>〈지원한도〉
<table>
<tr><th colspan="2">구분</th><th>지원한도</th></tr>
<tr><td rowspan="3">보조 공학 기기</td><td>고용유지조건지원</td><td>장애인 1인당 최고 1,000만 원(중증 1,500만 원) 한도 지원</td></tr>
<tr><td>무상지원</td><td>장애인 1인당 최고 300만 원(중증 500만 원) 한도 지원</td></tr>
<tr><td>차량용 보조공학기기 지원</td><td>장애인 1인당 1,500만 원 한도 지원</td></tr>
</table></td></tr>
<tr><td>근로지원인 서비스 지원</td><td>직장생활의 부수적인 업무에 근로지원인을 지원해 중증장애인의 직업생활을 도와드립니다.<br>〈개요〉<br>• 장애로 인하여 안정적이고 지속적인 직업생활에 어려움을 겪는 중증장애인 근로자에게 근로지원인을 지원하는 서비스<br>〈대상〉<br>• 장애로 인해 안정적이고 지속적인 직업생활에 어려움을 겪는 중증장애인 근로자 또는 공단 고용지원 필요도 판정 결과에 따라 서비스가 필요한 장애인 근로자</td></tr>
</table>

**직업능력개발사업**

직업능력개발원은 국내 유일의 기숙형 장애인 공공 직업훈련 기관으로 장애정도 및 학습능력에 맞춘 직업훈련이 진행됩니다.

- 특정 산업분야에서 보편적으로 요구되는 기능훈련과 4차 산업혁명에 대비한 신산업 훈련직종 운영
- 장애 특성 및 개인별 생애주기별 특성에 맞는 훈련과정 운영
  - 타 장애유형과 통합 훈련이 어려운 장애유형을 대상으로 전용 훈련과정 운영(시각, 청각, 발달장애인)

〈직업능력개발원별 주요 훈련직종 현황〉

| 훈련기관 | 주요 훈련직종 | 장애유형별 전용 훈련 |
|---|---|---|
| 일산 직업능력개발원 | 융합소프트웨어, 컴퓨터그래픽스디자인, 전자출판, 스마트가공기술, 전자제어회로설계, 귀금속가공, 주얼리CAD, 스마트전력전자 등 | • 시각장애인: 정보접근성직종<br>• 청각장애인: CAD/CAM, 전자기기<br>• 발달장애인: 사무행정지원, 서비스산업, 제조기술<br>• 여성장애인: 네일아트 |
| 부산 직업능력개발원 | 스마트메카트로닉스, 스마트건축디자인, 디지털건축설계, 소프트웨어개발, 지능형시스템, 디지털콘텐츠디자인, 외식응용제과제빵, 커피바리스타 등 | • 청각장애인: 네일아트<br>• 발달장애인: 사무행정지원, 서비스산업, 제조기술 |
| 대구 직업능력개발원 | 경영회계, 3D기계설계, 전자제어회로설계, 반도체디스플레이, 지능형로봇제어, 빅데이터개발, 컴퓨터그래픽스디자인, 영상편집디자인 | • 청각장애인: 반도체디스플레이<br>• 발달장애인: 사무행정지원, 서비스산업, 제조기술 |
| 대전직업능력개발원 | 3D프린팅, CAD/CAM, 빅데이터개발, 반도체디스플레이, 소프트웨어개발, 전산사무행정, 전자기기, 컴퓨터그래픽스디자인, 외식응용제과제빵, 영상편집디자인 | • 청각장애인: 외식응용제과제빵, 전기시스템제어<br>• 발달장애인: 사무행정지원, 서비스산업, 제조기술 |
| 전남 직업능력개발원 | 드론조종, 스마트전력전자, 3D프린팅, 금형디자인, 디지털콘텐츠디자인, 컴퓨터그래픽스디자인, 소프트웨어개발, 전산사무행정 | • 발달장애인: 사무행정지원, 서비스산업, 제조기술 |

표 9-5 | **한국장애인고용공단 사업주 지원 주요 고용서비스 현황**

<table>
<tr><th>구분</th><th>사업내용</th></tr>
<tr><td>장애인고용환경<br>개선 융자지원</td><td>〈장애인 고용시설 설치비용 융자〉<br>• 대상: 장애인을 고용했거나 고용하려는 기업<br>• 융자조건: 사업주당 15억 원 이내(장애인 1인당 1억 원),3년 거치 5년 균등분할상환)<br>• 대출금리: 연 1%<br>• 용도: 장애인을 위한 작업시설, 부대시설, 편의시설 등의 설치·구입·수리<br><br>〈장애인 고용시설장비 무상지원〉<br>• 대상: 장애인을 고용했거나 고용하려는 기업<br>• 내용: 사업주당 3억 원 이내(장애인 1인당 1,000만 원, 중증장애인 1인당 1,500만 원)<br>• 용도: 편의시설의 설계·설치·구입·수리, 통근용 승합자동차 구입, 재택근무에 필요한 작업장비의 설치·구입·수리<br><br>〈고령자 고용환경개선자금 융자〉<br>• 대상: 다음의 요건을 모두 갖춘 기업<br>– 고용보험에 가입하고 보험료를 체납하고 있지 않는 기업<br>– 고용상 연령차별금지 및 고령자고용촉진에 관한 법률에 따른 준 고령자 및 고령자를 고용할 계획이 있는 기업<br>– 정부로부터 고령자 고용환경개선자금 융자사업과 동일한 품목으로 시설·장비를 지원받고 있지 않는 기업<br>• 융자조건: 사업주당 10억 원 한도, 3년 거치 5년 균등분할, 융자금 1억 원당 1명의 (준)고령자 신규고용조건<br>• 대출금리: 연 1%<br>• 용도: 고령자 친화적 시설 또는 장비의 구입·설치·개선·교체</td></tr>
<tr><td>장애인<br>표준사업장<br>설립 지원</td><td>장애인을 다수 고용해 장애인 표준사업장을 운영하고자 하는 사업주를 지원하고, 요건을 갖춘 사업주는 표준사업장으로 인증하여 운영에 따른 혜택을 부여합니다.<br><br>〈대상〉<br>• 장애인 표준사업장을 설립 운영하거나 설립하려는 사업주<br>※ 인증요건을 충족하는 기업이 표준사업장 인증을 신청하는 경우 인증표준사업장으로 지정 가능<br>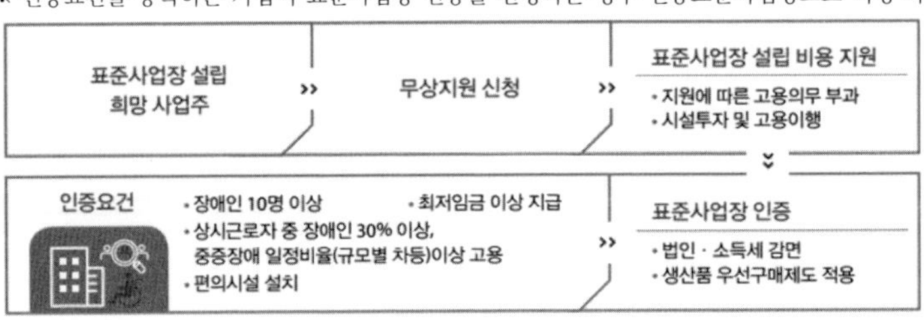<br><br>〈내용〉<br>• 최대 10억 원(용도에 해당하는 총 투자계획금액과 공단 산정금액 중 적은 금액의 75%) 지원<br>• 컨소시엄형 장애인 표준사업장(지자체, 교육청, 또는 공공기관이 중소기업과 공동으로 설립) 설립 시 무상지원금 최대 20억 원 지원</td></tr>
</table>

<table>
<tr><td>장애인<br>고용장려금<br>지급</td><td>의무고용률을 초과하며 장애인을 고용하고 있는 사업주는 고용장려금을 받을 수 있습니다.<br>〈대상〉<br>• 월별 상기근로자에서 의무고용률(민간기업 3.1%, 공공기관 및 지방공기업 3.4%)을 초과(소수점 이하 올림)하여 장애인을 고용한 기업<br>〈내용〉<br><table><tr><th rowspan="2">구분</th><th colspan="2">경증장애인</th><th colspan="2">중증장애인</th></tr><tr><th>남성</th><th>여성</th><th>남성</th><th>여성</th></tr><tr><td>2019년 발생분까지</td><td>30만 원</td><td>40만 원</td><td>50만 원</td><td>60만 원</td></tr><tr><td>2020년 발생분까지</td><td>30만 원</td><td>45만 원</td><td>60만 원</td><td>80만 원</td></tr></table>• 고용보험법에 따른 고용보험 가입대상으로 고용보험에 가입하지 않은 장애인 근로자는 고용장려금 지급 기준이 되는 대상인원에서 제외<br>• 최저임금 이상을 받거나 최저임금 적용제외 인가를 받은 경우에 한해 지급</td></tr>
</table>

## 2) 보건복지부 고용서비스 현황

### (1) 장애인직업재활시설 운영

보건복지부는 주로 경쟁고용이 되지 못하는 중증장애인들을 대상으로 직업재활시설을 통한 보호고용서비스를 제공하고 있다. 직업재활시설이라 함은 일반작업 환경에서는 일하기 어려운 장애인이 특별히 준비된 작업환경에서 직업훈련을 받거나 직업생활을 할 수 있도록 하는 시설을 말한다. 직업재활시설의 종류에는 장애인근로사업장, 장애인보호작업장, 장애인직업적응훈련시설 등 세 가지가 있으며 이들 시설의 기능 등을 살펴보면 다음과 같다.

표 9-6 | **장애인직업재활시설 개요**

| 유형 | 기능 | 최소인원수 및 근로장애인비율 | 급여 지급 |
|---|---|---|---|
| 근로 사업장 | 직업능력은 있으나 이동 및 접근성이나 사회적 제약 등으로 취업이 어려운 장애인에게 근로의 기회를 제공하고, 최저임금 이상의 임금을 지급하며, 경쟁적인 고용시장으로 옮겨갈 수 있도록 돕는 역할을 하는 시설 | • 최소인원수: 근로장애인 30인 이상<br>• 총인원 중 장애인 70% 이상·근로장애인 중 60% 이상을 장애등급 3급 이상인 장애인으로 고용<br>• 재가장애인 50% 이상 | 근로장애인의 2/3에게 최저임금 이상 지급을 위해 최선의 노력을 다해야 하며 근로장애인 1인당 월 평균임금은 최저임금의 80% 이상을 유지하도록 노력 |

| 보호작업장 | 직업능력이 낮은 장애인에게 직업적응능력 및 직무기능향상훈련 등 직업 재활훈련 프로그램을 제공하고, 보호가 가능한 조건에서 근로의 기회를 제공하며, 이에 상응하는 노동의 대가로 임금을 지급하며, 장애인 근로사업장이나 그 밖의 경쟁적인 고용시장으로 옮겨갈 수 있도록 돕는 역할을 하는 시설 | • 최소인원수: 근로장애인 10인 이상<br>• 총인원 중 장애인 70% 이상<br>• 근로장애인 중 80% 이상을 장애등급 3급 이상인 장애인으로 고용<br>• 재가장애인 50% 이상 | 근로장애인의 2/3에게 최저임금의 40% 이상 지급을 위해 최선의 노력을 다해야 하며 근로장애인 1인당 월평균임금은 최저임 금의 30% 이상을 유지하도록 노력 |
|---|---|---|---|
| 직업적응훈련시설 | 직업능력이 극히 낮은 장애인에게 작업활동, 일상생활훈련 등을 제공하여 기초작업능력을 습득시키고, 작업평가 및 사회적응훈련 등을 실시하여 장애인보호작업장 또는 장애인근로사업장이나 그 밖의 경쟁적인 고용시장으로 옮겨갈 수 있도록 돕는 역할을 하는 시설 | • 최소인원수: 훈련장애인 20인 이상(근로장애인 고용금지)<br>• 총인원 중 발달장애인 80% 이상<br>• 재가장애인 50% 이상 | 최저임금 기준 적용되지 않음 |

직업재활시설은 2020년 말 기준으로 근로사업장이 67개소, 보호작업장이 619개소, 직업적응훈련시설이 34개소 등 전체 720개소가 설치·운영되고 있다. 신규 시설의 증가추이를 보면 매년 지속적으로 증가하고 있으며 2012년과 비교하여 근로사업장 7개소, 보호작업장 94개소, 직업적응훈련시설 3개소가 증가하였고, 직업재활시설 전체 104개가 증가하여 최근 5년 동안 년 평균 20.8개가 증가하는 것으로 나타났다.

**표 9-7 | 직업재활시설 설치·운영 현황** **(단위: 개소)**

| 구분 | 2012년 | 2013년 | 2014년 | 2015년 | 2016년 | 2019년 | 2020년 |
|---|---|---|---|---|---|---|---|
| 전체 | 478 | 511 | 541 | 560 | 582 | 683 | 720 |
| 근로사업장 | 56 | 64 | 64 | 64 | 63 | 593 | 619 |
| 보호작업장 | 422 | 447 | 477 | 496 | 516 | 65 | 67 |
| 직업적응훈련(2016년 신설) | – | – | – | – | 3 | 25 | 34 |

출처: 보건복지부(2014~2020). 장애인직업재활시설 운영실적 분석보고서 재구성.

이용장애인은 직업재활시설에서 직업재활서비스를 받기 위해 등록된 장애인을 말한다. 직업재활시설의 전체 이용장애인은 19,734명이고, 이들 중 중증장애인이 18,834명으로 95.4%를 차지하고 있다. 이는 2014년 15,651명과 비교하여 4,083명이 증가한 수치이며 연평균 680.5명씩 증가하는 것으로 나타났다.

2020년 근로사업장 이용장애인은 2,875명으로 전체 이용장애인의 14.6%를 차지하고 있었고 보호작업장 이용장애인은 16,147명으로 81.8%로 나타났으며 직업적응훈련시설 이용장애인은 712명으로 3.6%를 차지하고 있었다.

2020년 장애유형별 이용장애인 수는 지적장애인이 14,815명으로 75.1%를 차지하여 가장 많았고, 다음으로 자폐성 1,427명, 지체 1,073명, 정신 940명으로 나타났다. 그리고 직업재활시설의 전체 근로장애인 1인당 월평균 근로시간은 136시간이었으며, 시설 종류별로는 근로사업장이 167시간이고, 보호작업장이 127시간으로 근로사업장이 보호작업장보다 40시간이 많은 것으로 파악되었다. 한편 직업재활시설 근로장애인의 월평균 임금은 2020년에 근로장애인 527천 원, 훈련장애인 수당 104천 원으로 나타났는데, 근로사업장 1,172천 원(훈련장애인수당 166천 원)으로 보조작업장 456천 원(훈련장애인수당 104천 원) 직업적응훈련시설 훈련장애인수당 4천 원에 비해 월등히 높았다.

**표 9-8 | 직업재활시설 이용장애인 현황**

| 구분 | 2014년 | | 2015년 | | 2016년 | | 2019년 | | 2020년 | |
|---|---|---|---|---|---|---|---|---|---|---|
| | 전체 | 중증 | 전체 | 중증 | 전체 | 중증 | 전체 | 중증 | 전체 | 중증 |
| 전체 | 15,651 | 14,687 (93.8) | 16,414 | 15,455 (94.2) | 17,131 | 16,198 (94.6) | 19,056 | 18,329 (96.2) | 19,734 | 18,834 (95.4) |
| 근로사업장 | 2,721 | 2,337 (85.9) | 2,798 | 2,438 (87.1) | 2,762 | 2,418 (86.8) | 2,823 | 2,545 (90.2) | 2,875 | 2,582 (89.8) |
| 보호작업장 | 12,930 | 12,350 (95.5) | 13,616 | 13,017 (95.7) | 14,335 | 13,746 (95.9) | 15,796 | 15,347 (97.2) | 16,147 | 15,572 (96.4) |
| 직업적응훈련 (2016년 신설) | - | - | - | - | 34 | 34 (100) | 437 | 437 (100) | 712 | 680 (95.5) |

출처: 보건복지부(2014~2020). 장애인직업재활시설 운영실적 분석보고서 재구성.

### (2) 중증장애인생산품 우선구매 제도

중증장애인생산품 우선구매제도는 경쟁고용이 어려운 중증장애인들을 고용하는 직업재활시설 등의 생산품에 대한 우선구매를 지원함으로써 중증장애인의 직업재활 및 소득보장에 기여하기 위한 제도로서 1999년 「장애인복지법」에 따라 최초 시행되어 오다가 2008년 「중증장애인생산품 우선구매특별법」이 제정되어 중증장애인생산품의 공급자(생산시설)의 판매와 수요자(공공기관)의 구매 편의를 향상시킬 수 있도록 우선구매제도가 개선되었으며, 특히 공공기관마다 물품·용역 총구매액의 1%를 중증장애인생산품으로 구매하도록 하는 조치가 이루어져 소기의 성과를 거두고 있다. 2016년 중증장애인생산품 생산시설로 지정된 직업재활시설은 353개소로 전체 지정시설 492개소의 61%를 차지하고 있으며, 그 밖의 생산시설로서 장애인단체, 생산품판매시설 등이 있다.

표 9-9 | 2016년 생산시설 유형별 판매금액

| 구분 | | 장애인 단체 | 근로 사업장 | 보호 작업장 | 생산품 판매시설 | 계 |
|---|---|---|---|---|---|---|
| 2015 | 생산시설수 | 110 | 54 | 253 | 17 | 417 |
| | 판매액 | 2,733 | 923 | 724 | 534 | 4,920 |
| | 전체금액 대비 판매금액 | 55.6% | 18.9% | 14.7% | 10.9% | 100% |
| | 시설당 판매액 | 24.9 | 17.2 | 2.9 | 31.4 | 11.8 |
| 2016 | 생산시설수 | 139 | 55 | 296 | 17 | 509 |
| | 판매액 | 3,155 | 809 | 768 | 580 | 5,312 |
| | 전체금액 대비 판매금액 | 59.4% | 15.2% | 14.5% | 10.9% | 100% |
| | 시설당 판매액 | 22.7 | 14.7 | 2.6 | 34.1 | 11 |

출처: 보건복지부(2017). 우선구매촉진위원회 회의자료.

### (3) 장애인일자리사업

장애인일자리사업은 미취업 장애인에게 공공일자리를 제공하여 장애인의 사회참여 및 소득보장을 도모하는 사업으로, 지난 2007년 도입되어 지속적으로 확대되고 있는 공공일자리 사업이다. 2021년 기준 장애인일자리사업은 다음의 3가지 유형으로 나뉘어 추진되며 총 24,896명에게 일자리를 제공할 계획으로 있다.

표 9-10 | **2021년 장애인일자리사업 유형별 현황**

<table>
<tr><th rowspan="2">구분</th><th colspan="2">일반형일자리</th><th colspan="2">복지일자리</th><th colspan="2">특화형일자리</th></tr>
<tr><th>전일제</th><th>시간제</th><th>참여형</th><th>특수교육연계형</th><th>안마사 파견</th><th>요양보호사 보조</th></tr>
<tr><td>근무시간</td><td>주 40시간 (일 8시간, 주 5일)</td><td>주 20시간</td><td colspan="2">월 56시간 (주 3~4일)</td><td colspan="2">주 25시간 (일 5시간, 주 5일)</td></tr>
<tr><td>참여기준</td><td colspan="2">만 18세 이상 미취업 등록장애인</td><td>만 18세 이상 미취업 등록장애인</td><td>특수교육기관 재학생</td><td>만 18세 이상 미취업 안마사</td><td>지적 및 자폐성 장애인</td></tr>
<tr><td>주요업무</td><td colspan="2">공공 및 복지 행정업무지원</td><td colspan="2">환경도우미, 주차단속, 사무보조, 사서보조, 보육도우미 등 35개 직무</td><td>안마서비스 제공</td><td>요양보호사 보조 업무</td></tr>
<tr><td>근무장소</td><td colspan="2">읍·면·동 주민센터, 장애인복지관 등</td><td colspan="2">공공기관, 지역사회 복지시설 등</td><td>경로당 등 지역사회 시설</td><td>노인요양 기관 및 시설</td></tr>
<tr><td>월급여</td><td>1,822,480원</td><td>1,704,760원</td><td colspan="2">488,320원</td><td>1,156,010원</td><td>1,142,320원</td></tr>
<tr><td>참여자</td><td>6,690명</td><td>2,775명</td><td colspan="2">13,644명</td><td>910명</td><td>877명</td></tr>
</table>

출처: 보건복지부 내부자료.

### 3) 우리나라 장애인 고용서비스 문제점

우리나라의 장애인 고용서비스의 문제점을 살펴보면 다음과 같다. 첫째, 의무고용정책대상의 광범위성과 의학적 기준에만 의존하는 판정체계라는 문제가 있다. 현행, 의무고용제도는 등록장애인 전체를 고용촉진과 직업재활대상자로 규정하고 있어, 의무고용대상자로서 근로능력이 미약한 직업적 장애인을 판별

하는 시스템이 부재한 상황이다. 둘째, 경증장애인 고용쏠림 현상의 문제가 있다. 할당제(의무고용제)의 도입취지와 달리 의무고용 일자리는 경증장애인이 대부분을 차지하고 있으며, 많은 중증장애인들은 보호작업장 등과 같은 직업재활시설에서 일을 하고 있으며, 상당수가 최저임금을 받지 못하고 있는 상황이다. 셋째, 법정 의무고용률이 단계적으로 상향됨에 따라 실제 의무고용률 역시 지속적으로 높아지고 있으나 여전히 할당 비율을 충족하지 못하고 있는 상황이며, 특히 상대적으로 일자리의 질이 좋은 대기업의 의무고용 이행이 매우 저조한 실정이다. 넷째, 관련 부처 간 역할분담 및 연계가 부족한 상황이다. 분절적 전달체계 및 협력체계 부재로 인해 고용노동부, 교육부, 보건복지부 등 3개 부처 간 정책연계가 미흡하여 정책의 효율성이 낮은 상황이다. 다섯째, 장애인 고용재원의 부족과 기금의 비합리적 사용의 문제점을 들 수 있다. 의무고용 미이행 사업장의 사업주가 납부하는 부담금으로 조성되는 장애인고용촉진 및 직업재활기금이 전체 장애인 고용서비스 예산에서 절대적 비중을 차지하는 재정구조하에서, 향후 의무고용률 이행률이 높아질수록 부담금 수입은 줄 수밖에 없으며 이는 결국 장애인 고용서비스 예산이 부족해지는 역설적인 상황을 맞게 될 수밖에 없다. 이와 관련하여 선진 외국의 경우 부담금은 사업주와 장애인 지원을 위해 주로 활용되고, 기관설립, 인건비, 직업능력개발훈련비 등은 일반회계나 사회보험이 담당하는 등 장애인 고용서비스 예산의 재원구조를 다각화하고 있는 것은 적지 않은 시사점을 제공해 준다고 할 수 있다.

## 5. 장애인 고용서비스 개선방안

우리나라 장애인 고용서비스 중에서 실제 장애인의 고용에 가장 큰 영향을 미치는 의무고용제도와 그 밖의 다른 고용서비스를 구분하여 바람직한 개선 방안을 제시하고자 한다.

### 1) 의무고용제도

첫째, 의무고용정책의 기조를 고용확대에서 일자리의 질을 높이는 쪽으로 전환할 필요가 있다. 우리나라의 경우 1991년 장애인 의무고용제도 도입 이후 2019년까지 지속적으로 의무고용률(쿼터)을 상향하여 왔으나, 자동화로 인한 노동력수요가 감소하는 후기산업사회적 특성과 장애인구의 급속한 고령화라는 정책 환경을 고려할 때 이러한 정책 기조를 앞으로도 지속할 수 있을 지에 대한 중장기적 검토가 필요하다고 판단된다. 특히 2019년 기준 65세 이상 장애인 비율이 48.3%에 달하고 향후에는 이 비율이 더욱 증가할 것이라는 인구학적 전망은 향후 의무고용률을 상향하더라도 실제 취업할 수 있는 장애인구는 제한되어 있다는 점에서 그 효과는 미미할 것으로 전망된다. 따라서 향후 장애인 의무고용 정책의 기본 방향은 제도 도입 후 지금까지 이어져 온 의무고용률 상향을 통한 장애인 고용의 양적 확대 기조에서 현재 적용되고 있는 의무고용 일자리 내에서 상대적으로 질이 좋은 일자리에 장애인 고용이 증가할 수 있도록 하는 장애인 고용의 질적 확대 기조로 전환할 필요가 있다. 일자리의 질을 반영한 의무고용제도라는 의미는 장애인과 비장애인을 포함한 전체 근로자의 일자리에서 질 좋은 일자리에

취업하고 있는 전체 근로자의 비율과 동일한 비율로 장애인 근로자도 그러한 질 좋은 일자리에 취업할 수 있어야 한다는 것이라고 할 수 있다.

둘째, 의무고용 적용 대상 사업장 기준을 확대할 필요가 있다. 일반적으로 기업규모가 클수록 장애인 의무고용률이 낮게 나타나고 있음을 고려하여, 상대적으로 일자리의 질이 좋은 대기업의 장애인 의무고용률을 제고하는 차별적 조치

와 함께, 의무고용 적용 대상 사업장 기준을 완화하는 조치가 필요하다. 구체적으로 장애인 의무고용제도를 시행하고 있는 OECD국가의 사례를 반영하여, 현재 50인 이상으로 되어 있는 의무고용대상 사업장 기준을 확대하여 단계적으로 30인 이상 사업장까지 낮추도록 하는 것이 바람직할 것으로 사료된다.

셋째, 합리적인 장애인 의무고용제도 대상자 선정 기준을 마련할 필요가 있다 의학적 기준의 엄격함으로 인해 한국의 장애출현율은 매우 낮을 뿐만 아니라[4] 장애인구의 급속한 고령화로 인해 등록장애인구를 장애인 고용서비스의 대상으로 설정하고 있는 현 체제하에서는 고용서비스의 효과성을 제고하기 어렵다는 점에서, 등록 장애인을 의무고용제도 등 고용서비스 대상으로 설정하는 제도적 관행에서 탈피하여, 등록 장애기준과 별개로 고용서비스의 대상을 선별하는 직업적 장애 판정 기준을 수립하여 이를 토대로 고용서비스의 정책 대상을 확대하는 개혁적 조치가 필요하다. 이를 위해 단기적으로는 2002년 장애범주 확대 이후 추가적인 범주 확대가 없었음을 고려하여, 사회경제적 지원의 필요도를 고려하여 단계적으로 장애 범주를 확대함으로써 장애인 고용서비스 대상을 확대할 필요가 있으며, 장기적으로는 의무고용제도, 지원고용서비스, 보호고용서비스, 재정지원 일자리 사업의 대상자를 선정하는 기준으로서 직업적 장애 판정 기준을 수립할 필요가 있다.

### 2) 기타 고용서비스

첫째, 중증장애인 중심의 고용서비스 내실화가 필요하다. 이를 위해서 먼저 지원고용의 확대 및 체제 개편이 필요하다. 지원고용사업 대상자 확대와 더불어 현재 3~7주간의 현지훈련을 개별특성을 고려해 미국 등의 경우처럼 8개

---

4) 2017년 한국의 장애출현율은 5.39%로, OECD국가의 평균 장애출현율인 15.2%와 비교하면 매우 낮은 수준이다.

월~1년까지 확대가 필요하다. 또한, 지원고용 현장 훈련 후 사업체 배치비율을 높이고, 필요한 적응지원을 장기간 제공하는 것은 물론, 직무지도원의 역량강화와 근로조건 개선 등의 활동이 필요하다. 다음으로 보호고용 장애인의 최저임금 지급 범위 확대 및 임금보조 등이 시급하다. 다른 나라들처럼 정부가 직업재활시설에서 일하는 중증장애인의 생산성 보전을 위해 임금을 보조하는 것이 필요하다. 예를 들어 보호작업장 근로장애인 2/3 이상에게 최저임금의 40% 이상 지급 규정을 최저임금의 60% 정도를 보장하는 내용으로 개정하는 등의 개선이 필요하다.

둘째, 중증장애인 근로지원인 서비스 확대가 필요하다. 예산 확충을 통해 서비스 대상자와 근로지원인 수 확대하고, 관련예산을 장애인고용촉진기금에서 고용보험기금(고용안정사업)으로 전환하는 것이 필요하다. 셋째, 장애인고용서비스 연계강화를 통해 개인별 사례관리체계를 제도화하는 것이 필요하다. 즉, 고용·교육·복지 서비스 간 분절적으로 운영전달되고 있는 서비스를 유기적 연계를 통해 수요자 중심의 통합적 고용서비스 체계를 구축하는 것이 필요하다.

넷째, 장애인 고용서비스 예산에서 정부의 일반회계 비중을 확대하는 것이 필요하다. 이를 통해 장애인고용공단 관리운영비는 일반회계에서 지원하고, 고용기금은 고용주와 장애인 지원에 활용하는 등의 방안이 필요하다.

## 생각해보기

1. 장애인 소득보장제도와 고용서비스는 장애인의 자립을 위한 두 가지 축인 동시에, 상호 간에 긴밀하게 연계되어야 할 보완재적 속성을 지니고 있다. 이러한 견지에서 우리나라 장애인 소득보장제도와 고용서비스 연계 수준은 어떠하며, 연계 활성화를 위한 주요 과제는 무엇인가?
2. 주요 선진국에서 사회통합의 패러다임에 근거하여 보호고용이 축소되는 것과 비교할 때, 우리나라의 대표적인 보호고용서비스인 장애인직업재활시설은 지속적으로 확충되고 있다. 이렇듯 직업재활시설 확충이 지속적으로 이루어지고 있는 배경 혹은 그 필요성은 무엇인가?

# 10장
# 장애와 교육보장

**주요 학습문제**

- 장애인교육의 원리는 무엇인가?
- 통합교육과 분리교육의 장단점은 어떻게 되는가?
- 우리나라 장애인교육의 현황은 어떠한가?
- 우리나라 특수교육의 문제점과 개선방안은 어떠한가?

## 1. 장애인교육의 개념과 목적

장애인교육은 각종 교육제도와 방법, 기술 등을 통해 장애인 개개인의 잠재력 개발과 최대한의 능력향상을 도모함으로써 사회생활 적응을 원조하는 교육적 서비스 과정이다. 이러한 장애인교육은 주로 '교육재활'이라는 이름으로 시행되고 있으며, 우리나라에서 교육재활은 크게 3가지 영역으로 구분해서 설명할 수 있다(최윤영 · 이경준, 2010).[1] 첫째, 학교 및 보육 전문시설을 중심으로 이루어지는 특수교육, 둘째, 직업교육, 셋째, 평생교육이다. 이 3가지 영역 중 가

1) 한편 직업교육은 직업재활이라는 장애인 고용의 영역에서, 평생교육은 생애에 걸친 전 영역에서 골고루 다룬다고 할 수 있다(김종인 · 우주형 · 이준우, 2007).

장 보편적이면서도 큰 비중을 차지하는 것은 특수교육을 통한 장애인교육이다.

현재 「장애인 등에 대한 특수교육법」에서는 장애인교육을 특수교육이라는 이름으로 다음과 같이 정의하고 있다. 특수교육이란 '특수교육대상자의 교육적 요구를 충족시키기 위하여 특성에 적합한 교육과정 및 특수교육 관련서비스 제공을 통하여 이루어지는 교육을 말한다'고 정의하고 있으며, 여기서 특수교육 관련서비스란 '특수교육대상자의 교육을 효율적으로 실시하기 위하여 필요한 인적·물적 자원을 제공하는 서비스로서 상담지원·가족지원·치료지원·보조인력지원·보조공학기기지원·학습보조기기지원·통학지원 및 정보접근지원 등'을 말한다. 이를 통해 장애인 및 특별한 교육적 요구가 있는 사람에게 통합된 교육환경을 제공하고 생애주기에 따라 장애유형·장애 정도의 특성을 고려한 교육을 실시하여 이들이 자아실현과 사회통합을 하는 데 기여함을 목적으로 한다.

따라서 장애인교육의 목적은 일반 교육과 다르지 않으며, 단지 일반 교육이 갖는 보편성 내에서 그들의 특수성을 인정하고 고려함으로써 특수교육을 필요로 하는 장애아동의 잠재성을 발굴하고 가능성을 최대한 신장시킴으로써 자립적이고 인간다운 삶의 영위를 위한 기초능력을 배양하는 것에 있다(최윤영·이경준, 2010).

## 2. 장애인교육의 대상

장애인교육의 대상은 주로 특수아동이라고 할 수 있는데, 이 특수아동(exceptional child)이란 '신체적, 정신적, 정서적 혹은 사회적 특성에서 소위 정상적(average)이라고 간주되는 것으로부터 벗어나 있고, 이에 그들의 최대한의 능력을 개발하기 위하여 특별한 교육적 서비스를 필요로 하는 아동'이라고 할 수 있다(Boykin, 1957). 우리나라의 「장애인 등에 대한 특수교육법」에서는 제15조(특수교육대상자의 선정)에서 '시각장애, 청각장애, 지적장애, 지체장애, 정서·행동장애, 자폐성장애(이와 관련된 장애 포함), 의사소통장애, 학습장애, 건강장애, 발달지체 중 어느 하나에 해당하는 사람 중 특수교육을 필요로 하는 사람으로 진단·평가된 사람'을 특수교육대상자로 선정하고 있다.

## 3. 장애인교육의 원칙

1975년에 제정된 미국의 「전장애아교육법(The Education for All Handicapped Children Act of 1975, Public Law 94-142)」은 미국을 비롯하여, 전 세계 특수교육계의 지각변동을 몰고 온 법이다. 이 법에서는 장애아동들이 비장애아동들과 함께 동등한 공교육의 기회와 혜택을 이웃한 학교에서 최대한 누리도록 하기 위하여 연방정부와 주정부, 기타 지방의 관련 산하기관들이 적절한 교육 프로그램과 서비스를 마련하여 즉각적으로 시행에 옮길 것을 제시하고 있다. 이 법의 제정을 통해 모든 장애아동은 무상의 적절한 공교육을 받을 권리를 확립하였다(Turnbull, Turnbull, Erwin, Soodak, & Shogren, 2013). 이 법은 1990년 「장애인교육법(The Individuals with Disabilities Education Act: IDEA)」으로 명칭이 변경되었으며, 이후 몇 차례에 걸쳐서 수정되었다. 「전장애아교육법」부터 「장애인교육법」까지 변함없이 강조되고 있는 특수교육과 관련된 여섯 가지 원칙들은 다음과 같다.

### 1) 배제금지(zero reject)

이러한 배제금지 원칙은 어떠한 학교도 3~21세의 장애학생을 거부할 수 없으며, 장애의 종류와 정도를 고려하여 교육해야 함을 의미한다(Turnbull et al., 2013: 236). 이 연령대의 학생들은 어떤 유형의 장애나 어느 정도의 장애를 지녔던가에 상관없이 무료의 공교육 혜택을 받음에 있어 단 한 명도 배제되어서는 안 된다. 즉 장애학생의 학업권을 보장해야 하며 이것은 공교육에서의 통합을 지향하고 있다.

### 2) 비차별적인 평가(nondiscriminatory evaluation)

비차별적 평가 원칙은 모든 학생이 공평하고 편견이 배제된 평가를 통해서 장애판명이 되어야 함을 의미한다(Turnbull et al., 2013: 241). 특수교육을 필요로 하는 학생들은 어떠한 형태로든 평가로 인한 불이익을 받아서는 안 된다. 다양한 전문가들에 의한 객관적인 평가를 통해 특수교육의 대상이 아닌 것으로 판명되면 그 학생은 더 이상의 평가나 특수교육 및 관련서비스를 받지 않아도 된다. 그러나 장애를 가진 것으로 판명되면 계속적인 평가절차를 진행하는 가운데 어떠한 유형의 특수교육과 관련 서비스를 어느 정도로 받아야 하는가를 결정하여야 한다. 이러한 평가과정에서 있을 수 있는 오류를 최소화하기 위해 다양한 검사를 다양한 전문가들에게서 받아야 하며, 평가결과를 해석함에 있어서 대상 학생의 사회, 문화, 경제, 인종적인 배경 등도 충분히 고려하여야 한다. 즉, 장애유무에 따라 적절한 특수교육적 서비스를 계획하고 평가에서 비롯되는 오류의 최소화를 위해 다양한 검사 및 언어나 습관 등 학생의 문화적 배경도 함께 충분히 고려되어야 함을 강조하고 있다.

### 3) 적절한 교육(appropriate education)

적절한 교육이란 학생의 개별적 요구와 역량에 따른 맞춤식 교육을 통해 학생에게 혜택을 주는 것을 의미한다(Turnbull et al., 2013: 243). 즉, 부모나 보호자에게 어떠한 경제적 부담도 주지 않는 가운데 일반학급, 특수학급, 가정, 병원, 시설 및 기타의 장소에서 특수교육요구학생의 교육적인 필요에 맞게 설계된 개별화 교육을 적용함을 의미한다. 미국의 「장애인교육법」은 이러한 개별화 교육 계획을 이원화하여 3세부터 21세까지의 특수교육요구학생들을 위한 계획은 개별화 교육 프로그램(Individualized Education Program: IEP)으로, 출생에서 2~3세까지의 특수교육요구아동 및 가족들을 위한 개별화 계획은 개별화 가족지원계획(Individualized Family Services Plan: IFSP)이라 규정하고 있다. 즉, 장애학생들에게 개개인의 특성에 맞는 적절한 교육을 제공할 것을 제시하고 있다.

### 4) 최소제한환경(least restrictive environment)

최소제한환경은 개별 장애학생이 비장애학생과 함께 '최대한으로 적절한 범위에서(maximum extent appropriate)' 교육받아야 함을 의미한다. 여기서 '적절한(appropriate)'의 의미는 IDEA의 "장애의 정도 또는 심각성으로 인해 보충적인 보조도구와 서비스의 사용에도 일반학급에서 만족스러운 성취가 이루어질 수 없을 때에만 특수학급, 특수학교, 기타 분리환경이 허용되는"이라는 문장에서 찾을 수 있다(Turnbull et al., 2013: 246). 즉, 특수교육을 필요로 하는 학생들이 갖고 있는 장애의 종류나 정도에 관계없이 개별적인 필요나 희망에 따라 선정된 지역사회 내의 학교에서, 최대한의 보상적인 노력이나 지원서비스를 제공받는 가운데 일반학생들과 더불어 교육을 받을 수 있도록 배려하여야 한다. 이러한 최소제한환경의 원칙은 주류화(mainstreaming), 물리적인 통합(integration), 완전 통합(inclusion)의 원칙이라고도 하며, 교육에서 제한적인 환경을 최소화함으로써 원만한 교육환경적 요소를 지향하고 있다.

### 5) 적법절차에 입각한 문제해결(procedural due process)

특수교육을 필요로 하는 학생들의 교육받을 권리와 관련하여 분쟁이나 갈등이 생길 경우, 일차적으로 이해 당사자들 간의 중재(mediation)를 시도하며, 이후 문제해결이 되지 않으면 적법한 절차로서의 청문회(due process hearing)를 개최하며, 이를 통해서도 문제 해결이 되지 않으면 최종적으로 법원에 제소하는 절차를 밟는다. 이러한 절차를 통해 도출된 결과는 반드시 서면기록으로 남기고, 부모를 포함한 이해 당사자들에게 통지하여야 한다. 즉, 교육상의 불이익이나 차별이 발생할 경우 이에 대한 합당한 권리의 보장을 요구하는 적법절차를 두고 있다.

### 6) 부모-학생의 참여권리(parent-student participation)

특수교육을 필요로 하는 학생들과 관련된 지역정책이나 교육정책, 평가과정, 개별화 교육계획안 등을 마련하는 과정에 부모와 학생들을 반드시 참여시켜야 한다. 즉, 당사자인 학생과 그들의 보호자가 권익옹호자 내지는 교육관련서비스 제공에서의 중요한 팀 구성원으로서의 부모와 학생의 참여 권리를 제시하고 있다. 이러한 주요한 원칙들은 장애인교육의 주요 내용들, 즉 특수교육의 추구가치나 목적, 방법과 과정, 특수아동 집단에 대한 이해, 교육을 위해 필요한 보조서비스 등에 대한 핵심적 배경을 이룬다. 이러한 원칙을 토대로 특수교육의 주요 내용에 대해서 정리하면 다음과 같다(최윤영 · 이경준, 2012).

첫째, 특수교육이 궁극적으로 추구하는 가치는 통합교육을 의미한다. 따라서 될 수 있는 대로 일반학교 내 일반학급 내에서 교육을 할 것, 그리고 이와 함께, 물리적 배치나 물리적 환경의 개선만으로 통합을 지향하는 것이 아닌,

일반교사와 학생, 모든 부모에 대한 인식의 제고를 통해 장애아동의 특수성과 통합에 대한 이해를 도모하고 개별학습의 중요성에 대한 인식도 함께 지향해야 함을 의미한다. 둘째, 특수교육 역시, 자아실현, 인간관계 개선, 경제능력 배양 등 비장애아를 대상으로 하는 일반 교육의 목적과 동일하게 설정하여야 한다. 셋째, 특수교육의 방법은 일반교육과 다르다는 점을 인정한다. 즉, 장애에 따른 특수성과 그에 합당한 특별한 시설과 교육방법, 특별한 훈련을 받은 전문교사와 여러 가지 보조서비스의 필요성을 인정하고 그 안에 적절한 도모가 이루어져야 한다. 넷째, 특수교육은 장애아동의 발견과 효과적인 교육적 개입원조를 위해 여러 영역 간 전문가들의 종합적이고 유기적인 관계 속에서 장애아동의 욕구에 기반을 둔 서비스를 계획하고 실천할 수 있어야 한다. 다섯째, 특수아동은 서로 같은 장애 영역이라고 할지라도 그 수준과 정도 등에서 다양하고 복잡한 차이성을 보일 수 있다. 따라서 획일적, 일괄적 또는 보편적 측면의 접근보다는 개별적이고 개성적인 욕구의 인정과 그에 상응한 개별화 교육프로그램이 조성되어야 한다. 여섯째, 장애아동의 교육은 학문 학습상의 필수적 교과지도 외에도 다양한 방법과 수준에 의한 보조서비스가 요구된다. 즉, 치료적 교육서비스를 포함한 의료서비스, 사회생활적응 및 직업훈련, 전환교육 등 각종 훈련 프로그램과 이 과정들에서의 적절한 효과를 가져올 수 있게 기여하는 특별한 시설이나 각종 기자재, 보장구 등의 필요성이 대두된다.

## 4. 장애인교육에 대한 접근법

### 1) 통합교육과 분리교육

앞서 장애인교육이 궁극적으로 추구하는 가치를 통합교육이라고 제시하였지만,

여전히 모든 장애인이 일반학교 내 일반학급에서 교육을 받는 것은 아니다. 장애인교육은 크게 통합교육(inclusive education)과 분리교육(segregated education)으로 나눌 수 있다. 통합교육은 장애아동들이 비장애아동과 함께 일반학급에서 교육받는 것이라고 할 수 있으며, 분리교육은 일반교육 체제와 분리하여 특수교육기관, 즉 특수학급, 특수학교, 기숙학교, 병원학교 등과 같이 한정된 장소에서 특수교육을 필요로 하는 아동에 대해 교육하는 것이라고 할 수 있다. 통합교육과 분리교육의 차이점을 정리하면 다음의 <표 10-1>과 같다.

표 10-1 | **통합교육과 분리교육의 차이점**

| | 통합교육 | 분리교육 |
|---|---|---|
| 서비스 개시 | 주로 출생부터 시작 | 주로 초등학교부터 시작 |
| 특수 프로그램 접근 | 통합된 프로그램에 접근 | 분리된 프로그램에 접근 |
| 프로그램의 제공 | 일반교육 프로그램 제공 | 특수 제작된 프로그램 제공 |
| 직업교육 | 지역사회 실제 직업교육 프로그램 적용과 직업경험 | 장애직업교육과정의 적용과 직업경험 |
| 서비스 제공 | 지역사회내의 일반 기관으로부터 서비스 제공 | 분리된 기관으로부터 사회, 가정, 건강서비스 제공 |
| 시설활용 | 기존의 다양한 시설들을 통합적으로 활용 | 대규모 시설과 기관을 별도로 활용 |
| 사회교육 참여 | 고등교육기관이나 직업훈련 프로그램의 일반훈련 | 장애학생들을 위한 별도의 교육, 직업훈련 |

## 2) 장애인 통합교육

### (1) 통합교육의 개념과 목적

통합교육은 일반적으로 '장애학생들을 비장애학생들의 교육과정에 포함'시키는 것을 의미한다. 우리나라 「장애인 등에 대한 특수교육법」 제2조(정의)에서는 통합교육을 '특수교육대상자가 일반학교에서 장애유형·장애정도에 따라 차별을 받지 아니하고 또래와 함께 개개인의 교육적 요구에 적합한 교육을 받는 것을 말한다.'고 정의를 내리고 있다. 한편 카우프만 등(Kauffman et al., 1975)의 정의에 따르면, 통합은 장애아동을 일반학급에 물리적으로 통합하는 시간적 통합 외에도 교수활동적 통합, 그리고 사회적 통합을 모두 포함한다.

먼저 시간적 통합(temporal integration)이란 일정 시간 동안 장애가 없는 또래와 동일한 교육환경에 배치하는 것을 의미하며, 교수활동적 통합(instructional integration)이란 일반학급의 학업활동에 의미 있게 참여하는 것을 말한다. 사회적 통합(social integration)이란 통합되는 학급의 교사와 또래로부터 학급의 구성원으로 수용되는 것을 의미한다. 진정한 의미에서의 통합은 마지막 사회적 통합까지 이루어지는 것을 의미한다(이소현 · 박은혜, 2006; 최윤영 · 이경준, 2010에서 재인용).

### (2) 통합교육의 효과성과 조건

통합교육과 분리교육은 각각 다른 의미를 갖고 있으며, 아직도 많은 부분에서 논의가 진행되고 있다. 통합교육이 좋다는 주장과 분리교육이 좋다는 주장을 정리하면 〈표 10-2〉와 같다.

통합교육의 효과성에 대해서 장애학생과 비장애학생 각 측면에서 살펴보면 다음과 같다(최윤영 · 이경준, 2012). 먼저 장애아동에게 통합교육의 효과는 장애아동들이 비장애아동의 행동을 살펴보고, 이들과의 상호작용을 통해 사회적으로 수용되는 다양한 행동을 배우고, 바람직하지 못한 행동을 감소시키는 등 자신들의 행동을 변화시킬 수 있다. 이는 이후 사회생활에 필요한 사회성 등을 향상시키는 데 많은 도움이 된다. 또, 언어와 관련하여 다양한 어휘와 바른 언어표현 방식을 배울 수 있다. 또한 비장애아동과 생활을 하면서 장애아동의 숨겨진 잠재력을 발견하고 이를 발휘할 기회를 가질 수 있다. 그리고 또래와 함께 공부한다는 자긍심을 가짐으로써 자아존중감 발달에 긍정적인 영향을 끼치게 된다. 한편 비장애아동은 장애에 대한 편견과 선입견을 줄일 수 있으며, 장

표 10-2 | **통합교육이 좋다 vs 분리교육이 좋다**

| 통합교육이 좋다 | 분리교육이 좋다 |
|---|---|
| 1. 분리교육은 민주주의 교육이념과 배치된다.<br>2. 분리교육은 터무니없이 많은 비용을 발생시키면서도 교육성과라는 측면에서는 오히려 통합교육을 통해 얻은 성과보다도 못하거나 대등하다.<br>3. 분리교육은 특수교육요구 아동들의 지역사회 통합에 필요한 기능적인 상호작용 기술의 습득이나 일반화의 문제를 해결할 수 없다.<br>4. 통합교육환경에서 장애아동과 장기간 접촉하는 비장애아동일수록 장애인에 대한 친근감이 높고 편견도 덜하다. 따라서 통합교육은 배려하고 포용하는 평등한 사회도모에 아주 중요하다. | 1. 특수교육요구아동들이 지니는 독특한 특성과 개인차로 인해서 일반교육환경보다도 시설이 좀 더 잘 갖춰지고, 계획된 환경에서의 독특한 교육내용과 방법의 적용을 필요로 한다.<br>2. 특수교육요구아동들의 제반특성과 교육적인 필요를 제대로 충족시킬 수 있을 정도로 준비되지 않은 일반교사에게 일반아동들과 더불어 교육받게 하는 것은 결과적으로 계속적인 실패와 좌절, 그로인한 학습된 무기력감의 팽배와 자신감 상실을 부추길 뿐이다.<br>3. 특히 청각장애아동과 지적장애아동의 경우에는 통합교육이 반드시 긍정적인 경험을 가져오지 않는다는 연구결과들이 다수 보고되고 있다. 세계청각장애인협회는 청각장애아동을 위한 최적의 교육환경은 교사와 학생이 모두 수화로 모든 의사소통을 할수 있는 학교이며, 동료 학생들 및 교사들과 의미있는 상호작용이 배제된 상태에서 단지 통합을 위해 청각장애아동을 일반 학교에 배치하는 것은 청각장애학생을 교육과 사회로부터 배제시키는 것이라고 주장한다. |

애에 대해서 일찍 알게 됨으로써 좀 더 성숙해질 수 있다. 한편 인간의 다양성과 존엄성을 장애아동을 통해 생각해 볼 수 있으며, 다른 사람을 배려하는 태도를 갖는 데 도움이 된다. 또한 다른 사람을 도울 기회를 가지고, 함께 하는 방법을 배울 수 있다. 결국 장애아동을 이해하고 함께 어울리는 것 자체가 비장애아동에게 효과적인 인성교육이 될 수 있다.

한편 통합교육의 단점에 대해서 생각해 보면 다음과 같다(최윤영·이경준, 2012). 먼저, 장애학생의 관점에서 살펴보면 통합교육을 하는 데 교사와 비장애학생, 그리고 학부모의 생각과 태도가 개선되지 않으면 장애학생들이 오히려 상처를 받을 수 있다. 또 학교에 장애인을 위한 편의시설과 교보재 지원 등이 이루어지지 않으면 학교시설 이용 등에서 장애아동들이 제한을 받을 수 있으며, 이는 오히려 장애학생들의 교육권이 침해받는 상황이 될 수 있다. 다음으로 비장애학생의 통합교육과 관련한 문제점을 살펴보면 다음과 같다. 먼저 장애학생에게 관심이 쏠리거나 장애학생의 문제행동으로 인해 비장애학생의 교육권이 침해당할 수 있다. 또 교육관련활동을 하는데 장애학생으로 인해 비장애학생들의 선택과 자유가 일정정도 제한될 수 있다.

이와 같은 통합교육이 성공적으로 이루어지기 위해서는 갖추어야 할 몇 가지 전제조건들이 존재한다. 실제적으로 통합교육을 위해서는 장애아동의 준비 차원에서 조기통합교육을 통해 사회적 접촉의 가능성을 미리 수용할 것이 강조되며, 비장애아동의 태도 차원에서는 비장애아동을 대상으로 장애에 대한 적절한 오리엔테이션이 강조된다. 일반교사의 태도와 관련해서는 개방적 사고와 책임, 특수교사와의 협력적 문제 해결, 장애학생의 학교와 학급에 대한 소속감 고취 등이 강조되며, 부모의 태도와 관련해서는 부모의 통합교육에 대한 인식 제고와 장애 이해 및 장애와 비장애 부모 모임 등을 통한 상호 이해도모가 중요하다(최윤영 · 이경준, 2012: 140~141).

### (3) 통합교육의 유형과 방법

통합교육은 장애인복지 전반에서 제기되는 노멀라이제이션(normalization) 원칙, 즉, 최대한 일반적인(normal) 환경에서 장애인이 생활해야 한다는 원칙을 기본으로 앞서 특수교육 원리로 제시한 배제금지, 비차별적 평가, 적절한 교육, 최소제한적 환경, 적법절차에 입각한 문제해결, 부모-학생의 참여권리 등을 기본에 두고 있다. 이러한 의미에서 특수교육 대상자로 선정된 장애아동은 통합교육을 위한 일반학교의 일반학급 배치를 최우선으로 할 수 있다. 그러나 장애의 유형이나 정도, 일반학교의 환경 등을 고려할 때 일반학교에 설치된 특수학급으로의 배치가 더 좋을 수도 있다. 한편 통합교육과 분리교육은 이분법적으로 나눌 수 있는 것은 아니다. 일반학급에서 장애학생과 비장애학생이 완벽하게 통합되어 교육을 받는 교육부터, 가정이나 병원에서 장애학생이 별도의 개별교육을 받는 것까지 교육의 형태를 다양하게 펼칠 수 있다. 통합교육과 분리교육의 스펙트럼을 넓게 펼쳐보면, 〈표 10-3〉과 같이 나누어서 볼 수 있다.

표 10-3 | **통합교육-분리교육 형태 스펙트럼**

| 단계 | 교육형태 |
|---|---|
| 1 | 일반 학급에서 일반아동들과 동등하게 제공받는 일반교육 |
| 2 | 일반교사에게 특수교육상담이 지원되는 일반교육 |
| 3 | 특수교사가 시간제로 일반학급에서 제공하는 일반교육 |
| 4 | 특별지도 교사나 순회교사에 의해 시간제로 분리교육이 제공되는 일반교육 |
| 5 | 시간제로 특수학급에서 제공되는 교육 |
| 6 | 일반아동들과의 사회통합의 기회가 제공되는 전일제 특수학급에서의 교육 |
| 7 | 전일제 특수학급에서의 교육 |
| 8 | 특수학교에서의 교육 |
| 9 | 기숙시설에서의 교육 |
| 10 | 가정이나 병원에서의 교육 |

이러한 교육에서 가장 중요한 것은 장애아동 개인에 맞춘 개별화 교육이다. 즉 장애아동의 특별한 욕구와 함께 가족의 욕구, 환경적인 상황을 함께 고려하여 개인별 맞춤형 교육을 실시하는 것이다. 이러한 것은 장애아동 개인의 상황과 맥락에 따라 일반학급에서 일반아동들과 동등하게 제공받는 일반교육부터 가정이나 병원에서 일대일 교육을 받는 것까지 모두 포괄하는 것이라고 할 수 있다.

## 5. 우리나라 장애인교육 정책 현황

### 1) 장애인교육의 법률적 기반

우리나라는 「헌법」 제31조 제1항 '모든 국민은 능력에 따라 균등하게 교육을 받을 권리를 가진다.'는 규정에 근거를 두고, 「교육기본법」 제18조(특수교육)에 '국가와 지방자치단체는 신체적·정신적·지적장애 등으로 특별한 교육적 배려가 필요한 자를 위한 학교를 설립·경영하여야 하며, 이들의 교육을 지원하기 위하여 필요한 시책을 수립·실시하여야 한다.'고 규정하고 있다. 이를 위해서 「초·중등교육법」 제7절 '특수학교 등'과 「장애인복지법」 제20조(교육)의 규정, 그리고 「장애인 등에 대한 특수교육법」을 통해 장애인교육에 대한 구체적인 사항을 규정하고 있다. 이러한 법률적 기반을 자세히 살펴보면 [그림 10-1]과 같다.

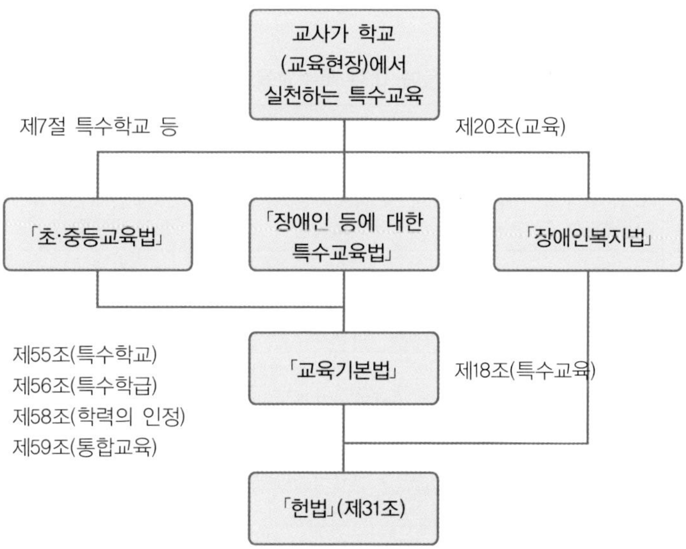


그림 10-1 | **우리나라 장애인교육의 법률적 기반**

우리나라의 장애인관련법 중 최초로 제정된 법은 1977년 12월에 제정된 「특수교육진흥법」이다. 이 법을 통해 당시 우리나라 장애인교육을 공적으로 보장하기 시작하였고, 전국 시·도에 공립 특수학교와 특수학급을 설치하는 등 특수교육

발전의 기틀 마련을 위한 법적 근거를 만들게 되었다. 이후 총 11번의 개정을 통해 여러 가지 장애인교육을 위한 다양한 방안이 포함되었다. 그러나 이 법은 초·중등교육 중심으로 규정되어 있어 장애영·유아 및 장애성인을 위한 교육지원에 대한 규정이 미흡하며, 국가와 지방자치단체의 특수교육지원에 대한 구체적인 역할의 제시가 부족하여 법의 실효성을 담보하는데 한계가 있다는 평가를 받아왔다. 이러한 현장의 요구와 사회변화 등을 반영하여 좀더 내실 있는 특수교육 정책을 정착시키기 위하여 「특수교육진흥법」을 전체적으로 개정하는 방안을 추진하게 되었다. 이를 통해 지난 2007년 5월 「장애인 등에 대한 특수교육법」이 제정되어 2008년 5월부터 시행되게 되었다. 「장애인 등에 대한 특수교육법」과 기존의 「특수교육진흥법」과의 차별성을 중심으로 살펴보면 다음과 같다.

표 10-4 | **특수교육진흥법과 장애인 등에 대한 특수교육법 비교**

| 주요내용 | 특수교육진흥법 | 장애인 등에 대한 특수교육법 | 입법 의의 및 효과 |
|---|---|---|---|
| 의무교육 연한 | 초등, 중학교: 의무교육 유치 고등학교: 무상교육 | 유치, 초등, 중, 고등: 의무교육 | 장애인교육에 대한 국가의 책무화 |
| 장애영아교육 | 규정 없음 | 3세 미만 장애영아: 무상교육 | 장애아동 조기발견 및 조기교육, 장애아동 사교육비 절감 |
| 고등교육 | 규정 없음 | 대학 내 장애학생지원센터 마련, 각종 학습지원 근거 마련 | 장애인의 고등교육권 확보 |
| 평생교육 | 규정 없음 | 장애인의 평생교육 지원 근거 마련 | 특수교육 정책 수립의 정확성 제고 |
| 특수교육 실태조사 | 5년마다 실시 | 3년마다 실시 | 설치기준 강화하여 법률에 명시 |
| 특수학급 설치기준 | 시행령규정: 1~12인의 경우 1개 학급 설치 | 유치원: 1~4인일 경우, 초과 시 2개 학급 이상 설치<br>초·중학교: 1~6인일 경우 1개, 초과시 2개 학급 이상 설치<br>고등학교: 1~7인일 경우 1개, 초과 시 2개 학급 이상 | 설치기준 강화하여 법률에 명시 |

| | | 설치 | |
|---|---|---|---|
| 특수교육 지원센터 | 규정 없음 | 지역에 특수교육지원센터 설치 운영 근거 마련 | 특수교육 관련 지원 강화를 위한 교육지원센터 설립의 법적 근거 |
| 치료교육 | 특수학교 및 특수학급에 치료교육담당교원 배치 | 치료교육 조항 삭제, 치료지원 등을 관련 서비스에 포함 | 의료서비스 외의 연계를 통해 강화된 치료지원 제공 |

## 2) 특수교육 내용

현재 우리나라 「장애인 등에 대한 특수교육법」에서 제시하고 있는 특수교육 내용은 다음과 같다(호승희 외, 2009).

- 시각장애 교육: 듣기교육, 이동훈련, 사회적 기능(생활적응) 훈련, 시기능 훈련(잔존시력 활용교육), 컴퓨터 사용교육, 점자 읽기와 쓰기 교육, 큰 활자를 읽고 쓰는 교육, 직업 교육 등
- 청각·언어장애 교육: 청능훈련(잔존청력 적극 활용 훈련), 독화 및 수어지도, 발어지도 및 언어지도 등
- 발달장애 교육: 감각훈련 강화, 사회생활 적응 훈련, 능력에 적합한 직업교육 등
- 지체장애 교육: 일반교과 과정, 장애를 극복하는 데 필요한 재활훈련, 생활훈련, 직업교육 등
- 정서장애 교육: 정신분석학적 측면, 교육심리학적 측면, 생태학적 측면, 행동학적 측면으로 범주화하여 교육목적과 방법 선택. 일반교육 전에 문제해결을 위한 치료가 선행되어야 함.

## 3) 특수교육 발전 계획

「장애인 등에 대한 특수교육법」 제5조(국가 및 지방자치단체의 의무)에서는

'장애인에 대한 특수교육 종합계획'을 국가 및 지방자치단체가 수립하도록 하고 있다. 이에 교육부에는 지난 1997년부터 5년 단위의 '특수교육종합계획'을 수립하여 추진하고 있으며, 이를 통해 장애인의 교육발전을 꾀하고 있다. 교육부는 '모든 아이는 우리 모두의 아이'라는 교육분야 국정기조를 담아 2017년 12월, 생애단계별 맞춤형 교육으로 특수교육 대상의 성공적인 사회통합 실현을 위한 '제5차 특수교육 발전 5개년계획('18~'22)'을 발표하였다. 제5차 특수교육발전 5개년 계획의 주요 내용을 살펴보면 [그림 10-2]와 같다.

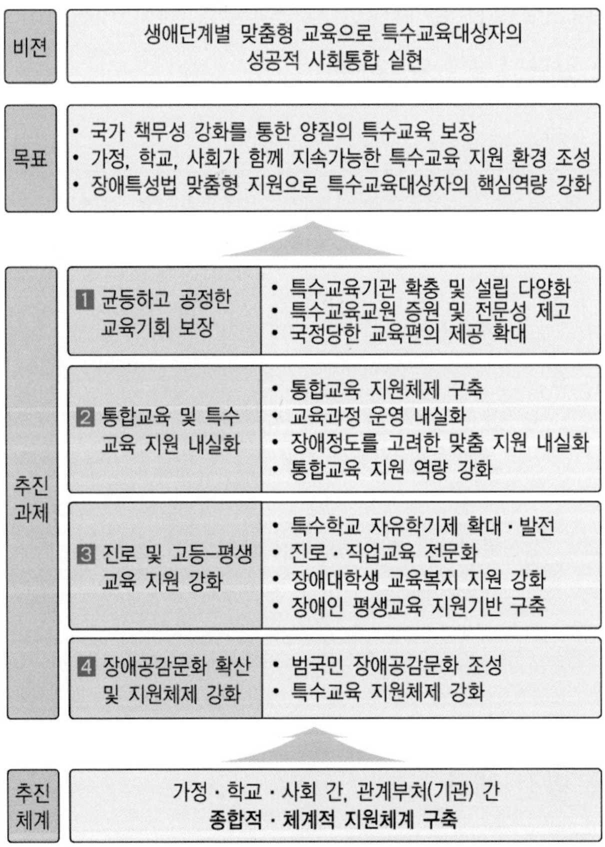


그림 10-2 | **제5차 특수교육발전 5개년계획(2018~22)의 비전과 목표**

# 6. 우리나라 특수교육 현황

## 1) 특수교육 대상학생 현황

2021년 4월 기준 우리나라의 특수교육 대상자 수는 98,154명이다. 장애영역별로 보면, 지적장애가 51,788명으로 전체 학생의 52.8%를 차지하고 있으며, 다음으로는 자폐성장애 15,215명(15.5%), 지체장애 9,695명(9.9%) 등의 순으로 조사되었다. 지난 2014년 이후 연도별 장애영역별 학생 현황을 보면 특히 자폐성장애와 발달지체 학생의 비율이 지난 5년간 지속적으로 증가한 것을 알 수 있다.

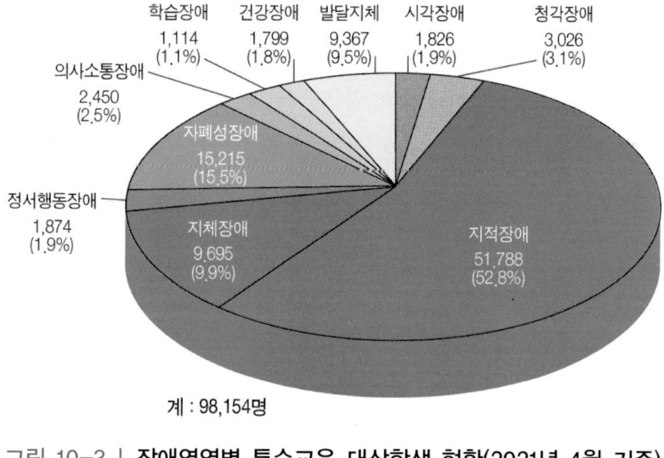


그림 10-3 | **장애영역별 특수교육 대상학생 현황(2021년 4월 기준)**

출처: 교육부(2021). 특수교육통계

표 10-5 | **특수교육 대상학생 장애영역별 연도별 학생** (단위: 명, %)

| 연도 | 시각 장애 | 청각 장애 | 지적 장애 | 지체 장애 | 정서·행동 장애 | 자폐성 장애 | 의사소통 장애 | 학습 장애 | 건강 장애 | 발달 지체 | 전체 |
|---|---|---|---|---|---|---|---|---|---|---|---|
| 2017 | 2,026<br>(2.3) | 3,358<br>(3.8) | 48,084<br>(53.8) | 10,777<br>(12.1) | 2,269<br>(2.5) | 11,422<br>(12.8) | 2,038<br>(2.3) | 2,040<br>(2.3) | 1,626<br>(1.8) | 5,713<br>(6.4) | 89,353<br>(100) |
| 2018 | 1,981<br>(2.2) | 3,268<br>(3.6) | 48,747<br>(53.7) | 10,439<br>(11.5) | 2,221<br>(2.4) | 12,156<br>(13.4) | 2,081<br>(2.3) | 1,627<br>(1.8) | 1,758<br>(1.9) | 6,502<br>(7.2) | 90,780<br>(100) |
| 2019 | 1,937<br>(2.1) | 3,225<br>(3.5) | 49,624<br>(53.4) | 10,200<br>(11.0) | 2,182<br>(2.3) | 13,105<br>(14.1) | 2,204<br>(2.4) | 1,409<br>(1.5) | 1,763<br>(1.9) | 7,309<br>(7.9) | 92,958<br>(100) |
| 2020 | 1,908<br>(2.0) | 3,132<br>(3.3) | 50,693<br>(53.1) | 9,928<br>(10.4) | 1,993<br>(2.1) | 13,917<br>(14.6) | 2,404<br>(2.6) | 1,226<br>(1.3) | 1,785<br>(1.9) | 8,434<br>(8.8) | 95,420<br>(100) |
| 2021 | 1,826<br>(1.9) | 3,026<br>(3.1) | 51,788<br>(52.8) | 9,695<br>(9.9) | 1,874<br>(1.9) | 15,215<br>(15.5) | 2,450<br>(2.5) | 1,114<br>(1.1) | 1,799<br>(1.8) | 9,367<br>(9.5) | 98,154<br>(100) |

출처: 교육부(2021). 특수교육통계.

교육환경별 특수교육 대상학생 현황을 살펴보면 일반학급(전일제통합학급) 16,600명(16.9%), 특수학급 54,266명(55.3%) 등 전체 특수교육 대상학생의 72.2%인 70,866명이 일반학교에서 교육을 받는 것으로 나타나 통합교육을 받는 학생들의 수가 특수학교에서 교육을 받는 학생에 비해 많은 것을 알 수 있다. 학교과정별로 살펴보면, 유치원과 초등학교에서는 통합교육을 받는 학생들의 비율이 각각 87.1%와 80.6%로 비교적 높은 것을 알 수 있다. 그러나 중학교에서는 이 비율이 71.6%로 급격하게 낮아지며, 고등학교(전공과 제외)에서는 68.4%로 더욱 낮아지는 것으로 나타나, 학년이 올라갈수록 통합교육의 비율이 줄어드는 것을 알 수 있다(표 10-6 참조).

표 10-6 | **특수교육 대상학생 및 교원 학교유형별 현황(2021년 4월 기준)** **(단위: 명)**

<table>
<tr><th colspan="3" rowspan="2">배치별</th><th rowspan="2">특수학교</th><th colspan="2">일반학교</th><th rowspan="2">특수교육<br>지원센터</th><th rowspan="2">계</th></tr>
<tr><th>특수학급</th><th>일반학급<br>(전일제<br>통합학급)</th></tr>
<tr><td colspan="3">특수교육대상자 수</td><td>27,027</td><td>54,266</td><td>16,600</td><td>261</td><td>98,154</td></tr>
<tr><td rowspan="18">학생 수</td><td rowspan="11">장애영역별</td><td>시각장애</td><td>1,130</td><td>234</td><td>460</td><td>2</td><td>1,826</td></tr>
<tr><td>청각장애</td><td>605</td><td>689</td><td>1,723</td><td>9</td><td>3,026</td></tr>
<tr><td>지적장애</td><td>14,356</td><td>32,537</td><td>4,883</td><td>12</td><td>51,788</td></tr>
<tr><td>지체장애</td><td>3,826</td><td>3,425</td><td>2,376</td><td>68</td><td>9,695</td></tr>
<tr><td>정서·행동장애</td><td>79</td><td>1,199</td><td>596</td><td>–</td><td>1,874</td></tr>
<tr><td>자폐성장애</td><td>6,247</td><td>8,004</td><td>960</td><td>4</td><td>15,215</td></tr>
<tr><td>의사소통장애</td><td>159</td><td>1,380</td><td>911</td><td>–</td><td>2,450</td></tr>
<tr><td>학습장애</td><td>19</td><td>705</td><td>390</td><td>–</td><td>1,114</td></tr>
<tr><td>건강장애</td><td>7</td><td>105</td><td>1,687</td><td>–</td><td>1,799</td></tr>
<tr><td>발달지체</td><td>599</td><td>5,988</td><td>2,614</td><td>166</td><td>9,367</td></tr>
<tr><td>계</td><td>27,027</td><td>54,266</td><td>16,600</td><td>261</td><td>98,154</td></tr>
<tr><td rowspan="7">학교과정별</td><td>장애영아</td><td>108</td><td>–</td><td>–</td><td>261</td><td>369</td></tr>
<tr><td>유치원</td><td>927</td><td>4,444</td><td>1,826</td><td>–</td><td>7,197</td></tr>
<tr><td>초등학교</td><td>8,704</td><td>28,484</td><td>7,626</td><td>–</td><td>44,814</td></tr>
<tr><td>중학교</td><td>5,750</td><td>10,755</td><td>3,707</td><td>–</td><td>20,212</td></tr>
<tr><td>고등학교</td><td>6,365</td><td>10,363</td><td>3,441</td><td>–</td><td>20,169</td></tr>
<tr><td>전공과</td><td>5,173</td><td>220</td><td>–</td><td>–</td><td>5,393</td></tr>
<tr><td>계</td><td>27,027</td><td>54,266</td><td>16,600</td><td>261</td><td>98,154</td></tr>
<tr><td colspan="3" rowspan="2">학교 및 센터 수</td><td rowspan="2">187</td><td colspan="2">11,709</td><td rowspan="2">199</td><td rowspan="2">12,095</td></tr>
<tr><td>8,729</td><td>7,986</td></tr>
<tr><td colspan="3">학급 수</td><td>5,114</td><td>12,042</td><td>15,772</td><td>59</td><td>32,978</td></tr>
<tr><td colspan="3">특수학교(급) 교원 수</td><td>9,501</td><td>12,718</td><td>–</td><td>1,275</td><td>23,494</td></tr>
<tr><td colspan="3">특수교육 보조인력 수</td><td>4,614</td><td>8,880</td><td>269</td><td>–</td><td>13,763</td></tr>
</table>

출처: 교육부(2021). 특수교육통계.

한편 지난 2014년 이후 연도별 특수교육 대상자 배치현황을 보면 특수교육 대상학생들이 조금씩 증가하고 있으며, 또한 미약하지만 일반학교를 다니는 학생들의 비율이 지속적으로 증가하고 있는 것을 알 수 있다.

표 10-7 | **연도별 특수교육 대상자 배치 현황** **(단위: 명, %)**

| 연도 | 특수학교 및 특수교육지원센터 | 일반학교 | 전체 |
|---|---|---|---|
| 2017 | 26,199<br>(29.3) | 63,154<br>(70.7) | 89,353<br>(100) |
| 2018 | 26,337<br>(29.0) | 64,443<br>(71.0) | 90,780<br>(100) |
| 2019 | 26,459<br>(28.5) | 66,499<br>(71.5) | 92,958<br>(100) |
| 2020 | 26,615<br>(27.9) | 68,805<br>(72.1) | 95,420<br>(100) |
| 2021 | 27,288<br>(27.8) | 70,866<br>(72.2) | 98,154<br>(100) |

출처: 교육부(2021). 특수교육통계.

## 2) 특수학교 현황

우리나라 특수학교 현황을 보면 2021년 4월 기준으로 전국에 187개의 특수학교, 5,1414개의 학급에서 27,027명이 교육을 받고 있으며, 담당교원은 9,501명으로, 교사 1인당 2.84명의 학생을 교육하고 있는 것으로 나타났다. 10년 전인 2009년 150개 특수학교, 3,637개의 학급에서 23,606명의 아동이 6,612명의 교원에 의해서 교육을 받던 것(교사 1인당 3.6명 학생비율)에 비교하면, 학급 수와 교원 수 모두 비교적 큰 폭으로 증가하여 교육환경이 예전에 비해 좋아진 것을 알 수 있다.

표 10-8 | **특수학교 현황(2021년 4월 기준)**

| 구분 | 학교 수 | 학급 수 | 학생 수 | 교원 수 |
|---|---|---|---|---|
| 계 | 187 | 5,114 | 27,027 | 9,501 |
| 국립 | 5 | 165 | 838 | 317 |
| 공립 | 92 | 2,975 | 15,740 | 5,550 |
| 사립 | 90 | 1,974 | 10,449 | 3,634 |

출처: 교육부(2021). 특수교육통계.

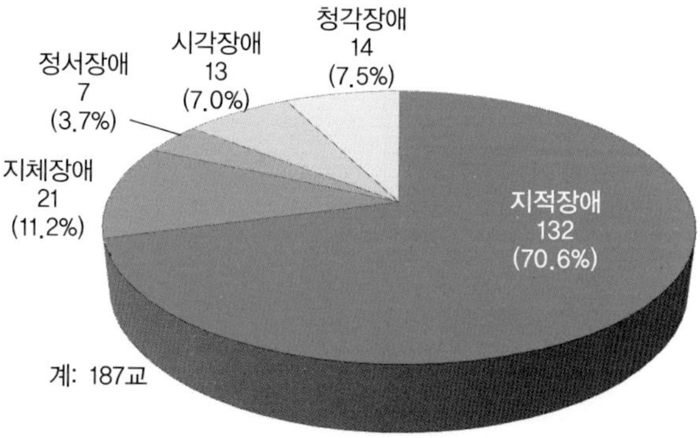


그림 10-4 | **장애영역별 특수학교 수(2021년 4월 기준)**

출처: 교육부(2021). 특수교육통계.

장애영역별 특수학교 수를 보면, 전체 187개 학교의 70.6%인 132개교가 지적장애와 자폐성 장애아동 대상 학교로 나타났다. 특수교육 대상아동 중 지적·자폐성 장애아동의 숫자가 약 70%에 이르기 때문이기는 하지만, 상대적으로 감각장애를 갖고 있는 시·청각장애아동이 교육을 받는 데 어려움이 있다는 것을 짐작할 수 있게 하는 부분이다.

한편 일반학교의 특수학급과 일반학급(전일제 통합학급) 현황을 보면 다음과 같다. 앞서 살펴보면 것처럼 중학교와 고등학교로 갈수록 학교와 학급수가 모두 줄어들고 있으며, 초등학교까지 통합교육을 하던 학생들이 중·고등학교에서는 다시 특수학교로 진학하는 사례가 늘고 있는 상황이다.

한편 2021년 4월 기준 가정·시설·병원·학교 등에 순회 또는 파견 형태로 실시하는 순회교육은 총 559개 학급 1,924명의 교사가 4,525명의 학생들에게 실시하고 있다. 순회교육을 받는 학생들이 소속된 교육기관은 특수학교 959명, 특수학급 893명, 특수교육지원센터 2,673명 등이다.

**표 10-9 | 일반학교 특수학급현황(2021년 4월)**

| 과정별 | 학교 수 | 학급 수 | 학생 수 | 교원 수 |
|---|---|---|---|---|
| 계 | 8,729 | 12,042 | 54,266 | 12,718 |
| 유치원 | 1,001 | 1,228 | 4,444 | 1,275 |
| 초등학교 | 4,642 | 6,330 | 28,484 | 6,547 |
| 중학교 | 1,955 | 2,518 | 10,755 | 2,565 |
| 고등학교 | 1,113 | 1,932 | 10,363 | 2,266 |
| 전공과 | 18 | 34 | 220 | 65 |

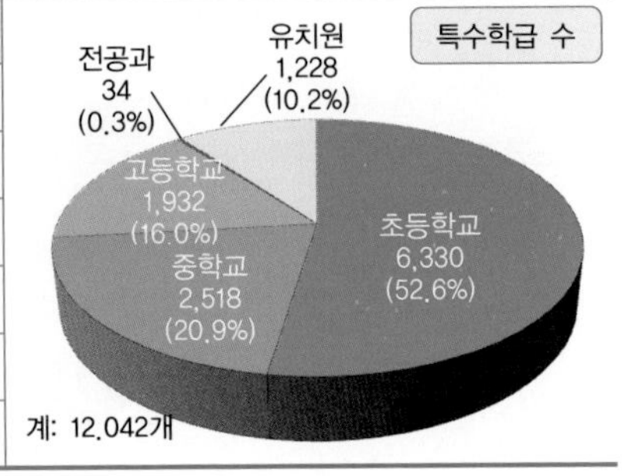


출처: 교육부(2021). 특수교육통계

**표 10-10 | 일반학급(전일제 통합학급) 현황(2021년 4월)**

| 학교급 | 학교 수 | 학급 수 | 학생 수 |
|---|---|---|---|
| 계 | 7,986 | 15,772 | 16,600 |
| 유치원 | 1,298 | 1,641 | 1,826 |
| 초등학교 | 3,506 | 7,358 | 7,626 |
| 중학교 | 1,821 | 3,551 | 3,707 |
| 고등학교 | 1,361 | 3,222 | 3,441 |

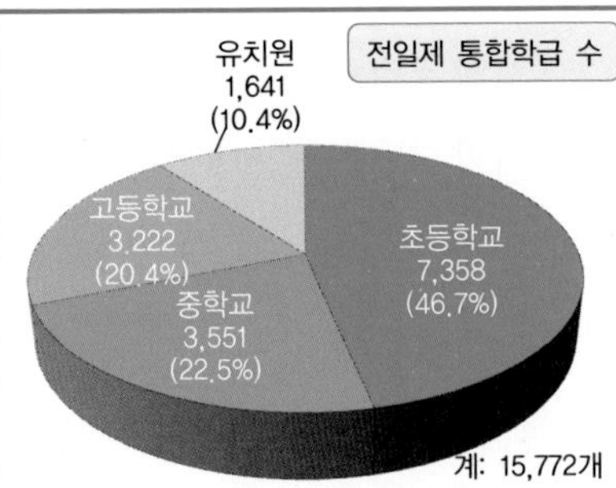


출처: 교육부(2021). 특수교육통계.

**표 10-11 | 순회교육 현황(2021년 4월 기준)**

| 구분 | 학생 수 | | | | | | | | | | | 학급 수 | | | 교사 수 | | | |
|---|---|---|---|---|---|---|---|---|---|---|---|---|---|---|---|---|---|---|
| | 기관 | | | | | 학교과정 | | | | | | | | | | | | |
| | 가정 | 시설 | 병원 | 일반학교 | 계 | 장애영아 | 유치원 | 초등학교 | 중학교 | 고등학교 | 계 | 순회 | 파견 | 계 | 순회 | 파견 | 겸임 | 계 |
| 계 | 1,563 | 537 | 72 | 2,317 | 4,525 | 112 | 924 | 1,769 | 951 | 769 | 4,525 | 507 | 52 | 559 | 1,857 | 53 | 14 | 1,924 |
| 특수학교 | 717 | 204 | 38 | – | 959 | 29 | 140 | 364 | 202 | 224 | 959 | 240 | 49 | 289 | 244 | 50 | – | 294 |
| 특수학급 | 516 | 294 | 15 | 68 | 893 | – | 61 | 370 | 210 | 252 | 893 | 267 | 3 | 270 | 267 | 3 | 14 | 284 |
| 특수교육지원센터 | 330 | 75 | 19 | 2,249 | 2,673 | 83 | 723 | 1,035 | 539 | 293 | 2,673 | – | – | – | 1,346 | – | – | 1,346* |

*센터 순회 강사 104명 포함
출처: 교육부(2021). 특수교육통계.

시·도별 특수학교 현황을 살펴보면 전체 187개 학교 중 20.3%인 38개교가 경기도에 있으며 다음으로는 서울시 32개(17.1%)로 나타나, 전체의 37.4%가 서울과 경기도에 소재하고 있는 등 수도권 편중 현상이 높은 것을 알 수 있다.

표 10-12 | **시·도별 특수학교 현황(2021년 4월 기준)**

| 시도 | 설립별 학교 수 | | | | 장애영역별 학교 수 | | | | | |
|---|---|---|---|---|---|---|---|---|---|---|
| | 국립 | 공립 | 사립 | 계 | 시각장애 | 청각장애 | 자적장애 | 지체장애 | 정서장애 | 계 |
| 전체 | 5 | 92 | 90 | 187 | 13 | 14 | 132 | 21 | 7 | 187 |
| 서울 | 3 | 11 | 18 | 32 | 3 | 4 | 16 | 6 | 3 | 32 |
| 부산 | – | 8 | 7 | 15 | 1 | 1 | 12 | 1 | – | 15 |
| 대구 | – | 4 | 6 | 10 | 1 | 1 | 5 | 2 | 1 | 10 |
| 인천 | – | 6 | 4 | 10 | 1 | 1 | 7 | 1 | – | 10 |
| 광주 | – | 3 | 2 | 5 | 1 | – | 3 | 1 | – | 5 |
| 대전 | – | 4 | 2 | 6 | 1 | – | 4 | 1 | – | 6 |
| 울산 | – | 2 | 2 | 4 | – | 1 | 3 | – | – | 4 |
| 세종 | – | 1 | – | 1 | – | – | 1 | – | – | 1 |
| 경기 | 2 | 14 | 22 | 38 | – | 2 | 32 | 3 | 1 | 38 |
| 강원 | – | 7 | 1 | 8 | 1 | 1 | 6 | – | – | 8 |
| 충북 | – | 3 | 7 | 10 | 2 | 1 | 4 | 2 | 1 | 10 |
| 충남 | – | 7 | 2 | 9 | – | – | 8 | 1 | – | 9 |
| 전북 | – | 6 | 4 | 10 | 1 | 1 | 6 | 2 | – | 10 |
| 전남 | – | 3 | 5 | 8 | 1 | 1 | 6 | – | – | 8 |
| 경북 | – | 3 | 5 | 8 | – | – | 7 | – | 1 | 8 |
| 경남 | – | 8 | 2 | 10 | – | – | 10 | – | – | 10 |
| 제주 | – | 2 | 1 | 3 | – | – | 2 | 1 | – | 3 |

표 10-13 | **시·도별 학교과정 설치별 학교 현황(2021년 4월 기준)**

| 시도 | 학교수 | 학교과정 설치별 학교 수 | | | | | |
|---|---|---|---|---|---|---|---|
| | | 영아학급 | 유치원 | 초등학교 | 중학교 | 고등학교 | 전공과 |
| 전체 | 187 | 29 | 135 | 172 | 176 | 174 | 158 |
| 서울 | 32 | 8 | 24 | 28 | 28 | 28 | 26 |
| 부산 | 15 | 7 | 10 | 12 | 13 | 11 | 9 |
| 대구 | 10 | – | 4 | 10 | 10 | 10 | 9 |
| 인천 | 10 | 1 | 7 | 9 | 10 | 9 | 8 |
| 광주 | 5 | 3 | 4 | 5 | 5 | 5 | 4 |
| 대전 | 6 | 2 | 6 | 6 | 6 | 6 | 6 |
| 울산 | 4 | – | 3 | 4 | 4 | 4 | 4 |

| | | | | | | | |
|---|---|---|---|---|---|---|---|
| 세종 | 1 | 1 | 1 | 1 | 1 | 1 | 1 |
| 경기 | 38 | 3 | 32 | 33 | 35 | 35 | 28 |
| 강원 | 8 | – | 6 | 8 | 8 | 8 | 7 |
| 충북 | 10 | 2 | 10 | 10 | 10 | 10 | 10 |
| 충남 | 9 | 1 | 3 | 8 | 8 | 9 | 8 |
| 전북 | 10 | 1 | 5 | 9 | 9 | 9 | 9 |
| 전남 | 8 | – | 6 | 8 | 8 | 8 | 8 |
| 경북 | 8 | – | 5 | 8 | 8 | 8 | 8 |
| 경남 | 10 | – | 6 | 10 | 10 | 10 | 10 |
| 제주 | 3 | – | 3 | 3 | 3 | 3 | 3 |

# 7. 우리나라 장애인교육의 문제점과 향후 과제

## 1) 우리나라 장애인교육의 문제점

최근 특수교육 대상 학생 대비 통합교육을 받는 학생들의 수가 꾸준히 증가하고 있으며, 특수학교 특수교사 대비 학생의 비율이 낮아지고 있는 등 최근의 장애인교육에 있어서 긍정적으로 평가할 수 있는 부분이 있다. 그러나 우리나라 장애인교육에 있어, 다음과 같은 몇 가지 문제가 여전히 존재하고 있다.

첫째, 2021년 4월 기준 전체 특수학교 187개 중 사립이 90개(48.1%) 거의 절반이 이르고 있어, 국·공립특수학교의 설립이 추가적으로 필요한 상황이다. 또한 수도권에 많은 학교가 몰려 있으며, 대부분 지적·자폐성장애학생들을 대상으로 하는 '지적장애학교'인 것으로 나타나 지역별·장애영역별 불균형 현상이 심한 것을 알 수 있다. 즉 여전히 특수학교에 대한 수요는 존재하는데 주위에 학교가 없어서 다닐 수가 없는 사례가 많은 실정이다.

둘째, 특수학급의 유·초·중·고등학교의 연계성이 부족하고, 특수학급의 학급당 인원수가 여전히 과다한 것을 알 수 있다. 앞서 살펴본 것처럼 초등학교의 경우에는 비교적 특수학급의 수가 많으나, 중·고등학교에서는 이 수가 급격하게 감소하는 것을 알 수 있다. 이는 중·고등학교까지 통합교육이 지속적으로 연계되지 못한다는 것을 의미하는 것이라고 할 수 있다. 또 일반학교 특수학급의 경우 2021년 4월 기준, 12,042개의 학급에 54,266명의 학생이 재학하고 있는 것으로 조사되었다. 이는 한 학급당 4.5명의 학생이 있는 것으로 여전히 학급당 학생 수가 적지 않은 것을 알 수 있다. 한편 특수학교는 5,114개의 학급에 27,027명의 학생이 재학하고 있는 것으로 조사되었다. 학급당 5.3명의 학생이 있는 것으로 특수학교가 일반학교 특수학급보다 더 열악한 것을 알 수 있다(특수교육통계, 2021).

셋째, 최근 많이 개선되기는 했지만, 여전히 장애학생들은 낮은 취학률을 보이고 있다. 또 장애인교육에서 무엇보다 조기교육이 중요한데 여전히 유치원 이후 특수교육을 시작하는 경향을 많이 보이고 있어, 장애영아를 위한 조기 중재서비스 진단 체제가 미비한 상황이다. 한편, 최근 고등학교 졸업 이후 대학에 진학하는 학생도 늘어나고 있는 추세이다. 그러나 장애학생을 위한 대학의 각종 편의시설이 여전히 부족하며, 장애학생에 맞는 적절한 교육과 관련 서비스가 부족한 상황이다.

### 2) 우리나라 특수교육 개편 방향

첫째, 장애아동의 완전한 교육 기회를 보장하는 것이 필요하다. 이를 위해 먼저 장애아동의 정확한 실태 파악을 시작으로, 특수학교의 학급당 학생 수를 더욱 감축하는 것이 필요하며, 상대적으로 열악한 사립특수학교의 여건을 국공립 수준으로 개선하는 것이 필요하다. 그리고 모든 일반학교에 장애아동 편의시설을 완비하도록 하여야 할 것이다. 다음으로 장애유아 무상교육 지원 및 조기발견체제를 구축하고 특수학급 역시 대폭적으로 증설하고 전문인력 배치를 확대하여 학급당 학생 수를 더욱 줄여 교육의 질을 높일 수 있도록 하여야 할 것이다. 이어 최근 늘어나는 고등교육에 대한 장애인의 욕구에 발맞추어 입학 기회 제공확대부터 교수-학습 지원, 그리고 취업 및 진로지도에 이르기까지 대학의 장기적이고 체계적인 지원체제 구축이 필요한 상황이다.

둘째, 특수교육 내용과 방법의 질적 제고를 위한 구체적인 방안 마련이 필요하다. 이를 위해 개별화 교육 중심의 계획을 작성하고 교사 등의 협력 교육 및 특수교육 보조인력 등의 활용을 통한 개별화 교육이 제공되어야 하며, 이러한 개별화 교육을 위한 관련자료 개발 및 활용을 적극적으로 지원하여야 할 것이다. 한편 언어치료 등 치료지원의 경우에는 장애학생 유형, 개별적인 평가 결과 및 요구, 그리고 교육적 효과 등을 모두 고려하여 다각적으로 검토 후 결정해야 하며, 특수교육지원센터와 부처 간의 협력체제 구축을 통한 서비스를 제공하여야 할 것이다.

셋째, 통합교육에 참여하는 학생과 교원, 그리고 직원 등 행정인력의 의식전환이 필요하다. 이를 위해 장애이해교육 자료의 개발과 보급, 봉사활동 및 장애체험활동 참여 등을 통하여 비장애학생의 특수교육 대상 학생에 대한 이해를 넓히고, 통합교육 담당교사, 일반교사는 물론 교장과 교감 등 학교행정가들을 대상으로 하는 연수내용에 반드시 통합교육과 특수교육에 대한 내용을 포함하도록 하여야 할 것이다. 또한 통합교육 환경에서 적절한 교육을 제공받을 수 있도록 하기 위해 교육과정 운영자료, 학습자료의 연구와 개발을 담당하는 전담부서 설치 및 운영을 하도록 한다.

넷째, 특수교육 대상 학생들의 직업·진로·전환교육을 강화하기 위해 학교졸업 후 성인으로서 독립생활을 영위할 수 있도록 지원하는 것이 필요하다. 이를 지원하기 위해서는 지역사회 관련 기관과 부모의 참여를 보장하고, 기업이나 고등교육기관과 협력하며, 자기주장을 강조하는 교육과정을 마련하며, 고용의 이점을 지도하며, 다양한 직장경험 등을 포함한 교육방안을 마련해야 할 것이다.

## 생각해보기

1. 여섯 가지 장애인교육의 원리 중 우리나라의 장애인교육에 적용되고 있는 것은 무엇이라고 생각하는가?
2. 모든 장애인에게 통합교육이 적합하다고 생각하는가?
3. 통합교육이 필요한 장애인과 분리교육이 필요한 장애인이 장애유형별로 구분될 수 있다고 생각하는가?
4. 장애인범주와 특수교육 대상범주가 다른 이유는 무엇이라고 생각하는가?

# 11장
# 장애와 사회서비스

**주요 학습문제**

- 사회서비스의 개념은 무엇인가?
- 사회서비스의 등장배경은 어떠한가?
- 전자바우처의 발전은 어떻게 진행되고 있는가?
- 사회서비스는 장애인복지 영역에서 어떠한 것들이 있는가?

## 1. 사회서비스란

한 사회에서 인간다운 삶을 영위하기 위해서는 다양한 욕구의 충족이 필요하다. 우리나라처럼 자본주의 질서를 추구하는 사회의 경우 욕구 충족은 기본적으로 개인적인 노력에 따른 보상을 통해 이루어진다. 문제는 개인이 받는 보상이 거의 없거나 부족한 사람이 어느 사회든지 늘 존재해 왔으며 우리나라의 경우도 예외는 아니라는 점이다. 이러한 취약계층에 대해 사회는 어떠한 형태로든지 그들의 생존, 나아가 인간다운 삶을 보장하기 위해 기본적인 소득보장, 의료보장, 주택보장 등 제도적 장치를 마련하기 위해 노력해 왔으며, 최근 들어 서비스 제공을 통한 삶의 보장이 주요 논의 과제로 부각되고 있다.

서비스는 가시적인 형태가 있는 물적 재화와는 달리, 인간의 노동이 투여되어야 하는 특성을 가지고 있으며, 무형의 방식을 띤 욕구충족 수단이다. 서비스는 크게 시장에서 자유롭게 구매할 수 있는 서비스와 시장 주도가 아닌 사회가 제공하는 서비스로 양분된다. 시장을 통해 만들어진 서비스를 구입하기 어려운 사람들의 경우, 사회가 제공하는 서비스에 의존할 수밖에 없다. 특히 공공성을 지니는 서비스의 경우 이를 시장에 맡겨 놓을 경우 이윤 창출의 어려움 때문에 필요한 서비스가 충분히 생산되지 않는 시장실패 현상이 발생함으로써 사회에서 필요로 하는 양보다 서비스가 부족해진다.

구매력의 부족으로 서비스에 대한 충분한 제공이 이루어지지 않거나 공공성 때문에 사회가 책임져야 하는 서비스 영역을 통칭하여 사회서비스라고 부르고 있다. 따라서 사회서비스는 사회의 필요에 의해 사회의 총체적 노력을 통해 제공되는 대인적 서비스라고 할 수 있다. 우리나라의 경우 사회서비스는 비교적 최근의 개념이며, 전통적으로 사회복지서비스라는 용어가 사용되어 왔다. 2007년 이후 사회투자국가를 지향하는 한 방법으로 사회서비스라는 용어가 본격적으로 사용되었고, 2012년 「사회보장기본법」의 전부개정으로 사회서비스가 법률적 용어로 채택되었다. 동법 제3조 제4호는 사회서비스를 '국가 · 지방자치단체 및 민간부문의 도움이 필요한 모든 국민에게 복지, 보건의료, 교육, 고용, 주거, 문화, 환경 등의 분야에서 인간다운 생활을 보장하고 상담, 재활, 돌봄, 정보의 제공, 관련 시설의 이용, 역량 개발, 사회참여 지원 등을 통하여 국민의 삶의 질이 향상되도록 지원하는 제도'라고 규정하고 있다. 이러한 사회서비스의 개념은 일상생활의 모든 영역에서 삶의 질 향상을 위한 제반적 서비스 내용을 포괄하는 것으로, 전통적으로 사용되는 사회복지서비스의 내용보다 확장된 것이다. 2012년 「사회보장기본법」 개정 전에는 사회서비스가 아닌 사회복지서비스라는 용어를 사용하였으며, 그 내용은 '국가 · 지방자치단체 및 민간부문의 도움이 필요한 모든 국민에게 상담, 재활, 직업의 소개 및 지도, 사회복지시설의 이용 등을 제공하여 정상적인 사회생활이 가능하도록 지원하는 제도'로 제한된 영역에서의 서비스 개념이었다.

사회복지서비스에서 사회서비스로의 용어 변경과 내용의 확장은 사회의 발전과 더불어 개인 및 가족의 인간다운 삶을 위하여 지원되어야 하는 영역이 일상생활의 전반으로 넓어지고 사회의 책임도 그만큼 무거워진 것이라고 할 수 있다.

## 2. 사회서비스의 발전 배경

사회서비스라는 용어가 2007년 이후 사회복지영역에서 광범위하게 사용되기 시작하였고, 사회서비스의 도입을 위한 이론적 근거는 사회투자이론이었다. 전통적인 복지정책의 경우 기초소득보장 및 취약계층에 대한 제한적 서비스 제공을 주축으로 하여 사후 구제적 성격이 강했다면, 사전예방적 성격을 강조하면서 인적자본과 사회적 자본에 대한 투자를 통해 복지를 해결하자는 것이 사회투자이론의 요체이다.

일부에서는 사회투자의 개념이 제3의 길에 기반한 신자유주의적 정책과 다름없다는 비판도 있으나, 이와 다른 점은 공공부분의 개입이 보다 강조된다는 점이며, 사회투자의 내용이 복지를 넘어서 문화 및 일반 행정 영역까지 포괄하고 있다는 것이다.

2007년 당시 사회투자이론에 따른 사회서비스는 복지정책의 패러다임을 바꿀 획기적인 내용으로 지지받았으며 발전 속도도 매우 빨랐다. 우리나라의 경우 정부, 특히 보건복지부에서 사회서비스 발전을 위해 집중적 정책을 실시하였고, 새로운 복지정책으로 자리 잡았다. 사회서비스를 발전시키기 위한 정부의 입장은 크게 일자리 창출과 서비스 영역에서의 이용자 중심적 체계의 도입 두 가지였다.

### 1) 일자리 창출

사회복지의 영역은 일반적으로 국가 재정의 소비 영역으로 인식되고 경제발전을 가로막는 걸림돌로 회자된다. 사회복지 급여 대상자에게 제공되는 재원과 서비스는 대상자의 소비로 매몰되고 사회투자로 이어지지 않으므로 사회복지의 급여를 확장하는 것은 사회 및 경제발전에 도움이 되지 않는다는 것이다. 이에 대한 비판으로 사회복지 급여 대상자에게 제공되는 급여는 어떠한 형태로든지 거의 모두 지역사회로 환원되므로 그 자체가 투자라는 것과, 경제적 효율성만으로 가늠할 수 없는 사회통합 및 불평등 해소에의 기여, 경기순환에 따른 경제변동성을 완화시키는 자동안정화 장치 등이 이야기되고는 있지만 경제발전의 발목을 잡는다는 시각은 여전히 유효하다.

사회서비스가 급속히 발전할 수 있있던 것은 이러한 시각을 뛰어넘는 단초를 보여주었기 때문인데, 그 핵심적 내용이 바로 일자리 창출이었다. 전반적인 일상생활 영역을 포괄하여 지원되는 사회서비스는 기본적으로 휴먼서비스적 성격을 지니고 있다. 이것은 사회서비스를 제공하기 위해 그에 대응하는 서비스 제공 인력이 있어야 한다는 것을 의미하며, 사회서비스의 외연이 확장되고 내용이 완비될수록 그에 대응하는 인력의 양성이 필요하고 이것이 바로 일자리 창출로 이어지는 것이다.

경제적 위기 상황이나 일자리 부족 시에 정부가 추구하는 일자리 창출 방식은 주로 대규모 토목공사나 한시적인 공공근로 사업을 통한 단발성 지원인데 비하여, 사회서비스를 통한 일자리 창출은 지속성과 더불어 사회 취약계층 및 중산층을 포함한 대다수 국민의 삶의 질을 제고하는 데에 기여하는 장점을 가지고 있다. 특히, 사회서비스를 통해 인적 자본의 확충과 사회적 위험의 사전적 예방이 가능하다는 점은 사회서비스를 발전시킨 주된 요인이었다.

### 2) 이용자 중심적 체계의 도입

사회복지 영역에서 서비스를 제공하는 체계와 방식은 공급자 중심적이다. 서비스를 이용하고자 하는 사람들은 사회복지법인 등에서 운영하는 서비스제공기관이 정해 놓은 정형적인 서비스를 이용하는 것이 일반적이며, 이용자가 자신이 필요로 하는 서비스를 선택할 수 있는 경우는 거의 없다. 또한, 서비스 제공기관은 운영에 필요한 재원을 국가 및 지방자치단체로부터 보조금 형식으로 상당부분을 지원받아 사용하고, 이용자가 부담하는 이용료 수입은 매우 제한적이므로, 이용자의 욕구를 반영한 서비스 구성은 매우 어려운 구조로 되어 있다.

이러한 공급자 중심적 방식이 사회서비스의 확장 시에도 동일하게 적용될 경우, 정부는 신규 사회서비스의 도입 시에, 해당 서비스를 제공할 수 있는 기관을 설립하거나 기존 기관에 보조금을 지급하여 서비스 공급이 이루어지도록 해야 한다. 이러한 방식은 사회서비스가 확장될수록 서비스 산출에서 막대한 비용을 수반하게 되며 이용자가 필요로 하는 서비스를 탄력적으로 운영하기 어려운 한계를 가지게 된다(이승기, 2012).

이를 해결하기 위해 새로 고안된 방식이 이용자 중심적 체계이며 대표적으로 바우처 제도를 꼽을 수 있다. 바우처 제도는 일반적으로, 급여 방식 중 현금지급방식과 현물서비스 방식의 중간단계로 성격이 규정되지만 이것은 바우처의 보다 주요한 특징을 간과하는 것이다. 바우처는 이용자의 선택방식이라는 점에서 현물서비스와는 질적으로 다른 급여 방법이며 오히려 현금지급방식에 훨씬 가까운 제도이다.

바우처 제도를 도입할 경우 정부입장에서는 서비스를 공급할 기관을 따로 설립하거나 기존 기관에 보조금을 지원하지 않아도 되며, 바우처가 작동 가능한 영역을 파악한 후 이용자에게 바우처를 지급하면 되므로 행정비용을 절감할 수 있다. 또한 서비스의 성격에 따라서는 새로운 시장이 형성될 수 있어서 서비스제공에서 경쟁체제의 도입도 가능하다. 사회복지 영역, 특히 장애인복지 영역에서 중시되는 자기결정권 행사 권한의 신장에도 기여할 수 있는데, 바우처를 지급받은 이용자가 서비스 제공기관을 선택하여 자신이 필요한 서비스를 구매할 수 있기 때문이다(이재원·손정원, 2011).

공급자 지원방식과 바우처 방식으로 대표되는 이용자 지원방식이 가지고 있는 특징을 표로 정리하면 아래와 같다.

표 11-1 | **공급자 지원방식과 이용자 지원방식**

| 구분 | 공급기관 지원방식 | 이용자 지원방식 |
|---|---|---|
| 대상 | 수급자 등 저소득층 | 중산층까지 확대 |
| 서비스 비용 | 전액 국가 지원 | 일부 본인부담 |
| 서비스 시간 | 공급기관 재량 | 대상자 욕구별 표준화 |
| 공급기관 | 단일기관 독점 | 다수기관 경쟁 |
| 특징 | 획일적이고 정형화된 서비스 제공 | 경쟁 및 다양한 서비스 제공 |

이러한 이유로 우리나라의 경우 사회서비스의 확장과 바우처 제도의 도입은 상호간 긴밀한 관계를 맺으면서 발전하고 있다. 바우처 제도가 가져온 부정사용, 선택권의 제한적 보장 등 부작용적 측면이 여전히 발생하고 있지만, 사회서비스의 급속한 확장에 바우처 제도의 도입이 매우 큰 역할을 한 것은 분명하다.

# 3. 사회서비스의 내용

사회서비스의 영역은 복지, 보건의료, 교육, 고용, 주거, 문화, 환경 등의 분야를 망라하여 모든 일상생활을 포괄하고 있다. 공공영역 측면에서 보면, 이것은 거의 모든 중앙부처 및 지방자치단체와 연결되어 사회서비스가 발전할 수 있다는 것을 의미하며 취약계층뿐만 아니라 서비스가 필요한 모든 국민에게 적용되어 삶의 질을 향상시키는 제도가 됨을 말한다.

사회서비스의 내용이 지속적으로 확장되고 있음에도 불구하고 이 책에서 다루는 사회서비스는 주로 사회복지와 관련된 영역으로 한정하고자 한다. 이미 언급한 바와 같이 우리나라 사회서비스의 발전은 곧 바우처 제도로 연결되어 있는 만큼 보건복지부에서 시행하고 있는 바우처 사업의 내용을 중심으로 알아보고자 한다.

## 1) 전자바우처 사업

사회복지 영역에서의 바우처 제도는 크게 보건복지부에서 시행하는 국가사업과 지방자치단체에서 운영하는 사업으로 나누어지는데, 국가사업 바우처의 경우 전자바우처 방식으로 수행되고 있다. 지방자치단체에서 운영하는 사업은 국가 전자바우처 시스템을 운영하는 경우도 있고 자체적인 시스템을 갖추어 운영하는 곳도 있다. 전자바우처의 경우 2007년에 장애인활동보조서비스, 노인돌봄서비스, 지역사회투자사업서비스 사업에서 최초로 도입되었다. 장애인활동보조서비스는 장애인의 자립생활을 실현하기 위해 활동보조인이 장애인의 일상생활을 지원하는 제도이며, 노인돌봄서비스의 경우 노인의 일상 활동을 지원하는 것으로 시작하였으나 2008년 노인장기요양보험이 도입되면서 현재는 노인장기요양보험의 수급자격이 없는 노인을 중심으로 서비스를 지원하고 있다. 지역사회투자사업은 지방자치단체에서 발굴한 사회서비스에 대해 바우처를 지급하는 제도로 지역별 상황에 맞는 특색 있는 서비스가 발굴되어 시행되고 있다.

이외에도 지역자율형사회서비스 투자 사업으로 산모신생아 건강관리 사업, 가사간병 방문지원 사업이 있으며, 장애아동가족지원 및 임신출산 진료비 지원, 청소년 산모임신출산 진료비 지원이 시행되고 있다.

표 11-2 | **사회서비스 전자바우처 사업 현황**

| 사업명 | | 바우처 시작연도 | 대상 | 선정기준 | 지원수준 | 본인부담금 (월/원) |
|---|---|---|---|---|---|---|
| 장애인 활동지원 | 장애인 활동지원 | 11.11월 | 장애인복지법상 등록된 장애인 (만 6세 이상~ 만 65세미만) | 종합점수 465점 장애인 | 등급에 따라 47~118시간 (추가급여 종류에 따라 시간 상이) | 인정조사: 면제 ~126,900원 종합조사: 면제 ~177700원 |
| | 시·도 추가지원 | 10.10월 | 등록1~6급 장애인 (시도별등급상이) | 시·도별 상이 | 시도 및 등급에 따라 10~868시간 | 시도 및 등급별 상이 |
| 지역 자율형 사회 서비스 투자사업 | 지역사회 서비스 투자 | 07.8월 | 사업별로 상이 | 중위소득 120% 이하 (사업별로 상이) | 사업별로 상이 (월 1회~ 월 20회) | 사업별로 상이 |
| | 산모 신생아 건강관리 지원 | 08.2월 | 출산 가정 | 기준중위소득 100% 이하 단, 소득기준을 초과하는 대상자에 대해 시·군·구별 예외 지원 가능 | 등급에 따라 5일~25일간 건강관리사 파견 | 기관별 상이 |
| | 가사간병 방문지원 | 08.9월 | 기초수급자 및 차상위 계층 (만 65세 미만) | 생계 · 의료 · 주거 · 교육급여 수급자, 차상위 계층 중 가사 · 간병 서비스가 필요한 자 | 월 24, 27시간 | 면제 ~22,680원 |
| 장애아동 | 발달재활 | 09.2월 | 만 18세 미만 | 기준중위소득 | 월 14~22만원 | 면제~최대 |

| 가족지원 | 서비스 | | | 180% 이하 (소득별 차등지원) | 내에서 포인트 지원(월 8회 주2회/회당50분) | 8만원 (제공기관 직납) |
|---|---|---|---|---|---|---|
| 가족지원 | 언어발달 지원 | 10.8월 | 만 12세 미만 비장애 아동 | 기준중위소득 120% 이하 (소득별 차등지원) | 월 16~22만원 내에서 포인트 제공(월8회 주2회/회당50분) | 면제~최대 6만원 |
| 발달 장애인 지원 | 발달 장애인 부모상담 지원 | 14.2월 | 발달장애인 자녀의 부모 | 발달장애인으로 (장애인복지법상 지적, 자폐성 장애인) 등록된 자녀의 부모 및 보호자 | 월 16만원 포인트 제공 (회당 50~100분, 월 3~4회 이상) | 4천원~최대 4만원 |
| 발달 장애인 지원 | 발달 장애인 주간활동 서비스 | 19.3월 | 만 18세 이상 65세 미만 발달장애인 | 만 18세 이상 65세 미만의 장애인복지법상 등록된 지적 및 자폐성 장애인 | 월 56, 100,132시간 | 없음 |
| 발달 장애인 지원 | 청소년 발달장애 학생 방과후 활동 서비스 | 19.9월 | 만 12세 이상 18세 미만 발달장애학생 | 만 6세 이상 18세 미만으로 일반 중·고등학교 및 특수 학교 (중·고등학교 해당학급)에 재학중인 발달장애학생 | 월 44시간 | 없음 |
| 임신출산 진료비지원 | | 08.12월 | 임신확인서로 임신이 확진된 임신·출산 진료비 지원 신청자 | 임신확인서로 임신이 확진된 건강보험 가입자 | 임신 1회당 100만원 (일 한도 없음) (다태아의 경우 140만원) | 면제 (월 지원금액 소진 시 신용카드대금으로 청구) |
| 청소년산모 임신출산 의료비지원 | | 15.5월 | 만 19세 이하 청소년산모 | 임신확인서 상의 임신확인일 기준 만 19세 미만의 청소년산모 | 임신 1회당 120만원 | 면제 (월 지원금액 소진 시 신용카드 대금으로 청구) |
| 기저귀 조제분유 지원 | | 15.10월 | 저소득층 영아 (24개월 미만) | 만 2세 미만 영아를 둔 저소득층 가구 | 기저귀: 월 64,000원 조제분유: 월 86,000원 | 면제 (월 지원금액 소진 시 신용카드 대금으로 청구) |

| | | | | | |
|---|---|---|---|---|---|
| 에너지바우처 | 15.10월 | 국민기초생활 보장법에 따른 생계급여 또는 의료급여 수급자 중 노인, 영유아, 장애인, 임산부, 중증·희귀·중증난치질환자, 한부모가족, 소년소녀가정(가정위탁보호아동 포함)을 포함하는 세대) | 국민기초생활 보장법에 따른 생계급여 또는 의료급여 수급자 중 노인, 영유아, 장애인, 임산부, 중증·희귀·중증난치질환자, 한부모가족, 소년소녀가정(가정위탁보호아동 포함)을 포함하는 세대 | 1인 세대 : 103,500원 (여름: 7,000 / 겨울: 96,500) 2인 세대 : 146,500원 (여름: 10,000 / 겨울: 136,500) 3인 세대 : 184,500원 (여름: 15,000 / 겨울: 169,500) 4인 이상 세대 : 209,500원 (여름: 15,000 / 겨울: 194,500) | 면제 (지원금액 소진 시 신용카드 대금으로 청구) |
| 아이돌봄지원 | 17.1월 | 시간제: 만 3개월~만 12세 이하 아동 종일제: 만 3개월~만 36개월 영아 | 기준 중위소득 150%이하 가구 | 소득 유형별 상이 | 소득 유형별 상이 |
| 여성청소년 생리대바우처 지원사업 | 19.1월 | 출생연도기준 만 9세~만 18세<br>※ "연(年)"을 기준으로 만 나이 산정<br>- 지원대상: 1998.1.1.~2013.12.31. 출생자(2020년 기준)<br>- 지원기간: 만 24세에 도달하는 연도 말까지 바우처 지급 | 국민기초생활보장법 따른 생계·의료·주거·교육 급여 수급자<br>- 국민기초생활보장법 따른 법정 차상위계층<br>*차상위계층: 차상위자활, 차상위 본인부담경감대상자, 차상위장애인, 차상위계층 확인서 발급<br>-한부모가족지원법 제5조 및 제5조의2에 따른 지원대상자 | 월 12,000원 (연간 최대 144,000원, 6개월 단위로 지원) | 없음 |
| 첫만남이용권 지원사업 | 22.4월 | 2022년 1월 1일 출생아동부터 | 없음 | 최초 1회 200만원 바우처지원 | 없음 |

출처: 사회서비스 전자바우처 홈페이지 (www.socialservice.or.kr)

## 2) 전자바우처 사업 규모

2020년 12월을 기준으로 전차바우처 사업의 전체 예산이 2조 5,962억 원에 달한다. 2007년 도입당시 재원규모가 1,874억 원인 것에 비하면 14배 가까이 증가한 규모이다. 이용자 수를 보면 2020년에 60만 명 가까이 이용하여 2007년 도입 당시 35만 명에 비해 2배 가까이 증가하였다. 재원 규모가 14배 가까이 증가한 데 비하여 이용자 수의 증가가 2배에 머무른 것은 바우처 단가 및 이용시간 등이 늘어나 예산의 증가가 더 빠르게 진행되었기 때문이다.

사회서비스 제도 도입의 주요 목적 중의 하나인 일자리 수를 보면 16만 개 이상이 사회서비스 분야에 고용된 것으로 나타나 일자리 창출에 기여하고 있는 것을 알 수 있다. 2007년 도입 당시의 일자리 수는 3만 6천 개였으므로, 약 5배 가까이 증가한 수치이다. 그러나 이러한 일자리의 양적 증가가 고용의 질을 담보하지 못한다는 비판이 계속되고 있다. 대표적인 것이 사회서비스 분야의 일자리가 안정되고 수입이 보장된 좋은 일자리라기보다는 파트타임 또는 불안정한 수입 등 처우가 열악한 일자리를 양산했다는 비판이 있다.

바우처 사업의 서비스 제공기관 수의 경우에도 1만여 개 이상으로 증가하여 2007년 1,274개소에 비하여 9배 가까이 증가하였다. 서비스 제공기관의 수는 정부에서 보조금을 지급하는 기관을 새로이 설치하는 대신에, 이미 존재하고 있던 혹은 자체적으로 서비스 제공조직을 만들어 바우처 사업을 진행하고 있는 곳을 의미하므로, 전통적인 공급자 기관과는 성격을 달리하는 기관들이라고 말할 수 있다.

표 11-3 | **전자바우처 사업의 규모(기준: '20.1.1~'20.12.31)** **(단위: 억 원, 백 명, 개소)**

| 구분 | 예산 | 이용자수 | 일자리 | 제공기관 |
|---|---|---|---|---|
| 계 | 25,962 | 5,979 | 1,615 | 10,777 |
| 장애인활동지원 | 19,194 | 1,002 | 996 | 975 |
| 산모·신생아건강관리지원 | 1,642 | 1,142 | 184 | 1,054 |
| 가사·간병방문지원 | 424 | 85 | 48 | 428 |
| 지역사회서비스투자 | 2,498 | 2,891 | 222 | 5,250 |
| 발달재활서비스 | 1,314 | 788 | 130 | 2,237 |
| 언어발달지원 | 11 | 4 | 3 | 169 |
| 발달장애인부모지원 | 11 | 8 | 3 | 186 |
| 발달장애인주간활동서비스 | 591 | 34 | 17 | 255 |
| 발달장애학생<br>방과후활동서비스 | 276 | 25 | 12 | 223 |

출처: 사회서비스 전자바우처 홈페이지(www.socialservice.or.kr)

### 3) 장애인복지관련 전자바우처

장애인복지관련 전자바우처 제도는 장애인활동지원서비스, 발달재활서비스, 언어발달지원사업, 발달장애인부모 상담지원 사업, 발달장애인 주간활동 서비스, 청소년 발달장애학생 방과후활동서비스 등이 시행되고 있다.

장애인활동지원서비스의 대상자는 6세 이상 65세 미만 장애인이며, 사업내용은 활동보조, 방문목욕 및 방문간호 사업으로 구성되어 있다. 지원수준은 서비스지원종합조사 결과에 따른 종합점수에 따라 1~15구간으로 나누어져 활동지원급여가 지급된다.

발달재활서비스는 18세 미만의 장애아동에게 장애특성별로 언어치료, 놀이치료 등이 지원되며, 월 14만 원에서 22만 원까지 기준중위소득 180% 이하의 가구를 대상으로 시행되고 있다. 언어발달지원사업은 부모가 장애인인 경우 만 12세 미만 비장애아동에게 언어발달진단서비스, 수어지도 등에 대해 월 16만 원에서 22만 원까지 지원된다.

발달장애인부모 상담지원 사업은 발달장애인의 부모 및 보호자에게 월 16만 원까지 지원된다. 발달장애인 주간활동 서비스는 만 18세 이상 65세 미만의 발달장애인에게 낮 시간 동안 서비스를 제공하여 자립생활 및 사회참여를 증진시키기 위한 사업으로 월 56시간, 100, 132시간까지 지원된다.

청소년 발달장애학생 방과후활동서비스는 발달장애학생의 여가활동과 지립준비 지원을 목적으로 만 12세 이상 18세 미만의 발달장애학생과 만 18세 이상일 경우 재학증명서를 제출하는 경우 월 44시간까지 제공된다. 이상의 바우처 제도를 지원대상 및 지원내용 등에 따라 정리하면 〈표 11-4〉와 같다.

**표 11-4 | 장애인복지관련 전자바우처 사업**

| 사업명 | | 지 원 대 상 | 지 원 내 용 |
|---|---|---|---|
| 장애인 활동지원 | | • 만 6세~만 64세의 장애인복지법상 등록 장애인 중 서비스 지원 종합조사 결과 산출된 종합점수에 따라 수급자격을 받은 자 | • 월 한도액<br>– 활동지원급여(1-15구간): 월 842천 원~6,730천 원<br>• 한시적지원<br>– 출산, 자립준비, 보호자 일시부재 시 지원 |
| 장애아동 가족지원 | 발달재활 서비스 | • 연령기준: 만 18세 미만 장애아동<br>• 장애유형: 뇌병변, 지적, 자폐성, 언어, 청각, 시각 장애아동<br>• 소득기준: 기준중위소득 180% 이하 | • 매월 14만 원~22만 원<br>• 언어·청능, 미술·음악, 행동·놀이·심리, 감각·운동 등 발달재활서비스 선택하여 이용 |
| | 언어발달 지원사업 | • 연령기준: 만 12세 미만 비장애아동<br>• 소득기준: 기준중위소득 120% 이하 | • 매월 16만 원~22만 원 |
| 발달장애인 지원 | 발달장애인 부모상담 지원 사업 | • 발달장애인 자녀를 가진 부모 및 보호자 | • 1인당 월 160천 원<br>• 개별/단체 상담서비스 지원 |
| | 발달장애인 주간활동 서비스 | • 연령기준: 만 18세 이상 65세 미만 발달장애인 | • 매월 56, 100, 132시간 |
| | 청소년 발달장애 학생 방과후 활동서비스 | • 연령기준: 만 12세 이상 18세 미만 발달장애학생 | • 매월 44시간 |

출처: 사회서비스 전자바우처 홈페이지(www.socialservice.or.kr).

## 4) 활동지원제도

### (1) 활동지원제도의 의미 및 발전

활동지원제도는 자립생활 이념을 뒷받침하는 핵심적 제도로서 장애인의 자립생활 및 사회참여를 위하여 활동지원급여를 제공하는 제도이다. 우리나라에서 활동지원제도의 발전은 장애인 자립생활센터의 발전과 궤적을 같이한다. 2000년 8월과 9월, 한국 최초의 장애인자립생활센터로 광주 우리이웃자립생활센터와 서울 동대문종합복지관부설 피노키오자립생활센터가 설립되면서 활동지원제도 시행을 위한 기관 태동이 시작되었다.

2002년 11월 상반기부터 '서울시자립생활센터시범사업'이 시작되어 5개의 서울지역 장애인자립생활센터가 지원을 받아 활동보조사업을 시작하였다. 중앙정부의 지원은 2005년 3월부터 시작되었는데, 보건복지부는 '중증장애인자립생활지원 시범사업'시에 서울 3개소와 부산, 대구, 광주, 충남, 전북, 경남, 제주가 각 1개소씩 하여 총 10개소를 지원하였다. 이후 2007년 「장애인복지법」이 개정되면서 자립생활 규정이 명문화되었고, 장애인활동보조서비스가 같은 해 4월 시행되었다.

2007년 활동보조서비스 제도가 중대한 기로에 서게 된다. 2007년 「노인장기요양법」의 제정으로 노인장기요양보험제도가 도입되었는데, 이때 노인장기요양보험의 대상에서 장애인이 제외되면서, 장애인에 대한 요양서비스를 노인장기요양보험에 포함시킬지 여부에 대한 갈등이 발생하였다. 정부는 활동보조서비스와 노인장기요양보험을 통합하여 운영하고자 하는 의지가 있었으나, 장애계는 활동보조서비스가 단순 요양서비스가 아닌 자립생활을 실현하는 제도여서 이 두 제도의 통합은 불가하다는 입장이었다. 국회는 「노인장기요양법」을 통과시키면서 부대결의를 통해 장애인 활동보조서비스와 노인장기요양보험의 관계에 대해 향후 방향을 보고하라고 하였고, 2008년부터 시범사업이 진행되게 되었다. 결국 노인장기요양보험에 장애인을 포함시키지 않고, 장애인활동보조서비스에 방문간호, 방문목욕 등 노인요양에 준하는 서비스를 추가로 도입하는 것으로 결정되어 활동보조지원사업의 전반적인 내용이 완성되었다(이승기 외, 2011).

특히, 2011년 장애인활동지원에 관한 법률이 제정되어, 기존에 사용되었던 활동보조지원사업, 활동보조서비스라는 용어 대신 활동지원제도 및 활동지원급여라는 용어가 보편화되었고, 독립적인 개별법에 근거하여 활동지원제도가 시행되는 괄목할 만한 성과를 거두었다.

### (2) 활동지원제도의 내용

#### ① 활동지원제도의 신청

우리나라의 경우 사회복지 급여를 제공받기 위해서는 대상자가 급여신청을 해야 하는 신청주의를 채택하고 있으며, 활동지원제도도 예외는 아니다. 신청자격은 만 6세 이상에서 만 65세 미만의 「장애인복지법」상 등록장애인으로 소득과 무관하게 신청이 가능하다. 활동지원 수급을 받다가 65세가 되는 경우 노인장기요양보험 급여와의 충돌 문제가 발생하는데, 현재는 65세가 된 이후 노인장기요양급여를 받지 못하고, 장애특성상 활동지원급여가 적절하다고 판단된 경우에 활동지원급여를 제공하는 방식으로 조정하고 있다.

서비스 신청과 관련한 논란 중 하나는 장애등급에 따라 서비스 신청자격을 제한하는 것의 타당성에 관한 것이었다. 현행 제도 이전에는 신청자격을 장애등급 1~3급의 장애인으로 제한하였는데 장애등급제가 폐지되면서 모든 등록장애인이 서비스 신청자격을 갖게 되었다. 그간 신청자격을 장애등급 1~3급 장애인으로 한정한 것에 대해 비판이 있었는데, 활동지원급여를 받기 위해서는 활동지원인정조사표에 따른 조사를 필수적으로 받아야 하고 그 결과에 따라 급여수준이 결정되기 때문에 신청 시에 등급에 따른 제한은 불필요하다는 지적이었다. 이러한 주장이 반영되어 모든 장애인에게 서비스 신청자격이 부여된 것은 다행스러운 일이다.

그간에 있었던 또 하나 논란은 활동지원급여 신청을 하기 위해서 장애인으로 하여금 이미 받았던 장애등급에 대한 심사를 다시 받도록 하는 것에 대한 것이었다. 활동지원서비스를 신청하기 위해 이미 행정기관에 의해서 장애등급을 부여받은 1~3급 장애인이 해당 장애등급이 적정한지 재심사를 받아야 하도록 한 것인데, 이것은 장애등급에 대한 신뢰 문제 때문에 발생한 것이다. 현재의 장애등급심사는 국민연금공단을 거쳐 확정을 하도록 되어 있지만, 이전에는 의사의 장애진단서가 사실상 최종 장애등급판정의 역할을 하였고, 부정확한 판정이 많아 이를 개선할 필요가 있다는 문제가 꾸준히 제기되었다. 문제는 재심사를 거쳐 장애등급의 하락을 경험한 장애인이 약 30% 이상 되어 장애계의 상당한 반발을 불러왔다는 것이고, 이것이 기폭제가 되어 장애등급제 폐지 운동까지 이어지게 되는 결과를 낳았다. 장애등급폐지로 활동지원서비스의 신청을 장애등급에 따라 제한하는 제도도 폐지된 만큼 현재는 이와 같은 논란도 해결되었다.

② 급여결정 및 급여 내용

신청 후 다음 단계는 신청자에 대한 방문조사를 통해 급여를 결정하는 것이다. 장애등급제 폐지 이전에는 활동지원인정조사표를 활용하여 서비스 급여와 내용을 결정하였다. 이때의 인정조사표는 신체·정신 기능, 생활환경 영역 및 서비스 욕구에 대해 평가를 하고 조사 결과에 따라 급여가 차등적으로 지원 되었다.

2019년 7월 장애등급제가 폐지되면서 장애등급 대신 장애정도라는 용어가 사용되기 시작하였고, 서비스에 대한 전반적인 조사를 하도록 개편되어 서비스 지원 종합조사라는 용어가 사용되었다.

서비스 지원 종합조사를 위한 종합조사표의 내용은 만 19세 이상 성인용과 만 19세 미만 아동용으로 구분되어 있으며, 조사내용은 일반사항, 서비스 필요도 평가를 위한 기본조사, 욕구조사 및 급여이용 계획으로 구성되어 있다. 이 중 급여결정을 위해 종합점수를 산정하는 항목과 산정방법은 다음과 같다.

표 11-5 | **서비스 지원 종합조사표 조사항목 및 종합점수 산정방법**

① 성인용(만 19세 이상)

| 조사영역 | 조사항목 | 문항별 점수 | | | | 산정방법 |
|---|---|---|---|---|---|---|
| 기능제한 ($X_1$) | 일상생활동작(ADL) | ① | ② | ③ | ④ | 13개 항목의 문항별 점수를 합산한다. |
| | 1. 옷 갈아입기 | 0점 | 4점 | 8점 | 24점 | |
| | 2. 목욕하기 | 0점 | 3점 | 6점 | 18점 | |
| | 3. 구강청결 | 0점 | 2점 | 4점 | 12점 | |
| | 4. 음식물 넘기기 | 0점 | 2점 | 4점 | 12점 | |
| | 5. 식사하기 | 0점 | 4점 | 8점 | 24점 | |
| | 6. 누운 상태에서 자세 바꾸기 | 0점 | 2점 | 4점 | 12점 | |
| | 7. 옮겨앉기 | 0점 | 5점 | 10점 | 30점 | |
| | 8. 시청각복합평가 | 0점 | 6점 | 12점 | 36점 | |
| | 9. 앉은 자세유지 | 0점 | 3점 | 6점 | 18점 | |
| | 10. 실내이동 | 0점 | 4점 | 8점 | 24점 | |
| | 11. 실외이동 | 0점 | 8점 | 16점 | 48점 | |
| | 12. 배변 | 0점 | 6점 | 12점 | 36점 | |
| | 13. 배뇨 | 0점 | 4점 | 8점 | 24점 | |
| | 계 | 318점 | | | | |
| | 수단적 일상생활동작(IADL) | ① | ② | ③ | ④ | 8개 항목의 문항별 점수를 합산한다. |
| | 1. 전화사용 | 0점 | 2점 | 4점 | 12점 | |
| | 2. 물건사기 | 0점 | 2점 | 4점 | 12점 | |
| | 3. 식사준비 | 0점 | 4점 | 8점 | 24점 | |
| | 4. 청소 | 0점 | 2점 | 4점 | 12점 | |
| | 5. 빨래하기 | 0점 | 2점 | 4점 | 12점 | |
| | 6. 약 챙겨먹기 | 0점 | 2점 | 4점 | 12점 | |
| | 7. 금전관리 | 0점 | 2점 | 4점 | 12점 | |
| | 8. 대중교통 이용 | 0점 | 4점 | 8점 | 24점 | |
| | 계 | 120점 | | | | |
| | 인지행동특성 | ① | ② | ③ | | 8개 항목의 |

| | | | | | |
|---|---|---|---|---|---|
| | 1. 주의력 | 0점 | 10점 | 20점 | 문항별 점수를 합산한다. |
| | 2. 위험인식 및 대처 | 0점 | 9점 | 18점 | |
| | 3. 환각·망상 | 0점 | 2점 | 4점 | |
| | 4. 조울상태 | 0점 | 2점 | 4점 | |
| | 5. 문제행동 | 0점 | 4점 | 8점 | |
| | 6. 공격행동 | 0점 | 4점 | 8점 | |
| | 7. 자해행동 | 0점 | 4점 | 8점 | |
| | 8. 집단생활부적응 | 0점 | 12점 | 24점 | |
| | 계 | 94점 | | | |
| 사회활동 ($X_2$) | **사회활동** | ① | ② | | 항목 간 합산되지 않고 최대 24점만 인정한다. |
| | 1. 직장생활 | 0점 | 24점 | | |
| | 2. 학교생활 | 0점 | 12점 | | |
| 가구활동 ($X_3$) | **가구특성** | ① | ② | | 항목 간 합산되지 않고 최대 36점만 인정한다. |
| | 1. 독거가구 | 0점 | 36점 | | |
| | 2. 취약가구 | 0점 | 36점 | | |
| | 3. 본인을 제외한 가족의 사회생활 | 0점 | 12점 | | |
| | **주거특성** | ① | ② | | 항목 간 합산되지 않고 최대 4점만 인정한다. |
| | 1. 이동에 제한이 있고, 지하층, 또는 2층 이상 거주 | 0점 | 2점 | | |
| | 2. 이동에 제한이 있고, 엘리베이터 없는 지하층 또는 2층 이상 거주 | 0점 | 4점 | | |

② 아동용(만 19세 미만)

| 조사영역 | 조사항목 | 문항별 점수 | | | | 산정방법 |
|---|---|---|---|---|---|---|
| 기능제한 ($X_1$) | **일상생활동작(ADL)** | ① | ② | ③ | ④ | 9개 항목의 문항별 점수를 합산한다. |
| | 1. 옷 갈아입기 | 0점 | 4점 | 8점 | 24점 | |
| | 2. 목욕하기 | 0점 | 2점 | 4점 | 12점 | |
| | 3. 구강청결 | 0점 | 2점 | 4점 | 12점 | |
| | 4. 식사하기 | 0점 | 5점 | 10점 | 30점 | |
| | 5. 누운 상태에서 자세 바꾸기 | 0점 | 2점 | 4점 | 12점 | |
| | 6. 옮겨앉기 | 0점 | 3점 | 6점 | 18점 | |
| | 7. 걷기 | 0점 | 9점 | 18점 | 54점 | |
| | 8. 화장실 사용하기 | 0점 | 7점 | 14점 | 42점 | |
| | 9. 시청각복합평가 | 0점 | 5점 | 10점 | 30점 | |
| | 계 | 234점 | | | | |
| | **수단적 일상생활동작(IADL)** | ① | ② | ③ | ④ | 6개 항목의 |

<table>
<tr><td rowspan="15"></td><td>1. 전화사용</td><td>0점</td><td>2점</td><td>4점</td><td>12점</td><td rowspan="7">문항별 점수를 합산한다.</td></tr>
<tr><td>2. 물건사기</td><td>0점</td><td>2점</td><td>4점</td><td>12점</td></tr>
<tr><td>3. 금전관리</td><td>0점</td><td>2점</td><td>4점</td><td>12점</td></tr>
<tr><td>4. 대중교통 이용</td><td>0점</td><td>4점</td><td>8점</td><td>24점</td></tr>
<tr><td>5. 본인물건관리하기</td><td>0점</td><td>2점</td><td>4점</td><td>12점</td></tr>
<tr><td>6. 학습하기</td><td>0점</td><td>4점</td><td>8점</td><td>24점</td></tr>
<tr><td>계</td><td colspan="4">96점</td></tr>
<tr><td>인지행동특성</td><td>①</td><td>②</td><td>③</td><td>④</td><td rowspan="7">5개 항목의 문항별 점수를 합산한다.</td></tr>
<tr><td>1. 문제행동</td><td>0점</td><td>3점</td><td>6점</td><td>18점</td></tr>
<tr><td>2. 공격행동</td><td>0점</td><td>2점</td><td>4점</td><td>12점</td></tr>
<tr><td>3. 자해행동</td><td>0점</td><td>2점</td><td>4점</td><td>12점</td></tr>
<tr><td>4. 위험인지하기</td><td>0점</td><td>3점</td><td>6점</td><td>18점</td></tr>
<tr><td>5. 의사소통하기</td><td>0점</td><td>4점</td><td>8점</td><td>24점</td></tr>
<tr><td>계</td><td colspan="4">84점</td></tr>
<tr><td rowspan="3">사회활동<br>($X_2$)</td><td>사회활동</td><td colspan="2">①</td><td colspan="2">②</td><td rowspan="3">항목 간 합산되지 않고 최대 24점만 인정한다.</td></tr>
<tr><td>1. 직장생활</td><td colspan="2">0점</td><td colspan="2">24점</td></tr>
<tr><td>2. 학교생활</td><td colspan="2">0점</td><td colspan="2">12점</td></tr>
<tr><td rowspan="7">가구활동<br>($X_3$)</td><td>가구특성</td><td colspan="2">①</td><td colspan="2">②</td><td rowspan="4">항목 간 합산되지 않고 최대 36점만 인정한다.</td></tr>
<tr><td>1. 한부모 및 조손가족</td><td colspan="2">0점</td><td colspan="2">18점</td></tr>
<tr><td>2. 취약가구</td><td colspan="2">0점</td><td colspan="2">36점</td></tr>
<tr><td>3. 본인을 제외한 가족의 사회생활</td><td colspan="2">0점</td><td colspan="2">12점</td></tr>
<tr><td>주거특성</td><td colspan="2">①</td><td colspan="2">②</td><td rowspan="3">항목 간 합산되지 않고 최대 4점만 인정한다.</td></tr>
<tr><td>1. 이동에 제한이 있고, 지하층, 또는 2층 이상 거주</td><td colspan="2">0점</td><td colspan="2">2점</td></tr>
<tr><td>2. 이동에 제한이 있고, 엘리베이터 없는 지하층 또는 2층 이상 거주</td><td colspan="2">0점</td><td colspan="2">4점</td></tr>
</table>

이상과 같은 서비스 지원 종합조사표에 따른 조사내용을 종합적으로 점수화하여 활동지원급여와 출산 시 및 거주시설 퇴소 시에 지급하는 특별지원급여가 지급된다.

표 11-6 | **활동지원급여(2021년 기준)**

| 활동지원 급여의 구간 | 종합점수 | 월 한도액 |
| --- | --- | --- |
| 1구간 | 465점 이상 | 6,730,000원 |
| 2구간 | 435점 이상~465점 미만 | 6,309,000원 |
| 3구간 | 405점 이상~435점 미만 | 5,889,000원 |
| 4구간 | 375점 이상~405점 미만 | 5,468,000원 |
| 5구간 | 345점 이상~375점 미만 | 5,048,000원 |
| 6구간 | 315점 이상~345점 미만 | 4,627,000원 |
| 7구간 | 285점 이상~315점 미만 | 4,206,000원 |
| 8구간 | 255점 이상~285점 미만 | 3,786,000원 |
| 9구간 | 225점 이상~255점 미만 | 3,365,000원 |
| 10구간 | 195점 이상~225점 미만 | 2,945,000원 |
| 11구간 | 165점 이상~195점 미만 | 2,524,000원 |
| 12구간 | 135점 이상~165점 미만 | 2,103,000원 |
| 13구간 | 105점 이상~135점 미만 | 1,683,000원 |
| 14구간 | 75점 이상~105점 미만 | 1,262,000원 |
| 15구간 | 42점 이상~75점 미만 | 842,000원 |
| 특례 | 기존 수급자 중 구간 외(42점 미만) | 660,000원 |

표 11-7 | **특별지원급여**

| 구분 | 지급기간 | 월 한도액 |
| --- | --- | --- |
| 출산(유·사산) | 특별지원급여 개시일로부터 만 6개월이 되는 날이 속한 달까지 | 1,122,000원 |
| 자립준비 | 특별지원급여 개시일로부터 만 6개월이 되는 날이 속한 달까지 | 281,000원 |
| 보호자 일시부재 | • 결혼, 사망, 지역사회보호자 및 기타 천재지변 등: 1개월<br>• 출산: 3개월<br>• 입원: 입원일수가 5일이상인 달에 대해 1개월 단위로 최대 6개월 | 281,000원 |

### ③ 급여의 종류

활동지원제도의 급여 내용은 활동보조, 방문목욕, 방문간호로 구분되며, 활동보조는 활동지원사가 수급자의 가정 등을 방문하여 신체활동, 가사활동 및 이동보조 등을 지원하는 것으로 급여의 내용이 따로 정해져 있다. 방문목욕은 활동지원인력인 요양보호사가 목욕설비를 갖춘 장비를 이용하여 수급자의 가정 등을 방문하여 목욕을 제공하는 급여이며, 방문간호는 간호사 등이 의사, 한의사 또는 치과의사의 지시서에 따라 수급자의 가정 등을 방문하여 간호, 진료의 보조, 요양에 관한 상담 또는 구강위생 등을 제공하는 급여를 의미한다.

④ 바우처 지급 및 서비스 제공

활동지원급여에 대한 제공은 바우처 방식으로 이루어진다. 바우처는 인정점수 등에 따른 급여수준에 맞추어 매월 생성되며, 서비스 이용에 따라 바우처 금액이 차감된다. 바우처를 이용할 수 있는 기관은 활동지원급여를 제공할 수 있는 곳으로 지정받은 기관인데, 대표적으로 중증장애인자립생활센터, 장애인복지관, 자활후견센터 등을 통해 활동지원사를 소개 받고 이용하는 형태를 취하게 된다. 활동지원사를 중개하는 기관의 무분별한 난립을 방지하기 위해 기관을 지정하는 방식이 운영되고 있다. 다만, 경쟁을 통한 서비스 질 제고를 위하여 하나의 시·군·구당 복수(2개소 이상)의 활동지원기관을 지정하도록 되어 있으며, 지정은 공모에 의하여 적합한 기관을 선정하되, 기관운영의 적정성 및 공익성 확보 등을 위하여 공공·비영리기관을 우선 지정하도록 하고 있다.

활동지원인력은 가족 및 친척관계에 있는 사람에게 급여를 제공할 수 없는 것이 원칙이다. 다만, 수급자가 농어촌, 도서벽지 등 일반적인 활동지원급여를 받기 어렵다고 인정하는 경우에 한하여 급여 제공이 가능하도록 하고 있다.

## 4. 사회서비스의 성과와 과제

사회서비스는 그 대상이 취약계층으로부터 중산층까지 확대되었고 향후에는 모든 국민에게 영향을 미치는 제도로 발전할 것으로 예상된다. 전통적으로 사회복지제도의 체계는 빈곤해결을 위한 공공부조와, 노령, 질병, 실업, 산업재해 및 노후질환에 대비한 사회보험제도가 주요 근간이었다. 이를 제외한 서비스 영역은 인간의 복잡하고 다양한 욕구 파악의 어려움 그리고 이에 대응한 적합한 서비스기관의 설립 및 운영이라는 두 가지 난제에 부딪혀 제한적인 영역에 머물러 있었고, 획기적인 돌파구를 찾지 못하고 있었다.

그러나 최근들어 인구학적, 사회·경제적 구조의 급속한 변화로 새로운 사회문제가 발생하고, 특히, 그간 표준가족인 4인 가족을 기반으로 한 제도 설계의 불합리, 가족해체, 비정규직의 양산, 사회적 양극화 및 불평등 심화 등으로 기존의 체제만으로 해결이 어려운 산적한 과제들이 표출되었다. 더 이상 가족 구성원의 희생적 서비스 기능의 존속이 어려워지고 있으며, 개인적인 노력에 의한 해결도 점차 기대하기 쉽지 않은 상황이 되었다. 국가 및 사회적 지원의 필요성과 제도 재구조화가 필요한 시점에서 사회서비스는 서비스 영역에서의 대안으로서 그 기대가 높아지고 있으며, 공공부조와 사회보험의 설계에 견줄만한 사회서비스 제도의 정교한 제도 마련이 필요하게 되었다.

전자바우처 방식을 통해 우리 사회의 사회서비스는 양적으로 상당한 확대와 발전을 실현해 왔고, 재정, 이용자수, 제공인력 수, 제공기관 등 모든 측면에서 괄목할 만한 성장을 거두고 있는 것이 사실이다. 그러나 내면을 들여다보면 제도적 허술함이 여전하며 개선해야 할 과제도 산적해 있다.

기본적으로 사회서비스는 획일적 기준에 의한 서비스 제공이 아니라 개별적 상황에 맞는 서비스 설계와 지원이 필요한 영역이다. 그러나 전자바우처 제도가 사회서비스의 발전과 동일시되는 우리나라의 경우 개별적 상황에 맞는 서비스 제공이 아닌 소득기준, 연령기준, 장애정도 등 획일적 기준이 급여제공 과정에서 여전히 주요하게 활용되고 있다. 이러한 방식은 사회구조 다변화에 대응하고 개인별 지원을 위한 이용자 중심적 지원 체계를 구축하는 데에 본질적 한계를 드러낸다. 따라서 앞으로는 획일적 기준 설정 외에 개인별 상황에 맞는 지원을 설계하고 실천해 나가는 것이 핵심 과제가 되어야 할 것이다(김진우 외, 2014).

또 하나의 문제는 서비스 품질에 관한 것이다. 현재와 같은 단순한 기관평가만으로 서비스 품질의 향상을 기대하기 어렵고, 사회서비스 제공기관에 대한 서비스 품질관리도 전반적으로 실효성을 갖추고 있지 못하다. 서비스에 대한 적정수준을 담보하기 위해서는 서비스제공기관에서 제공하는 서비스의 수준에 대한 실질적 평가가 이루어지도록 체계를 다듬어 나가야 한다. 그렇지 않으면 사회서비스의 확장에도 불구하고 그 효과성이 반감될 수밖에 없을 것이다.

마지막으로 사회서비스 일자리의 안정성과 적절성에 관한 사항이다. 일자리 수가 상당수 창출된 것은 사실이지만, 사회서비스 일자리를 통해 안정적인 생활을 유지할 정도에는 이르지 못하고 있다. 주로 여성일자리 창출이 많으며 그 중에서도 시간제, 비정규직 일자리가 대다수를 차지함으로써 가뜩이나 분절된 노동시장의 계층화 현상을 심화시킬 수 있는 여지가 높다. 사회서비스 일자리에 대한 적정 처우 및 안정적 신분 보장 등을 통해 사회서비스가 단순하게 일자리를 양적으로 창출하는 것이 아니라 고용시장의 미래 가능성을 여는 영역이 되도록 성장시켜야 할 것이다.

## 생각해보기

1. 사회서비스와 사회복지서비스의 관계를 설명할 수 있는가?
2. 사회서비스의 등장 이유와 발전 내용은 무엇인가?
3. 장애인복지 영역에서의 사회서비스의 전망은 어떠한가?

# 12장
# 최근 쟁점과 전망

**주요 학습문제**

- 최근 장애인복지예산의 증가 추이 및 국제비교적 관점에서 우리나라의 장애인복지 수준은 어떠한가?
- 장애등급제 폐지 논쟁의 배경과 경과 및 향후 전망은 어떠한가?
- 우리나라 장애인정책의 발전을 위한 주요 과제는 무엇인가?

## 1. 장애인복지예산 및 국제비교

### 1) 최근 장애인복지예산 변화 추이

1981년 「심신장애자복지법」이 제정된 이후 지난 40여 년간 다른 사회복지분야와 마찬가지로 장애인복지분야에서도 많은 변화가 있었다. 특히 2000년 이후 최근 20여 년은 다른 여느 분야보다 장애인복지분야의 변화가 두드러진 기간이었다고 할 수 있다.

이 기간 동안 이루어진 주요한 변화의 내용을 살펴보면, 우선 2000년과 2003년의 장애 범주 확대와 더불어 2001년 장애인차량 LPG 지원사업이 시작되면서 장애인구가 급격히 증가하였으며, 2007년 장애수당과 장애아동수당의 지급 대상이 기초보장수급자에서 차상위 수급자로 확대되고 지급액도 2배 이상 인상됨으로써 소득보장정책에서 획기적인 개선이 이루어졌다. 또한 UN 장애인권리협약 제정 과정에서의 적극적인 참여 및 비준, 「교통약자의 이동편의 증진법」과 「장애인차별금지법」의 제정 및 시행 등 장애인복지 관련 법제가 확대되었으며, 장애인복지관 등 기존 장애인복지시설이 지속적으로 설치되고 자립생활센터와 같은 새로운 전달체계가 등장하는 등 장애인복지서비스 인프라에 대한 확충도 계속되었다. 2007년부터 사회서비스 바우처 사업이 본격화되면서 장애인복지분야에서도 활동보조서비스와 장애아동재활치료바우처사업 등과 같은 장애인 및 가족의 욕구가 높은 새로운 서비스들이 제공되기 시작하였으며, 2010년 7월부터는 새로운 장애급여로서 장애인연금이 도입되었다. 이렇듯 지난 40년간, 특히 지난 20년간 우리나라에서 이루어진 장애인정책의 역동적인 변화는 1990년대 중반 이후 자립생활이념의 확대에서 비롯된 장애인 당사자들의 조직적 연대와 다양한 복지권 운동, 그리고 보건복지부를 위시한 정부 당국의 적극적인 정책 의지가 결합하여 나타난 성과라고 할 수 있다.

장애인복지분야에서 이루어진 변화와 성과에 대한 가시적 결과물은 중앙정부 장애인복지예산의 증가이다. 1981년에 14억 원으로 시작한 보건복지부의 장애인복지예산은 이후 1990년에 296억 원으로 10년 동안 20배가 증가하였고, 2000년에는 1,437억 원으로 1990년보다 4.8배 증가하였다. 그리고 2010년 예산은 6,475억 원으로 2000년과 비교하여 약 4.5배가 증가하였으며, 2018년 예산은 21,156억 원으로 2010년에 비해 약 3.5배 가까이 증가하였다. 2018년 보건복지부 장애인복지예산의 부문별 예산 비중을 살펴보면, 소득보장분야의 경우 장애인연금 6,009억 원, 장애수당 1,298억 원 등의 현금급여와 장애인일자리지원 967억 원 등 총 8,274억 원으로 전체 장애인복지예산의 39.1%를 차지하였다. 그리고 일상생활 및 사회생활지원 분야의 경우, 장애인

활동지원 6,907억 원, 장애아동가족지원 881억 원, 발달장애인지원 85억 원, 장애인거주시설 운영 4,709억 원, 장애인보조기기 지원 32.4억 원 등 총 12,614억원으로 전체 장애인복지예산의 59.6%를 차지하였다. 마지막으로 기타 분야의 경우, 장애등급 심사제도 운영 269억 원, 장애인건강보건관리사업(신규) 9억 원 등 총 278억 원으로 전체 장애인복지예산의 1.3%를 차지하였다.

## 2) 주요 장애인복지 지표를 통해 살펴본 우리나라 장애인복지 현황

### (1) 장애출현율

평균적으로 OECD 회원국의 근로연령대 인구(20~64세) 7명 중 1명(14.3%)은 일상생활에 어려움을 초래하는 만성 질환이나 장애를 갖고 있는 것으로 나타났다. 우리나라는 OECD 27개 국가 중에서 가장 낮은 6% 수준의 장애출현율을 보이고 있는데, 이는 다른 국가가 인구주택총조사 등 서베이를 통해 장애출현율을 파악한 반면 우리나라의 경우에는 보다 엄격한 측정이라고 할 수 있는 등록장애인구를 통해 장애출현율을 파악하였기 때문이다.

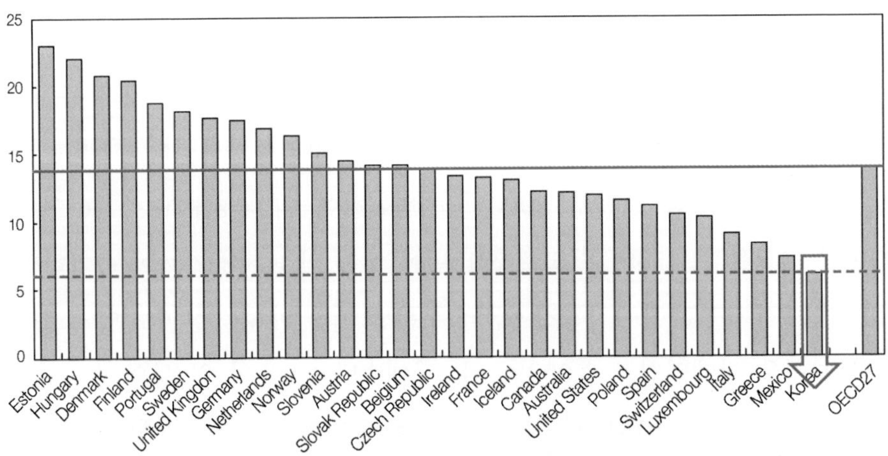


그림 12-1 | **2000년대 후반 OECD 국가의 장애출현율(20~64세 기준)**

이렇듯, OECD 등 국제 비교에 활용되는 우리나라의 장애출현율 통계가 상대적으로 매우 낮게 나타나고 있는 것은 제한적 장애범주와 엄격한 의학적 기준에 토대한 「장애인복지법」 장애판정지침을 반영한 질문을 활용하여 장애인실태조사의 장애출현율을 보고하기 있기 때문이다. 반면에 선진국의 경우에는 손상유형을 제한하지 않고 광범위한 영역에서의 일상생활 및 사회생활의 제약이 있는 지를 묻는 질문을 활용하여 장애판별 여부를 파악하는 사회조사 결과를 인용함으로써 상대적으로 장애출현율이 높게 보고되고 있다고 할 수 있다.

### (2) 장애인 고용률

2018년 기준 우리나라 OECD 기준(15~64세) 49%로 OECD 평균인 47.6%를 상회하는 수준으로 나타났다(고용노동부, 2018). 이렇듯 우리나라의 장애인 고용률이 OECD 평균을 상회하고 있는 것은 장애인을 대상으로 한 취업지원 등의 고용서비스가 다른 국가들보다 성과를 더 거두고 있어서라기보다는 장애인과 가족의 생활안정을 위해 지급되는 장애인연금, 장애수당 등의 소득보장제도의 수준이 낮아서 장애인이 일을 하지 않으면 최저 수순의 생활을 영위하기 어려운 데서 비롯된 결과라고 보는 것이 타당할 것이다.

### (3) 장애인 빈곤율

2000년대 중반 우리나라 장애인가구 빈곤율은 35.6%로서 OECD 국가 평균인 22.1%보다 약 13% 포인트 높았으며, 비장애인이 빈곤상태에 처할 위험을 1로 하였을 때 장애인이 비장애인에 비해 몇 배 더 빈곤상태에 처할 위험을 보여주는 지표라고 할 수 있는 상대적 빈곤위험율에서도 우리나라는 2.4로서 호주, 아일랜드 다음으로 높았다.

표 12-1 | OECD 각 국가별 근로가능연령 장애인의 빈곤 비율(2000년대 중반) (단위: %)

| 구 분 | 장애인 | 비장애인 |
|---|---|---|
| 미국 | 47.6 | 24.0 |
| 호주 | 44.7 | 16.6 |
| 아일랜드 | 36.8 | 14.5 |
| 한국 | 35.6 | 14.6 |
| 캐나다 | 32.2 | 17.2 |
| 에스토니아 | 26.9 | 14.1 |
| 멕시코 | 25.5 | 23.9 |
| 포르투갈 | 25.5 | 15.1 |
| 슬로베니아 | 24.8 | 14.1 |
| 덴마크 | 24.8 | 15.0 |
| 스페인 | 24.1 | 17.4 |
| 영국 | 23.6 | 11.6 |
| 핀란드 | 21.6 | 12.6 |
| 이탈리아 | 21.2 | 15.4 |
| 독일 | 20.7 | 11.1 |
| 그리스 | 19.5 | 15.4 |
| 벨기에 | 18.8 | 10.8 |
| 폴란드 | 18.6 | 15.5 |
| 오스트리아 | 17.7 | 10.8 |
| 헝가리 | 17.5 | 12.5 |
| 프랑스 | 17.1 | 11.1 |
| 아이슬란드 | 16.4 | 15.8 |
| 룩셈부르크 | 16.0 | 10.8 |
| 체코 | 14.1 | 9.2 |
| 스위스 | 13.7 | 11.8 |
| 네덜란드 | 11.5 | 11.0 |
| 슬로바키아 | 11.3 | 12.1 |
| 노르웨이 | 10.8 | 11.4 |
| 스웨덴 | 10.4 | 12.2 |
| OECD-27 | 22.1 | 14.1 |

주: 1) 2000년대 중반 근로가능연령(20~64세) 장애인과 비장애인의 가처분소득 기준 빈곤(중위소득 60% 이하) 가구의 비율임

2) OECD-27은 27개국에 대해 가중치를 부여하지 않은 수치임(에스토니아와 슬로베니아 제외)

출처: OECD(2010). Sickness, Disability and Work: Breaking the Barriers.

### (4) 장애급여 수급률

2007년 기준 우리나라의 근로연령가능대(20~64세) 장애인 중 장애급여를 수급하고 있는 비율은 OECD 국가 평균인 6%에 크게 못 미치는 2% 미만으로 멕시코를 제외하고는 가장 낮았다. 그러나 전체 OECD 국가들 중에서 1990년대 중반과 비교할 때 가장 높은 증가율을 기록하였다.

### (5) GDP 대비 장애인복지지출 비중

2000년 이후 GDP 대비 장애인복지지출 비중이 감소하고 있는 경향을 보이는 OECD 국가가 많은 데 비해, 우리나라의 경우에는 전반적인 복지확대 추이 속에서 GDP 대비 장애인복지지출 비중이 약간 증가하다가 2006년 이후 지난 10년간 정체를 보이고 있다. 2014년 기준 한국의 GDP대비 장애인복지지출 비중은 0.6%에 불과한 반면, OECD 평균은 2.1%이며, 가장 높은 국가인 덴마크로서 4.7%에 달하였다. 한편, 2014년 기준 GDP대비 장애인복지지출 비중의 현금급여와 현물급여 분포를 보면, OECD 평균의 경우, 현금급여 비중이 81%인데 비해 우리나라는 64%로서 현금급여 비중이 매우 작음을 알 수 있다.

표 12-2 | **우리나라와 OECD회원국의 GDP 대비 장애인복지지출 비중** (단위: %)

| 구분 | 1990 | 2000 | 2005 | 2006 | 2014 |
|---|---|---|---|---|---|
| 한국 | 0.3 | 0.4 | 0.5 | 0.6 | 0.6 |
| OECD 평균 | 2.3 | 2.3 | 2.3 | 2.2 | 2.1 |

출처: OECD Social Expenditure Database.

표 12-3 | **우리나라와 OECD회원국의 1인당 GDP 3만 불 달성 시점의 장애인복지지출 비중**

| 구분 | 1인당 GDP | 장애인복지지출 비중(%) |
|---|---|---|
| OECD 평균 (A) | 3만 불 | 2.58 |
| 한국 (B) | 2.8만 불(2014) | 0.61 |
| A-B | - | 1.97 |

출처: OECD Social Expenditure Database.

표 12-4 | **우리나라와 OECD회원국의 GDP대비 영역별 장애인복지지출 비중** (단위: %)

| 구분 | 현금급여 | | | | | | 현물급여 | | | |
|---|---|---|---|---|---|---|---|---|---|---|
| | 장애 연금 | 산재 보험 | 상병 급여 (산재) | 기타 상병보 조금 | 기타 현금 급여 | 소계 | 가사 돌봄 서비스 | 재활 서비스 | 기타 현물 급여 | 소계 |
| OECD 평균(A) | 1.05 | 0.06 | 0.03 | 0.36 | 0.21 | 1.71 | 0.24 | 0.07 | 0.10 | 0.40 |
| 한국(B) | 0.12 | 0.16 | 0.05 | – | 0.05 | 0.39 | 0.02 | 0.01 | 0.20 | 0.22 |
| A–B | 0.93 | –0.10 | –0.02 | | 0.16 | 1.32 | 0.22 | 0.06 | –0.10 | 0.18 |

출처: OECD Social Expenditure Database.

# 2. 장애등급제 폐지 논의 경과 및 쟁점[1)]

## 1) 장애등급제 개편 의미

장애등급기준은 1981년 「심신장애자복지법」이 제정되면서 1982년에 도입되었고 1989년 「장애인복지법」의 시행으로 공고화 되었다(변경희 외, 2012). 장애등급제는 지난 30여 년간 장애인복지지원을 위한 기본적인 토대였으며, 장애인의 소득보장, 감면·할인제도 및 서비스 지원에 있어서 대상자와 지원수준을 결정하는 핵심적 기준이 되어왔다. 따라서 장애등급제를 폐지한다는 것은 단순히 장애정도에 관한 구분을 없애자는 차원을 넘어서서 장애인복지시스템의 전반을 개편해야 한다는 것을 의미하게 된다(이승기, 2013).

그간 장애유형의 확대와 장애등급기준의 조정에 관한 논의는 계속 있었지만(고영진, 1999; 서동우 외, 2001; 이종길·정종화, 2014), 장애등급제 자체를 폐지하자는 논쟁은 상대적으로 미약했다. 장애등급제 자체가 매우 익숙한 제도이

1) 2015. 8. 31일 '장애와 고용'에 실린 논문과 복지부 설명과제를 기초로 수정·보완함.

고 장애등급제 폐지 후의 대안이 부재했기 때문이다. 2007년 이후 논의되기 시작한 장애인복지인프라 제도개선 사업의 경우에도 장애등급제 폐지에 대한 논의는 이루어지지 않은 채, 의학적 기준을 서비스 제공의 획일적 기준으로 활용하는 불합리를 시정하는 차원에서 전달체계를 개편하는 데 초점을 두었다(김성희 외, 2011). 이것은 장애등급제 폐지가 주된 논의 대상이 아니었음을 보여주는 것이다.

장애등급제 폐지가 본격적인 정책 아젠다로 부각되기 시작한 것은 2012년 대선공약으로 장애등급제 폐지가 채택된 이후이다. 처음에는 장애정도가 가장 중한 1급 장애인만이 활동보조서비스의 대상이 되는 부당성을 시정하고, 장애등급에 상관없이 모든 장애인을 대상으로 활동보조서비스가 시행되어야 한다는 의미에서 장애등급제 폐지 논의가 시작되었다. 또한 국민연금공단에서 장애등급에 관한 재심사를 실시하면서 장애등급의 하향조정과 지원축소에 직면한 장애인의 불만도 주요 계기라고 할 수 있다.

2013년 박근혜 정부가 출범하고 장애판정체계기획단이 정부 내에 만들어지면서 장애등급제 폐지기 활발히 논의되기 시작했다. 그간의 논의 중에서 주로 다루어진 사항은 크게 4가지이다. 첫째는, 의학적 기준에 대한 정비, 둘째는 소득보장 체계 개편, 셋째는 장애인감면·할인제도 조정, 넷째는 장애인복지서비스 전달체계 개편이다. 의학적 기준에 대한 정비는 장애정도를 보다 선진적이고 체계적인 시스템으로 바꾸어야 하고 의학적 기준 자체가 장애등급제로 직접 연결되는 것을 폐지하자는 내용이다. 소득보장체계 개편은 장애등급에 따라 차등 지급되는 장애수당과 장애인연금 등을 정비해야 한다는 것이다. 장애인감면·할인제도는 장애정도에 따른 차등지급과 시혜적 성격의 급여를 조정하여 장애등급과 무관한 제도로 구축하는 것이다. 전달체계의 개편은 장애등급과 연동되지 않고, 서비스의 필요도에 따라 장애인에게 맞춤형 서비스를 제공하도록 시스템을 개편해야 한다는 것이다.

이상의 논의 쟁점에서 보듯이 현행의 장애등급제 폐지는 이후의 새로운 대안적 체계가 마련되어야 가능한 것이다. 대안적 체계가 만들어지지 않은 채 장애등급제를 폐지할 경우 그 혼란은 상상하기 힘들고 이런 이유로 폐지가 매우 어렵기 때문이다.

본 연구는 장애등급제 폐지의 논의 경과 및 쟁점 분석을 통하여 장애등급제 폐지 이후의 대안적 체계를 모색하고자 한다.

### 2) 장애등급제 폐지 논의 경과

장애등급제는 우리나라 공적 장애인복지뿐만 아니라 민간 영역의 서비스 지원에 서로 핵심적 기초가 되는 제도이다. 소득보장, 직업재활, 교육, 감면·할인제도, 보건의료 등 장애등급제가 장애인복지에 미치는 영향은 거의 절대적이라고 할 수 있다. 그러나 현행 우리나라의 장애등급제는 의학적 기준에 따른 신체·정신적 손상을 평가하는 제도로, 다양하고 복잡한 서비스 영역에 적용하기에는 획일적이고 단순한 기준이라는 한계를 지니게 된다. 즉, 현행 장애등급제는 장애인의 의학적 장애 상태 외에 개인적 환경과 욕구 등에 대한 정보를 주지 못하게 되고, 이것은 개인적 상황과 맥락에 맞는 서비스 제공에 오히려 걸림돌로 작용하게 된다. 따라서 장애등급제를 폐지하는 것은 단순히 장애등급을 폐지하자는 차원을 넘어 장애인복지 전반에 대한 개편과 체질적 개선을 요구하게 된다. 이것은 국제장애분류기준에서 보듯이 신체구조뿐만 아니라 개인의 활동과 참여 및 상황적 맥락을 고려하는 보다 다양한 기준으로의 발전을 의미하게 된다.

장애등급제 폐지의 촉발과정을 살펴보면 활동보조서비스의 제한적 제도 지원을 비판하고 장애인복지의 외연을 확장하는 것이 주된 계기였지만, 이제 장애등급제 폐지논의는 복지 외연의 확장 요구를 넘어 장애인복지에 대한 근본적이고 대안적인 체계가 무엇인지를 묻는 것으로 확대되어 전체 장애인복지 시스템의 개편 요구로 이어지고 있다. 이것은 학문적으로도 장애인복지 전반에 걸쳐 소득보장체계, 서비스 제공 시스템, 욕구 평가 도구 개발 및 인정조사표의 전반적 확대 등의 과제를 요구하는 것이라고 할 수 있다.

이와 같이 주요한 아젠다로 부상한 장애등급제 폐지 논의 경과에 대한 분석을 통해 향후 우리나라 장애인 복지의 발전적 체계를 모색해 보고자 한다.

#### (1) 활동보조서비스[2)]와 국민연금공단의 장애등급 재심사와의 충돌

2007년 4월, 보건복지부는 장애등급 판정의 부정확성을 시정한다는 목표 아래 장애 1급 및 2급 장애인(다른 장애가 중복된 3급 지적장애 및 자폐성장애 포함)에 대해, 국민연금공단에서 실시하는 장애등급 재심사를 거친 후 장애인으로 등록하도록 하는 시범사업을 시행하였다(2007, 보건복지부). 이전에는 의료기관에서 발급하는 장애진단서가 사실상의 장애등급에 관한 최종적인 판단이었으나, 이를 변경하여 의료기관의 진단서에 대한 정확성을 국민연금공단에서 다시 한 번 심사하도록 제도화한 것이었다(보건복지부, 2007).[3)]

그러나 문제는 국민연금공단의 장애등급 재심사를 통해 장애등급이 상당부분 하향조정 되었다는 것이다. 김경화(2008)의 연구를 보면 2007년 5월 1일에서 2008년 4월 30일까지 국민연금공단에서 장애심사가 확정된 22,205명 중 등급상향은 169명으로 0.7%, 등급유지는 13,362명으로 58.3%, 등급하락은 8,674명으로 37.9%로 나타났다. 이것은 의료기관에서 판단한 장애등급이 하락하는 것을 경험한 장애인이 매우 많았다는 것을 보여주는 것이다.

---

2) 2011년 「장애인활동지원에 관한 법률」이 시행되면서 활동보조서비스 대신 활동지원서비스라는 용어를 사용하게 되었으나, 동법 시행 전의 내용이어서 활동보조서비스라는 용어를 사용함.

3) 이후 2010년에는 3급까지, 2011년에는 모든 장애등급에 대하여 재심사를 의무화하는 것으로 확대되었다(국민연금공단 장애심사센터 홈페이지, www.nps.or.kr/jsppage/hqCenter/hq/index.jsp?areaCd=7116).

한편, 2007년 4월 장애인활동보조서비스가 보건복지부 주도 아래 전국사업으로 시행되었는데 동 서비스를 신청할 수 있는 장애인은 장애 1급으로 한정하였고, 2010년에는 활동보조서비스를 신청하는 장애인의 경우, 국민연금공단의 장애등급 재심사를 받도록 의무화하였다(보건복지부, 2010). 보건복지부에서 발표한 2010년의 장애재심사 자료를 보면 사전에 받은 장애등급이 유지되는 비율은 1급 60.5%, 2급 59.2%, 3급 65.9%에 불과해 장애등급의 하락이 지속되고 있음을 보여주고 있다.

표 12-5 | **장애등급별 등급변동 추이** (단위: 명, %)

| 사전등급 | 심사결정 | | | | | | | | | | 3급 이하 하향률 | |
|---|---|---|---|---|---|---|---|---|---|---|---|---|
| | 계 | 1급 | 2급 | 3급 | 4급 | 5급 | 6급 | 등급외 | 확인불가 | 결정보류 | 3급 이하 결정건 | 비율(%) |
| 1 | 30,813 (100) | 18,635 (60.5) | 7,878 (25.6) | 2,083 (6.76) | 489 | 182 | 146 | 499 | 144 | 757 | 4,300 | 14.0 |
| 2 | 58,010 (100) | 322 (0.6) | 34,316 (59.2) | 16,338 (28.2) | 2,085 | 988 | 357 | 1,910 | 193 | 1,500 | 23,371 | 40. |
| 3 | 3,588 (100) | 8 (0.2) | 26 (0.7) | 2,364 (65.9) | 381 | 150 | 65 | 477 | 13 | 103 | 3,553 | 99.0 |

출처: 보건복지부 장애인 정책국(2010년 3월 기준).

국민연금공단의 장애 재심사가 상당한 수준으로 장애등급을 하락시키면서 장애계의 불만이 매우 높아졌다. 특히, 장애인활동보조서비스의 경우 1급 장애인만이 신청이 가능하도록 하여, 제도는 도입되었지만 장애등급 재심사로 인해 제도의 확산에 걸림돌이 되는 것으로 인식되었다. 활동보조서비스의 경우 급여인정여부를 결정하는 인정조사표가 별도로 시행되고 있어서, 장애 1급이라 하더라도 탈락하는 경우가 있는 반면에, 장애 2급 이하의 경우에는 활동보조서비스가 필요한 장애인이 있음에도 불구하고 신청조차 할 수 없는 불합리가 지속되면서 장애등급에 대한 불만이 누적되었다(남병준, 2010).

이러한 충돌이 발화되어 장애등급제 폐지 운동이 본격화되고 쟁점화된 것은 2012년 8월 21일 '장애등급제·부양의무제 폐지 공동행동'이 장애등급제 폐지 및 부양의무제 폐지를 요구하며 무기한 농성에 돌입하면서부터라고 할 수 있다.

### (2) 대선공약 채택 및 공식적 정책 결정

2012년 8월부터 장애등급제 폐지 이슈가 쟁점화되는 시점에, 2012년 12월 대통령선거가 있었다. 당시 문재인 후보는 장애등급제 폐지를 국민들이 도입되기를 가장 원하는 제도로 선정하고 대통령에 당선되면 장애등급제 폐지를 '국민명령 1호'로 시행하겠다는 공약을 내세웠다. 이후 주요 정당에서 장애등급제 폐지가 대선 공약으로 채택되면서 정책 아젠다로 부상하기 시작했다.

2013년 출범한 박근혜 정부는 장애등급제 폐지를 국정과제로 공식화하고, 2013년 5월 28일 제13차 장애인정책조정위원회 회의에서 장애등급제를 2017년 전면 폐지하겠다고 밝혔다(한국장총, 2014). 또한, 정부는 2014년~2018년까시 시행될 제1차 사회보장기본계획을 통해, "장애인복지서비스의 제공기준으로 활용되는 현행 장애등급제를 개선해 의학적 기준 외에 장애특성, 서비스 필요도 등을 반영한 새로운 장애판정체계"로 2016년에 전환하여 "장애등급이 아닌 서비스 필요도 등을 반영한 통합적 판정체계로 대체"하고, "등급제 폐지효과가 나타날 수 있는 서비스는 등급에 따른 신청제한을 우선적으로 폐지"하는 것으로 확정 발표하였다(관계부처 합동, 2013).

이로써 장애등급제 폐지는 정부의 정책 아젠다가 되었으며 2017년 전면 폐지가 되는 수순을 밟기로 하였다. 그러나 이러한 정부의 정책결정에도 불구하고 장애등급제 폐지는 쉽지 않은 과제로 남게 되는데 2013년 보건복지부에 구성된 장애판정기획단의 활동 내역을 살펴보면 그 어려움을 보다 더 선명히 확인할 수 있다.

### (3) 2013년 보건복지부 장애판정체계기획단 구성

박근혜 정부가 출범하고 보건복지부 내에 장애판정체계기획단이 2013년 4월 15일 활동을 시작하면서, 장애등급제 폐지에 대한 정부차원의 논의가 시작되었다. 보건복지부의 입장은 장애등급제를 2017년까지 폐지하되, 그 중간단계로서 중증장애인과 경증장애인으로 구분하여 장애등급을 간소화하는 일명 중경제(이하 중경제라 함) 도입을 선호하였다(전국장애인철폐연대 외, 2014).

현행의 장애인복지제도가 대부분 중증장애인과 경증장애인의 구분을 통해 급여 및 서비스를 제공하는 제도로 설계되어 있어, 커다란 변화와 혼란 없이 장애등급제 폐지 이후를 대응하는 방식이라고 생각했기 때문이다. 그러나 기획단에서 제기된 상당부분의 의견들은 중경제가 장애등급제의 또 다른 이름일 뿐이며 장애등급제 폐지로 볼 수 없다는 것이었고, 이에 따라 논의가 표류하기 시작했다.

아래의 합의 사항에서 보듯이, 이때 주로 논의된 쟁점은 장애등급제 폐지 이후에, 현행 장애등급을 대체하는 의학적 기준정비, 중증과 경증 장애인으로 구분되어 시행되는 장애수당, 장애인연금 등 소득보장 체계 정비, 장애정도에 따라 할인율이 차등 적용되는 감면·할인제도 개편, 장애등급이 아닌 필요도에 따라 서비스가 지원되는 전달체계 개편 등이었다.

장애등급제가 완전히 폐지되려면, 폐지 이후의 새로운 체계가 마련되고 정비되어야 했으나, 대안에 대한 논의가 지루하게 이어지면서 구체적인 개편안을 마련하지 못하고, 2013년 12월 16일 4가지 합의사항을 채택하면서 기획단의 업무는 막을 내렸다. 〈표 12-6〉은 기획단에서 마련된 합의사항이다.

표 12-6 | **장애판정체계기획단 합의 사항**

| |
|---|
| 하나, 장애등급제 폐지를 위한 중간단계로 중증/경증의 단순화 과정을 거치지 않는다.<br>하나, 소득보장(장애인연금, 장애수당 등)은 의학적 기준, 직업·근로능력기준, 사회적 환경 여건 등을 고려하여 종합판정체계를 마련한다.<br>* 소수의견: 장애인직접소득보장제와 관련, 부양의무자 기준을 폐지하고, 개인소득을 중심으로 사회 적 환경을 고려한 기준을 마련한다.<br>하나, ⓐ 장애등급 구분에 따라 할인율에 차등을 두지 않는 제도는 제도개편 후에도 할인율에 차등을 두지 않는다.<br>ⓑ 장애등급에 따라 할인율에 차등이 있는 제도는 장애인복지서비스 총량이 감소하지 않는 범위에 서 소득기준 등 기타 조건을 고려하여 단일 감면율 적용방안 등을 검토한다.<br>* 소수의견: 장애에 대한 간접적 할인제도 중 직접적 소득보장제도로 전환할 수 있는 사항은 적극적으로 검토·추진한다.<br>하나, 서비스 분야는 장애영역별 특성을 반영한 인정조사표를 마련한다.<br>* 소수의견: 급여 제공방법에서 현물 또는 바우처 외에 직접지불제도의 도입을 검토한다. |

장애등급제 폐지와 관련된 기획단의 합의 사항을 분석해 보면 크게 4가지의 쟁점이슈를 도출해 낼 수 있다. 첫 번째는 장애등급제 폐지를 위한 중간단계로서 중증/경증의 단순화 과정을 거치지 않고 장애등급제 폐지를 추진하는 것, 두 번째는 소득보장을 위한 종합판정체계를 마련하는 것, 세 번째는 감면·할인제도를 정비하는 것, 네 번째는 장애영역별 특성을 반영한 인정조사표를 마련하는 것이다. 이상의 합의를 통해 장애등급제 폐지의 주요 쟁점들이 정리되었으며, 이에 대한 논의를 위해 장애인종합판정개편지원단이 2014년 구성되었다.

### (4) 2014년 장애인종합판정개편지원단 구성

장애등급제 폐지를 논의하기 위한 장애인종합판정개편지원단이 2014년에 보건복지부에 새롭게 구성되었다. 지원단에서는 2013년 장애판정체계기획단의 합의 사항을 중심으로 후속조치가 논의되었다. 첫 번째 쟁점인 중증/경증의 단순화 과정을 거치지 않는다는 사항은 결정된 사항이므로 크게 논쟁의 여지가 없었다. 두 번째 소득보장을 위한 종합판정체계의 마련은 검토가 거의 이루어지지 않았으며, 세 번째의 감면·할인제도의 정비 문제도 논의가 미미했다.

지원단에서 논의된 주된 사항은 장애영역별 특성을 반영한 인정조사표 초안의 개발이었다. 장애특성별 인정조사표 초안이 2014년 10월에 발표되었으나(한국보건사회연구원, 2014), 이외에 장애등급제 폐지와 관련한 뚜렷한 성과는 찾기 어려웠다. 2014년 지원단 역시 의미 있는 대안을 마련하지 못한 채 그 역할을 마쳤다고 할 수 있다.

이와 같이 2014년 지원단 활동이 미미하고, 장애등급제 폐지와 관련하여 2013년에 합의된 내용이 상당부분 축소된 채, 장애특성을 반영한 인정조사표의 개발에만 초점을 두고 논의가 진행된 것은, 이미 관계부처 합동형식(2013)으로 발표된 제1차 사회보장계획에서 예견할 수 있던 일이었다. 동 계획에서의 장애등급제 폐지와 관련된 내용은 2016년까지 장애등급제를 종합판정체계로 전환하여 서비스 필요도 등을 반영한 통합적 판정체계로 전환한다는 것이 주된 내용이고, 소득보장체계 정비와 감면·할인제도개편 등에 관한 사항이 사실상 누락되어 있었기 때문이다.

### 3) 장애등급제 폐지 쟁점 분석

그간 장애등급제 폐지와 관련한 논의를 통해 다양한 쟁점이 제기 되었다. 장애등급제 폐지를 넘어서는 손상중심에서 벗어나 환경적 내용을 포함하는 장애의 새로운 정의(조한진, 2011), 장애인등록제의 폐지 추진 및 장애등급제 폐지로 인한 혜택축소 우려해결(박경석, 2013) 등 산적한 과제가 놓여있다. 이러한 다양한 쟁점 중에서 본 연구는 2013년 장애판정체계기획단에서 합의된 내용을 중심으로 쟁점을 분석하고 대안을 고찰하고자 한다. 장애등급제 폐지와 관련하여 가장 핵심적인 내용이 합의문에 담겨져 있다고 생각하기 때문이다.

#### (1) 쟁점 1: 중증/경증의 단순화 과정이 아닌 전면적인 장애등급제 폐지

2013년 장애판정체계기획단에서 논의된 쟁점 사항 중의 하나가 장애등급제를 폐지하되 중증/경증의 단순화과정을 거칠 것인가의 여부였다. 찬성을 주장하는 쪽은 전면적으로 장애등급제를 폐지할 경우 아직 대안적인 체계가 만들어지지 않은 상태에서의 혼란이 예견되므로, 이를 방지하기 위해 완충적인 과도기를 두어야 한다는 것이었다.

또한 중간단계를 거치는 과정에서 나타나는 문제점을 보완하고 충분한 논의시간을 가짐으로써 궁극적으로는 장애등급제 폐지에 도움이 된다는 것이었다. 그러나 중증/경증의 단순화 과정을 거치자는 주된 배경은 장애등급제 폐지로 발생할 예산의 증가 문제, 행정적인 어려움, 보건복지부의 차원을 넘어서서 해결해야 하는 관련 부처의 제도적 개편 등의 산적한 과제를 해결해야 하는데 이러한 어려움을 극복할 철학과 의지의 부족의 또 다른 표현이라고 할 수 있을 것이다.

그러나 중경제도의 도입은 기획단에서 반대에 부딪치게 된다. 첫 번째는 장애등급제 폐지 이후의 새로운 대안체계를 제시하지 않은 채 장애등급을 간소화하는 중경제도의 도입은 장애등급제를 폐지하지 않겠다는 것과 동일하다는 지적, 두 번째는 장애등급의 중경제도의 도입이 향후에 장애등급제 폐지를 달성한 것으로 주장될 수 있다는 의구심, 세 번째는 얼마 시행되지도 않을 중증/경증제도를 과도기적으로 도입하는 것은, 향후 2017년에 장애등급제를 완전 폐지할 때 오히려 더 큰 혼란을 가져올 수 있다는 점이 지적되었다.

이에 따라 합의문에서는 중증/경증의 단순화과정을 거치지 않고 장애등급제를 전면적으로 폐지하는 것으로 의견이 모아졌고 보건복지부가 이를 받아들임

으로써 일단락되었다.[4)]

### (2) 쟁점 2: 소득보장을 위한 의학적 기준, 직업·근로능력기준, 사회적 환경 여건 등을 고려한 종합판정체계 마련

현재 장애인에 대한 소득보장체계는 크게 둘로 나누어지는데, 하나는 국민기초생활보장제도의 적용에 따른 최저생활의 보장이고, 또 하나는 장애인을 위한 별도의 소득보장제도이다. 현재 국민기초생활보장제도에 따른 소득보장체계에 장애등급이 활용되고 있지는 않으므로, 장애등급제 폐지로 국민기초생활보장제도는 영향을 받지 않고, 장애인을 위해 시행되는 별도의 소득보장제도가 직접적인 영향을 받게 된다.

장애인을 위한 별도의 소득보장체계는 장애수당, 장애인연금, 장애연금으로 구분될 수 있는 데, 사회보험 성격인 장애연금을 제외한다면 경증장애인에게 지급되는 장애수당, 중증장애인에게 지급되는 장애인연금이 대표적인 소득보장제도라고 할 수 있다.

장애수당과 장애인연금은 소득기준을 적용하므로, 장애인을 위한 별도의 소득보장체계는 소득기준과 더불어 장애등급이 가장 주요한 요소라고 할 수 있다. 장애등급이 폐지된다면 소득보장체계를 새롭게 구성할 수밖에 없는 이유이다.

합의문에 따르면 대안적 소득보장체계에서 고려해야 할 기준은 크게 의학적 기준, 근로/직업능력기준, 사회적 환경 등 3가지 요소이므로, 소득보장에 있어서 의학적 기준은 하나의 요소로만 적용되어야 하고, 이외에 직업·근로능력

4) 전국장애인차별철폐연대의 박경석 대표는 정부의 중경제 도입의 철회가 장애등급제 폐지를 수용한 것이 아니라 중경제도를 도입하기 위해 필요한 예산을 확보하지 못하자 철회한 것에 불과한 것이라고 주장하며, 합의사항도 정식으로 합의된 내용이 아니라고 보고 있다(전국장애인철폐연대 외, 2014).

기준과 사회적 환경을 고려한 종합판정체계를 마련하여 소득보장체계를 구축해야 함을 알 수 있다.

### (3) 쟁점 3: 감면·할인제도 정비

현재의 장애인에 대한 감면·할인제도는 〈표 12-7〉에서 보듯이 31종류이며[5] 장애등급과 상관없이 모든 장애인에게 적용되는 감면·할인제도가 21종류, 장애등급에 따라 차등적으로 감면·할인이 적용되는 제도가 10종류이다. 이중에서 장애등급에 따라 감면·할인이 달라지는 제도가 장애등급제 폐지와 관련하여 쟁점이 되며, 건강보험 지역가입자의 보험료 감면·할인 관련 2종류, 공공요금 관련 6종류, 세제 혜택 부분 2종류가 대상이 된다.

표 12-7 | **장애인 감면·할인제도**

| 영역 | 내용 | 지원대상 | 장애등급 적용여부 |
|---|---|---|---|
| 1. 건강보험 지역가입자 보험료 경감 | 1) 자동차분 건강보험료 전액면제 | 등록장애인 | × |
| | 2) 생활수준 및 경제활동참가율 등급별 점수산정 시 특례적용 | 등록장애인 | × |
| | 3) 산출보험료 경감 | 1~2급/3~4급/5~6급 차등 | ○ |
| | 4) 장기요양보험료 경감 | 1~2급 장애인 | ○ |
| 2. 공공요금 | 1) 차량구입 시 도시 철도채권 구입 면제 | 등록장애인 | × |
| | 2) 고궁, 능원 등 감면 | 등록장애인 | × |
| | 3) 공영주차장 주차 요금감면 | 등록장애인 | × |
| | 4) 철도·도시철도 요금감면 | 철도: 1~3급/4~6급 차등 | ○ |
| | | 도시철도: 등록장애인 | × |

5) 철도·도시철도 요금 감면의 경우는 철도요금은 차등 적용하고 도시철도는 차등 적용하지 않으므로 2종류로 보아서 계산함. 보건복지부에서 시행하는 제도만을 의미하며 각 지방자치단체에서 시행하는 내용은 포함되지 않았음. 장애등급 정도에 따라 지원수준을 달리하는 경우도 있으나 감면·할인제도가 아니므로 포함되지 않았음.

| | | | |
|---|---|---|---|
| | 5) 유선통신 요금감면 | 등록장애인 | × |
| | 6) 이동통신 요금감면 | 등록장애인 | × |
| | 7) 시·청각 장애인 TV 수신료 면제 | 등록장애인(시·청각) | × |
| | 8) 항공요금할인 | 장애등급별 차등 | ○ |
| | 9) 연안여객선 여객운임 할인 | 1~3급/4~6급 차등 | ○ |
| | 10) 고속도로 통행료 50% 할인 | 등록장애인 | × |
| | 11) 전기요금 할인 | 1~3급 장애인 | ○ |
| | 12) 도시가스요금 할인 | 1~3급 장애인 | ○ |
| | 13) 장애인자동차검사수수료 | 1~3급/4~6급 차등 | ○ |
| 3. 세제혜택 | 1) 승용자동차에 대한 개별소비세 면제 | 1~3급 장애인 | ○ |
| | 2) 장애인용차량에 대한 취득세 | 1~3급 장애인 | ○ |
| | 3) 승용자동차 LPG 연료 사용 허용 | 등록장애인 | × |
| | 4) 차량구입시 지역개발 공채 구입 면제 | 등록장애인 | × |
| | 5) 소득세공제 | 등록장애인 | × |
| | 6) 장애인 의료비공제 | 등록장애인 | × |
| | 7) 장애인특수교육비 소득공제 | 등록장애인 | × |
| | 8) 장애인보험료 공제 | 등록장애인 | × |
| | 9) 상속세 상속 공제 | 등록장애인 | × |
| | 10) 증여세 과세가액 불산입 | 등록장애인 | × |
| | 11) 장애인 보장구 부가가치세 영세율 적용 | 등록장애인 | × |
| | 12) 장애인용 수입물품 관세 감면 | 등록장애인 | × |
| | 13) 특허출원료 또는 기술 평가청구료 등의 감면 | 등록장애인 | × |

출처: 보건복지부(2014). 2014년 장애인복지사업 안내(1권)을 토대로 재구성.

합의문에 의하면 예산의 총액이 감소하지 않는 범위에서 단일 감면·할인률을 검토하도록 되어있고, 소수의견으로 직접적 소득보장제도로의 전환을 제시하고 있다. 장애등급제가 폐지된다면, 장애등급에 따른 감면·할인제도의 운영은 불가하므로 장애등급을 대체하는 기준을 만들던지, 단일 감면·할인율을 적용할 수밖에 없다. 소수의견으로 제시된 직접소득보장제도로의 전환은 감면·

할인률이 가지는 장애인복지의 시혜적 성격을 탈피하고 권리적 성격을 강화하는 장점을 가지고 있다.

#### (4) 쟁점 4: 장애영역별 특성을 반영한 인정조사표 개발

장애등급제 폐지와 관련하여 사용되는 용어인 인정조사표는 장애등급과 상관없이 장애인이 필요로 하는 서비스 욕구를 파악하여 지원할 수 있도록 하는 개별적인 조사표를 의미한다. 현재 장애인복지와 관련하여 활용되는 인정조사표는 장애인활동지원을 위한 인정조사표가 유일하다. 장애인활동지원 인정조사표에 따른 지원은 장애등급이 아닌 별도의 조사를 거쳐 제공되므로, 장애등급의 정도는 직접적인 영향을 미치지 않는다. 현행의 제도에서 3급 장애인까지 신청자격을 주고 있으므로 신청 시에 영향을 미치기는 하지만, 이것은 행정상의 편의 때문이지 인정조사표의 성격과 관련이 없는 것이다.

장애영역별 특성을 반영한 인정조사표를 개발하는 것은 활동지원제도와 같은 별도의 조사표를 새롭게 만들자는 것이다. 이것은 장애등급을 기준으로 하여 서비스를 지원하는 것이 아니라, 서비스에 대한 개별적 욕구를 파악하여, 욕구에 대응하는 방식으로의 전환을 의미한다.

### 4) 결론 및 전망

장애등급제 폐지는 활동보조서비스와 국민연금공단의 장애등급 재심사와의 충돌에서 시작하여, 장애복지시스템의 전반을 개편해야 하는 거대 이슈로 발전하였다. 30여 년간 장애인복지의 토대로 작용한 장애등급제를 폐지하는 것이 간단한 작업은 아니다. 장애등급제의 토대위에 쌓여진 수많은 제도가 연결되어 있고, 이러한 연결을 무리 없이 정비하는 것은 매우 어렵기 때문이다.

장애계 내에서도, 각기 위치한 지점에 따라 입장차이가 분명하여 갈등이 야기될 수 있다. 그간 잘해온 제도를 왜 바꾸려 하는지 모르겠다는 의견들도 있다. 그러나 장애인복지가 발전하면 할수록 장애등급제가 걸림돌이 될 가능성도 점점 높아질 것이다. 장애인복지의 기본적인 이념 중의 하나인 자립생활을 영위하려면 장애등급에 따른 지원이 아닌 장애인 개인과 가족의 삶을 바라보면서 개별적 지원을 실시하는 제도로 전환되어야 하는데 장애등급제가 이를 가로막고 있기 때문이다.

장애등급제 폐지 이후의 장애인복지의 모습은 거의 모든 영역에서 불리함을 겪는 장애인이 사회구성원으로서의 자립적 삶을 영위할 수 있도록 전환되는 것이다. 본 연구에서 분석한 쟁점에 대한 대안적 체계도 이러한 목표를 가지고 논의되어야 할 것이다.

소득보장체계의 정비는 장애인의 경제적인 삶을 보장한다는 목표를 가질 때만이 해결책이 나올 수 있다. 근로능력/직업능력 기준의 경우에도 이를 통해 장애인의 삶을 진전시키는 방향성이 있어야 가능한 것이며, 소득보장 수준을 낮추고 장애인을 배제하기 위한 차원에서의 근로능력/직업능력 기준의 도입은 무의미한 것이다. 사회적 환경의 고려도 동일 맥락에서 바라보아야 할 것이다.

의학기준(KAMS 기준 포함)의 정비는 또 다른 등급제를 만드는 것이 아니라 장애인의 기본적이고 보편적인 삶을 보장하기 위해 개발될 때 의미가 있는 것이며, 이것은 보다 정치한 의학적 평가가 장애인의 삶에 도움이 되도록 진행되는 것이라야 한다.

감면·할인제도의 정비는 장애등급제가 폐지된 후 장애인이 자립적인 삶을 살아갈 수 있도록 합의를 모아나가야 방식이 되어야 한다. 감면·할인 제도의 정비는 장애인에게 장애등급제 폐지 이후의 변화를 체감적으로 느끼게 하는 영역이지만 보다 과감하게 개편을 추진할 필요가 있다. 장애등급제 폐지를 위해 감면·할인제도 정비가 걸림돌이 되어서는 안 되기 때문이다.

인정조사표의 개발과 전달체계의 정비는 어떻게 보면 가장 어려운 부문이다.

현행체계를 근본적으로 바꾸어야 하고 장애등급제 폐지 이후의 비전이 없으면 현실에 안주하면 그만이기 때문이다. 개인별 지원이 가능하도록 인정조사표를 개발하고 서비스 주체 간의 유기적 협력관계가 이루어지도록 개편해야 한다.

이러한 방향성을 가진 장애등급제 폐지가 2019년 7월부터 장애등급을 중경증으로 이원화하여 장애정도라는 용어를 사용하면서 '장애의 정도가 심한 장애인'과 '장애의 정도가 심하지 않은 장애인'으로 변경되었다. 이러한 개편은 장애등급제의 폐지라기보다는 장애등급제를 단순화한 체계이므로 장애등급제 폐지가 가졌던 애조의 목표에는 미치지 못함을 의미한다. 향후 완전한 장애등급제 폐지로 어떻게 진전되어 나갈 것인지에 대해 꾸준히 관심을 가지고 방향성에 주목할 필요가 있을 것이다.

## 3. 우리나라 장애인정책의 과제

### 1) 우리나라 장애인정책의 낙후 원인

현 시점에서 우리나라의 장애인복지 수준은 OECD 국가 평균에 크게 미치지 못하고 있을뿐더러 사실상 멕시코와 더불어 거의 모든 영역에서 최하위권의 국가라고 할 수 있다.

장애인복지 수준에서 최하위권의 국가로 분류될 수밖에 없는 이유는 결국 장애인복지에 대한 예산 투입이 매우 적기 때문이다. 최하위 수준의 장애인복지예산 규모는 주요 OECD 국가들과 비교할 때 우리나라 장애인이 여전히 높은 빈곤 위험에 직면해 있고, 낮은 취업률과 자립생활지원서비스의 부족으로 인해 비장애인에 비해 열악한 삶을 영위할 수밖에 없는 근본적 요인으로 작용하고 있다. 물론 1990년 이후 지난 20여 년간의 예산 증가 추이를 비교해 보면, 우리나라는 OECD 국가들 중에서 가장 두드러진 증가세를 보여 온 국가이지만, 여전히 OECD 국가들과 커다란 격차를 보이고 있다. 지난 2000년 이후 장애인복지예산의 급격한 증가 속에서도 우리나라가 GDP 대비 장애인복지예산의 비중에 있어서 여전히 OECD 국가들 중 최하위의 수준에 있는 것은 여러 요인들이 복합적으로 작용하고 있기 때문이다.

우선, 장애인 정책 대상 인구가 주요 선진 외국에 비해 협소하다는 점을 들 수 있다. 이는 공공에서 제공하는 각종 장애인복지서비스의 진입 창구로서 등록 장애의 범주가 전체 신체 기능의 제약을 포괄하지 못하고 있고[6], 더불어 장애연금, 장애인연금, 활동지원서비스 등 주요 제도가 장애 상태와 소득 수준에 따라 급여(서비스) 대상을 매우 제한적으로 적용하고 있는 데서 비롯된 현상이라고 할 수 있다.

또한 기존 제도에서 제공하는 급여 수준이 주요 선진 외국과 비교해 매우 낮은 것도 최하위 수준의 GDP 대비 장애인 예산 비중을 유지시키는 요인이다. 실례로서, 우리나라 장애급여의 효과성을 파악하기 위해 장애급여 수급 후에 비장애인 대비 장애인 소득 비중이 어떻게 달라지는지를 살펴본 결과, EU(European Union) 회원국의 경우 장애급여 수급 후 비장애인 대비 장애인 소득 비중이 26.3%가 상승한 반면, 우리나라의 경우에는 2.9% 증가에 그쳤다(윤상용 외, 2008).

마지막으로 주요 선진 외국에 비해 장애인정책 프로그램 수가 부족한 것도 하나의 요인이라고 할 수 있다. 장애인 보호로 소득활동을 하지 못하는 보호자의 기회비용 보전을 위한 보호자 수당, 중증장애인의 미래 보호 및 주거비용

---

6) 우리나라는 전체 신체 기능 중 특정한 신체적, 정신적 기능의 제약만을 장애로 인정하는 폐쇄적(closed) 장애 등록 체계의 형태를 유지하고 있다. 반면에 주요 선진 외국들은 대부분 장애인복지서비스의 대상으로서 특정한 신체적, 정신적 기능의 제약을 명시하지 않는 개방적 장애 등록 체계를 운용하고 있다.

마련을 위한 자산형성지원제도, 저소득 장애인 근로자를 위한 장애인장려세제 등 주요 선진국에서 시행하고 있는 다양한 제도들이 아직까지 도입되지 않고 있다.

결국 우리나라가 경제 규모에 걸맞는 수준의 장애인복지를 구현하기 위해서는 무엇보다 장애인정책 예산의 획기적인 증액이 필요하다고 할 수 있다. 더불어 분절적 서비스 제공, 서비스 공급자 중심의 자원 할당 및 사례관리 기능의 부재 등 제도 운영에서 나타나는 문제점은 제한된 예산의 효율적 사용을 저해하고 있어, 이 부분에 대한 개혁조치들도 지속적으로 추진되어야 할 것이다.

### 2) 장애인정책 발전의 기본 방향

#### (1) 포용성장을 위한 통합적 장애인 고용-소득보장-사회서비스 정책 추진

외환위기 이후 한국사회는 노동유연성의 증가와 비정규직의 확산으로 대표되는 불안정노동의 시대로 급속히 전환되었으며, 이는 한국의 절대 다수의 노동인구가 노동을 통한 소득으로 개인과 가구의 현재의 필요와 미래에의 대비를 충족할 수 없는 상태가 되었음을 의미하는 것이다. 이러한 신자유주의적 사회경제체제로의 본격화 이후 국민연금과 고용보험을 중심으로 한 사회보험의 확대와 국민기초생활보장제도와 긴급복지의 도입 등 공공부조의 개편, 그리고 기초연금, 장애인연금, 아동수당 등사회수당형 급여의 도입 등 소득보장제도의 확충이 진행되어 왔으나 역설적이게도 소득 양극화 추이는 갈수록 심화되어 왔다.

불안정노동사회의 도래와 함께 장애인은 노동시장 내부와 외부에서 가장 취약한 계층으로 전락하고 있다. 일자리의 질에 따라 계층화되어 있는 노동시장 내부에서 장애인은 저임금 임시직이라는 최하위층에 속해있으며, 노동시장 외부에서는 낮은 경제활동참가율과 높은 실업률 등으로 비장애인의 절반에도 미치지 못하는 낮은 고용률을 보여주고 있다. 이는 결과적으로 현재 시행되고 있는 장애인 의무고용제도, 지원고용서비스, 직업재활시설 운영, 장애인일자리사업 등 다양한 장애인 고용서비스가 장애인의 고용률을 제고하는 데 한계가 있음을 보여주는 것이라고 할 수 있다.

장애인정책이 장애인의 기본적 욕구를 충족함과 동시에 경제성장에 기여하는, 포용성장에 부합하는 사회정책이 되기 위해서는 장애인 고용정책과 소득보장정책, 그리고 활동지원서비스로 대표되는 사회서비스정책 등 장애인정책 상호간에 긴밀히 연계될 수 있도록 하는 혁신적 접근이 필요하다. 이러한 관점에서 볼 때, 무엇보다 인구고령화로 인한 생산 인구 감소에 대응하여 전통적 비경제활동인구로 간주되어 온 장애인을 경제활동인구로 편입하여 장애인의 고용률을 제고하는 적극적 노동시장정책의 강화가 요구된다. 이를 위해 전체 장애인구 중 65세 이상 장애인의 비율이 47%에 달할 만큼 고령화된 장애인구의 특성을 고려하여 의무고용제도, 지원고용, 장애인일자리사업 등의 대상이 되는 정책 대상 집단의 규모를 확대하기 위한 접근이 필요하며, 동시에 의무고용제도의 이행률 제고, 적용대상 사업장 확대 및 재정지원 장애인일자리 확대 등의 조치가 필요하다. 더불어 장애인의 경제적 자립을 위한 두 가지 핵심 축인 소득보장제도와 고용서비스가 상호간에 명확한 역할 분담이 가능하도록 하기 위한 조치로서 소득보장과 고용서비스의 긴밀한 연계 체계를 구축하되, 우선적으로 장애인 소득보장제도가 지급하는 급여의 충분성을 강화하는 것을 목적으로 하는 장애인 소득보장체계의 선진화가 필요하며, 더불어 소득활동능력평가 체계 구축에 기반한 소득보전급여와 고용서비스의 연계를 추진하는 것이 필요하다. 그리고 활동지원서비스가 장애인의 실질적 자립을 지원하고 동시에 일자리 확대에 기여할 수 있도록 하기 위한 제도 개선이 필요한 바, 활동지원서비스 수급자 확대를 통해 고용창출 효과가 높은 사회서비스 일자리를 확대할 필요가 있으며, 더불어 활동지원 수급자의 근로 및 교육훈련 인센티브를 강화할 필요가 있다.

이상에서 살펴본 포용성장을 위한 통합적 장애인정책 수립과 관련한 추진 과제의 우선 순위로서, 먼저 장애인의 빈곤 감소와 가처분소득 증대를 통한 유효수요 제고 전략으로서 기존 소득보장제도의 대상 확대와 지급액 인상을 내용으로 하는 장애인 소득보장체계의 선진화를 우선적으로 추진할 필요가 있다. 이어서 생산인구 증대 전략으로서의 의의가 있는 장애인 고용률 제고, 중장기적 관점에서 소득보장정책과 고용보장정책의 효율성을 제고할 수 있는 방안으로서 장애인 소득보장제도와 고용서비스의 적극적 연계 체계 구축, 장애인활동지원서비스의 대상 확대 및 고용 인센티브 강화 방안 등을 추진할 필요가 있다.

### (2) 장애인복지예산의 지속적인 확대

공적연금 제도의 성숙 및 장애연금 수급 기준의 개편, 저소득 중증 장애인을 위한 새로운 급여로서 장애인연금의 확대, 장애인활동지원서비스 등의 확대 등이 지속적으로 이루어질 예정인바, 2000년 이후 이어져 온 장애인복지예산의 가파른 상승 추이는 당분간 계속될 것으로 전망된다. 이로 인해 전체 GDP 대비 장애인복지예산 비중도 향후 지속적으로 상승할 것으로 예상되나, OECD 국가 평균과 커다란 격차를 보이고 있는 현실을 감안할 때, 최하위 수준을 벗어나기란 쉽지 않을 것으로 보인다.

장애인정책이 궁극적으로 장애인의 욕구 충족과 장애인의 자립을 목적으로 하는 국가적 행위라는 점에서, 향후 장애인복지예산을 증가시키려는 적극적 노력이 있어야 할 것이다. 즉, 기존 제도의 확대는 물론, 장애인의 욕구를 충족시킬 수 있는 신규 프로그램의 도입과 더불어 각각의 제도에서 제공하고 있는 급여(서비스) 수준을 지속적으로 제고하는 것이 병행되어야 한다. 이를 위해서는 부문별 예산 수립이 전년도 예산 기준으로 이루어지는 방식이 아닌, 수요

예측과 물가상승율 등 보다 합리적인 준거를 통한 예산 수립이 이루질 필요가 있다.

정책 영역별 예산 배분은 장애인의 욕구 충족이라는 정책적 목표와 장애인 복지의 지배적 패러다임인 자립생활이념에 근거하여 장애인의 궁극적인 자립을 제고하고자 하는 기본 방향하에서 이루어져야 한다.

전체 장애인들의 복지욕구를 파악할 수 있는 장애인실태조사 결과에 따르면, 우리나라 장애인들이 국가 및 사회에 바라는 사항으로서 소득보장, 의료보장, 고용보장 및 자립생활서비스 지원 확대 등이 꼽히고 있다(김성희 외, 2017). 이를 토대로 향후 장애인정책 예산 배분의 기본 방향을 도출해 보면, 현재와 같이 소득보장의 예산 비중을 유지하되, 의료보장, 자립생활지원서비스와 직업재활(중증장애인 취업 지원) 영역에 대한 예산 비중을 제고하는 데 주력해야 할 것으로 판단된다.

### (3) 장애인 소득보장과 고용정책의 연계

소득지원과 고용 및 직업재활서비스는 장애인정책의 궁극적 목적인 장애인 자립을 위한 상호 보완의 관계에 있는 제도로서 양 제도의 적극적인 연계는 최근 주요 선진국의 장애인정책 동향에서 발견할 수 있는 두드러진 특징이라고 할 수 있다. 그러나 장애인 소득보장과 고용정책의 연계를 적극적으로 꾀하는 최근의 국제 동향과 달리 우리나라의 경우에는 제도 간 연계가 전무한 상황이라고 해도 과언이 아니다. 물론 제도의 물적, 인적 기반이 선진 외국과 비교할 때 턱없이 미흡한 수준이어서, 제도 간 연계를 통해 사업의 효율성과 효과성을 크게 기대하기 어려운 상황이지만, 사업이 계속 다양화되고 관련 예산이 지속적으로 확충되는 추세에 있음을 감안할 때, 중장기적인 관점에서 장애인 소득보장과 고용정책의 연계에 대한 모색이 이루어지지 않고 있는 현실은 결코 바람직하지 않다.

고용 및 직업재활서비스에 있어서도, 고용노동부와 보건복지부가 별도의 전달체계에서 유사한 서비스를 제공하고 있어 사업 자체의 비효율성이 문제점으로 꾸준히 지적되고 있으며, 양 전달체계의 역할 분담 및 연계에 대한 명확한 결론이 나지 않은 상황에서 사업 확장이 이루어지고 있는 상황이다. 더욱이 최근에 많은 예산이 투입되고 있는 장애인 일자리 사업 역시 대상자 선정 기준 및 사업 내용을 보면 기존 고용 및 직업재활서비스와의 정책적 차별성의 확보 혹은 상호 연계 없이 한시적 사업 형태로 진행되고 있다고 할 수 있다. 이렇듯 고용 및 직업재활서비스 내에서 서비스 체계화의 부재와 서비스 간 역할분담 및 연계가 이루어지고 있지 않은 상황에서 장애연금, 장애인연금 및 국민기초생활보장제도 등 소득보장제도와의 연계가 이루어지고 있지 않은 것은 지극히 당연하다고 할 수밖에 없다.

따라서 기존 장애인연금, 장애수당 등 장애급여의 확대 및 장애인장려세제, 보호자수당 등 새로운 급여의 도입 등을 내용으로 하는 단기적 접근과 병행하여 장기적 관점에서 소득보장제도의 효율성을 추구하기 위해 현재의 장애인 소득보장체계를 수요 선진 외국과 같이 소득보전급여 체계 중심으로 재편하고 고용서비스와의 연계가 가능하도록 하는 개혁적인 조치들이 이루어져야 할 것이다.

### (4) 사회서비스의 효율성 제고

장애인 대상 사회서비스 제공 체계를 자립생활 지원, 이용자 중심, 서비스 통합의 핵심적 가치를 구현할 수 있도록 개혁하는 것이 필요하다. 단기적으로는 장애인활동지원서비스, 발달재활서비스 등 이용권을 급여로 하는 이용자 중심의 사회서비스의 지급대상과 지급액 수준을 지속적으로 확대하는 등의 욕구에 비해 공급이 부족한 영역을 중심으로 사회서비스의 공급량을 지속적으로 확충해야 한다. 더불어 장기적으로는 사회서비스 공급을 위한 자원 할당 혹은 재정 지원 방식을 기존의 공급자 중심에서 이용자 중심으로 재편해야 한다. 이용자 중심의 자원 할당은 장애인복지관, 장애인생활시설 등 전통적인 서비스 공급자에게 보조금 방식으로 제공되던 재정을 이용자의 욕구에 기반하여 서비스 제공량을 산출하고 이를 본인의 선택하에 구매하여 이용할 수 있도록 하는 방식으로 개편하는 것을 의미한다. 지난 20여 년 가까이 자립생활이념과 소비자주의 및 당사자주의 등 장애인복지를 둘러싼 철학과 패러다임은 급격하게 변화되었지만 이를 반영한 장애인복지서비스의 변화는 매우 제한적이었다. 2007년 활동보조서비스의 도입에 이은 2011년 장애인활동 지원제도 시행, 2010년 발달재활서비스 확대 등을 통해 이용자가 서비스를 선택하는 새로운 제도들이 이러한 패러다임을 반영하는 방식으로 시행되었으나, 전체 장애인복지서비스에서 차지하는 비중은 그리 높지 않은 수준이다. 이러한 재정 지원 방식의 개혁은 기존의 분절적 서비스를 장애인 개인의 욕구와 환경에 따라 서비스의 양과 내용을 구성하는 통합적 서비스로 개편하는 것과 함께 추진되어야 최대의 효과를 거둘 수 있다. 개별 서비스에 있어서, 장애인복지관을 중심으로 욕구에 기반하여 서비스가 제공되는 방식이 일정 정도 작동하고 있으나 이 역시 전문가 중심의 임상적 사정에 치우치고 있어 세계적 추세라고 할 수 있는 이용자 중심 재정 할당의 근거가 되는 욕구에 대한 통합적인 사정이 이루어지지 못하는 상황은 극복될 필요가 있다.

## 생각해보기

1. 우리나라 장애인복지 예산 추이에 대한 설명이 가능한가?
2. 장애등급제 폐지 원인과 대안에 대한 이해가 충분하가?
3. 장애인복지 미래에 대한 전망을 생각해 볼 수 있는가?

PART

# 03

# 장애와 사회복지실천

# 13장
# 장애인복지서비스 제공기관

**주요 학습문제**

- 한국의 장애인복지서비스 제공의 구조는 어떠한가?
- 장애인복지서비스 제공기관은 어떻게 운영되는가?
- 장애인복지서비스 제공기관의 과제는 무엇인가?
- 장애인복지서비스 제공기관 간의 협업은 가능한가?

## 1. 장애인복지서비스 제공의 의미

장애인의 기본적 권리 중의 하나는 자신이 속한 사회에서 비장애인과 동등한 삶을 살아가는 것이다. 이것은 국적, 신분, 지위, 성, 연령 등 다양한 이유로 약자인 사람이 그렇지 않은 사람과 차별받지 않고 동등하게 삶을 영위할 권리가 있는 것과 마찬가지로 장애로 인한 불리함을 겪지 않아야 한다는 것을 의미한다. 장애로 인해 지역사회에서의 삶의 자립성이 훼손되지 않도록 하기 위해, 우리 사회는 소득, 건강, 교육, 문화 등 전반적인 영역에서 장애인을 지지하는 체계를 만들고 있으며, 장애인복지서비스를 제공하는 것도 이러한 노력

중의 하나이다.

장애인복지서비스를 제공하는 기관은 유형별로 보다 세분화할 수 있지만, 한 공간에 거주하는 것을 전제로 만들어지는 장애인거주시설, 지역사회에서 삶을 살아가면서 서비스를 이용하는 장애인 지역사회재활시설, 지역사회의 삶 중에서 특별히 장애인의 자립생활을 강조하는 중증장애인 자립생활센터를 중심으로 설명하도록 한다. 이 세 가지 유형의 서비스 제공기관은 장애인의 삶의 연속선상에서 뚜렷한 특징을 가지면서 제공기관으로서의 핵심적 역할을 각자의 영역에서 담당하고 있기 때문이다.

## 2. 장애인거주시설

### 1) 의미

「장애인복시법」 제58소는 장애인거수시설을 '거주공간을 활용하여 일반가정에서생활하기 어려운 장애인에게 일정 기간 동안 거주·요양·지원 등의 서비스를 제공하는 동시에 지역사회생활을 지원하는 시설'로 규정하고 있다. 2011년 「장애인복지법」 개정 전에는 장애인생활시설이라는 명칭을 사용하였으나 지역사회에서의 삶을 강조하는 측면에서, 그리고 한 공간에서의 24시간 생활하는 개념이 아닌 일반 가정의 주택에서 거주하는 개념으로 전환하여야 한다는 것을 강조하여 거주시설이라는 용어를 사용하게 되었다.

그러나 문제는 용어는 바뀌었지만, 아직도 생활시설과 같이 운영되는 시설이 상당하며 이로 인해 지역사회와의 단절, 수용소와 같은 이미지를 벗어나지 못하다는 데에 있다. 인권침해와 같은 장애인의 삶에 치명적인 악영향을 미치는 사례가 지속적으로 반복되고 있으며, 이로 인해 거주시설 기능 자체에 회의를 품는 시각도 여전히 계속되고 있다. 특히, 장애인복지의 이념 중 하나인 탈시설과 정면으로 배치되는 현재와 같은 거주시설의 기능은 앞으로 새로운 개념의 거주공간으로서의 방향성이 제시되지 않을 경우 비판에서 자유롭지 못한 상황을 계속 맞이할 수밖에 없다.

이러한 문제를 해결하기 위해, 인권침해의 개연성이 매우 높은 대규모 시설의 설치와 유지를 억제하는 정책이 시행되고 있으며, 신규 거주시설의 설치 시 30인 미만의 소규모거주시설만이 가능하도록 법제화되어 있다. 또한, 거주시설의 투명성과 개방성을 확보하고 인권침해를 예방하기 위해 인권지킴이단을 신설하여 운영하는 등 다각적인 노력이 이루어지고 있다.

## 2) 종류

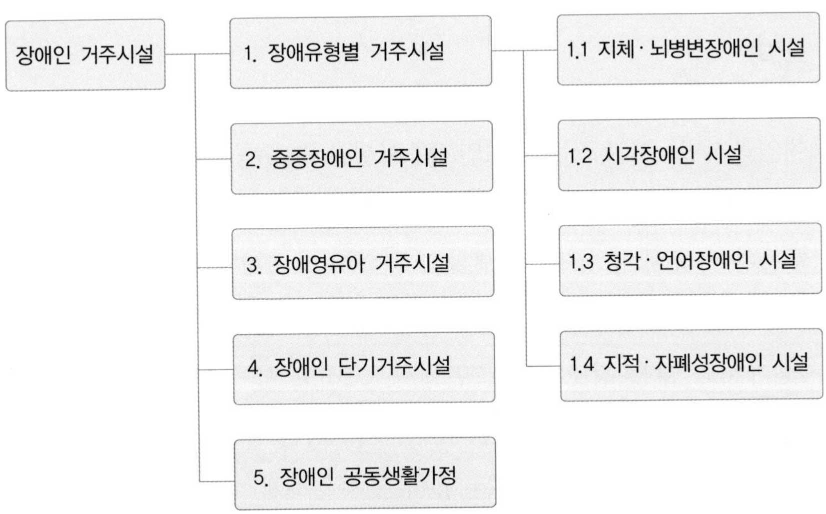


그림 13-1 | **장애인거주시설의 종류**

장애인거주시설은 현재 5가지 유형이 있다. 장애유형별 거주시설, 중증장애인 거주시설, 장애영유아 거주시설, 장애인 단기거주시설, 장애인 공동생활가정이 거주시설에 속해 있으며, 장애유형별 거주시설은 다시 지체·뇌병변장애인 시설, 시각장애인 시설, 청각·언어장애인 시설, 지적·자폐성장애인 시설로 나누어진다.

### (1) 장애유형별 거주시설

장애유형별 거주시설은 장애유형을 기준으로 하여 구분되는 시설로, 장애유형이 동일하거나 유사한 장애인이 이용하게 함으로써, 장애유형에 맞는 서비스 제공이 가능토록 하는 장점이 있다. 현재는 지체·뇌병변, 시각, 청각·언어장애, 지적·자폐성장애의 4가지 유형에 대해 장애유형별 거주시설 설치가 가능하다.

### (2) 중증장애인 거주시설

중증장애인 거주시설은 장애 정도를 기준으로 하여 설치되는 시설로, 장애의 정도가 심하여 항상 도움이 필요한 장애인에게 주거지원·일상생활지원·지역사회생활지원·요양서비스를 제공하는 시설이다. 동 시설에 입소하는 중증장애인은 1급 및 2급 장애인이며, 서비스 내용의 강도가 높기 때문에 적절한 서비스를 제공하기 위해서는 물적·인적 인프라가 더 필요하여, 시설유형을 따로 구분하여 설치토록 하였다.

### (3) 장애영유아 시설

장애영유아 시설은 연령을 기준으로 설치되는 시설로, 입소일 기준으로 6세 미만의 장애영유아의 이용이 가능하며, 입소 후에는 성인이 되기 전까지 이용할 수 있는 시설이다. 장애영유아를 보호하고 재활에 필요한 주거지원·일상생활지원·지역사회생활지원·요양서비스를 제공하고 있다.

### (4) 장애인 단기거주시설

장애인 단기거주시설은 입소기간을 기준으로 구분되는 시설로, 단기는 1개월이 기준이 된다. 장애인 보호자의 일시적 부재 등으로 도움이 필요한 장애인에게 단기간의 주거서비스, 일상생활지원서비스, 지역사회생활서비스를 제공하는 시설이다. 장기적인 시설이용이 필요 없는 장애인이 일시적으로 이용할 수 있는 시설이나, 상당수의 시설이 단기가 아닌 장기로 운영되는 경우가 많아 문제점으로 지적되고 있다.

### (5) 장애인 공동생활가정

장애인 공동생활가정은 시설을 이용하는 장애인의 수를 기준으로 구분하는 것으로 10명 미만으로 운영되기 때문에 최대 9명까지 공동생활가정에서 거주할 수 있다. 장애인들이 스스로 사회에 적응하기 위하여 전문 인력의 지도를 받으며 공동으로 생활하는 지역사회 내의 소규모 거주시설이다. 와상상태의 중증장애인과 6세 미만의 장애영유아의 경우에도 이용이 가능하기는 하나 중증장애인 거주시설과 장애영유아 시설의 입소가 권고된다.

표 13-1 | **장애인 거주시설의 종류 및 기능**

| 종류 | 기능 |
|---|---|
| 1. 장애유형별 거주시설 | 장애유형이 같거나 유사한 장애를 가진 사람들을 이용하게 하여 그들의 장애유형에 적합한 주거지원·일상생활지원·지역사회생활지원 등의 서비스를 제공하는 시설 |
| 2. 중증장애인 거주시설 | 장애의 정도가 심하여 항상 도움이 필요한 장애인에게 주거지원·일상생활지 원·지역사회생활지원·요양서비스를 제공하는 시설 |
| 3. 장애영유아 거주시설 | 6세 미만의 장애영유아를 보호하고 재활에 필요한 주거지원·일상생활지원·지역 사회생활지원·요양서비스를 제공하는 시설 |
| 4. 장애인 단기거주시설 | 보호자의 일시적 부재 등으로 도움이 필요한 장애인에게 단기간 주거서비스, 일상 생활지원서비스, 지역사회생활서비스를 제공하는 시설 |
| 5. 장애인 공동생활가정 | 장애인들이 스스로 사회에 적응하기 위하여 전문인력의 지도를 받으며 공동으로 생활하는 지역사회 내의 소규모 주거시설 |

### 3) 장애인거주시설의 현황

장애인거주시설은 2020년 12월 기준, 총 1,539개소가 있으며, 장애유형별 시설 중 지체장애인 28개소, 시각장애인 16개소, 청각장애인 7개소, 지적장애인 317개소이고, 중증장애인 251개소, 장애영유아 9개소, 단기거주시설 157개소, 공동생활가정 754개소이다. 시설을 실제로 이용하는 장애인은 총 29,086명이며, 장애유형별 시설 중 지체장애인 시설 1,121명, 시각장애인시설 579명, 청각장애인시설 205명, 지적장애인 시설이 11,349명이고, 중증장애인시설 10,866명, 장애영유아시설 361명, 단기거주시설 1,733명, 공동생활가정이 2,872명이다.

### 4) 이용대상 및 이용 절차

#### (1) 이용대상

장애인거주시설의 이용자는 무료이용 대상자와 실비이용 대상자로 구분된다. 무료이용 대상자는 등록 장애인으로 「국민기초생활보장법」에 따른 수급권자 또는 수급권자가 아닌 경우에는 등록 장애인이면서 「국민기초생활보장법」에 의한 부양의무자가 없거나 부양의무자가 있어도 부양능력이 없거나 부양을 받을 수 없는 경우이다. 입양기관의 보호아동도 무료 이용대상이다. 실비이용 대상자는 소득조건에 상관없이 등록 장애인이면 가능하나, 시설 정원의 30% 이내에서만 이용이 가능하다.

#### (2) 이용절차

장애인거주시설을 이용하고자 하는 장애인은 자신의 주소지를 해당 시설로 이전해야 하며, 이용의 긴급성을 기준으로 일반 이용 대상자와 긴급이용 대상자로 구분되고, 이용절차에서 차이가 있다.

표 13-2 | **장애인 거주시설 총괄표(2020. 12)**

(단위: 시설수, 명)

| 시도 | 합계 | | | 지체장애 | | | 시각장애 | | | 청각장애 | | | 지적장애 | | | 중증장애 | | | 장애영유아 | | | 단기 | | | 공동 | | |
|---|---|---|---|---|---|---|---|---|---|---|---|---|---|---|---|---|---|---|---|---|---|---|---|---|---|---|---|
| | 시설수 | 정원 | 현원 | 시설수 | 정원 | 현원 | 시설수 | 정원 | 현원 | 시설수 | 정원 | 현원 | 시설수 | 정원 | 현원 | 시설수 | 정원 | 현원 | 시설수 | 정원 | 현원 | 시설수 | 정원 | 현원 | 시설수 | 정원 | 현원 |
| 합계 | 1,539 | 33,071 | 29,086 | 28 | 1,367 | 1,121 | 16 | 798 | 579 | 7 | 373 | 205 | 317 | 12,713 | 11,349 | 251 | 12,069 | 10,866 | 9 | 514 | 361 | 157 | 2,002 | 1,733 | 754 | 3,235 | 2,872 |
| 서울 | 265 | 3,910 | 3,403 | 2 | 91 | 91 | 3 | 131 | 93 | 1 | 62 | 28 | 15 | 808 | 661 | 24 | 1,524 | 1,342 | 2 | 95 | 80 | 43 | 468 | 447 | 175 | 731 | 661 |
| 부산 | 69 | 1,479 | 1,320 | 3 | 135 | 116 | | | | | | | 15 | 742 | 669 | 7 | 322 | 299 | 2 | 83 | 66 | 3 | 40 | 32 | 39 | 157 | 138 |
| 대구 | 51 | 1,758 | 1,415 | 2 | 300 | 209 | | | | | | | 10 | 618 | 502 | 9 | 586 | 509 | 1 | 96 | 57 | 2 | 26 | 22 | 27 | 132 | 116 |
| 인천 | 71 | 1,212 | 995 | 2 | 109 | 70 | 1 | 70 | 45 | 1 | 50 | 20 | 7 | 237 | 214 | 10 | 469 | 416 | 1 | 50 | 34 | 5 | 51 | 40 | 44 | 176 | 156 |
| 광주 | 79 | 1,131 | 959 | 4 | 130 | 95 | 2 | 49 | 33 | | | | 15 | 513 | 434 | 4 | 180 | 149 | | | | 4 | 59 | 53 | 50 | 200 | 195 |
| 대전 | 76 | 1,375 | 1,182 | 1 | 70 | 56 | 1 | 70 | 46 | | | | 8 | 407 | 365 | 11 | 450 | 383 | | | | 19 | 234 | 207 | 36 | 144 | 125 |
| 울산 | 27 | 745 | 651 | | | | | | | 1 | 55 | 21 | 1 | 57 | 57 | 9 | 505 | 455 | | | | 6 | 88 | 83 | 10 | 40 | 35 |
| 세종 | 6 | 178 | 163 | | | | | | | | | | 3 | 110 | 102 | 1 | 60 | 53 | | | | | | | 2 | 8 | 8 |
| 경기 | 316 | 6,580 | 5,876 | 6 | 135 | 117 | 4 | 118 | 93 | 2 | 96 | 62 | 78 | 2,740 | 2,465 | 52 | 2,425 | 2,236 | 1 | 100 | 70 | 24 | 298 | 252 | 149 | 668 | 581 |
| 강원 | 70 | 1,724 | 1,524 | | | | 1 | 80 | 59 | | | | 19 | 690 | 621 | 16 | 731 | 661 | | | | 9 | 110 | 86 | 25 | 113 | 97 |
| 충북 | 92 | 2,088 | 1,863 | 1 | 68 | 64 | 2 | 130 | 80 | 1 | 85 | 59 | 20 | 739 | 658 | 14 | 803 | 781 | | | | 4 | 55 | 40 | 50 | 208 | 181 |
| 충남 | 56 | 1,913 | 1,731 | | | | | | | | | | 17 | 1,029 | 909 | 17 | 710 | 686 | | | | 7 | 96 | 76 | 15 | 78 | 60 |
| 전북 | 70 | 1,748 | 1,610 | 3 | 113 | 107 | 1 | 50 | 44 | | | | 31 | 971 | 948 | 12 | 463 | 396 | 1 | 50 | 29 | 2 | 20 | 19 | 20 | 81 | 67 |
| 전남 | 68 | 1,597 | 1,373 | 3 | 130 | 110 | 1 | 100 | 86 | 1 | 25 | 15 | 26 | 871 | 754 | 8 | 330 | 285 | | | | 3 | 37 | 27 | 26 | 104 | 96 |
| 경북 | 93 | 2,901 | 2,554 | 1 | 86 | 86 | | | | | | | 29 | 1,149 | 1,040 | 34 | 1,419 | 1,212 | | | | 10 | 165 | 146 | 19 | 82 | 70 |
| 경남 | 96 | 2,108 | 1,903 | | | | | | | | | | 15 | 766 | 713 | 17 | 864 | 779 | 1 | 40 | 25 | 11 | 194 | 159 | 52 | 244 | 227 |
| 제주 | 34 | 624 | 564 | | | | | | | | | | 8 | 266 | 237 | 6 | 228 | 224 | | | | 5 | 61 | 44 | 15 | 69 | 59 |

① 일반 이용 대상자

가. 시설서비스의 신청

장애인 본인 또는 그 친족, 그 밖의 관계인이 관할 시장·군수·구청장에게 시설서비스를 신청하면 입소절차가 진행된다. 그러나 현실에서는 입소절차가 진행된 후 시장·군수·구청장에게 통보하는 경우가 있으며, 시장·군수·구청장에게 통보하지 않고 입소하여 입소 여부를 알 수 없는 경우도 있다. 이 경우 인권침해 발생이 매우 높으므로 입소절차는 반드시 해당 시·군·구를 통해 하는 것으로 일원화하고 이를 위반할 경우 제재를 가할 필요가 있다.

나. 적격성 여부 심사

시설서비스 신청이 되면 시장·군수·구청장은 서비스의 필요성, 대상자 여부 등을 심사하여 결정하고, 이용이 가능한 해당 시설장에게 이용을 의뢰하여야 한다.

다. 이용계약체결

시설 이용 여부가 확정되기 전 시설장은 해당 장애인과 그 가족, 시장·군수·구청장 등 이용 대상자에게 시설에서 제공되는 서비스 및 이용에 대한 정보를 제공해야 하며 시장·군수·구청장으로부터 이용을 의뢰받은 시설장은 이용 대상자 또는 보호자와 거주시설 이용 계약체결 여부에 대해 협의하여 시설 입소를 확정해야 한다.

라. 본인부담금 산정

실비로 입소하는 장애인에 대하여는 1인당 일정 비용을 수납할 수 있으며, 입소 장애인 또는 그 보호자의 생활능력에 따라 차등 수납할 수 있다.

#### 마. 보증금의 수납 및 반환

시설장은 본인부담금 납부를 담보하기 위해 이용보증금을 수납할 수 있는데 이용보증금은 월 이용료의 1년분 이내에서 수납하고, 입소자가 퇴소하는 때에는 수납한 보증금을 지체 없이 입소자 등에게 반환해야 한다. 본인부담금 납부가 지체된 액수에 대해서는 이를 감하여 반환할 수 있다.

#### ② 긴급이용자

긴급한 상황이 발생할 경우에는 장애인 거주시설 이용 절차인 시설서비스 신청과 이용적격성 여부를 심사하지 않은 채 장애인 거주시설을 이용할 수 있는데, 인권침해상황 발생 시 구제조치를 실시해야 하는 이용자 또는 갑작스런 사고 등으로 인해 무연고가 된 이용자 등이 이에 해당한다.

긴급이용자가 이용하는 장애인 거주시설 운영자는 시설 이용자, 친족 또는 그 밖의 관계인의 인적사항, 시설이용 개시일, 시설서비스 신청과 이용적격성 심사를 거치지 아니한 이유를 시장·군수·구청장에게 보고하여야 하며, 이와 함께 장애인 거주시설 운영자는 시설 이용자, 그 친족 또는 그 밖의 관계인에게 장애인 거주시설 이용절차(장애인 거주시설 시설서비스 신청, 이용적격성 심사)를 안내하여 긴급이용자가 장애인 거주시설 신청 절차를 이행토록 해야 한다.

### (3) 퇴소절차

장애인의 사망·원가정 복귀·시설 전원·장애인의 요구 등으로 장애인에 대한 시설서비스가 종료되는 경우, 해당 시설장은 시장·군수·구청장 및 장애인 가정 등에 퇴소 사실을 통보하여야 한다. 시설의 전원 및 장애인의 요구 등으로 시설서비스가 종료되는 경우, 해당 시장·군수·구청장은 전원되는 시설에 대한 정보나 시설서비스 종료 후 지역사회에서 이용할 수 있는 서비스에 대한 정보를 제공하여야 하고 서비스 종료를 위해서는 본인 및 부양의무자의 동의 서를 받아야 한다.

## 3. 장애인 지역사회재활시설

### 1) 의미

「장애인복지법」 제58조는 장애인 지역사회재활시설을 '장애인을 전문적으로 상담 · 치료 · 훈련하거나 장애인의 일상생활, 여가활동 및 사회참여활동 등을 지원하는 시설'로 규정하고 있다. 장애인이 지역사회에서 자립적인 삶을 영위할 수 있도록 전반적인 서비스를 제공하는 시설로 거주기능을 제공하지 않는다는 점에서 장애인 거주시설과는 주된 기능을 달리한다.

### 2) 종류

장애인 지역사회재활시설은 현재 9가지 유형이 있다. 대표적인 시설로는 지역사회 생활에 필요한 종합적인 서비스를 제공하는 장애인복지관이 있으며, 장애인을 주간에 일시적으로 보호하여 필요한 재활서비스를 제공하는 장애인주간보호시설이 있다. 지역사회재활시설의 종류 및 기능은 〈표 13-3〉과 같으며, 여기서 종합적인 서비스를 제공하는 장애인복지관을 중심으로 설명하고자 한다.

표 13-3 | **장애인 지역사회재활시설의 종류 및 기능**

| 종류 | 기능 |
|---|---|
| 1. 장애인복지관 | 장애인에 대한 각종 상담 및 사회심리 · 교육 · 직업 · 의료재활 등 장애인의 지역사회생활에 필요한 종합적인 재활서비스를 제공하고 장애에 대한 사회적 인식 개선사업을 수행하는 시설 |
| 2. 장애인 주간보호시설 | 장애인을 주간에 일시 보호하여 장애인에게 필요한 재활서비스를 제공하는 시설 |
| 3. 장애인 체육시설 | 장애인의 체력증진 또는 신체기능 회복활동을 지원하고 이와 관련된 편의를 제공하는 시설 |
| 4. 장애인 수련시설 | 장애인의 문화 · 취미 · 오락활동 등을 통한 심신수련을 조장 · 지원하고 이와 관련된 편의를 제공하는 시설 |
| 5. 장애인 생활이동지원센터 | 이동에 상당한 제약이 있는 장애인에게 차량 운행을 통한 직장 출퇴근 및 외출 보조나 그 밖의 이동서비스를 제공하는 시설 |
| 6. 한국수어통역센터 | 의사소통에 지장이 있는 청각 · 언어장애인에게 한국수어통역 및 상담서비스를 제공하는 시설 |
| 7. 점자도서관 | 시각장애인에게 점자간행물 및 녹음서를 열람하게 하는 시설 |
| 8. 점자도서 및 녹음서 출판시설 | 시각장애인을 위한 점자간행물 및 녹음서를 출판하는 시설 |
| 9. 장애인 재활치료시설 | 장애아동을 포함한 장애인에게 언어 · 미술 · 음악 등 재활치료에 필요한 치료, 상담, 훈련 등의 서비스를 제공하고 서비스를 이용한 자로부터 비용을 수납하여 운영하는 시설 |

## 3) 장애인 지역사회재활시설의 현황

장애인 지역사회재활시설은 2020년 12월 기준, 총 1,519개소가 있으며, 장애인복지관 258개소, 주간보호시설 797개소, 체육시설 28개소, 수어통역센터 199개소, 이동지원센터 164개소, 점자도서관 19개소, 도서 및 출판시설 1개소, 수련시설 1개소, 재활치료시설 52개소가 있다.

표 13-4 | **장애인 지역사회재활시설 총괄표(2020. 12)** (단위: 시설 수)

| 시도 | 소계 | 장애인 복지관 | 주간 보호 | 체육 시설 | 수어 통역 센터 | 이동 지원 센터 | 점자 도서관 | 도서및 출판 시설 | 수련 시설 | 재활 치료 시설 |
|---|---|---|---|---|---|---|---|---|---|---|
| 합계 | 1,519 | 258 | 797 | 28 | 199 | 164 | 19 | 1 | 1 | 52 |
| 서울 | 221 | 51 | 128 | 7 | 27 | 1 | 2 | 1 | 1 | 3 |
| 부산 | 89 | 17 | 63 | 1 | 5 | 1 | 1 | 0 | 0 | 1 |
| 대구 | 65 | 6 | 51 | 2 | 4 | 1 | 1 | 0 | 0 | 0 |
| 인천 | 53 | 11 | 39 | 0 | 1 | 1 | 1 | 0 | 0 | 0 |
| 광주 | 48 | 7 | 38 | 0 | 0 | 1 | 0 | 0 | 0 | 2 |
| 대전 | 73 | 8 | 46 | 3 | 5 | 1 | 1 | 0 | 0 | 9 |
| 울산 | 52 | 4 | 39 | 2 | 2 | 1 | 1 | 0 | 0 | 3 |
| 세종 | 10 | 1 | 3 | 0 | 1 | 1 | 0 | 0 | 0 | 4 |
| 경기 | 264 | 38 | 143 | 4 | 32 | 31 | 5 | 0 | 0 | 11 |
| 강원 | 68 | 10 | 19 | 0 | 19 | 19 | 1 | 0 | 0 | 0 |
| 충북 | 57 | 12 | 21 | 1 | 10 | 11 | 1 | 0 | 0 | 1 |
| 충남 | 63 | 16 | 16 | 0 | 15 | 15 | 1 | 0 | 0 | 0 |
| 전북 | 95 | 13 | 33 | 5 | 15 | 15 | 1 | 0 | 0 | 13 |
| 전남 | 82 | 17 | 27 | 0 | 18 | 20 | 0 | 0 | 0 | 0 |
| 경북 | 126 | 22 | 53 | 2 | 24 | 24 | 1 | 0 | 0 | 0 |
| 경남 | 119 | 20 | 52 | 1 | 20 | 20 | 1 | 0 | 0 | 5 |
| 제주 | 34 | 5 | 26 | 0 | 1 | 1 | 1 | 0 | 0 | 0 |

### 4) 이용대상

지역사회재활시설의 이용자는 등록 장애인이어야 한다. 다만, 지역사회와의 유대강화 및 사회통합 분위기 조성을 위하여 해당 지역 주민도 사회통합 프로그램(장애발생예방 및 인식개선사업 등)에 한하여 일부 이용할 수 있다.

### 5) 지역사회재활시설의 위탁

국가 또는 지방자치단체가 설치한 시설은 필요한 경우 사회복지법인 또는 장애인복지단체 등 비영리법인에게 위탁하여 운영할 수 있으며, 우리나라는 국가 또는 지방자치단체에서 직영하기 보다는 대부분 위탁방식을 취하고 있다. 위탁계약기관은 5년이며 갱신이 가능하다.

### 6) 장애인복지관

#### (1) 기본방침

장애인복지관의 수행사업은 어떠한 경우에도 정치활동, 영리활동 및 특정 종교활동 등에 이용될 수 없으며, 인도주의적 원칙하에 장애인의 인간적 존엄성과 기본적 권리가 유지되도록 해야 한다. 장애발생예방 및 인식개선 프로그램, 지역사회의 자원 개발 및 활용도 주된 임무이며, 기관 운영 및 사업수행에 있어 지역장애인의 의사와 선택권을 존중하고 이를 사업에 적극 반영해야 한다. 또한, 장애인복지 관련분야의 전문적인 지식과 기술을 가진 전문 인력에 의해 수행되도록 노력해야 하며, 정당한 사유 없이 서비스에 대한 거부를 할 수 없다.

#### (2) 주요 사업

장애인복지관은 지역사회에서 장애인의 자립생활을 지원하기 위해 종합적인 사업을 수행한다. 〈표 13-5〉는 대표적으로 이루어지는 9가지의 사업을 예시적으로 정리한 것이다. 복지관에 따라 이러한 사업들 중 일부를 진행하기도 하며, 장애유형별로 특화된 복지관의 경우에는 해당 사업이 추가되기도 한다. 최근에 장애인에 대한 사례관리기능 및 권익옹호 기능이 강조되고 지역사회와의 네트워크 강화사업이 중요해지고 있다. 이것은 전통적으로 장애인복지관에서 만든 프로그램을 일방적으로 진행하는 것에서 벗어나서, 장애인 중심적 그리고 지역사회 중심적 기관으로 변화하는 것을 의미하며 앞으로 이러한 추세는 지속될 것으로 예상된다.

표 13-5 | **장애인복지관의 주요 사업**

| 구분 | 대분류 | 중분류 | 주요사업 예시 |
|---|---|---|---|
| 1 | 상담·사례관리 | 사례발굴 | 사례대상자 발굴 및 상담, 연계 |
| | | 접수 및 사정 | 접수상담, 각종진단 및 사정 |
| | | 개입계획 | 개별지원계획 수립 및 의뢰, 연계 사례관리 계획수립(단순, 일반, 집중) |
| | | 개입 | 사례관리, 직접서비스 제공, 자원연계 및 서비스 중개, 모니터링 및 재사정, 종결 및 사후관리 |
| | | 지역회의 | 지역사회 통합사례회의, 지역사회 솔루션위원회 |
| 2 | 기능강화 지원 | 운동 · 지각 향상 | 운동발달(물리치료), 작업활동(작업치료), 다감각촉진활동(심리안정치료, 심리이완치료, 심리안정 반응촉진치료 등), 수중운동, 감각통합활동 |
| | | 의사소통 향상 | 언어활동(언어치료) |
| | | 학습능력 향상 | 특수교육 |
| | | 사회적응력 향상 | 심리운동, 특수체육, 음악활동(음악치료), 미술활동(미술치료), 놀이활동(놀이치료) |
| 3 | 장애인 가족지원 | 상담 및 교육 | 가족지원 전문상담, 정보제공, 가족교육 |
| | | 가족기능강화 | 가족 휴식지원, 가족조력교실, 중도장애인 가족지원, 가족 역량강화지원(부모역할, 부부관계지원, 비장애형제지원, 부모 모임 지원 등) |
| | | 양육지원 | 가족 돌봄지원, 케어서비스(주간 및 단기보호), 방과후교실, 방학 프로그램, 야간 및 주말 프로그램, 가족단위 문화프로그램 |
| | | 장애여성 복지증진 | 상담실 및 쉼터운영, 임신 · 출산 · 양육 · 가사보조활동 지원, 결혼 주선 등 |
| | | 장애인 무료급식 | 결식우려 장애인 무료급식소(식당) 운영, 거동불편 저소득 재가장애인 식사배달 등 |

| | | | |
|---|---|---|---|
| 4 | 역량강화 및 권익옹호 지원 | 역량강화 및 지역사회참여 활동지원 | 동료상담, 자조모임 육성, 동아리활동 지원, 주거서비스, 이동 지원서비스, 보조기구 관리, 수리, 임대 |
| | | 권익옹호 | 장애인차별금지법 준수 운동, 권리침해 해소, 인권옹호, 법률 적인 지원 |
| | | 정보제공 | 장애인정보화교육 등 정보화지원, 시각장애인 도서(시청각자료 등) 제작·출판·보급·대여, ARS운영, BBS운영 |
| | | 수어 관련 | 수어교실, 수어통역 봉사원 양성 및 파견, 수어자막 및 비디오 등 영상물 제작·보급·대여 등 |
| 5 | 직업지원 | 직업상담 및 평가 | 직업상담, 직업평가, 구인 및 구직상담 |
| | | 전환교육 | 전환교육, 중등/고등 직업준비프로그램 |
| | | 직업적응 및 역량 개발훈련 | 직업적응훈련, 직업훈련, 취업알선(지원고용 등), 현장훈련, 취업 후 지도 |
| | | 사업체 개발 및 관리 | 사업체 개발, 사업체 관리 |
| 6 | 지역사회 네트워크 | 지역사회장애인 복지 서비스 개발 및 지원 | 지역유관기관 장애인복지서비스 자문, 장애인서비스 개발 컨설팅 |
| | | 지역의 사회통합환경 조성 | 장애인 및 장애인가족에 대한 인식개선, 장애발생예방 캠페인, 지역사회통합 환경 진단 및 계획수립 |
| | | 주민조직 지원 | 주민조직체 형성 및 교육, 지역행사 및 정보제공 |
| | | 민관협력 네트워크 구축 | 지역사회복지협의체 활동, 각종 지역위원회 활동, 지역사회 장애인 중심기관 역할 |
| | | 지역자원 개발 및 관리 | 자원봉사자 발굴, 교육, 활동, 관리 후원자 개발 및 관리 |
| 7 | 문화 여가 지원 | 문화 및 스포츠 지원 | 스포츠·문화여가 프로그램, 문화예술인 및 스포츠선수 육성, 체육관 및 수영장 운영 |
| | | 평생교육 | 평생교육, 취미활동 지원 |
| | | 정보접근 지원 | 정보화교육 |
| 8 | 사회 서비스 지원 | 장애인 활동지원 | 활동보조, 방문간호, 방문목욕 |
| | | 장애아동 재활치료 | 언어·청능치료, 미술·음악치료, 행동·놀이·심리운동치료, 기타 재활서비스, 장애조기발견 및 발달진단서비스, 중재를 위한 부모 상담 서비스 |

| 9 | 운영지원 및 기획·홍보 | 총무 | 인사 및 조직관리, 각종위원회 운영, 회계 및 문서관리, 시설 및 차량관리, 식당운영 |
|---|---|---|---|
| | | 기획 | 사업계획 수립 및 평가, 조사연구사업, 직원개발사업, 실습지도 |
| | | 홍보 | 홍보물제작, 지역홍보, 온라인 홍보 및 홈페이지 운영, 견학안내 |
| | | 고객만족 윤리경영 | 이용자 참여, 고객만족사업, 윤리경영 |

### (3) 장애인복지관의 직제

장애인복지관의 복지관의 직제는 일반적으로 관장, 사무국장, 일반직(1~5급), 기능직 및 고용직으로 구성되며, 관장 1인, 사무국장 1인, 종사자 정원 규모 및 사업의 특수성에 따라 6~8개 범위 내에서 각 팀을 편재하여 운영할 수 있다. 각 팀의 경우 복지관에 따라 명칭이 다를 수 있지만 지원·행정부서로 기획·운영지원팀을 두고, 사업부서로 상담·사례지원팀, 기능향상지원팀, 가족지원팀, 권익옹호지원팀, 직업지원팀, 지역연계팀, 문화지원팀, 사회서비스팀 등으로 조직한다. 정원규모 및 사업의 특수성에 따라 권익옹호지원팀과 사

표 13-6 | **장애인복지관의 각 팀별 주요 업무**

| 구분 | 팀명 | 주요업무 |
|---|---|---|
| 1 | 상담·사례지원팀 | 사례발굴, 접수 및 사정, 개입계획, 개입, 지역회의, 기타 |
| 2 | 기능향상지원팀 | 운동·지각향상, 의사소통향상, 학습능력향상, 사회적응력향상, 기타 |
| 3 | 가족지원팀 | 상담 및 교육, 가족기능강화, 양육지원, 장애여성 복지증진, 기타 |
| 4 | 권익옹호지원팀 | 역량강화 및 지역사회참여 활동지원, 권익옹호, 정보제공, 수화관련, 기타 |
| 5 | 직업지원팀 | 직업상담 및 평가, 전환교육, 직업적응 및 역량개발훈련, 사업체 개발 및 관리, 기타 |
| 6 | 지역연계팀 | 지역사회 장애인복지서비스 개발 및 지원, 지역의 사회통합 환경조성, 주민조직지원, 민관협력 네트워크 구축, 지역자원 개발 및 관리, 기타 |
| 7 | 문화지원팀 | 문화 및 스포츠 지원, 평생교육, 정보접근 지원, 기타 |
| 8 | 사회서비스팀 | 장애인활동지원, 장애아동재활치료, 기타 |
| 9 | 기획·운영지원팀 | 총무, 기획, 홍보, 고객만족, 윤리경영, 기타 |

회서비스팀을 통합하여 '역량강화지원팀'으로, 가족지원팀과 문화지원팀을 통합하여 '가족·문화지원팀'으로 하는 등 당해 시설장이 자치단체장과 협의하여 직제를 증감할 수 있다.

### (4) 운영재원

장애인복지관 사업에 대한 운영재원의 경우 세입 부분을 보면, 정부보조, 기타정부보조, 법인전입금, 후원금, 사업수익, 이월금, 민간재원, 기타로 구분할 수 있으며, 전국평균으로 보았을 때, 한 해 26억 원 규모의 예산으로 운영되고 있다. 이중 정부보조(기타 정부보조 포함)가 65%가량 차지하여 가장 커다란 재원임을 알 수 있고, 그 뒤로 사업수익이 약 16~18%를 차지하며, 후원금이 4% 가량 비중을 가지고 있다. 법인전입금은 2% 내외 수준이다.

표 13-7 | **전국 장애인복지관 세입 예산 현황**

| 구분 | 2011년 | 2013년 | 2015년 | 2017년 |
|---|---|---|---|---|
| 1. 정부보조 | 1,108,907 (54.5%) | 1,163,923 (53.5%) | 1,289315 (51.4%) | 1,398,909 (52.5%) |
| 2. 기타정부보조 | 196,023 (9.6%) | 261,195 (12.0%) | 346,853 (13.8%) | 284,117 (10.7%) |
| 3. 법인전입금 | 43,229 (2.1%) | 49,298 (2.3%) | 45,110 (1.8%) | 54,268 (2.0%) |
| 4. 후원금 | 91,569 (4.5%) | 101,706 (4.7%) | 96,029 (3.8%) | 82,689 (3.1%) |
| 5. 사업수입 | 372,063 (18.3%) | 360,411 (16.6%) | 443,667 (17.7%) | 504,479 (18.9%) |
| 6. 이월금 | 131,216 (6.4%) | 135,113 (6.2%) | 168,156 (6.7%) | 193,808 (7.3%) |
| 7. 민간재원 | 44,954 (2.2%) | 68,892 (3.2%) | 60,091 (2.4%) | 63,293 (2.4%) |
| 8. 기타 | 46,483 (2.3%) | 34,183 (1.6%) | 60,071 (2.4%) | 84,357 (3.2%) |
| 합계 | 2,034,445 (100.0%) | 2,174,720 (100.0%) | 2,510,749 (100%) | 2,665,996 (100%) |

이러한 재원구조는 장애인복지관의 운영이 정부보조금이 없이는 매우 어렵다는 것을 의미하며, 이것은 장애인복지관이 정부의 정책방향에서 자유로울

수 없고 탄력적이고 창의적인 사업을 실시하는 것이 쉽지 않은 구조임을 보여주는 것이다. 특히, 3년마다 이루어지는 평가 지표가 매우 엄격하고 실적 위주로 만들어져 있어서 장애인복지관의 탄력적인 운영을 제한하고 있다.

한편, 장애인복지관의 지출 내용을 보면, 인건비 비중이 50%를 차지하여 절반가량이 경직성 비용으로 구성되어 있으며, 그 다음으로 사업비가 약 30%를 차지하여 두 항목이 80%의 압도적인 비중을 보이고 있다. 기타 나머지 관리운영비와 시설장비를 위한 비용이 10%를 넘어서고 있으며, 차기 이월금이 약 7%를 차지하고 있다.

표 13-8 | **전국 장애인복지관 세출 예산 현황**

| 구분 | 2011년 | 2013년 | 2015년 | 2017년 |
|---|---|---|---|---|
| 1. 사업비 | 593,357<br>(29.35%) | 646,753<br>(29.74%) | 766,445<br>(30.5%) | 773,475<br>(29.0%) |
| 2. 인건비 | 1,012,647<br>(50.09%) | 1,072,199<br>(49.31%) | 1,240,838<br>(49.4%) | 1,363,153<br>(51.1%) |
| 3. 관리운영비 | 145,937<br>(7.22%) | 144,260<br>(6.63%) | 155,551<br>(6.5%) | 149,017<br>(5.6%) |
| 4. 시설장비비 | 92,014<br>(4.55%) | 107,095<br>(4.93%) | 106,636<br>(4.3%) | 109,781<br>(4.1%) |
| 5. 채무상환 | 1,489<br>(0.07%) | 1,337<br>(0.06%) | 256<br>(0.01%) | - |
| 6. 차기이월금 | 128,694<br>(6.37%) | 154,881<br>(7.12%) | 186,034<br>(7.4%) | 210,558<br>(7.9%) |
| 7. 기타 | 47,419<br>(2.35%) | 47,942<br>(2.20%) | 54,985<br>(2.2%) | 60,012<br>(2.3%) |
| 합계 | 2,021,559<br>(100.0%) | 2,174,466<br>(100.0%) | 2,510,749<br>(100%) | 2,665,996<br>(100%) |

# 4. 중증장애인 자립생활센터

## 1) 의미

「장애인복지법」 제54조는 중증장애인 자립생활센터(이하 자립생활센터)를 '중증장애인의 자립생활을 실현하기 위하여 각종 서비스를 제공'하는 기관으로 규정하고 있다. 장애인복지의 이념 중 하나인 장애인 자립생활 실현을 직접적인 목표로 하고 있는 곳으로 장애인 거주시설이나 장애인 지역재활시설과 달리 장애인들의 직접적인 참여와 운영을 강조하는 특성을 가지고 있다.

아울러 장애인거주시설과 장애인 지역재활시설은 장애인복지시설로 규정되어 있으나(「장애인복지법」 제57조), 자립생활센터는 시설로 분류되지 않는다는 차이점이 있다. 자립생활센터의 목표 중의 하나가 장애인이 시설로부터 벗어나는 탈시설을 통해 지역사회에서 삶을 살아갈 수 있도록 하는 것이기 때문에 시설로 규정되는 것은 자립생활센터의 목표와 기능상 맞지 않기 때문이다. 그러나 현실적으로 시설로 분류되지 않을 경우 국가 및 지방자치단체로부터 안정적인 보조금을 받기가 어려워 자립생활센터운영에 문제가 발생하므로, 장애인복지시설로 포함하는 방향으로 개편하자는 의견도 있다.

## 2) 운영 및 기능

### (1) 운영

자립생활센터의 의사결정, 서비스 제공 및 운영 등은 장애인 주도여야 하며, 의사결정기구의 경우 과반수가 장애인으로 구성되어야 한다. 장애동료 상담가를 의무적으로 배치해야 하고, 센터장 이외의 직원 중 1인 이상은 장애인이어야 하므로, 자립생활센터의 기본적 특성은 장애인에 의한 운영을 일정 부분 확보하는 데에 있다. 장애인의 자립생활을 실현하는 기관의 특성상 장애인 당사자 주의가 서비스 제공기관 중에서 가장 잘 드러난다.

### (2) 기능

자립생활센터의 주된 기능은 크게 4가지로 구분할 수 있다. 먼저, 장애인 동료에 의한 서비스 지원, 두 번째, 장애인의 지역사회로의 통합과 지역사회의 물리적·사회적 환경개선 사업, 세 번째, 장애인에 대한 차별 해소 및 장애인 인권의 옹호·증진, 네 번째, 중증장애인에게 적합한 서비스의 제공이다. 따라서 자립생활센터는 장애인이 지역사회에서 차별 없이 인간으로서의 권리를 가지고 살아갈 수 있도록 지원하는 임무를 부여받고 있다고 할 수 있다.

장애인 동료에 의한 서비스 지원은 장애인의 자립생활을 위한 역량을 강화하고 동료상담 등의 서비스를 지원하는 것이며, 지역사회로의 통합은 장애인이 지역사회에서 참여적이고 통합적인 생활이 가능하도록 정보를 제공하는 등 다양한 서비스를 지원하는 것이다. 차별 해소 및 인권의 옹호·증진은「장애인차별금지법」등의 실천과 인권교육 등을 통해 이루어지며, 중증장애인에게 적합한 서비스의 제공은 장애인의 직업재활 및 취업정보 제공 등과 같이 지역사회에서의 삶을 확보하기 위한 노력이다.

그러나 이러한 기능의 기본적 수행 외에 현실적으로 가장 중추적 역할을 차지하는 업무는 활동지원제도와 관련된 활동보조인 중개사업이다. 중개사업에서 발생하는 수수료를 통해 수입을 창출할 수 있어 상당수의 자립생활센터가 활동지원업무에 매진하는 듯한 모습을 보이고 있다. 그러나 중개사업에 편중되는 것은 자립생활센터의 기본적 목적을 손상시킬 수 있다는 비판이 제기되고 있다.

### 3) 중증장애인 자립생활센터의 현황

2014년 12월 기준, 전국적으로 약 179여 개소의 중증장애인 자립생활센터가 운영되는 것으로 추정되고 있으며, 이 중 국비지원은 2018년을 기준으로 할 때 62개소로 파악되고 있다. 자립생활센터의 경우 정확한 통계수집이 이루어지지 않고 있어서 실제로 운영되고 있는 곳은 파악된 개소수보다 상당히 많을 것으로 추정되고 있다.

표 13-9 | **중증장애인자립생활센터 현황(전체: 2014년 기준, 국비지원: 2018년 기준)**

(단위: 개소)

| 시도 | 전체 | 국비지원 |
|---|---|---|
| 서울 | 51 | 7 |
| 부산 | 13 | 6 |
| 대구 | 7 | 5 |
| 인천 | 7 | 4 |
| 광주 | 9 | 4 |
| 대전 | 6 | 3 |
| 울산 | 1 | 1 |
| 세종 | 1 | 1 |
| 경기 | 33 | 5 |
| 강원 | 3 | 3 |
| 충북 | 8 | 3 |
| 충남 | 4 | 4 |
| 전북 | 2 | 3 |
| 전남 | 6 | 5 |
| 경북 | 12 | 2 |
| 경남 | 14 | 4 |
| 제주 | 2 | 2 |
| 합계 | 179 | 62 |

## 4) 장애인지원 서비스 프로그램

장애인지원 서비스 프로그램으로 기본사업과 선택사업이 있다. 기본사업은 자립생활센터가 필수적으로 시행하여야 하는 사업으로 정보제공과 의뢰, 권익옹호, 동료상담, 자립생활훈련기술이 있으며, 선택사업은 개별센터의 역할에 따라 수행여부를 결정할 수 있는 사업으로 개별 자립생활지원, 거주시설 장애인 탈시설 자립지원, 활동보조서비스, 주거서비스, 이동서비스, 보조기구 관리, 수리, 임대, 기타사업으로 구분된다.

표 13-10 | **기본사업과 선택사업**

| 구분 | 서비스 | 내 용 |
|---|---|---|
| 기본사업 | 정보제공과 의뢰 (information/referral) | 자립생활에 영향을 미칠 수 있는 각종 제도·정책, 지역사회자원에 대한 정보제공과 다른 기관에서 적절한 서비스를 받을 수 있도록 알선하는 활동 |
| | 권익옹호 (advocacy) | 개인적·사회적 권리침해에 대해 옹호적 활동을 하고, 법률적 자문 지원<br>*인권교육 및 인식 개선사항 등을 포함할 수 있음 |
| | 동료상담 (peer counseling) | 자립생활을 경험한 동료장애인에 의하여 제공되는 상담 동료역할모델을 통해 자기신뢰(장애수용)등을 목적으로 함 이외 가족관계, 지역사회자원 활용방법, 곤란한 문제에의 대처 방법 및 법률적 자문 등에 대해 상담을 하거나 정보를 제공함 |
| | 자립생활기술훈련 (independent living skill training) | 스스로의 의사결정의 중요성, 활동보조서비스 관리, 신변처리 및 일상생활 관리, 개인 재정관리, 지역사회 자원의 활용 등에 대한 교육프로그램·동료 지원방식을 적극 활용함<br>*자립생활 체험홈을 활용하는 프로그램을 포함할 수 있음<br>*장애인의 자립을 위한 기본적인 교육활동 프로그램도 포함할 수 있음(예: 야학, 검정고시 대비 등) |
| 선택사업 | 개별 자립생활지원 | 장애인의 개별적 욕구(자립생활, 교육·문화 등의 사회참여, 가족 지원 등 포함)에 대응하고 이를 위한 자원을 연계·동원하는 지속적인 서비스지원 |
| | 거주시설 장애인 탈시설 자립지원 | 거주시설 장애인 중 탈시설 가능 장애인에 대한 자립생활 지원 서비스 제공(자립생활체험홈 활용)<br>지역내 거주시설 및 각종 장애인서비스 기관과 협력체계를 구축 하여 추진 |

<table>
<tr><td rowspan="5">선택 사업</td><td>활동보조서비스<br>(personal assistance service)</td><td>중증장애인에게 신변활동, 가사 및 일상생활의 보조, 이동 등의 활동 보조 서비스 지원<br>*활동보조서비스를, 자원봉사서비스와는 달리 유료로 하는 것은 장애인이 선택권과 결정권을 가지고 서비스를 구매하는 소비자(당사자)의 입장에서 서비스 시간, 용도 등을 스스로 결정할 수 있게 하여 자신의 삶에 대한 통제권과 자율성을 높이기 위한 것임</td></tr>
<tr><td>주거서비스(assistance in obtaining and modifying accessible housing)</td><td>주택의 개조(改造), 소개, 주거서비스 지원제도에 대한 정보제공 등</td></tr>
<tr><td>이동서비스(transportation)</td><td>리프트 차량 등을 활용한 이동(door to door)서비스</td></tr>
<tr><td>보조기구 관리, 수리, 임대<br>(equipment maintenance, repair and loan)</td><td>각종 장애인보조기구, 관련 장비의 유지·관리 및 지원</td></tr>
<tr><td>기타 사업</td><td>장애유형 및 생애주기별 지원사업, 가족지원사업, 교육·훈련사업, 고용지원사업, 자원개발사업 등 기타 사업</td></tr>
</table>

## 5. 서비스 제공기관의 협업

지금까지 서비스제공기관을 장애인거주시설, 장애인 지역사회재활시설, 중증장애인 자립생활센터로 구분하여 설명하였다. 세 유형의 기관은 각각의 고유목적을 가지고 있는데, 거주시설의 경우는 거주공간 및 생활, 돌봄을 제공하는 기관으로 24시간 생활이 가능한 서비스를 제공하며, 지역사회재활시설은 장애인이 자신의 거주 공간에 머물면서 필요한 특정 서비스를 이용할 수 있도록 하는 기관이다. 자립생활센터 역시 거주공간은 제공하지 않으며 자립생활에 필요한 다양한 서비스를 제공하는 기관으로 지역사회재활시설과 중첩되는 서비스 영역이 있긴 하지만 자립생활에의 목표가 보다 분명한 곳이다. 이러한 세 기관의 특성상 현재까지는 각 기관이 독립적 성격을 가지고 운영되어 왔으며 상호 간 네트워크 내지 연계체계 없이 분절적으로 서비스를 제공해 왔다.

특히, 탈시설과 관련해서 거주시설과 자립생활센터의 입장은 화해할 수 있는 여지가 거의 없으며, 거주시설은 거주공간이 없는 사람들에게 거주를 제공할 필요성에 대한 기조를 유지하고, 자립생활센터는 탈시설을 촉진하는 데에 거주시설이 걸림돌이 되고 있다는 시각을 견지함으로써 갈등이 일상적으로 발생하고 있다.

장애인의 입장에서 바라본다면, 거주공간이 없는 장애인에게 공간을 제공하지 않은 채 지역사회에서의 생활과 자립생활을 강조하는 것은 현실을 무시한 처사이고, 또한 24시간 한 공간에서 거주하면서 일생을 살아가라는 것은 인권침해적 요소가 다분하기 때문에 심각한 문제를 야기한다. 따라서 거주-지역사회에서 삶-자립생활실현이라는 장애인의 삶의 중요 지점에서 각 역할을 수행하는 세 기관이 협업하지 않는다면, 장애인이 필요한 세 가지 지점을 충족하지 못한 채, 삶에서의 단절을 겪을 수밖에 없다.

장애인복지의 궁극적 목표는 비장애인과 더불어 지역사회에서 동등하게 살아가는 것이라고 할 때에 향후 거주시설-지역사회재활시설-자립생활센터의 역할을 재정립할 필요가 있다. 먼저 거주시설에서 생활하는 장애인의 경우 거주시설에서 제공하는 서비스 중 지역사회 혹은 자립생활과 연결된 기능은 거주시설 공간이 아닌 지역사회재활시설과 자립생활센터에서 담당하도록 하는 것이 바람직할 것이다. 또한, 거주시설공간이 일상적 삶의 공간이 아닌 일반가정과 같은 거주공간으로 기능이 전환되도록 노력해야 한다.

문제는, 거주시설에서 살아가는 장애인이 지역사회로 나와 참여할 프로그램 내지 활동이 있느냐 하는 것인데, 이것은 지역사회재활시설과 자립생활센터에서 충분한 프로그램을 운영함으로써 해결할 필요가 있다. 세 기관의 노력만으로 장애인의 자립적 삶을 실현하는 것은 사실상 어렵기 때문에 국가, 지방자치단체, 지역사회 기관이 힘을 합쳐 협업을 통해 장애인의 자립적인 삶을 실현해야 할 것이다.

## 생각해보기

1. 장애인복지서비스 제공기관은 어떻게 구성되어 있는가?
2. 장애인 거주시설, 장애인복지관, 중증장애인 자립생활센터의 목적, 기능, 현황에 대해 설명할 수 있는가?
3. 장애인복지서비스 제공 기관의 협업은 가능한가?

# 14장 생애주기별 장애인 서비스 접근

주요 학습문제

- 장애인의 인간발달단계별 특성과 발달과업은 무엇인가?
- 발달단계별 장애인과 가족의 욕구는 어떠한가?
- 발달단계별 장애인복지 전문가의 역할과 과제는 무엇이 있는가?

## 1. 생애주기적 접근

### 1) 생애주기의 이해

인간은 삶에 있어 생애주기(life span)마다 이루어야 하는 과업이 있으며, 그에 따른 개인적 혹은 사회적 욕구를 갖고 있다. 사회복지분야에서는 생애주기와 인간발달 과정을 중요시하면서 각 단계마다 과업을 완수하고 다음 단계로 발전할 수 있도록 지원하는 것을 주요한 과제로 여겨왔다(임종호·이영미·이은미, 2010). 이와 같이 사회복지실천을 하는데 클라이언트가 느끼는 욕구에 기초하여 서비스를 제공하는 것은 사회복지실천가로서 당연한 모습이다. 이러한 모습은 장애인복지 현장에서도 마찬가지이다. 그러나 지금까지 장애인과 관련된 생애주기나 발달과업에 대한 논의와 관심은 미흡한 상황이었다. 하지만, 특히 장애인의 경우에는 아동부터 노인까지, 그 대상이 매우 포괄적이라 이에 대해 일률적인 서비스를 제공할 수 없다. 즉, 장애의 유형에 따라 발달과정과 욕구에 따른 다양한 서비스와 프로그램을 고민하고 개발하여, 이를 제공하는 것이 필요하다.

생애주기의 관점을 장애인복지서비스에 도입하려는 시도는 다음의 3가지 경향과 관련이 있다. 첫째, 장애인의 성장과 발달에 대한 일반적인 관점을 강조하는 경향과 관련이 있다. 즉, 문제를 어떻게 치료할 것인가의 관점보다는 장애 발생 또는 장애발생 이후의 특정 인생 시기에서 필수적인 발달상의 어떤 지원이 요구되느냐를 강조하는 것이다. 둘째, 수평적 팀워크를 강조하는 경향과 관련이 있다. 즉, 특정 인생 시기에 개인이 필요한 포괄적인 서비스를 받을 수 있도록 하기 위해서는 현 서비스 제공시점에서의 관련 전문분야 간 팀워크가 강조되는 것을 의미한다. 셋째, 수직적 팀워크를 강조하는 방향과 관련이 있다. 이는 장애인의 성장과 발달에 따라 다음 생애발달 단계로 이전할 때 전 단계에서 다음 단계로의 서비스 계획의 이전을 강조하는 방향과 관련이 있다(김용득, 2000). 이러한 경향을 바탕으로 장애인의 생애주기라는 개념과 이러한 생애주기별 욕구에 대응할 수 있는 종합적 서비스 체계가 마련되어야 하며, 동시에 장애인의 총체적인 욕구를 이해하고 이를 고려한 통합적 접근의 서비스 제공이 가능해야 한다.

### 2) Erikson의 인간발달 단계와 특징

생애주기별 장애인의 특성을 살펴보기에 앞서 Erikson(1980)의 심리사회적 발달 8단계론을 살펴보면 다음과 같다. Erikson의 인간발달 및 심리사회적 접근은 개인과 그 환경에 초점을 두고, 8단계의 생애주기와 따라 변화하는 환경과 관련지어서 설명되는데 심리사회적 발달 8단계론의 주요 내용은 다음과 같다. 첫째, 각 단계는 그 단계가 우세하게 출현하는 최적의 시기가 있다. 둘째, 각 단계는 전 단계의 심리사회적 갈등의 해결과 통합을 토대로 세워진다. 셋째, 각 단계마다 심리사회적 위기가 있어 매 단계 이 위기를 어떻게 해결하느냐에 따라 각 개인의 독특한 성격이 형성된다. 넷째, 모든 단계들은 불변적인 순서로 전개된다. 즉 각 단계는 평생 동안 여러 형태로 존재하지만 각 단계의 위기는 특정시기에 특정한 순서로 나타난다. 그리고 이러한 단계들은 문화적으로 보편적이다

이 이론의 핵심은 단계별 '위기개념'이다. Erikson이 제시한 심리사회적 위기란 발달의 각 단계에서 사회적 환경의 요구에 적응하기 위한 심리적 노력, 일상생활에서 겪게 되는 긴장을 의미하는 것으로, 긍정적 측면과 부정적 측면을 모두 포함한다. 먼저, 긍정적인 측면은 성장하는 자아 속에 포함되어 보다 건전한 발달을 주도한다는 것으로 변화발달의 가능성을 높일 수 있는 기회가 될 수 있다. 다음으로 부정적인 측면은 갈등이 계속되거나 위기해결에 실패하면 자아 발달은 손상을 입게 되고 부정적 요소가 자아 속에 통합된다는 것이다. Erikson이 제시한 8단계의 주요 내용은 다음과 같다.

#### (1) 영아기(0~18개월): 신뢰 대 불신(Trust vs. Mistrust)

보호자가 일관성이 있고 믿을 수 있다고 느낄 때 아이들은 보호자에 대한 기본적인 신뢰감을 발달시키게 되며, 반대로 보호자의 행동을 전혀 예측할 수 없고 믿을 수 없을 때 불신감이 생겨나게 된다(Erikson, 1980). 즉 보호자의 일관성과 신뢰성을 통해 적절한 욕구충족을 경험한 아동의 경우 신뢰감을 발전시키고, 그렇지 못한 경우 불신감을 형성하게 되는 것이다. 그런데, 아이의 건강한 발달에 있어서 중요한 것은 신뢰와 불신 사이의 적당한 비율이다. 유아는 적절한 비율의 신뢰와 불신을 함께 경험하는 것이 중요하며, 적절한 불신의 경

험은 오히려 분별력 있는 신뢰 형성에 필수적인 과정이다.

#### (2) 유아기(초기 아동기, 18개월~3세): 자율성 대 수치심과 의심(Autonomy vs. Shame and Doubt)

아동의 독립적 행동에 대한 기본적 인정과 이러한 행동과 인정의 반복을 통해 아동은 자기통제와 자기조절 능력을 발달시킨다. 이때 형성되는 자율성은 아동의 생물학적 발달에 따른 내부적 욕구에 의해 시도되는 것이다. 즉 스스로 어떤 일을 할 수 있는 능력, 예를 들어 배변의 통제, 스스로 서기, 손을 사용하는 것 등을 통해 발달시킨다. 반면에 수치심과 의심은 사회의 사회적 기대와 압력에 의하여 생겨난다. 수치심이란 다른 사람의 눈에 자신이 좋게 보이지 않는다는 느낌이다. 예를 들어 오줌을 싼 아동은 자기가 오줌 쌌다는 것을 의식하며, 다른 사람들이 이러한 자신의 모습을 볼까봐 걱정한다. 이러한 수치심과 의심은 자신이 결국은 그렇게 강력하지 못하기 때문에 다른 사람들이 자기를 통제할 수 있고 자기보다 더 나은 행동을 수행할 수 있다고 생각하는 데서 시작된다.

#### (3) 학령전기(4~6세): 주도성 대 죄책감(Initiative vs. Guilty)

주도성을 지닌 아동은 계획을 세우고 목표를 설정하며, 이를 달성하고자 노력한다. 부모는 아동이 계획하고 주도하는 활동에 긍정적으로 반응함으로써 아동의 주도성을 촉진할 수 있다. 한편 아동들은 자신의 커다란 계획과 가장 기대했던 희망이 이루어질 수 없다는 것을 깨달으면 위기가 오게 되고, 죄책감을 가지기 쉽다. 부모들은 자신의 권위를 다소 완화하고 아동이 흥미로운 계획에 동등한 자격으로 참여하도록 함으로써 이러한 과정을 도울 수 있다. 이렇게 하면, 아동들은 자신들의 계획을 모두 포기하지 않고도 성인 사회생활의 목표에 맞추어 나갈 수 있을 것이다.

### (4) 학령기(7~12세): 근면성 대 열등감(Industry vs. Inferiority)

이 시기는 초등학교에 입학하는 학령기 연령대로 자아성장을 위한 결정적 단계로서 아동이 중요한 인지적·사회적 기술을 익히는 단계이다. 이 시기에 아동들은 가족 내에서 이루어지던 희망과 바람을 보다 넓은 문화의 유용한 기술과 도구를 배우는 데 전념한다. 또래들과의 어울림이나 의미 있는 직업을 갖기 위해 꾸준히 학습하면서 근면성, 즉 능력을 발전시킬 수 있다. 그러나 이 단계에서 지나치게 부적합함과 열등감을 느끼는 것은 위험하다. 이때 부모나 학교의 태도가 부정적이고 부적절하면 아동에게 열등감이 유발될 수 있다. 반면에 훌륭한 교사들이 이 시기의 아동들을 도울 수 있다.

### (5) 청소년기: 정체성 형성 대 정체성 혼란(Identity vs. Role confusion)

사춘기인 청소년기는 많은 내적 혼돈의 문제가 일어나고 거대한 사회 속에서 자신의 위치를 확인하려는 정체감 확립을 시도하는 시기이다. 동시에 새로운 사회적 갈등과 요구, 급격한 신체적 성장에 따라 역할과 정체감 혼돈을 경험한다. 물론 징체감 형성은 전 생애에 걸친 과정이다. 하지만, 정체성의 문제는 이 시기에 대두된다. 왜냐하면 많은 내적 현실화되는 시기이기 때문이다.

### (6) 초기 성인기: 친밀감 대 고립감(Intimacy vs. Isolation)

이 단계는 사람들이 다른 사람에 대한 사랑과 보살핌을 넓혀가고 심화시키는 시기이다. 이 단계는 가족이 아닌 이성이나 친구와의 관계를 얼마나 친밀한 사회적 관계로 만들 수 있는지가 중요한 임무이다. 그런데 초기 성인기 자신이 누구인가 하는 문제에 너무 몰두하게 되면 이 시기 과제인 친밀감(사랑)을 획득하지 못한다. 즉 친밀감의 발달은 이 전 단계에서 자아정체감 형성을 확립한 사람만이 가능한 것으로 확고한 정체성을 가진 사람만이 타인과의 상호관계를 유지할 수 있다고 본다. 따라서 5단계인 청소년기에서 정체성을 확립하지 못하면, 자신을 잃게 될지 모른다는 불안에 고립감을 경험하게 된다.

#### (7) 성인기(중년기): 생산성 대 침체성(자기몰두)(Generativity vs. Stagnation)

일단 두 사람이 어느 정도의 친밀감을 형성하면, 그들의 관심은 자기들 두 사람을 넘어서서 확대되기 시작한다. 그들은 다음 세대를 기르는 데 관심을 갖는다. 이 시기에 성인은 자신 이외의 다른 사람을 위해 더 나은 사회를 만들어 주는 데 기여하게 되는데, 이를 생산성이라고 한다. 여기서 생산성은 단순히 자신들의 자녀를 갖는다는 것만을 의미하는 것이 아니라 자녀를 적절하게 양육하고 지도하는 것을 포함한다. 또 자식을 갖지 않고도 생산성을 성취할 수 있는데, 자신의 자녀를 낳고 기르는 것 대신에 다른 사람들의 자녀를 위해 일하거나 그들에게 보다 나은 세계를 만들어 주는 데 기여함으로써 다음 세대를 돌보고 인도할 수 있다. 반대로 생산성을 발달시키지 못한 사람은 자신의 욕구에만 관심을 두고, 마치 그들이 혼자인 것처럼 자기침체(자기몰두) 상태에 빠진다. 또 자기가 물려줄 만한 것이 하나도 없다고 느끼면 침체에 빠진다.

#### (8) 노년기: 자아통합 대 절망감(Ego Integrity vs. Despair)

전형적으로 이 시기는 쇠퇴의 시기이다. 그렇지만 노인은 죽음에 직면하게 되면서 생의 재음미에 많은 시간을 보낸다. 그들은 자기의 생애를 돌아보고 그것이 과연 가치가 있었는지에 대해 의문을 갖는다. 인간 생애의 마지막 단계로, 죽음에 직면한 자신의 인생을 정리하고 돌아보면서 삶의 의미에 대해 음미하고 이해하려는 노력이 중요하다. 또한 자신의 삶이 자신의 책임임을 인정하면서 '자신의 생을 그러했어야만 했던 것, 그리고 다른 어떤 것에 의해서도 대치될 수 없는 것'으로 만족감을 느끼게 된다. 그리고 삶의 통찰과 지혜를 얻을 수 있다. 반면에 자신의 삶을 실패와 기회상실의 연속이라 보고, 있는 그대로를 수용하지 못할 경우 이 시기의 개인은 자신의 삶을 혐오하고 절망감을 느끼게 된다.

## 2. 생애주기별 장애인과 가족의 욕구, 그리고 전문가의 역할

이러한 Erikson이 제기한 8단계를 장애와 관련하여 살펴보면 다음과 같다. 먼저 장애로 인해 신체적, 정서적, 인지적 능력이 감소되는 만큼, 특정 단계의 원활한 진행은 이로 인하여 방해를 받는다. 장애는 또한 한 단계의 최적의 조건을 제공해 줄 수 있는 중요한 타인과 환경의 능력을 손상시키기도 한다. 특히 장애의 가장 즉각적인 영향은 그 단계에서 정상적인 활동 자체를 방해받는 것이다. 또한 건강하고 완전한 자아에 필요한 필수적인 요건을 얻을 수가 없다는 것이다. 한편 장애로 인해서 발생하는 가족에 대한 요구를 살펴보면 다음과 같다. 첫째, 가족 내 개인의 변화가 가족 성원의 과제 수행을 방해할 수 있다. 예를 들어 중증장애 영아는 그의 어머니가 양육에 숙달되는 데 장애가 된다고 할 수 있다. 둘째, 개인의 신체적 능력변화가 그 개인의 현재 심리적 발달과업을 달성하기 힘든 행동을 불러일으킬 수 있다. 예를 들어 아동들은 독립성을 발전시켜야 하는데, 척수손상이 있는 아동은 어머니로 하여금 종속적인 보육을 하도록 한다. 셋째, 변화된 능력이 가족에게 그 장애인 당사자와 상호작용하는 적절한 방식이 무엇인가에 대한 혼돈을 줄 수 있다. 예를 들어 인지능력은 성년인데, 신체 능력은 아동인 장애인이 있다면 그 가족이 어떻게 해야 할 것인가 혼돈을 줄 수 있다. 여기서는 Erikson이 제기한 8단계에 맞추어서 각 단계의 특성과 발달과업, 그 시기 장애인과 가족의 욕구, 서비스 개입방안, 그리고 사회복지사 등 전문가의 역할과 과제 등에 대해서 살펴보고자 한다.

## 1) 아동기

### (1) 학령기 이전 아동기

① 영아기(출생부터~18개월)

가. 시기별 주요 특징

이 시기에서 가장 중요한 것을 기본적인 신뢰이다. 즉, 영아가 외부 제공자의 동일함과 지속성에 의존, 그 자신과 그의 능력을 신뢰하는 것을 학습하는 것이 중요하다. 신뢰획득은 적절하게 제공되는 수유, 깊은 수면, 편안한 배변 등을 통해서 주로 이루어지며, 거의 어머니에 의존하는 경향이 있다. 절대량의 음식이나 사랑이 중요하기보다 아기의 개별적 욕구에 대해 일관성과 지속성을 갖고 민감한 보호를 제공하는 것이 중요한데, 보호자는 아기가 하고 있는 일이 의미가 있다는 깊은 느낌을 아기에게 전달해야 한다. 이때 영아가 기본적인 신뢰감을 형성시키기 위해서는 첫째, 보호자가 편안함을 제공하기 위해 항상 대기하여야 하며, 둘째, 영아는 잡기와 깨물기를 통해 그의 욕구를 속히 충족시킬 수 있다는 데 만족해야 한다. 이 시기의 가장 큰 성취는 보호자가 존재하고 한순간 보이지 않더라도 돌아온다는 자각이라고 할 수 있다.

나. 장애의 영향

• 장애아동

출생 또는 출생 직후 장애를 갖게 된 영아들은 장애가 없거나 이후에 장애를 얻게 된 사람들과는 애초부터 다른 삶을 시작하게 된다. 무엇보다 이들은 자신의 장애를 인식할 수 있는 인지능력을 갖기 전에 장애를 가짐으로써 세상에 대한 그들의 경험은 모두 장애에 대한 시각(perspective)으로부터 시작된다. 예를 들어 영아기 장애아동의 경우 중환자실로 격리될 경우에는 엄마와 아기의 분리되는 경험을 하게 된다. 또 중환자실의 환경, 즉 일관적이고 애정을 가진 보호자가 없는 환경은 장애아동이 기본적인 신뢰감을 형성하는 데 매우 어렵게 만든다. 또, 빛과 소리 등 비정상적인 정도의 감각자극 등 일상적 돌봄으로 해결되지 않는 고통을 영아는 겪게 된다. 한편 청각장애와 시각장애와 같은 감각장애를 가진 아동은 그들의 장애를 책임져 줄 보호자의 보살핌이 필요하다. 예를 들어 청각장애아동은 시각적인 보살핌이 좀 더 많이 필요하다. 이를테면 부족한 청력을 보충해 줄 수 있도록 부모가 쉽게 볼 수 있는 위치에 있음으로써 아동에게 보호자가 가까이 있다는 것을 알 수 있도록 하는 것이다. 또 시각장애 아동은 아동이 처해 있는 환경 안에 청각적인 자극이나 목소리를 증대시킴으로써 도움을 받을 수 있다(김용득, 2000; Mackeprang & Salsgiver, 1999).

• 부모와 가족

장애 영아의 부모와 가족 역시 장애로 인해서 많은 어려움을 겪게 된다. 아이의 출생으로, 부모와 아이는 서로 사회화를 시키는 과정을 경험한다. 그러나 여기에 장애가 있으면 그 과정이 수월하지 않다. 먼저 부모의 비탄이나 절망(주위 사람의 당황과 실망, 혼란)은 양육적인 행동을 심리적으로 철회하는 결과를 가져온다. 예를 들어 비장애아동에게는 당연히 요구되는 행동, 예를 들어 뒤집기, 배밀기, 기기, 걷기 등의 기본적인 행동을 태어난 지 1년이 지난 후에도 장애아동에게는 요구하지 않게 된다. 또 부모는 장애아동의 양육에 큰 어려움을 겪게 되는데, 예를 들어 뇌성마비아동의 경우 수유하는 어려움 때문에 어머니의 절대적인 시간을 더 많이 요구하게 되고, 장애아동과 상호작용을 무척 힘들게 만든다. 이는 어머니의 부정적 경험과 반응의 원인이 된다. 한편 자아발달이 충분하지 않은 부모들은 더 어려움을 가지게 된다. 예를 들어 성인초기의 친밀감을 성숙시키지 못한 부모, 너무 어린 부모 등은 장애아동이 있을 경우 스스로 고립되고 외부로부터 필요한 지원을 끌어내기 힘든 경우가 많다.

### ② 유아기: 초기 아동기(18개월~3세)

#### 가. 시기별 주요 특징

이 시기는 자기주장을 하기 시작하는 시기이다. 초기에는 '나 하고 싶은 대로'에서, 후기에는 '나 스스로'에 초점을 두면서 보다 현실적인 측면을 고려하게 된다. 또한 이 시기는 상상능력과 언어의 발달을 이루는 적기이다. 또한 배변통제 학습을 통해 지속시켜도 되는 욕구와 버려야 하는 욕구 간에 균형을 이루는 법을 배우는 시기이며, 이를 통해 자기 통제를 발달시키게 된다. 또한 충동만족을 지연시키는 법을 배워서, 이전보다 훨씬 좌절을 덜 느끼고 좌절을 상상이나 언어를 통해 다룰 줄 알게 된다. 또한 일상생활(옷, 음식)이나 활동에 대한 결정에 참여함으로써, 환경을 지배할 수 있다는 느낌을 갖게 된다. 반면에 억압되고 무기력하다거나 노출되어 있다고 느낀 상태로 있는 아동은 자기표현력이 떨어지고 단순히 제 마음대로가 된다. 이 경우 자율성은 수치심과 의심으로 대치되고 개인의 행동은 스스로에 의해 선택되기보다는 외부 눈치를 보면서 억제된다.

#### 나. 장애의 영향

• 장애아동

첫째, 장애아동의 신체적 측면에서 볼 때, 외부 탐색이 수월하지 못하는 등의 활동제한이 있다. 특히 뇌성마비 아동의 경우 손이나 감각기관, 언어와 상징체계 모두에서 어려움이 있기 때문에 더욱 힘든 상황을 경험한다. 또 임의적인 듯 보이는 통제와 간섭을 계속하는 어른이 있어서 아동은 자기회의에 빠지게 되는데, 이로 인해 아동이 제멋대로 구는 것 같은 모습을 보이기도 한다. 둘째, 부모와 형제의 비정상적인 반응에 의해 영향을 받게 된다. 먼저, 과잉보호적 가족에 의해 아동의 행동이 과도하게 제한되기도 하고, 때로는 공격적이고 부적절한 행동도 부모의 동정심으로 용서되기도 하여 장애아동이 책임 있게 스스로의 행동을 통제할 수 있는 능력을 발달시키지 못하는 경우가 있다. 한편 의료전문가 등에게 여러 차례의 진료 등을 받게 될 때, 장애아동들은 수치심과 의심을 느낄 수 있다. 특히 장애아동에 대해 부모가 과잉보호를 하게 되면 장애아동은 의존적 경향이 강화될 수 있고, 장애아동 스스로도 타인의 눈에 비친 자신의 모습을 인식하면서 수치와 회의의 감정을 강화시킬 가능성이 있다.

• 부모와 가족

아이의 장애로 인해 부모도 이전 발달단계로 퇴행하는 경향을 보일 수 있다. 부모가 스스로 할 수 있는 상황에서도, 재정적이나 정서적 원조를 다른 가족들에게 요청한다거나, 단순히 의료전문가의 기술에 의존하려는 욕구를 보이는 경우도 있다. 부모가 자녀를 양육할 에너지가 있을지라도 부모가 혼란을 경험할 수 있다. 아동의 한정된 능력과 그 아동이 안전하게 할 수 있는 일이 무엇인가에 대해 명확한 답을 찾기 어려워, 아동이 발달과정에서 요구되는 중요한 성취를 이루도록 충분히 지지해 주기 힘들어진다. 예를 들어 뇌성마비 아동은 걷기를 위한 근육통제나 배변통제, 식사통제가 어렵기 때문에, 부모가 스스로의 능력과 기능에 대한 탐색이나 자기통제의 기회를 주기가 어렵다. 더 많은 보호가 필요하지만 기회가 주어진다면 다른 영역에서 탐색과 표현을 위한 능력이 존재하는 시각장애아동을 자녀로 둔 경우, 부모는 자녀에 대한 보호와 발달 사이에서 벌어지는 고민은 더욱 복잡해진다. 한편 부모들이 장애아동에게 몰입하면서, 장애를 갖지 않은 다른 형제자매들의 욕구를 만족스럽게 채워줄 수 없는 경우가 많이 발생하게 된다. 또한 비장애 형제자매 스스로도 장애아동 때문에 그 연령대 다른 아동들이 받지 않아도 되는 도전과 어려움을 겪게 된다. 비장애형제자매가 나이가 많을 경우, 장애형제를 향한 분노가 죄책감으로 귀결되기도 한다.

### ③ 학령 전(前)기(4~6세)

#### 가. 시기별 주요 특징

일반적으로 3세까지 걷기와 뛰기가 쉽게 가능하게 된다. 이 시기가 되면, 특히 아동의 상징세계에 대한 이해 능력이 급속도로 증가한다. 아동들은 옳고 그름에 대한 분별력을 발달시키기 시작하며, 다른 사람들의 기대와 욕구에 반응하는 행동을 하기 시작한다. 이 시기 운동능력은 환경을 적극적으로 조작해도 거의 성공할 정도까지 발달하게 된다. 또, 스스로 계획할 수 있는 인지능력을 가지므로 지나친 행동을 할 수도 있고 상상되는 결과에 대한 죄책감도 갖게 된다. 이 단계에서 아이들은 자신의 한계와 제한을 의식하는 도덕의식을 갖게 된다. 그리고 목표달성에 필요한 기본적 기술과 미래에 대한 현실적 꿈을 갖는 것을 배우고, 남성과 여성 등 성역할을 습득하게 된다. 이때 권력이 임의적이라는 느낌을 피하기 위해, 부모는 선악에 대한 의식을 일관되게 전달해야 한다. 아동들이 부모의 언행의 불일치를 아는 시기가 바로 이 시기이며, 부모와의 긍정적 동일시가 아동들의 자존감을 발전시키게 된다. 관계의 범위가 부모, 가족, 돌봄제공자를 넘어서서 친구와 다른 사람들에게로 확대된다.

#### 나. 장애의 영향

• 장애아동

이 시기 장애아동은 어떠한 활동을 계획하고 수행하는데, 직접적 제한을 받는다. 아동이 뛰거나 놀 수 있더라도 치료적으로나 부모의 우려로 금지되는 경우가 많고, 이러한 금지는 권력의 임의적 사용으로 느껴질 수 있다. 반면, 동정적 부모는 훈육 노력을 덜 할 수 있는데, 아동 입장에서는 제한되어야 하는 행동과 규범 등을 배울 기회를 잃게 된다. 이 시기에는 어머니에게 양육책임이 배타적으로 전가되기 쉬운데, 이로 인해 아동은 아버지와의 친밀한 관계 형성에 어려움을 겪게 되거나 성정체감 확립에 부정적 영향을 받을 수 있다. 장애아동들도 이 시기에 주도적으로 활동하려고 시도하지만, 비장애아동에 비해 실패의 경험이 빈번하게 발생한다. 그로 인해 장애아동은 창의와 주도를 통한 성취감보다는 실패에 의한 내적·외적 위축감과 죄책감을 자주 경험한다.

• 부모와 가족

양육책임을 전문가에 전적으로 방기하거나 과잉보호하는 경향이 발생하게 된다. 또한 아동에 대한 명백한 기대를 더 이상 갖지 않음으로 방임하는 양육형태가 발생하기도 한다. 부모는 자신의 양육가치와 태도를 점검하고, 장애아동의 주도성을 촉진할 수 있는 적절한 보호와 발달기회 사이에서 균형을 잡을 수 있도록 노력해야 한다.

④ 전문가의 역할과 과제

**가. 부모와 가족**

이상의 학령기 이전, 특히 영유아기 부모와 가족에 대하여 사회복지전문가는 어떻게 개입을 하여야 할 것인가? 이 시기에 사회복지전문가는 우선적으로 부모와 가족에 대한 지원에 초점을 맞추어야 할 것이다. 이를 위한 과제를 살펴보면 다음과 같다. 첫째, 부모가 그들이 기대했던 이상적인 자녀의 상에서 현실적 자녀의 상으로 수정하도록 원조해야 한다. 또한 자녀의 장애에 대한 부모의 죄책감을 덜 수 있도록 돕고, 부모가 장애자녀와 친밀한 애정적 관계를 형성하고 유지하여 상호작용이 가능하도록 원조한다. 나아가 장애자녀를 돌보는 구체적인 요령을 가르치는 것도 필요하다. 둘째, 자녀의 출생, 자녀의 장애에 대한 의심, 자녀의 장애진단 전후의 과정에서, 모든 가족이 함께 관심을 가지고 서로의 어려움을 공유하고 협력할 수 있도록 가족을 지지해야 한다. 셋째, 부모가 장애아동에 대해 그의 형제자매에게 얘기하고, 장애아동 이외의 개별 가족의 특수한 욕구를 충족시키도록 돕는다. 넷째, 병원치료 등을 위해서

입원한 장애아동이 있다면, 이 아동이 퇴원 후 지역사회에서 잘 지낼 수 있도록 지원한다. 예를 들어 추후 지원의 제공과 함께, 이용 가능한 지역사회자원에 대한 정보제공 등도 필요할 것이다.

### 나. 장애아동

장애아동에 대한 전문가의 역할과 과제를 살펴보면 다음과 같다(이미숙 외 역, 2013: 162-164). 한 개인의 삶에서 자유, 선택 그리고 자기조절은 장애아동과 그 가족의 자기결정을 이해하는 데 가장 핵심적인 것들이다. 자기결정은 한 개인의 가치, 선호, 강점 및 욕구를 고수하면서 삶을 사는 것을 의미한다(Turnbull & Turnbull, 2001). 자기결정이라 하면 우선 청소년과 어른을 생각하게 된다. 그러나 유아기 동안 자기결정을 위한 견고한 기본기를 쌓을 기회를 제공해야 한다는 것이 굉장히 중요하다는 인식이 점차 증가하고 있다. 자기결정은 전 생애를 통해 지속적으로 개발되지만(Turnbull & Turnbull, 2001), 이러한 지원이 생애 초기에 지원되지 않는다면 자기결정력은 쉽게 발현되지 않기 때문이다(Erwin & Brown, 2003; Shogren & Turnbull, 2006). 유아는 가정에서 대부분의 시간을 보낸다. 따라서 가족은 장애아동의 자기결정력 향상에 중요한 영향을 미치게 된다. 연구자들은 전문가와 가족들이 유아의 자기결정 기술을 발달시킬 수 있는 기회를 제공하기 위해 사용할 수 있는 몇 가지 전략을 소개했다(Brotherson et al., 2008; Erwin et al., 2009; Shogren & Turnbull, 2006). 추천된 전략들의 대부분은 자연스러운 환경에서 유아 스스로가 정리정돈하거나 자율적으로 조절할 수 있는 기회를 제공하는 데 초점이 맞추어져 있다. 예를 들어 이러한 전략들은 다음과 같은 사항을 포함한다.

1. 거실에 '유아를 위한 공간'을 만들어라.
2. 유아가 별다른 도움 없이 접근할 수 있는 곳에 장난감을 배치하라.

3. 예측 가능하고 일관된 경로를 배치하라.
4. 유아가 혼자 지낼 수 있는 사적인 공간을 마련하라.
5. 유아의 눈높이에 맞게 사진과 미술작품을 배치하라.
6. 유아가 직접 무엇을 할지, 먹을지, 입을지 결정하게 하라.
7. 연령에 적합한 수준의 위험이 따르는 일을 할 때 유아를 과도하게 보호하지 않도록 주의하라.

#### (2) 학령기 아동(6~12세)

① 시기별 주요 특징

대부분의 아동들은 6세에서 12세 사이에 가장 크게 성장한다. 사회적으로나 지리적으로 그들의 세계는 확장된다. 구체적인 문제를 풀어가는 기술의 증가는 아동들이 새로운 상황에 대해서 대처하는 데 도움을 준다는 측면에서 중요하다. 또한 이 시기는 무엇인가를 생산하도록 허락받을 수 있다는 것을 배우고, 일이 성취되도록 계속적으로 노력할 수 있는 능력을 개발하는 시기이다. 또 인생에서 최초로 가족의 의견보다 친구 등 또래집단의 의견이 중요한 시기이다. 특히 이 시기 또래집단은 다양한 역할을 시도하고, 경쟁과 협동 경험, 공격성과 의존성 표현의 장으로 매우 중요하다. 이 단계 성취의 실패는 자신감의 부족으로 귀결되는데, 자신의 기술과 능력에 불만족하면 가족관계 내로 후퇴하는 경향을 보일 수 있다.

② 장애의 영향

가. 장애아동

장애아동은 사회적 기능의 부족과 이로 인한 친구, 동료들의 인정을 받지 못하는 경험을 하기 쉽다. 장애가 사회적 기능을 손상시키지는 않더라도, 장애아동은 다른 아동에 비해 뒤쳐지고 좌절을 느끼게 된다. 장애로 인해 동료와의 사회적 상호작용이 감소되면서, 장애아동은 친구로부터의 정확하고 자발적인 피드백을 받기가 힘들어 진다. 장애는 부정적 오명(stigma)의 대상이 되기 쉬워서, 장애아동은 장애의 존재를 부정하게 된다. 이 과정에서, 장애아동은 가족 내로 사회적 관계를 철회할 위험이 큰데, 이로 인해 또래와의 관계에서 형성될 수 있는 사회기술, 자아존중감 등이 낮아지기 쉽다. 한편 장애아동에 대한 부모와 학교, 지역사회의 부정적 태도로 인해, 이 시기 주요 아동의 발달과업인 근면성이 충분히 발달하지 않을 수 있다.

### 나. 부모와 가족

동정적 부모들은 장애아동이 가족 내로 철회할 때, 장애아동에 대한 걱정이 앞선다. 그로 인해, 장애아동을 친구나 동료들에게 다시 보내지 못하고, 그들이 스스로 할 수 있도록 하는 생산적인 능력을 장려하지 못하며, 실패 경험자체를 차단한다. 장애아동은 학교에 입학하면서 학급에 속하게 된다. 이들에게는 일반학급(모델링, 경쟁에서의 좌절)을 선택할 것인가, 특수학급(편안함, 경쟁에서 성공경험)을 선택할 것인가가 매우 중요하다. 교사나 부모는 장애아동이 할 수 있는 일을 인식하고 격려하는 것이 중요하다. 특히 부모는 이 시기에 '그냥 놔두는 것'이 중요하다. 왜냐하면 부모-자식관계에서 교사나 동료와의 관계로 아동의 초점이 옮겨가야 하기 때문이다. 또한, 동료와의 경험을 통해, 자신의 적합성과 능력에 대한 감을 갖는 데 매우 중요하다. 장애아동 입장에서, 스스로에 대한 확고한 자기수용의 기회가 충분히 제공되어야, 근면성이 발전할 수 있다.

이 시기 발달에서 장애아동의 중요한 이슈는 장애의 발생 연령이다(김용득, 2000; Mackeprang & Salsgiver, 1999). 생의 초창기에 장애가 발생한 아동은 이 시기 다른 것이 별로 없다. 그들이 이 나이가 되면, 가족들은 점차적으로 그들의 삶을 변화시킬 것이고, 정서적으로도 아동의 장애에 맞추어 적응해 나갈 것이다. 하지만 이 연령대에 장애를 갖게 되면, 장애아동은 매우 혼란스러울 수 있다. 예를 들어 근육위축과 같은 경우는 이 시기 전까지 진단이 되지 않을 수 있는데, 근육위축을 가진 아동은 점차적으로 신체적인 제약과 한계에 직면하게 되면서, 신체 변화를 혼란스러워하고 낙심하게 될 것이다. 가족들은 장애진단과 평가 과정에서 불확실한 고비를 경험하게 된다. 자아개념은 장애에 대해 반응하며 수정되고, 가족과 사회적 관계도 변화된다. 슬픔과 비통함이 가족으로부터 표현될 수 있으며, 경제적인 부담이 과도해질 수 있다. 이 시기 장애가 발생한 아동은, 장애를 가지고 태어난 아동과는 다른 인지적·감정적·사회적 변화를 경험한다. 한편 출생하면서부터 직면할 수 있는 차별적인 태도와 경험에 이들의 삶이 제한되지 않았다는 사실은 이점으로 작용할 수 있다. 장애를 갖기 이전에 발달한 개성과 긍정적인 자아개념은, 장애로 인한 변화에 대처하는 중요한 자원이 될 수 있는 것이다.

③ 전문가의 역할과 과제

이 시기에는 형제자매와 아버지를 포함하여 가능한 많은 가족을 진단, 교육 프로그램, 의료적 조치에 관한 의사결정 등에 참여시켜 장애아동을 지원할 수 있는 가족의 힘을 키워 주어야 한다. 또한 또래집단에 대한 개입도 중요하다. 즉 부모, 형제자매와의 관계, 또래집단[1] 등 장애아동에게 영향을 미치는 모든 사람들에 대한 개입이 중요하다. 장애아동이 비장애아동에 비해 사회적 관계 경험이 적은 것은 분명하다. 또 신체장애에 대한 사회의 부정적인 가치관에 의해서 상처를 받게 되고, 그 결과 자기 자신을 경시하고 자책하는 경향을 갖게 된다. 한편 장애아(handicapped child)로서 보지 않고, 장애를 가진 아동(child with a handicap)으로 보는 사람과는 성공적인 관계를 형성하기도 한다.[2] 이

1) 놀이를 통해서 아이들은 사회성을 키우게 되는데, 장애아동은 타인의 행동을 모방하기 어려우므로 놀이에 있어서도 기회와 능력발달을 제한받게 된다.

2) 여기서 '장애아(handicapped child)로 보는 것'은 아동의 장애에 초점을 맞추어 보는 관점을

시기 무엇보다 장애아동의 부모에 대해서는 모든 생활 영역에서 가능한 모든 도움을 제공하여야 한다. 예를 들어 부모에 대한 교육프로그램, 일반적인 생활상의 문제에 대한 조언, 장애아동의 이동을 도와주는 장비에 대한 조언, 텔레비전의 오락·교육 프로그램 및 휴대폰 등 스마트 기기에 대한 안내나 장애아를 위한 운동·캠프 등에 대한 안내 등이 제공되어야 한다. 한편 통합적인 환경이 가능하도록 교통과 환경의 개조에도 힘을 써야 한다. 특히 장애아동을 둔 가족 전체를 돕는 것이야말로 장애아를 돕는 최선의 방법이라는 것을 생각하고 지원에 힘써야 한다.

### (3) 아동기의 개입원칙과 개입전략

지금까지 출생부터 초등학교 연령의 학령 아동기까지 살펴보았다. 이 시기 장애아동과 관련하여 전문가의 개입원칙과 전략을 전반적으로 살펴보면 다음과 같다.

#### ① 장애아동에 대한 개입원칙

첫째, 장애아동 개인, 가족, 사회환경이라는 세 차원의 생태체계에서 위험요인과 보호요인 모두에 대해 포괄적으로 개입해야 한다. 둘째, 지역사회 혹은 이웃사람들과의 상호작용이 중요하다. 지역사회 혹은 이웃과의 밀접한 상호작용을 할 수 있는 프로그램을 통하여 장애아동이 지역사회 내에 통합될 수 있도록 하여야 한다. 셋째, 장애초기부터 지속적으로 개입하는 것 필요하다. 넷째, 아동의 발달에 맞는 적절한 전략을 선택하여, 발달과정에서 발생할 수 있는 문제를 예방하거나 조기에 개입해야 한다.

---

의미하고, '장애를 가진 아동(child with a handicap)으로 보는 것'은 장애를 아동이 지닌 특성 중의 하나로 보는 관점을 의미한다.

② 장애아동에 대한 개입전략

첫째, 위험요인과 스트레스를 감소시키는 데 초점을 두는 것이 중요하다. 사회복지사는 유아의 발달의 내용과 수준을 추적할 수 있는 사정도구를 잘 알고 있어야 하며, 아동의 발달환경상의 중요한 특징을 알고 있어야 한다. 또한 고위험가족을 식별할 수 있어야 한다. 예를 들어 아동의 가족 및 발달상황 등에 대한 심층적인 사정이 필요한 경우에는 가계도와 생태도 등을 활용하는 것도 좋을 것이다. 나아가 위험에 대한 인지도식(cognitive scheme)이 왜곡되어 실제적인 위험에 비해 부적절한 정서행동이나 과도한 스트레스를 보이는 경우도 존재한다는 점을 고려하여, 인지처리 방식을 개선하거나 스트레스 감소를 위한 기법을 적용할 수 있는 준비가 되어야 한다. 예를 들어 아동들의 불안이나 우울을 감소시키고 그들의 환경에 대한 대처전략을 강화하는 개인치료, 집단프로그램 등이 그 예가 될 것이다. 다양한 사회기술훈련, 의사소통 기술 등을 습득할 수 있는 개인, 가족, 집단 프로그램 등을 고려해 볼 수 있다.

둘째, 보호요인과 적응적 대처기술 향상에 초점을 두는 것이 중요하다. 장애아동에게는 시시적 관계를 활용하거나 및 과업성취나 성공을 통한 자존감을 향상시키는 것이 중요하다. 이를 테면 장애아동을 둘러싼 여러 자원 중 지지적 관계를 맺고 있는 부모나 형제자매를 활용한다거나 학교에서의 동료관계를 지지적으로 구성하기 위한 친구 맺어주기 프로그램 등을 활용하는 것이 좋다. 한편 과업성취를 통한 자존감 향상은 장애아동의 능력을 정확히 사정하여 이에 맞는 과업을 부과함으로써 적절한 성취감을 맛볼 수 있도록 모든 프로그램에서 적용되어야 할 것이다. 특히 장애아동들에게 긍정적 기회를 확대하는 방법을 고려하는 것이 중요하다. 예를 들어 다양한 문화체험 프로그램, 장애에 대한 사회인식개선 프로그램, 사회통합 프로그램 등이 그것이다.

> [참고] 장애인에 대한 낙인과 소수민족집단에 대한 낙인의 차이
>
> 소수 민족 집단에서 태어난 아동은 자기와 동일한 성원들로 이루어진 소수 민족 집단의 문화 속에서 사회화되고, 부정적인 대우를 받지 않으며 집단 내 어른이나 또래 집단과 원만한 관계를 맺으며 자란다. 반면에 장애아동은 장애를 가진 자신과는 다른 소위 정상적인 부모, 형제, 이웃, 또래 집단에 둘러싸여서 그들이 갖고 있는 장애인에 대한 부정적인 태도를 접하고 공유하게 된다. 게다가 자신과 같은 장애를 가진 사람과 접촉하며 사회적 기술을 개발할 기회를 얻기란 좀처럼 불가능하다. 이에 장애아동은 소수집단에 속한 아동보다도 일반적인 행동기술이나 특히 주류 민족 집단과의 사회적 관계를 유지하는 기술을 경험하고 학습하는 데 많은 어려움을 겪는다. 특히 학교에 갈 때 이러한 경험을 가장 많이 한다.

## 2) 청소년기

### (1) 시기별 주요 특징

이 시기 중요한 목표는 이전 시기에 개발된 기술들과 함께 직업적 목표를 개발하는 것이다. 이 시기 일반적인 청소년의 발달과제는 가족으로부터 독립하는 것과 자신의 정체성을 확립하는 일이다. 내가 누구이고 무엇을 믿고 좋아하는가에 대한 정체성을 확립해야 하며, 성적인 발달도 이 시기에 특히 발달하게 된다. 이러한 목표를 수행하기 위한 과제는 다음과 같다. 먼저 아동기에 개발되었던 도덕성이 청소년 자신의 정체성을 반영하는 성인의 윤리로 대체되도록 부모로부터 자유를 부여받아야 한다. 이 당시에는 자아정체감이 발달하여, 자기표현의 기회를 원하는데, 이는 누가 방해하면 사력을 다해 저항할 정도로 강하게 된다. 또한 자아정체감을 투사할 수 있고 반영시켜 볼 수 있는 또래에 준거를 둔 집단의 일원이 되기를 원하며, 이성친구와 사랑에 빠지는 경험도 하게 된다.

### (2) 장애의 영향

① 장애청소년

소위 정상적인 신체를 가진 청소년에게도 쉽지 않은 청소년기의 과업이 장애를 갖고 있는 장애청소년에게는 하나의 갈등이자 투쟁해야 할 짐이 된다. 이 시기 장애청소년의 경우 내적 변화가 특히 많고 장차 사회현상에의 참여에 관한 많은 한계와 제한이 예견되면서, 사회참여에 대한 자신감 상실과 더불어 자신에 대해 정체감 형성에 위기가 생길 수 있다. 먼저, 장애나 질병으로 인한 소위 무능력화는 청소년을 더 가족에 얽매게 하며 분리나 독립성 성취(경제적, 정서적)를 지연시키게 된다. 한편, 만성적 질병으로 인한 입원의 반복도 의존성을 강화시키는 요인이 된다. 예를 들어 어려서부터 입원해 있는 청소년은 과도하게 순종적이 되기 쉽다. 또, 자기표현 능력획득에 어려움을 겪는다. 기본적 욕구에 대한 주된 책임을 부모가 가질 때, 장애가 활동을 제한할 때, 장애청소년 당사자가 자신의 기술과 능력을 불신할 때 등에 특히 어려움을 많이 갖게 된다.

개인적 변화나 치료 때문에 동료 관계가 방해되기도 한다. 특히 장애가 눈에 띄는 경우 부정적 신체이미지를 갖기 쉽고, 이로 인해 이성 관계에 부정적 영향이 생길 수 있다. 육체적으로 눈에 띄는 장애를 가진 청소년이 육체의 완전성과 매력에 대한 이상적인 기준에 도달하기란 어려운 일이다. 왜냐하면 사회적 낙인(stigma)을 수반하기 때문이다. 예를 들어 선천적인 심장질환을 갖고 있는 장애청소년과 얼굴에 보기 흉한 손상을 가진 장애청소년을 비교해 보면 쉽게 알 수 있는데, 전자보다 후자가 더 사회적 낙인을 가질 가능성이 높다. 또한 성적 정체성 형성에 어려움을 겪는다. 장애청소년은 이성을 탐색할 자연스런 기회가 적고, 이들을 비(非)성적(asexual) 존재로 보는 부모의 태도, 의료진의 부정적 태도 등이 성적 정체성 형성을 방해하는 주요 원인이 된다. 한편 부정적 성정체성은 자아 이미지에 부정적 영향을 끼치게 된다. 장애자녀에 대한 부모들의 태도는 대개 억압적이고 통제적이다. 많은 부모들이 그들의 장애자녀를 비성적이고 결혼이나 출산의 가능성이 없는 존재로, 정상적인 성생활을 영위할 수 없는 존재로 간주하는 경향이 있다. 특히 태어나면서부터 장애를 가지고 있을 경우에는 결코 정상적인 성관계를 개발할 수 없다고 생각한다.

한편 청소년기에 장애를 가진 사람들은 이전부터 장애를 가진 청소년들과는 다른 도전들과 마주치게 된다. 때로는 장애 이전의 친구관계를 잃어버리고, 사람들은 장애 동료와 다른 활동을 찾도록 강요당할 것이다. 예를 들어, 음악 감상은 청력을 잃은 사람에게는 불가능할 것이고, 신체적 장애를 가지게 된 사람에게는 비장애청소년과 다른 유형의 스포츠가 필요할 것이다. 장애를 가진 상태에서 정체성의 발달은 특히 장애가 발생한 이후 몇 달 동안 어려울 수 있고 혼란을 일으킬 수 있다. 따라서 청소년기의 발달적 필요를 고려하고 장애를 확인하는 지지적인 환경은 중요하다. 새로운 동료 그리고 좋은 조언자 관계를 개발하는 것뿐 아니라, 친구관계와 가족관계를 유지하는 기회를 갖는다면, 이 과정에서 큰 도움이 될 수 있다(김용득, 2000).

② 부모와 가족

이들의 어려움은 아동기와 매우 유사하다. 특히 중증장애 청소년의 부모는 가중된 어려움을 겪게 된다.

#### (3) 전문가의 역할과 과제

이 시기 청소년을 대상으로 하는 전문가들은 다양한 교육과 프로그램을 기획할 수 있어야 한다. 청소년기에 수행되어야 하는 교육에는 성교육과 자기결정 기술이 포함된다(Turnbull et al., 2013). 또 직업재활 프로그램과 다양한 주제의 관계 이슈를 다루는 사회 프로그램 등이 이 시기에 특히 중요하다.

① 성교육(sex education)

장애를 가진 청소년들도 결혼에 대한 희망과 자신의 자녀, 그리고 다른 십대들처럼 성에 대한 관심으로 가진다(Murphy & Elias, 2006). 성교육이 장애학생에게 필요하며 바람직한가? 어떤 이들은 '그렇다'고 대답하지만, 또 어떤 전문가들은 '아니요'라고 대답할 것이다. 일반적으로 장애학생을 대상으로 한 성교육은 일반학교에서 쉽지 않다. 미국의 경우에도 단지 5%의 장애학생들만이 공립학교에서 성교육을 받았으며, 단지 21개 주에서 성교육을 채택하고 있다(Alan Guttmacher Institute, 2009). 그리고 장애학생에게 어떠한 성교육을 해야 할 것인가에 대해서도 다양한 시각이 상존하고 있다. 그럼에도 전문가들은 장애학생을 둘러싼 다양한 성적 이슈를 처리하는 방법을 배울 수 있도록 충분한 고려를 해야 한다. 장애학생을 둔 대부분의 부모들은 자녀가 성적 학대를 당하지 않을까 하는 걱정을 하고 있으며, 실제로 많이 발생하고 있다. 미국의 경우에도 발달장애를 가진 83%의 여학생과 32%의 남학생이 성적 학대의 희생자들이라는 보고가 있다(Horner-Johnson & Drum, 2006; Petersilia, 2001; Protection and Advocacy, 2003). 2020년 현재, 한국에서도 장애인권익옹호기관에 접수된 학대 사례 중에 약 10.9%가 성적학대로 보고되고 있는 상황이다(보건복지부·중앙장애인권익옹호기관, 2021). 따라서 장애청소년과 가족들에게는 성적학대의 발생 가능성 그리고 예방대책에 대한 정확한 정보가 필요하다(Lesseliers & Van Hove, 2002). 따라서 청소년기의 성교육에서 성적 학대를 막기 위한 기술이나 지식은 중요한 주제가 되어야 한다(Lee & Tang, 1998)

② 자기결정기술 프로그램(self-determination program)

자기결정의 확립은 유아기에 시작된다. 그러나 자기결정기술 훈련은 다른 어느 시기보다도 청소년기에 더욱 강조되는 영역이다. 왜냐하면 청소년기는 나이가 들어감에 따라서 일상적인 대부분의 생활에서 더 많은 책임을 가지고 수행하게 되며, 자신의 삶의 목표를 설정하고 성취하기 위해 본격적으로 노력해야 하는 시기이기 때문이다(Turnbull et al., 2013). 부모는 자기결정을 독려하는데 참여할 수 있다. 또한 가족은 자녀가 스스로 결정할 기회, 문제를 해결하고 목표를 정할 기회를 주고 이를 행사하도록 독려할 수 있다. 여기에는 장애청소년이 자신의 삶에 필요한 결정을 능동적으로 그리고 유의미하게 선택할 수 있게 하는 것이 중요하다.

③ 직업재활 프로그램(vocational rehabilitation program)

직업훈련과 동시에 전이(轉移) 과정을 돕기 위한 기회를 제공해야 한다. 특히 청소년기의 발달 과제 성취가 전제되어야 직업훈련이 의미가 있다. 장애청소년을 위한 많은 재활프로그램들이 실패하는 주요 원인은 이것들이 직업훈련이나 직업알선 같은 특정 문제만을 집중적으로 다루었기 때문이다. 직업재활은 청소년의 생활에 영향을 미치는 다른 많은 내외적 요인들을 해결한 후에 최종 산물로 얻어지는 것이다. 직업선택이 이루어지려면 앞서 언급한 분리와 독립의 문제, 신체이미지와 성적 정체성의 형성, 공격성과 우울증의 원만한 해결이 우선적으로 이루어져야 한다.

④ 다양한 주제와 관계 이슈를 다루는 사회 프로그램(social relationship program)

장애아동이 사회적 관계 속에서 다양한 역할을 수행하는 동료 시민이 되기 위해서는 다음과 같은 주제와 내용의 사회적 프로그램이 고려되어야 한다. 첫째, 교사나 영화 속 인물 같은 역할모델이 필요하다. 대부분의 인간은 모방을 통해 사회적 행동을 배우게 되는데, 장애청소년들에게는 이러한 기회가 제한되므로 이들에게 특별한 모델을 제공할 필요가 있다. 둘째, 역할놀이 등이 제공될 필요가 있다. 불안감과 긴장을 줄여줄 수 있는 훈련된 지도자가 있는 집단모임과 같은 상황에서 장애청소년들은 노동자나 대학생 혹은 성적인 배우자의 역할을 연기해 볼 수 있을 것이다. 셋째, 성문제상담이 중요하다. 집단이나 개인적인 성상담, 성교육이 중요하다. 자유롭게 감정을 표현하도록 하는 것이 중요한데, 많은 장애청소년들이 자신의 장애에 대한 감정을 억압하는 것과 똑같이 성에 대한 감정도 내부에 억압하여 감추어놓고 있는 경우가 많다. 넷째, 장기적응을 위한 프로그램으로 졸업 후 청소년을 위한 장기 상담이나 적응서비스가 필요하다. 현재, 장애청소년을 위한 이러한 프로그램의 수가 매우 적다. 가장 큰 어려움은 지적장애인 등 장애청소년들이 졸업 후 자신에게 적절한 자리에 곧바로 취직하기가 어렵다는 것이다.

[참고] 장애청소년과 사춘기

나는 장애인이다.

잃어버렸던 사춘기를 찾아 뒤늦게 새로운 삶을 살고 있다. 나는 가족들에겐 항상 부끄럽고 수치스런 숨기고 싶은 존재였다. 형제들은 밖에서 나를 모르는 체 했고, 집에 친구들을 데리고 온 적이 없다. 온 종일 집에만 있는 내가 안쓰러워 외출을 할라치면 난 벌써 두려워진다. 경멸도 아니고 호기심도 아닌 시선들이 동물원 원숭이 쳐다보듯이 나를 바라본다. 그 눈빛들은 도저히 참기 힘들다. 가족들이 나 때문에 왜 그런 대접을 받아야 하나? 난 차라리 집에 갇혀있는 것이 나으리라. 학교마저 장애인인 나를 거부하였다. 엄마가 나를 업고 수많은 특수학교를 두드렸어도 되돌아오는 것은 '입학불가'라는 대답뿐이었다. 남들보다 몇 년을 늦게 들어간 학교에서 나는 장애인이란 이유로 '난장이 같다', '병신 같다'는 놀림과 따돌림을 받는다. 공부도 열심히 하고, 잘해 보려 해도 되돌아오는 건 미움뿐이다. 죽으려고도 해보았지만 그것도 이내 실패로 돌아간다. 장애를 모르는 애들은 그럴 수 있다해도, 휠체어를 밀어주는 봉사자도 장애인을 돕겠다는 전문가도 장애인이 무엇을 필요로 하는지 알지를 못한다. 하긴 장애인끼리도 친구가 되는 것을 꺼려하는데 더 이상 무슨 얘기를 할 수 있으랴.

나는 왜 장애인으로 태어났나? 전생에 무슨 죄를 지었는지…. 이것은 저주가 아닌가? 장애인으로서 할 수 있는 것도 없으며, 못난 존재일 뿐이다. 장애인만의 세계에서 살거나, 수족 같은 부모님과 영원히 살아야 할 것이다. 친구들이 운동장에서 뛰어놀아도 난 홀로 바라보기만 해야 한다. 점점 더 함께 할 수 있는 것이 없어진다. 친구들은 하나둘

씩 사라지고, 집안에 어느 순간 혼자 남겨진 나에게는 책만이 유일한 친구가 된다. 책을 통해 세상과 대화하고 관계를 맺는다. 그래도 친구가 그립다. 용기를 내어 다가 서려해도 발길이 떨어지지 않는다. 나는 그저 나에게 누군가 말을 건네주고 다가와 주기를 기다릴 뿐이다.

장애인으로서 나를 돌아본다. 이제 성인이 되어야 할 나이가 되었는데 난 아직도 사춘기에 머물러 있다. 늦게 시작한 학교생활 때문인가, 장애로 인해 사회의 속도에 따라가지 못해서인가, 꽉 막힌 생활에서 벗어나려 안간힘을 다해서 여기까지 왔는데도 아직도 다른 친구들을 따라가기엔 멀기만 하다. 내 맘에 맺힌 한을 알기는 하는가. 내 사연을 알기는 하는가. 나를 보여주려 해도 어떻게 말해야 할지. 내가 생각하는 것이 맞는 것인지 혼란이 온다. 나는 한 껏 농담을 해봐도 사람들은 이해를 못하니… 나는 외계인인가?

나는 그저 한 평범한 사람이고 싶다. 사춘기에 우리도 외모와 이성에 관심을 갖고 있고, 고민도 많다. 때론 반항도 한다. 다만 장애로 인해서 남들과 다른 외모는 스트레스가 된다. 집에만 있다고 아무 옷이나 입으라고 하는 것에 화가 나고, 제대로 나에게 꼭 어울리는 옷을 입고도 싶다. 남들처럼 미팅도 나가고 관심있는 이성에게 말도 걸고 연애도 하고 싶은 사춘기다. 그리고 사회 속의 한 존재로서 살고 싶다. 부모님 앞에서 칭찬을 받고 싶고, 소중한 친구들과 함께 참여하고 싶다. 학교를 다닐 수 있다는 것만으로도 얼마나 즐겁고 기쁜지 그 누가 알겠는가. 장애를 생각하면 좌절되지만, 그래도 나에게는 내가 어떤 상황에 처했어도 믿어주었던 가족들과 선생님들이 있음을 깨닫는다. 나에 대해 항상 염려와 관심을 아끼지 않는 부모님들, 항상 나를 지켜보고 있는 선생님의 지지와 격려가 나를 새롭게 만든다. 내가 힘이 들고 외로울 때 언제나 찾을 수 있는 종교의 고마움도 느낀다. 조금 더 나아갈 수 있을 것 같다. 세상에서 출발할 용기가 난다. 내가 하고 싶은 많은 것들과 나와 함께 해준 많은 이들이 나를 받아들이게 하는 원동력이 된다. 내가 장애인이라는 것에 얽매일 게 아니라 남과 조금 다르다는 것을 받아들이는 것이다. 누구나 나처럼 살아간다면 나와 같지 않겠는가. 이제는 더 이상 숨어살지 말자. 부딪치면서 강인해지는 것이다. 그동안 집착했던 문 뒤로 나에게 열려있는 더 큰 문이 보인다. 나는 장애를 떠나 소중한 나일 뿐이다. 내 모습이 어떠하건 나는 그저 너무나 소중한 한 사람이다. 이제 나 혼자 외출을 한다. 부모를 떠나 혼자 생활도 해본다. 비장애청소년과 같으면서도 다른 사춘기는 이렇게 지나가고 있다.

출처: 김미옥(2003). pp. 239~241.

## 3) 성인기

### (1) 초기 성인기

① 시기별 주요 특징

이 시기에는 일차적인 관계가 이전의 가족관계에서 새로운 가족관계로 이동한다. 또한 직업을 갖고 사회적 관계에서 가장 활발한 활동을 펼치는 시기이다. 이 시기는 아동기와 청소년기를 통해 습득된 기술들을 모두 통합하여 직업적 목표와 친밀한 관계를 달성하기 위해 헌신해야 하는 시기이다. 또한 성인기에는 가족으로부터 자립하는 시기이다.

② 장애의 영향

**가. 장애당사자**

먼저 겉으로 드러나는 장애는 장애인에게 이성을 찾는 행위를 제한하고, 이동의 어려움은 또래 이성의 접근을 방해한다. 둘째, 성기능을 방해하는 장애는 임신과 출산의 제한 등의 어려움을 수반하게 된다. 셋째, 노동(직업)과 레저·레크리에이션 제한이 있다. 직업을 가져야 하는 이 시기 장애는 취업의 기회를 한정하고, 교통이나 건축물상의 장애물 등의 이유로 재정적으로 정부지원에 의존하는 상황이 발생된다. 직업재활서비스 역시 매우 제한된다. 만일 이 시기 가족구성원, 친구, 사회복지사 등의 적극적 지원이 없다면 고립의 위험성도 매우 크다고 할 수 있다. 즉, 이 시기 장애인의 경우 일반사회 내에서의 자신의 위치와 역할에 관한 정체감이 확립되지 못하였을 때 비장애인보다 더욱 강하고 지속적인 고립감을 느끼기 쉽다고 할 수 있다.

초기 성인기에 장애를 가지게 된 사람들은 일반적으로 자기 생활을 가지고 있다. 그들은 이미 개발된 자기 이미지와 개성을 가지고 있다. 하지만, 장애가 발생하면서 자기 이미지가 변화할 수 있고, 그로 인해 친근한 관계가 수정될 수도 있다. 결혼 초기와 같이 새롭게 형성된 친밀한 관계는 만약 배우자의 한 쪽이 장애를 갖게 되면, 특히 어려움을 겪게 된다. 장애인자립생활센터, 전문가와 동료들의 지원은 장애를 가진 사람이 성공적으로 개인적인 변화에 적응되도록 하고, 장애로 인해 어려움을 겪는 가족들을 지원할 수 있다. 또 이러한 지원은 장애를 받아들이고 자신의 새로운 삶의 상황에서의 문화적·사회적 요소에 들어가는 이 시기의 삶을 성공적일 수 있도록 도와준다(김용득, 2000).

### 나. 가족

첫째, 결혼해서 자기 가족이 생기기 전에 장애가 생긴 성인은, 독립했다가도 다시 원가족으로 돌아오는 방법 외에 다른 대안이 없는 경우가 있다. 양육의 역할을 끝냈던 부모의 입장에서는, 다시 돌봄의 역할로 돌아가야 하는 어려움이 있다. 소위 '텅빈 둥지'에 덜 적응된 부모는 돌아온 자녀에게 더 몰입하거나, 과잉보호, 자녀의 성인으로서의 욕구를 간과하는 경향이 나타나게 된다. 따라서 장애 성인으로 하여금 집에서 나가 사회적 활동에 참여하도록 하는 노력이 필요하다. 둘째, 장애인 배우자를 갖게 된 젊은 배우자는 부가적인 책임을 받아들일 발달적 능력을 갖고 있지 않을 수 있다. 부부간 균형 잡히지 않은 책임감을 수용하는 것이 필요하다. 다행히 배우자가 관계를 유지할 정도의 헌신을 할 수 있더라도 몇 가지 적응이 필요하다. 예를 들어 성관계를 제한하는 신체적 제한, 친밀성의 표현상실, 임신 불가, 배우자로서 역할의 변화 등에 대해서 부부간의 적응이 필요하다. 예를 들어 '단지 몸이 약할 뿐'이라는 생각은 장애인 배우자를 성인으로 보게 도와준다. 한편으로 지역사회 자원의 도움 필요하기도 한다.

③ 전문가의 역할과 과제

가. 장애당사자

첫째, 사회적 적응을 위해 다양한 훈련이 필요하다. 훈련주제는 장애에 관한 태도와 가치, 기본적 의사소통기술 훈련 및 실습, 자기주장, 공격적, 비관적 형태의 반응 간 차이, 당황스런 상황에 대한 대처 실습, 스트레스관리와 이완 기법 훈련, 지역사회 내에서 지지 체계 유지하기 등이 될 것이다. 둘째, 장애인의 특성에 맞는 직업재활 프로그램이 중요하다. 셋째, 성적인 변화에 대한 적응, 성기능의 변화, 약물치료의 부수효과, 신체이미지 변화, 사회 환경의 변화 등에 대한 수용이 필요하다. 워크숍, 집단상담 등을 통해서 이에 대해서 이야기하고, 상담하는 것이 필요하다.

나. 가족

먼저, 장애발생 당시 상황에 빠르게 적응하는 것이 필요하다. 이를 위해 장애관련 정보를 접하게 하고, 자율의 유지(예: 의료적 의사결정에 참여), 가족 내부 구조의 유지(예: 가족 간 의사소통의 활발) 등을 위한 노력이 필요하다. 다음으로, 발생한 장애에 대한 적응을 하는 것이 필요하다. 먼저 장애인과 가족의 분노가 있을 수 있다. 이때 무기력감과 싸워나갈 수 있고 관련 정보를 얻을 수 있도록  관련 전문가와 상호작용하는 법을 배워야 한다. 또한 가족 내 역할 변화에 적응하도록 하여야 한다. 가정 내 과제 분담을 위한 회의 개최하는 것 등이 하나의 방법이 될 것이다.

### (2) 성인기(중년기)

① 특징

이 시기의 목표는 생산성을 높이는 것이다. 즉 새로운 세대를 생산하고 지도하려는 마음과 능력이 있는 시기이다. 개인적으로 자식의 양육과 지도뿐 아니라, 사회의 새 세대의 발전에도 기여해야 하며, 이 시기의 성취는 단순히 자식을 낳은 것만이 아니라, 자신과 인류에 대한 믿음을 갖는 것이다. 이때 실패하게 되면 자기침체, 자기만을 향한 몰두 상태에 빠지게 된다.

② 장애의 영향

가. 장애당사자

불가피한 신체적·정신적 문제 때문에, 사회에 대한 생산적 기여에 충실하지 못할 것이라는 장애인 자신의 부정적 기대, 그리고 장애당사자에 대한 낙인은 성인기 장애인의 자아침체를 더욱 가속시킨다. 특히 장애인에게 있어서는 이 시기 장애의 발생으로 인해 직업적 능력의 상실이나 감소, 가정에서의 경제적 가장의 역할 포기 및 자존심의 포기, 양육자의 역할에서 피양육자의 역할로 갑자기 변화하게 된다. 또한 자녀 양육을 하는데 자신의 역할을 하는 것이 힘들어진다. 자녀에게 역할모델이 되기 힘들고, 성기능의 손상으로 자녀를 가질 수 없게 되기도 한다. 생산적 성인에 필요한 자유로운 에너지를 기대할 수 없고 이런 부재는 자기몰입이나 일시적 침체로 나타날 수 있다.

생에서 중년에는 많은 사람들이 당뇨나 심장질환 같은 질병으로 나이에 따른 장애를 얻기 시작한다. 전통적으로, 이 나이에 장애를 갖게 된 장애인은 보통 장애를 자신의 지배 문화로 인식하지 않는다. 그들은 '문제를 가진 비장애인'으로 스스로를 인식한다. 특히 장애를 가지는 것의 의미를 알고 이것으로부터 성장하는 것은 본인과 사회에도 도움이 될 수 있다. 유사한 장애를 가지고 성공적으로 생활하는 다른 사람들과 네트워크를 가지는 것은 이러한 성장을 촉진하는 훌륭한 방법이다. 한편 새롭게 장애를 얻거나 오랫동안 장애를 가진 사람은 지역사회에서 큰 유산이 될 수 있다. 이 시기에서 오는 성숙과 안정은 이들이 지역사회에 더 큰 영향을 줄 수 있는 기회를 제공한다(김용득, 2000).

### 나. 배우자

장애는 결혼의 기본적 가정을 침해할 정도로 그 영향이 크다. 먼저, 소득 획득의 책임과 자녀양육의 책임을 배우자가 모두 짊어지게 되기도 한다. 또한 성생활 장애에도 적응해야 한다. 한편으로 자녀를 더 이상 가지기 어려울 수 있다. 장애인인 배우자를 상대배우자는 아이를 하나 더 얻게 되었다고 느끼고, 실제로 그 배우자를 아이 취급하거나 과잉보호 하는 모습이 종종 나타나게 된다. 이는 화난 감정이나 무기력감을 회피하려는 데서 발생한다. 그 결과는 예전에 친밀했던 배우자와의 정서적 고립을 가져오게 된다.

### 다. 자녀

무엇보다 역할의 변화가 발생하게 된다. 도움만 받던 아이의 입장에서는 무기력한 부모에게 도움을 주는 일에 적응하는 데 어려움 겪게 된다. 자녀가 어리면 엄마와 아빠가 왜 그들의 욕구에 부응하지 못하는지 이해를 못하며 부모의 무기력한 역할모델에 적응하는 것은 어렵다. 나이든 아동은 이해는 하지만 걱정한다. 부모를 돌보느라, 자녀들은 자신의 발달과업에 적질하게 대응하기 어려움을 경험할 수도 있다.

#### ③ 전문가의 역할과 과제

장애인 당사자에 대한 개입으로 신체적 운동, 배우자와 가족의 참여, 직업훈련, 그룹 프로그램이 있다. 다음으로 가족에게는 장애발생의 상황에서 혼란스런 감정은 어느 가족이나 겪는 것이라는 전문가의 인정이 가장 중요하다. 또, 이 시기 정보제공이 중요하다. 반복설명이 필요하고, 치료계획에 대한 정보제공도 필요하다. 직업상담에 대한 의뢰는 물론, 비직업적 상담도 무시하지 말아야 한다. 재정적 지원과 관련한 자원이 필요하고, 방문간호사나 가정지원서비스도 필요하다. 태도, 가치, 우선순위 변화를 위해 심리치료를 실시할 수 있다. 주로 인지재

구조 치료 등이 필요한 시기이다. 한편으로 가족갈등 해결 위해 개방적 토의, 문제 해결 기술, 자기주장훈련 등의 새로운 기술이 필요한 시기이다.

성인 장애인의 복지와 서비스 욕구를 살펴보면, 치료·수술과 물리 치료의 의료적 재활을 제외하고 취업알선과 직업훈련의 직업재활이 가장 많이 나타나고 있다. 장애정도가 경증이라면 직업이라는 사회적 역할을 갖고 이를 성공적으로 수행하고자 하는 욕구가 많으므로 장애인 복지서비스에서는 직업 모색부터 성공적으로 적응하여 독립적인 직업생활을 영유할 때까지 서비스를 제공해야 한다. 한편 그 장애가 중증이라면, 사회에 나와 좀더 발전적이고 긍정적인 여가생활을 향유하며 사회적 관계를 형성, 유지할 수 있도록 돕는 서비스가 필요하다.

### 4) 노년기

#### (1) 특징

이 시기 과제는 자아 통합과 인생의 성공과 실망에 적응하는 것이다. 이러한 자아통합에 기여하는 요소는 ① 인생의 자연스런 질서에 대한 의미와 믿음을 재확인, ② 인간자아에 대한 존중, ③ 개개인의 생활 스타일에 대한 믿음, ④ 죽음을 비롯해 생애주기에 대한 수용 등인데, 이들 요소에 대한 적응과 이전 단계의 발달과업에 대한 성취를 통해 죽음의 공포와 인생의 절망을 피할 수 있다.

#### (2) 장애의 영향

① 장애노인

노년기의 장애특성은 두 가지 측면에서 생각할 수 있다. 첫 번째는 나이가 들어감에 따라 나타나는 여러 가지 생리학적 기능저하나 사고로 장애를 얻는 사람들, 즉 노인성 장애 등의 이유로 장애인이 된 경우이다. 두 번째는 장애를 가지고 살아온 사람들이 노년기를 맞이하는 경우이다. 각각의 상황은 장애라는 상태가 동일하지만 살아온 과정이 달라서 다른 특성을 보이게 된다(임종호 외, 2010).

노년기에 장애를 얻은 사람들은 주로 복합적인 장애를 갖게 된다. 사실 나이가 들면서, 대부분의 사람들은 다양한 상태의 장애를 얻게 되는데 시각, 청각 그리고 지체장애 등 신체적 장애들이 흔히 나타난다. 즉 오랫동안 살게 되면 누구라도 그 생애에 어떠한 형태의 장애들을 경험하게 된다. 이들은 치료와 보호의 필요성이 매우 높다. 노년기에 장애인이 된 사람들은 일반적으로 장애문화, 또는 같은 장애를 공유하는 사람들과 자신을 동일시하지 않는다.

이전부터 장애를 가지고 살아온 사람들은 삶의 후반부에 장애를 얻은 사람들에 비해서 노령기에 나타나는 문제들을 더 잘 준비할 수 있다. 이들의 삶에서의 경험은 그 자신의 요구와 맞는 중요한 사회적 체계를 다룰 준비를 하게 할 것이다. 하지만, 이들도 그 자신의 오랜 장애의 결과로 수많은 문제점을 가질 가능성이 있다. 특히 장애를 가지고 노년기를 맞는 사람들은 가족과의 연락두절이나 독신 등의 이유로 장기적인 독거생활을 유지해 온 경우가 많으며, 빈곤층이 다수를 차지하고 있다. 이들은 기존의 장애에 노환으로 인한 장애가 추가되어 신체적·정신적 어려움이 가중되고 지속적인 의료지원을 필요로 한다. 이들 중 상당수가 거주시설생활 등으로 인해 생애주기에 따른 적절한 사회경험이 부족하지만, 장애기간이 길기 때문에 변화가 발생하기보다는 노년기 이전의 삶을 잘 유지하며 장애수용과 적응력이 높다고 할 수 있다.

한편, 노년기에 장애를 갖게 되면, 직업이나 자녀 양육 등의 역할에 영향을 받지는 않지만 이제까지의 공유되던 배우자와의 삶을 방해하게 된다. 만일 장애로 인해 성인자녀와 함께 살게 되는 경우, 그들의 생활 스타일을 포기하거나 자신이 짐이 되지 않음을 항변해야 할 수도 있다. 또, 인지능력이 손상되었을 때는 노인이 가질 수 있는 지혜도 기대받지 못하고, 신체적 보호의 의존은 자아통합을 방해하고 절망을 가져올 수 있다.

② 가족

장애노인의 배우자는 지금까지의 삶의 패턴을 방해받고 새로운 역할을 강요받게 된다. 한편, 자녀는 부모를 보호하는데 시간과 에너지를 요구하게 된다. 이때 가족의 갈등이 유발될 수도 있다. 특히 부모가 인지적 손상을 입은 경우, 자녀는 보호에 더 많은 부담을 느끼게 된다.

### (3) 전문가의 역할과 과제

먼저 심리치료(집단 프로그램)와 신체재활(독립생활기술이 중요, 일상생활기술 훈련) 등이 필요하다. 장애노인의 가족에 대해서는 장애에 대한 정보를 제공하고, 보호자에게 문제해결법 가르치는 것 등이 필요하다. 예를 들어 장애노인 행동분석, 보호자의 감정통제법 등이 그 교육내용이 될 것이다. 한편으로는 외부로부터 지원받을 수 있는 것이 무엇인지, 즉 다른 가족이나 친구, 주간보호나 일시보호 서비스 등에 대해 아는 것이 필요하다. 일상생활을 하는 데 불편한 정도는 나이가 들수록 심해지기 때문에 일상생활을 도와줄 수 있는 프로그램으로 재가서비스가 필요하다. 재가서비스는 주기적인 방문을 통한 밑반찬, 목욕 등의 서비스를 중심으로 일상생활의 불편함을 최소화해 주는 것이 있고, 독거노인의 증가와 아울러 소외되어 가는 노인들이 증가하고 있는데, 이들의 외로움에 대한 정서지원 등이 될 수 있다.

## 3. 생애주기별 가족의 관심사와 성공적 생애주기 전환 방안

지금까지 살펴본 생애주기별 부모와 형제 등 가족의 관심사와 생애주기별로 장애인과 가족이 경험하게 되는 어려움을 극복하고 성공적으로 생애주기 전환을 이루게 하는 방안을 살펴보면 다음의 〈표 14-1〉, 〈표 14-2〉와 같다.

표 14-1 | **생애주기별 부모와 형제의 관심사**

| 생애주기단계 | 부모의 관심사 | 형제의 관심사 |
|---|---|---|
| 출생 및 영유아기 | - 정확한 진단 받기<br>- 형제자매와 친척들에게 장애 알리기<br>- 서비스를 찾아다니기(지원서비스 결정) | - 형제들의 욕구에 대해 부모의 시간과 에너지 할애가 줄어드는 것<br>- 관심이 줄어드는 것에 대한 질투의 감정<br>- 장애에 대한 잘못된 이해와 관련된 두려움 |
| 아동기 | - 가족기능수행을 위한 일과 세우기<br>- 교육관련 문제에 대한 적응<br>- 일반학급과 특수학급 등 통합관련 문제 결정<br>- 개별화 교육회의 참석<br>- 지역사회 자원 탐색<br>- 교과목 이외 과외 활동 계획<br>- 전문가들과의 긍정적인 관계 형성<br>- 가족과 아동에게 적절한 교육관련 정보 모으기<br>- 아동의 미래에 대한 계획 세우기<br>- 다른 교수적 전략 이해하기 | - 신체적 보호의 욕구에 대한 책임을 분담하기<br>- 여자 맏이들이 돌봄 부담을 가질 가능성<br>- 레크리에이션과 여가를 위한 가족자원이 제한되는 것<br>- 친구나 선생님에게 장애형제를 알리는 것<br>- 동생이 장애를 가진 형이나 누나를 앞지를 가능성<br>- 장애형제 통합에 따라 같은 학교에 다니게 되는 문제<br>- 장애에 대한 기본적인 정보의 욕구 |
| 청소년기 | - 만성적 장애에 대한 정서적인 적응<br>- 성적인 문제들에 대한 고려와 이해<br>- 왕따나 또래로부터의 거부 등에 대한 고려<br>- 장애 직업에 대한 계획<br>- 여가활동에 대한 계획<br>- 사춘기의 신체적·정서적 변화에 대한 대처<br>- 학교 교육 이후의 생활에 대한 계획 | - 형제에 대한 과잉동일시<br>- 사람들 사이의 차이점에 대한 폭넓은 이해<br>- 장애가 직업의 선택에 미치는 영향<br>- 낙인의 가능성에 대해서 대처하기<br>- 형제 훈련 프로그램에 참여하는 것<br>- 형제 지지집단에 참여하는 것 |

| | | |
|---|---|---|
| 성인기 | - 후견인의 필요성에 대한 준비<br>- 성인기에 희망하는 거주형태에 대한 계획<br>- 성인기의 집중적 지원에 대한 정서적 적응<br>- 가족 이외의 사회화 기회요구에 대한 계획<br>- 취업이나 직업훈련 프로그램의 시작<br>- 가족 의사결정에 따른 성인기 삶의 변화에 대한 적응 | - 재정적 지원에 대해 책임을 질 가능성에 대한 문제<br>- 유전적 문제와 관련된 걱정을 해결하는 것<br>- 결혼으로 인한 새로운 가족을 장애인에게 소개하는 것<br>- 직업·주거문제에 대한 정보의 욕구<br>- 형제들의 옹호인으로서의 역할을 분명히 하는 것<br>- 후견인 문제의 가능성 |

출처: Powell, T. H., & Gallagher, P. A.(2000). 형제자매: 장애인 가족의 특별한 관계. 김승돈 외 공역. pp. 94~95; 김미옥(2003). 장애인복지실천론. pp. 259-260; Snell, M. E., & Brown, F. (2008). 중도장애학생의 교육. 박은혜·한경근 역. p. 67; 김진우 외(2014). 발달장애인복지론. p. 312 등을 토대로 재구성.

**표 14-2 | 생애주기별 성공적인 전환을 강화하기 위한 방안**

| 생애주기단계 | 성공적인 전환 강화하기 |
|---|---|
| 출생 및 영유아기 | - 자녀들이 일시적으로 유치원에서 분리되는 것에 대해 준비하도록 하라.<br>- 정보를 수집하고 지역사회에 있는 유치원을 방문하라.<br>- 부모를 위한 프로그램에 참여하도록 격려하라(처음 시작하는 부모는 일대일 관계 프로그램에서 숙련된 부모들과 짝이 되도록 하라).<br>- 부모가 학교에 있는 프로그램, 직업 선택, 성인 프로그램과 친숙해지도록 하고, 그것들을 통해 미래에 대해 생각할 기회를 제공하라. |
| 아동기 | - 부모에게 교육과정 선택에 대한 폭넓은 자료를 제공하라.<br>- 개별화교육프로그램(Individualized Education Program: IEP) 모임이 가족의 결속에 대해 힘을 보탠다는 점을 확신시켜라.<br>- 부모를 위한 프로그램, 워크숍 또는 가족지원 프로그램 참여를 격려해야 하며, 다른 부모들과 이행과정과 결과에 대해 토론하도록 하라. |
| 청소년기 | - 가족과 사춘기 청소년이 지역사회의 여가활동에 대해 인지하도록 도와주어라.<br>- IEP 내용을 미래의 직업과 경력을 위한 프로그램에 반영시켜라.<br>- 다양한 직업이나 생활에 대한 선택에 대해 친밀해지게 하라.<br>- 유사한 장애를 가진 성인과의 멘토관계, 좋아하는 성인과의 멘토관계를 발전시켜야 하며, 학생이 용기를 가지도록 도와라. |
| 성인기 | - 가족에게 후견인제도, 재산관리, 유언장, 신탁제도에 대한 정보를 제공하라.<br>- 가족 구성원 각 개인에게 책임이 있다는 점을 알게 하고, 적절한 도움을 줄 수 있게 도와주라.<br>- 직업선택에서 장애인과 그 가족에게 도움을 주어라.<br>- 결혼과 관련된 사안과 책임에 대해 이야기하고, 가족의 개념에 대해서 이야기하라. |

출처: Turnbull, A. P. (2013). 장애아가족지원. 이미숙 외 공역. p. 193.

## 생각해보기

1. 비장애아동과 장애아동의 아동기 경험은 어떻게 차이가 나는가?
2. 아동/청소년기 장애인과 성인/노년기 장애인은 어떻게 차이가 나는가?
3. 아동/청소년기 장애인에 대한 전문가의 지원과 성인/노년기 장애인에 대한 전문가의 지원은 어떠한 차이를 두어야 하는가?

# 15장 장애인복지 프로그램 개발과 관리

주요 학습문제

- 장애인복지 프로그램 개발과정에서 고려해야 할 점은 무엇인가?
- 장애인이용자의 욕구를 파악하는 방법으로 어떠한 것들이 있는가?
- 장애인복지 프로그램의 논리는 어떻게 세워 나가야 하는가?
- 장애인복지 프로그램의 목표 수립, 평가는 어떻게 이루어져야 하는가?
- 장애인복지 프로그램 운영에서 직원과 기관의 책무로는 어떤 것들이 있는가?

장애인복지서비스 실천에서 프로그램은 중요한 의미를 갖는다. 모든 유형의 장애인복지실천 기관에서는 프로그램 기획 과정을 거쳐, 기관 및 재정 부담주체의 승인을 받아 서비스를 전달하기 때문이다. 그런 의미에서 장애인복지서비스는 기관에서 이루어지는 프로그램의 일환이라고 이해해도 무방하며, 일선 장애인복지기관 사회복지사의 주된 과업은 이용자를 위하여 프로그램을 기획하고 관리하는 일이다.

여기서는 먼저 장애인복지서비스에서 프로그램이 어떤 의미를 가지며, 기획 과정에서 고려할 것이 무엇인지 검토하고자 한다. 또한 장애인의 욕구를 파악하기 위한 다양한 방법을 살펴보며, 이를 바탕으로 좋은 목표를 어떻게 수립하는지 검토한다. 나아가 프로그램 기획 당시 기대했던 결과를 도출하기 위한 논리를 세우는 요령, 프로그램의 성과를 평가하기 위한 다양한 방법과 고려할 점을 살펴보고자 한다. 마지막으로 장애인복지 프로그램이 이용자와 지역사회의 요구에 부응하기 위해 어떤 책무를 지니고 있는지 살펴보고, 이를 위해 장애인복지기관과 직원이 어떠한 노력을 기울여야 할 것인지 살펴본다.

## 1. 장애인복지서비스에서 프로그램의 의미

### 1) 프로그램이란

프로그램은 '특정 목표를 달성하기 위한 조직화된 활동 모음'이다. 장애인복지서비스에서의 '특정 목표'는 기관을 이용하는 장애인의 욕구 충족을 통하여 장애인의 안녕(well-being)을 이루기 위한 복지국가의 이념과 연결되어 있다. 장애인의 욕구는 내개 복합석이고 만성적인 경우가 많아 단순한 지원과 서비스로 충족되지 않는다. 그런 의미에서 다양한 활동이 장애인의 욕구 충족이라는 목표를 향하여 적절한 구조를 갖추어 전개된다. 이 목표는 사회적 기능향상, 자원 및 기회의 연결 등의 다양한 방법을 수행하거나 조합하여 이루어진다. 이렇게 목표와 활동을 연결하여 장애인의 욕구 충족을 위한 활동들을 구조화하고 조직화한 것이 프로그램이다.

### 2) 장애인복지 프로그램에서 고려해야 하는 것

모든 프로그램은 필요하고, 논리적 구조를 갖추며, 실현가능성이 담보되어야 한다. 논리적이고 실현가능하지만 필요하지 않은 프로그램은 수행할 이유가 없다. 필요하고 실현가능성이 있는데 실천과 결과가 유리된 비논리적 구조를 갖추면 원하는 결과를 도출할 수 없다. 필요성과 논리적 구조를 갖추었지만, 기관에서 감당할 수 없는 구조라면 시행 자체가 불가능하다. 따라서 필요성, 논리성, 실현가능성이라는 고려 요소는 중요한 의미를 가진다. 또한 장애인복지 프로그램은 자신이 속한 기관에서 소중하게 여기는 가치와 일치된 기획을 기반으로 두어야 한다. 이를 테면 이용자의 자립과 자기결정을 중요하게 생각하는 서비스 기관이라면, 공급자 중심으로 빈틈없이 프로그램보다는 이용자의 자기결정을 충분히 반영할 융통성을 갖춘 구조를 고려하여 프로그램을 운영할 필요가 있다.

### (1) 필요성

장애인복지서비스에서 프로그램의 필요성은 주로 이용자의 욕구, 전문가의 전문적 판단, 사회적 요구에서 나온다. 다수의 기관 이용자가 서비스를 희망할 때, 이는 프로그램 기획의 가장 중요한 이유가 된다. 또한 사회복지사를 비롯한 전문가도 서비스 필요성에 대한 판단을 할 수 있다. 이를 테면 이용자가 자신을 압도하는 여건으로 인해 지나치게 낮은 수준의 욕구를 가지고 있는 경우, 사회적 기능 향상 등을 위해 기관의 노력이 필요하지만 이용자가 자각하지 못한 경우가 그러하다. 마지막으로 이용자의 욕구, 전문가들의 요구들이 사회적 지지를 얻으면서 법규나 지침 등의 제도적 요구로 재편되는 경우가 있다. 이를 테면 「장애인복지법」이 개정되면서(2011년), 장애인거주시설의 서비스 최저기준 시행은 시설 운영자의 당연한 의무가 되었다. 제도적 압력이 발생할 경우, 이용자의 일상생활 지원, 개별지원 등과 관련한 주제로 프로그램을 기획할 필요가 생길 수 있다.

### (2) 논리

장애인복지 프로그램은 목표, 이를 달성할 수 있는 활동이 잘 연결되어야 한다. 이를 위한 논리는 주로 실천 이론, 실천 경험에서 비롯된다. 실천 이론은 '특정한 유형의 개입이나 지원을 통해 이용자에게 임상적, 통계적으로 의미가 있는 변화가 나타났다'는 방식으로 표현된 학술 문헌에서 나온다. 만일 사회복지사가 장애인 이용자의 유의미한 변화를 추구한다면, 효과가 입증된 실천 이론에서 적절한 실천과 지원요소를 확인하여 프로그램에 포함시켜 논리를 갖추어야 한다. 현장에서의 실천 경험도 프로그램을 논리를 확보하기 위해 활용될 수 있다. 긍정적인 결과를 도출했던 과거 개인 및 기관의 실천 경험, 타기관의 우수한 실천 사례를 검토하여 이를 반영하면서 프로그램의 논리를 갖추는 것이다. 장애인에 대한 서비스 지원이라는 공적 책임을 사회로부터 위임받은 장애인복지기관은 서비스 전달의 효과성을 담보해야 할 책무가 있기 때문에, 계획된 변화의 논리를 제공하기 위한 실천이론, 실천경험을 민감하게 고려하여 프로그램에 반영하여 사업운영의 정당성을 확보해야 하기 때문이다.

### (3) 실현가능성

장애인복지 프로그램은 실현가능해야 한다. 실현가능하지 않은 기획은 공적 자원의 낭비를 가져오고, 이해관계자로서 직원과 이용자 모두를 좌절시키기 때문이다. 실현가능성은 이용자 모집, 예산 확보, 전문 인력 활용, 공간 여건, 지역사회의 지지 등 다양한 국면에서 나타날 수 있다.

### (4) 기관에서 소중하게 생각하는 가치와 이념

샤인 등(Schein et al., 2017)에 따르면, 조직문화는 우리가 일을 하는 데 가장 강력하면서도 눈에 보이지 않으며, 무의식 수준에 놓여있는 현상으로 작용한다. 장애인복지서비스 기관도 장애를 바라보는 관점, 모델에 따라 다양한 문화를 형성한다. 조직문화는 조직사회화 과정에서 직원의 행위를 규제하며 바람직한 서비스 방향을 이끄는 힘으로 작용한다. 샤인 등은 조직문화를 눈에 보이는 구체적 실체(artifacts), 소중히 여기는 신념과 가치(espoused beliefs and values), 이를 바탕으로 무의식에 자리 잡은 기저 가정(basic underlying assumptions)으로 규정하고 있다. 이와 관련하여 조직을 둘러싼 주요한 이해관계자가 설정하는 장애 이념과 가치관은, 프로그램을 구성할 때 영향을 미친다. 만일 이용자의 '재활'을 강조하는 입장이라면, 프로그램은 기능향상에 초점을 둔 재활프로그램이 선택된다. 혹은 이용자의 '자립'을 강조하는 입장이라면, 프로그램은 이용자의 자기결정을 강조하며 지역사회에서의 이용자의 개별 선택을 지원하는 프로그램 구조가 선택된다. 혹은 조직의 리더가 장애를 사회적 모델로 바라보고 이러한 입장이 직원들에게 뿌리 내렸다면, 장애인이 지역사회에서 수용되지 못하는 현실에 초점을 두고 이용자에 대한 차별과 걸림돌로 작용하는 상황을 개선해 나가는 옹호활동에 초점을 둘 가능성이 높다. 이렇게 조직의 가치와 이념은 프로그램의 내용과 지향을 결정하게 된다.

## 2. 장애인 이용자의 욕구를 파악하는 다양한 방법

### 1) 욕구의 의미

장애인 복지프로그램은 장애인의 사회적 욕구를 충족시키기 위해 존재한다. 욕구는 다양한 방식으로 정의되는데, 알트슐드(Altschuld, 1994)는 '바라는 바와 현재 상태와의 차이'로 욕구를 규정한다. 이러한 차이가 결핍이며, 결핍의 상태에서는 스트레스가 생긴다. 차이를 좁히기 위해 사람들은 자기가 가진 사회적 기능과 자원으로 대응한다(Gitterman & Germain, 2008). 장애인복지 프로그램도 장애인이 경험하는 사회적 욕구를 충족시키기 위해 동일한 초점을 가지고 대응해 나간다. 이를 테면 장애인의 사회적 기능(예: 일상생활 수행능력, 직업능력 등)을 향상시키거나, 필요한 자원이나 기회를 연계(예: 금전, 후원물품 지원, 서비스 연계, 장애인 취업기회 알선 등)하는 식으로 내용을 갖추어 프로그램이 전개되는 것이다. 욕구가 바라는 바와 현재 상태의 차이라면, 이를 충족시키기 위해 어떠한 서비스가 얼마나 필요한가? 이를 파악하고 규정하는 일은 쉬운 일이 아니다. 가장 바람직한 것은 '장애인 당사자와 가족의 목소리'에서 출발하는 것이다. 현재 상태에서 이용자가 원하는 것(wants)에 이르는 데 도움이 되는 자원과 방해되는 걸림돌을 동시에 검토하게 되면, 결국 어떠한 서비스가 얼마나 필요한지 발견하게 된다. 이러한 발견은 서비스의 필요성을 정당화하는 중요한 근거가 된다. 이용자의 원하는 것에서 출발하여, 이들이 가지고 있는 자원과 걸림돌을 모두 고려하면, 사회복지사를 비롯한 전문가가 이용자의 필요에 좀더 귀를 기울이게 되는 겸손한 자세를 지닐 수 있다.

### 2) 욕구를 파악하는 다양한 방법

장애인복지 프로그램을 기획하기 위하여 이용자의 욕구를 파악하는 최우선적인 방법은 이용자의 목소리에 귀를 기울여 더 많이 듣고 이를 체계적으로 정리하려는 노력이다. 이러한 자세는 모든 서비스 과정에서 견지해야 할 가장 중요한 원칙이다. 이러한 원칙을 전제하고, 이용자의 욕구를 파악하는 다양한 방법을 할로우와 터너(Harlow & Turner, 1993)의 욕구조사 피라미드를 참조로 하여 소개하고자 한다.

### (1) 1차 작업: 기관행정자료, 전국단위보고서, 이차적 자료, 타 기관 및 지역자료 참고하기

욕구조사의 가장 첫 번째 단계는 기존에 우리가 알고 있는 것, 조사된 것을 참조하여 정리하는 것이다. 우선 기존 기관의 행정자료를 검토한다. 기관행정자료 중 대표적인 것은 이용자 명부, 대기자 명부 등이다. 이를 바탕으로 어떤 서비스에 대한 수요(demand)가 많은지 파악하여, 해당 서비스의 존폐 및 확장 여부를 결정할 수 있다. 혹은 전국 단위의 보고서 등 지역사회의 통계를 활용하는 작업도 필요하다. 지역사회에 해당 욕구를 가진 이들이 얼마나 되는지 장애유형별 인구를 확인하거나, 장애인의 다양한 상황을 이해하기 위한 장애인 실태조사 결과를 활용하여 어떠한 서비스를 개발할지 검토할 수 있다. 그러나 대규모 사회조사는 대개 포괄적이고 한정적인 조사 문항을 기반으로 하고 있기 때문에, 프로그램 구성을 위한 구체적인 아이디어를 얻기 힘든 경우가 있다. 그러한 경우에는 학술문헌, 신문기사 등의 이차적 자료를 토대로 해당 욕구를 가진 인구가 얼마나 되며 어떠한 경험을 하고 있는지 살펴보거나 추정할 수 있다. 마지막으로 기존에 기관 내부적으로 조사된 자료가 없다면, 다른 기관 및 가용한 지역자료를 참조하여, 소속 기관의 이용자도 유사한 욕구를 경험하고 있다고 가정하여 서비스를 기획하게 된다.

### (2) 2차 작업: 초점그룹 인터뷰, 공청회, 지역사회 자원조사

욕구조사의 두 번째 단계는 프로그램을 둘러싼 이해관계자의 이야기를 구조화된 틀에서 듣는 것이다. 초점그룹 인터뷰(focus group interview)는 장애인 당사자와 가족, 관계자들을 집단으로 구성하여 2~3문항으로 이루어진 주제에 대해 집중적인 집단 인터뷰를 실시하는 방식이다. 욕구조사를 위한 초점그룹 인터뷰에서는, 장애인 이용자가 경험하는 현재의 어려움은 무엇인지, 앞으로 기대하는 서비스가 무엇인지 묻게 된다. 혹은 프로그램 중간 및 종결 시기에 운영하는 초점그룹 인터뷰에서는, 기존의 프로그램을 평가 질문을 포함하여 프로그램 개선의 아이디어를 얻을 수 있다. 공청회는 개별 장애인복지 프로그램 기획과정보다는 더 큰 규모의 장애인정책, 제도 등의 초안을 소개하고, 관련 이해당사자의 의견을 수렴하는 방식으로 진행되며 주로 공공정책 개발영역에서 많이 활용된다. 마지막으로 지역사회 자원조사는 이미 이용자에게 가용한 자원을 사전에 검토함으로써, 채워지지 않는 이용자의 필요를 확인하기 위한 차원으로 진행되는 조사이다. 만일 지역사회 자원이 충분하다면 이러한 자원을 연계하는 방식으로 프로그램을 구성하게 되고, 지역사회자원이 부족하다면 이를 보충하기 위한 대안을 마련하는 내용을 포함한 프로그램을 고려하게 된다.

#### (3) 3차 작업: 이용자 및 서비스 제공자 조사, 주요 정보제공자 조사

욕구조사의 세 번째 단계는 이용자와 서비스 제공자에 집중하여 욕구를 조사하거나, 중요한 정보를 제공해 줄 수 있는 관계자를 대상으로 장애인 이용자의 욕구를 조사하는 것이다. 물론 프로그램을 기획하기 위해서 이용자에 한정하여 설문 혹은 인터뷰를 실시하여 진행할 수 있지만, 사실 평상 시 이용자와의 관계에서 언급되는 욕구를 수시로 적어 두었다가 이를 정리하는 방식도 매우 유용하고 현실적으로 많이 활용되는 방식이다. 경우에 따라 서비스 제공자를 통해 이용자 욕구를 확인하는 방법도 있을 수 있다. 이를 테면 시각장애인의 점자도서관 이용 욕구에 대한 조사를 위해 시각장애인 도서관에서 근무하는 사서를 대상으로 설문이나 인터뷰를 한다면 서비스 개발을 위한 자료를 효율적으로 얻을 수 있을 것이다. 마지막으로 주요 정보제공자 조사도 중요한 욕구조사의 방법일 수 있다. 만일 저소득 독거 장애인에 대한 서비스를 기획한다면, 이들에 대하여 직접적으로 서비스를 제공하지 않지만 많은 교류를 하는 지역유지, 종교단체 관계자 등에게서 욕구를 파악할 수 있다. 그러나 가장 중요한 것은 '장애 당사자의 목소리'에 집중하는 것인데, 이용자는 '자신의 욕구를 이야기'하고, 관련자는 '타인의 욕구에 대해 보고 듣고 생각한 것'을 이야기하기 때문에 간접적일 수밖에 없기 때문이다.

#### (4) 4차 작업: (잠재)이용자 설문조사

앞의 작업을 모두 거친 후에 욕구조사의 마지막 단계로 (잠재)이용자를 포함한 대상으로 한 설문조사를 실시할 수 있다. 이용자의 욕구를 검토하기 위한 다양한 준비와 고민을 거치게 되면, 서비스 제공자는 파악한 다양한 욕구의 규모와 정도, 이용자가 생각하는 대안의 선호도 등을 종합적으로 검토할 필요를 느끼게 된다. 이를 검토하기 위해 설문문항을 구성하여 확인하는 작업을 거치면, 비교 가능한 자료(빈도, 평균, 분포 등)를 산출할 수 있게 된다. 이러한 종합적인 설문조사는 기관 운영과 서비스 자원의 배분을 결정하는 중요한 준거자료로 활용될 수 있다. 이렇게 (잠재)이용자 설문조사로 얻은 자료는 전반적인 이용자 현황을 파악하는 데 도움이 되고, 전반적인 사업방향을 확인하는 데 도움이 된다. 그러나 대규모 설문조사는 개별 서비스 기획을 위한 구체적인 정보를 문항에 담아내기 힘들다. 또한 기술적인 문제도 존재하는데, 대표성이 있는 응답자를 확보하기 힘들고 비용이 많이 들어서 시의 적절하게 운영하기 힘들다는 어려움이 있다는 점이다.

## 3. 장애인복지 프로그램 목표 설정

장애인복지기관에서는 기관의 설립목적과 장애인 이용자의 욕구를 고려하여 프로그램을 선택한다. 선택된 프로그램은 각기 지향하는 목적과 목표가 있고,

이는 프로그램을 구성하는 뼈대로 작용한다. 기관에서는 프로그램 목적과 목표에 맞는 활동들을 연결하면서 프로그램을 구성해 나가기 때문이다.

### 1) 목적과 목표

목적은 프로그램을 통해 이루고자 하는 것을 말하며, 이용자의 욕구 및 기관의 설립목적과 관련되어 있다. 목적은 보통 추상적인 이념을 담고 있으며 이루고자 하는 방향을 담은 표현으로 되어 있다. 반면 목표는 목적을 구체적인 수준에서 표현한 것이다. 따라서 목표는 목적에 종속되어 있으며, 목표가 달성되면 목적은 이룬 것이라 볼 수 있다. 그런 의미에서 목표를 잘 세우고, 이와 관련된 활동을 잘 연결하는 데 더욱 신경을 쓰는 것이 실용적인 유익이 있다.

**표 15-1 | SMART한 목표의 의미와 예**

| 구분 | 의미 | 비고 |
|---|---|---|
| S(Specific)<br>구체적인 | 목표는 프로그램이 지향하는 바를 현실적으로 드러낼 수 있도록 구체적으로 표현되어야 함. | 구체적 목표는 과업성취를 위한 진행자, 이용자 동기를 강화시킴. |
| M(Measurable)<br>측정 가능한 | 목표는 달성 정도가 측정 가능할 정도로 구체적으로 제시되어야 함. | 프로그램 성과 평가와 관련됨. |
| A(Attainable)<br>달성 가능한 | 목표는 현실적으로 달성 가능한 수준이어야 함. 그러나 너무 쉬운 목표보다는 적정한 노력이 부가되는 것이 바람직함. | 목표에 대한 사회적 승인과 기대를 고려함. |
| R(Result-oriented)<br>결과 지향적인 | 목표는 기관이 해야 할 일이 아니라 이용자에게 나타날 욕구의 충족, 변화 등에 초점이 맞추어 진술되어야 함. | 기관의 과업은 이용자 욕구 및 변화를 위해 존재하기 때문임. |
| T(Time-bound)<br>시간제한이 있는 | 목표는 시간 한계를 명시한 형태로 표현되어야 함. | 시간제한은 활동 몰입,<br>책무 이행의 기준이 됨. |
| **스마트한 목표의 예** | | |
| 연말까지, 직업재활프로그램에 참여한 이용자 중<br>50% 이상의 이용자가 취업에 성공할 수 있도록 한다. | | |

### 2) SMART한 목표세우기

목표를 잘 세우기 위해서 강조되는 것은 SMART한 목표이다. SMART한 목표는 구체적이고, 측정 가능하고, 달성 가능하고, 결과 지향적이며, 시간제한이 있는 형태의 목표를 말한다.

### 3) 다양한 수준의 목표

프로그램 목표는 상황에 따라 다양한 방식으로 구분된다. 서비스 제공량을 중심으로 기술되는 산출목표(output objectives), 서비스가 제공되는 주요한 이정표(milestones)를 중심으로 기술되는 과정목표(process objectives), 서비스를 통해 이루고자 하는 이용자의 변화나 욕구충족 정도를 중심으로 기술되는 결과목표(outcome objectives)로 구분된다. 동일한 목적으로 이행되는 프로그램이라면, 산출목표, 과정목표, 결과목표는 서로 밀접하게 관계가 있어야 한다. 수준별 목표에 대한 설명과 예는 다음과 같다.

표 15-2 | **다양한 수준별 목표와 예**

| 구분 | 의미 | 예 |
|---|---|---|
| 산출목표 | 기관에서 제공되는 서비스 양에 근거한 목표 (서비스 빈도, 기간, 투입된 자원에 근거) | 10명(실인원)에게 각 2건의 직업을 연계함 (연인원 20명=10명*2건) |
| 과정목표 | 산출목표 및 결과목표를 달성하기 위해 진행해야 하는 과정을 담은 목표 | 3/4분기까지 직업연계를 위해 취업체 5곳을 개발함 |
| 결과목표 | 프로그램을 통해 궁극적으로 달성하고자 하는 결과를 담은 목표 | 연말까지, 연계한 이용자 중 50%가 취업에 성공함. |

## 4. 장애인복지 프로그램의 논리 세우기

장애인복지 프로그램은 장애인복지기관에서 제공되는 서비스로서 의도한 산출과 결과를 낳는 일종의 설계 결과이자 서비스 체계라 볼 수 있다. 이러한 관점을 반영한 것이 성과평가 모델이다. 성과평가 모델은 프로그램을 투입–전환–산출의 과정으로 보고, 산출 결과에 따라 투입요소와 전환요소를 변환시켜 나가는 체계이론을 수용하고 있다(Kettner, Moroney & Martin, 1999). 장애인복지기관에서 진행되는 사업이 1회로 이루어지는 사업이 아니라면, 이전 회기의 사업 결과에 따라 다음 회기의 사업 요소를 개선·발전시켜 나가도록 하는 것도 이러한 성과평가 모델을 통해 설명할 수 있다. 케트너 등(1999)이 제시한 성과평가 모델은 논리모델(logic model)이라고도 불리는데, 다음은 이를 구분하여 표현한 것이다.

표 15-3 | **프로그램 성과평가 모델**

| 투입 | 전환 | 산출 | 품질산출 | 결과 |
|---|---|---|---|---|
| – 이용자<br>– 직원<br>– 물적 자원<br>– 시설 및 장비 | 프로그램 과정<br>– 이용절차<br>– 회기 구성<br>– 활동 | 서비스 제공량<br>(명/건 등) | 품질기준을<br>달성한 산출 | – 이용자 욕구충족<br>– 이용자 변화<br>– 지역사회 영향 등 |

물론 장애인복지프로그램이 시행착오를 거쳐 발전하는 것은 사실이지만, 기획 과정에서 목표 달성(결과 도출)과 관련한 논리를 갖추어야 하는 것은 우선적 고려 사항이다. 그 이유는 자신의 욕구를 충족시키기 위해 프로그램을 찾은 장애인이용자의 절박한 상황, 한정된 자원을 선용하여 최선의 기여를 해주기를 바라는 지역사회 요구에 부응하는 길이기 때문이다. 프로그램을 기획할 때 투입–전환–산출–품질산출–결과가 유기적으로 연결될 수 있도록 하면, 프로그

램을 이루는 활동들과 목표들의 논리적으로 연결된다. 이로 인해 기관 및 직원의 노력과 투입이 장애인이용자의 욕구충족과 변화라는 긍정적 결과로 이어질 수 있게 되는 것이다. 프로그램 기획 과정에서 성과평가 모델을 구성하는 개별 요소를 정리해 보면 다음과 같다.

### 1) 투입

프로그램 투입요소는 이용자, 인력, 예산을 포함한 물적 토대이다. 장애인복지 프로그램의 투입요소로 가장 중요한 것은 이용자이다. 장애인복지 프로그램에는 장애인 이용자 판정, 변화, 유지를 위한 과업요소들이 포함된다. 하센펠드(Hasenfeld, 1983)는 휴먼서비스 이용자가 이러한 과정에 참여하는 점에 주목하여 "휴먼서비스에서 원료는 사람이다"라고 선언한 바 있다. 따라서 장애인 이용자도 프로그램의 중요한 원료, 투입요소가 된다. 우선 프로그램을 기획할 때는 이용자 선정이 적절하게 이루어질 필요가 있다. 추후 활동이 해당 이용자의 욕구와 관련된 것이기에 당연하다. 이용자 선정은 거주시설의 경우에는 주로 기존 이용자 위주가 되고, 지역사회기관일 경우에는 기존 이용자 이외에도 신규 이용자도 좀더 고려하는 특성이 있다. 인력으로는 프로그램을 수행하는 담당자, 전문인력, 자원봉사자 등이 포함되며, 물적 토대로는 예산, 시설 및 기자재 등이 포함된다.

### 2) 전환

프로그램 투입요소들이 적재적소에서 조화를 이루도록 하여, 일련의 유기적 활동이 되도록 배치하는 것이 전환 과정이다. 전환과정은 프로그램의 내용을 구성하는데, 접수과정, 활동들(회기구성), 서비스 과정을 설계하는 것과 관련되어 있다. 여기서 전환이라는 표현을 쓰는 것은 투입요소들이 서비스를 통해 산출, 결과로 바뀌는 과정을 정리하기 때문이다. 욕구를 가진 이용자가 프로그램을 통해 욕구가 충족된 이용자가 되는 과정을 논리적으로 연결하는 것은 프로그램 기획에서 핵심적인 과정이라 볼 수 있다.

### 3) 산출

산출은 전환과정을 경험한 이용자가 접촉할 서비스의 양을 의미한다. 서비스를 경험한 순인원수는 실인원이 되고, 이들이 서비스에 접하는 횟수를 곱하여 모두 합하면 연인원이 된다. 산출은 프로그램별로 다른 형태를 띠기도 한다. 이를 테면 상담프로그램 같은 경우에는 예정된 상담시간을 합하여 산출로 표현하거나, 모금프로그램 같은 경우에는 모금 목표액을 토대로 산출로 표현할 수 있다. 이는 앞에서 언급한 목표 중 산출목표와 관련되어 있다.

### 4) 품질산출

서비스 산출이 의미가 있으려면, 그러한 산출의 상당 부분이 질적으로 우수해야 한다. 산출 중에서 질적으로 우수한 산출을 어느 정도 유지할지 고려하여 세운 목표치는 품질산출의 기준이 된다. 프로그램 산출은 참여인원수를 미리 검토하며 확인할 수 있다. 그러나 품질산출은 이 중에 만족한 참여자의 비율, 품질기준을 충족시킨 산출이 어느 정도 되게 할 것인지 목표치를 설정하여 결정하게 된다.

### 5) 결과

결과는 투입–전환–산출–품질산출을 통해 궁극적으로 이루고자 하는 것이다. 이는 주로 이용자의 욕구 충족, 변화를 나타내는 표현으로 정리된다. 결과는 결과목표가 달성되었을 때의 상태를 가정하여 기록된다. 결과는 이용자의 욕구의 충족 정도를 중심으로 주로 정리되지만, 지역사회에 미치는 영향까지 검토하여 제시되는 경우가 있다. 물론 지역사회의 변화는 프로그램 계획서상 결과목표보다는 기대효과라는 별도의 표현으로 기록되는 경우가 많다.

여기 제시한 성과평가 모델은 프로그램 계획서에 순서대로 담기지 않는다. 프로그램 계획서에 해당되는 항목에 각각 편재되어 나타난다. 투입요소는 대상자, 담당 직원, 예산, 장소, 기자재 등의 항목에 나누어 정리된다. 전환요소는 참여자 모집, 세부 활동계획, 시간계획, 관련 실천기술 등의 형태로 정리된다. 산출요소, 품질산출요소, 결과요소는 목표, 평가계획에 나누어 정리된다. 물론 대다수의 장애인복지프로그램은 이전에 존재했던 프로그램 계획서의 세부 항목을 수정, 보완해 가면서 기획되기 때문에 이러한 성과평가 모델을 크게 고려하지 않을 수 있다. 그러나 프로그램을 전면적으로 재검토하거나, 새로운 프로그램을 기획하는 상황에서는 앞에서 제시한 모델의 틀은 채워 가면서 전반적인 설계도로 삼는 것이 도움이 된다. 그렇게 해야 목표–활동–평가가 유기적으로 연결될 수 있으며, 프로그램이 지향하는 바가 효과적이고 효율적으로 달성될 수 있기 때문이다.

## 5. 장애인복지 프로그램에서의 결과평가

장애인복지 프로그램에서의 결과평가는 이용자의 욕구의 충족, 기능의 향상 등 의도한 결과가 나타났는지 확인하는 것을 말한다. 이를 통해 서비스를 유지할지를 결정하거나, 어떤 방식으로 개선시킬지 대안을 찾아나갈 수 있다. 케트너 등(1999)은 결과를 평가하기 위한 기준으로 수량집계, 표준화된 척도, 기능수준 척도, 클라이언트 만족도를 검토할 필요가 있다고 밝혔다. 이러한 틀은 장애인복지 프로그램 평가에도 유효하다.

수량집계(numeric counts)는 프로그램 전후에 이용자의 상태, 지위, 행동이 달라졌는지 여부를 숫자를 세서 비교하는 방식을 말한다. 이를 테면 장애인직업연계 프로그램은 장애인을 취업시키는 것을 주요한 결과로 삼게 된다. 이때 사업평가는 전체 이용자 중에 취업자의 수가 얼마나 되는지 집계하여 사업의 결과로 제시하는 것이 합리적이다. 다른 예로 도전적 행동을 하는 발달장애인에 대한 대안적 행동을 조성하기 위한 서비스의 효과를 평가한다면, 이 이용자가 낮 시간을 보내는 주간보호센터에서 도전적 행동의 유형과 빈도를 서비스 이전과 비교하여 프로그램의 효과를 평가할 수 있다.

표준화된 척도(standardized scales)는 프로그램 전후에 이용자의 느낌, 태도와 지각 등이 어떻게 달라졌는지 비교하기 위하여 신뢰도와 타당도가 검증된 척도를 활용하여 그 정도를 비교하는 방식으로 활용된다. 이를 테면 장애부모 대상의 부모교육의 효과는 자녀양육효능감을 향상시키는 것을 주요 목표로 삼는다. 이러한 상황에는 자녀양육효능감에 대한 척도측정을 프로그램 전후에 실시하여 전후 수치를 비교하여 효과를 결과로 제시할 수 있다. 이러한 표준화된 척도는 사회복지척도집, 장애인복지실천을 다룬 학술논문 등을 찾아 활용할 수 있다. 그러나 척도를 활용할 때 주의할 점이 있다. 척도를 활용할 때 신뢰도와 타당도가 확보되었는지 여부를 확인해야 한다.[1] 또한 해당 척도가 어

---

1) 척도의 측정결과가 안정적으로 나타나고(신뢰도), 측정하고자 하는 개념을 정확하게 반영(타당도)할 때 표준화되었다고 부른다. 대개 척도집이나 학술논문에 활용된 척도는 표준화된 척도라 봐도 큰 무리가 없다.

떤 대상에게 맞추어 개발되었는지도 면밀하게 검토해야 한다. 이를 테면 성인 대상으로 개발된 척도를 아동대상으로 활용할 때, 비장애인 대상으로 개발된 척도를 장애인을 대상으로 적용할 때는 타당한 결과를 얻어낼 수 없는 경우가 많다. 특히 발달장애인을 대상으로는 척도개발이 어려워 장애진단을 위한 도구 이외에는 표준화된 척도를 거의 찾아보기 힘들다는 문제가 있다.

기능수준 척도(level of functioning scales)는 프로그램 전후에 이용자의 기능적인 면이 얼마나 향상되었는지 비교하기 위해 만들어 낸 척도이다. 표준화된 척도가 관련 분야 전문연구자에 의해 개발된 경우가 많다면, 기능수준 척도는 전문실천가가 이용자의 기능적인 측면이 얼마나 향상되었는지 살펴보기 위해 체크리스트 형태로 구성하는 경우가 많다. 이를 테면 발달장애인의 자립능력을 향상시키기 위하여 '이를 닦는 과정을 훈련시키는 프로그램'을 진행한다고 가정해 보자. 현장의 전문가는 기능수준을 평가하기 위해 '이를 닦는 과정'에 대해 과제분석을 하여, 어떤 과제가 어떤 순서로 진행되는지 정리한다. 이를 통해 프로그램 과정에서 수행할 수 있는 과제의 수의 변화, 과제수행의 숙련도를 평가하여 기능수준의 변화를 측정해 낼 수 있다. 장애인의 욕구와 기능은 개별적으로 각기 다른 측면이 있어 표준화되기 어렵다는 측면에서, 이러한 기능수준 척도는 장애인실천현장에서 매우 유용하게 활용될 수 있다.

이용자 만족도(client satisfaction scales)는 프로그램이 종결할 때 애초에 기대했던 만족의 수준에 이르렀는지 평가하는 조사를 말한다. 이용자 만족도는 품질평가의 중요한 부분이면서도, 그 자체가 최종결과일 수 있다. 프로그램이 이용자의 만족을 최종 목표로 삼는 경우도 종종 있기 때문이다. 이를 테면 재가장애인 대상의 야유회 같은 1회성 프로그램은 재가장애인의 중대한 변화를 위해 기획된 것은 아니다. 이 프로그램의 효과는 이용자가 얼마나 만족했는지를 평가함으로 충분하다.

표 15-4 | **기능수준척도의 예: 중증장애인거주시설에서의 양치질 기능을 평가하기 위한 척도**

| 목표 관련 기능 | 이용자가 양치질을 스스로 원활하게 진행할 수 있다. | | | | |
|---|---|---|---|---|---|
| | 평 가 일 | | | | |
| | | ( / ) | ( / ) | ( / ) | ( / ) |
| 치약 정량을 짠다. | 지원정도 평가 | | | | |
| 우측 윗니를 10회 이상 닦는다. | | | | | |
| 우측 아랫니를 10회 이상 닦는다. | | | | | |
| 좌측 윗니를 10회 이상 닦는다. | | | | | |
| 좌측 아랫니를 10회 이상 닦는다. | | | | | |
| 앞니 전체를 위, 아래로 10회 이상 닦는다. | | | | | |
| 안쪽 이를 위, 아래를 골고루 닦는다. | | | | | |
| 양치물을 삼키지 않고 깨끗이 헹군다. | | | | | |
| 양치할 때 치약이나 침을 옷에 안흘린다. | | | | | |
| 양치할 때 필요할 때만 물을 튼다. | | | | | |
| **지원 정도** | | | | | |
| 1. 전체적인 도움 2. 부분적, 신체적 도움 3. 시범적 수행 4. 언어적 도움<br>5. 도움 없이 과제 수행 | | | | | |

평가 과정에서 중요한 것은, 목적과 목표가 달성여부를 파악하기 위해 적절한 도구를 활용해야 한다는 점이다. 목표에 따라 변화된 이용자의 수를 셀 수도 있고, 표준화된 척도를 써서 이용자의 변화를 측정할 수도 있고, 기능수준 척도를 통해 이용자의 기능을 면밀하게 체크해야 할 수도 있으며, 이용자의 만족 여부를 확인하기 위한 질문을 할 수 있다. 이와 관련하여 장애인 이용자의 유형별 특성에 부합된 평가도구와 평가수단을 세심하게 마련해야 한다. 이를 테면 대다수 발달장애인에게는 표준화된 척도의 활용이 어려워서, 기능수준 척도를 개발해서 활용해야 할 상황이 많다. 이럴 때, 서비스제공자가 발달장애인을 세심하게 관찰하고 면밀하고 정직하게 기록하는 것은 매우 중요하다. 장애인의 변화의 가능성을 한정지어 놓고 관찰하게 되면 불가능하다는 편견을 강화하는 방향의 왜곡이 반영된 관찰평가가 발생하기 쉽다. 반면에, 이용자의 긍정적인 변

화를 열망할 수밖에 없는 프로그램 진행자가 직접 관찰할 때는 무의식적으로 긍정적인 방향의 변화가 나타났다고 결과를 왜곡시키는 편향이 발생할 수 있다. 이러한 문제를 해결하기 위해 동료들을 활용한 객관적 평가를 동시에 진행하여 관찰의 정확도를 높이기 위한 노력이 병행되어야 한다. 물론 관찰을 할 경우에는, 평가자료 수집의 출발점으로서 무엇을 관찰되어야 할 것인지에 대한 개념, 즉 감응개념(sensitizing concept)을 정하고 시작하게 된다(Patton, 2015). 다음은 다양한 질적 연구자들이 강조한 관찰의 요령이다(Bogdan & Bikeln, 2003; Cresswell, 2015).

- 일어난 일을 시간 순으로 포착하기 위해 노력한다. (시간을 병기하면 좋음.)
- 미루지 않고 즉시 기록한다. (시간이 흐르면 세부적인 것을 기억하기 힘이 듦.)
- 관찰노트에 핵심사항이 떠오를 수 있는 약어를 적극 활용한다. (대개 세부적인 모든 부분을 서술할 시간적 여유가 없음.)
- 현장 모습을 그림으로 그린다.
- 관찰을 시행하기 전이나 관찰 중에 연구를 위해 떠오르는 질문을 적는다. 그리고 이러한 질문에 대한 반응으로 관찰을 기록한다.
- 방해받지 않는 장소에서, 충분한 시간을 확보하여 작업한다.
- 관찰된 내용 중에 핵심 주제라 생각하는 내용을 이야기로 만들어 적는다.

앞에서 제시한 평가 결과는 그 자체로도 의미가 있지만, 장애인복지 프로그램을 향상시키기 위한 환류의 과정으로 중요한 의미가 있다. 만일 평가에서 의도한 결과가 충분히 나타나지 않았을 때에는 투입요소를 변화시키거나 프로그램 과정을 개선해야 한다. 투입요소를 변화시키는 경우의 예로는 프로그램 대상자를 변경하거나, 서비스 제공인력을 변경하거나, 예산 등을 변화시키는 것 등을 말한다. 전환 과정(프로그램 활동)의 개선을 위해서는 각 회기별 활동을 변경하거나, 효과가 검증되거나 기대되는 다른 실천요소를 포함하는 등의 노력을 할 수 있다. 상황에 따라서 평가도구를 적절하게 선정하지 못하여 프로그램 효과를 드러내지 못했다면, 다른 평가도구를 활용하는 방안도 고려할 수도 있다.

다음 사례는 중증 장애인거주시설에서 기획한 프로그램으로, 성과평가 모델에 근거를 두고 기획된 연간 사업계획서의 일부이다. 연간 사업계획서라 상세하고 구체적인 측면은 다소 부족하지만, 성과평가모델에 따라 구성된 서식에 따른 기획이고 목표, 활동, 평가 등이 논리적으로 연결되었다는 점에서 살펴볼 가치가 있다.

■ **중증 장애인 거주시설에서의 취미 건강 프로그램의 예**

| 예산항목 | 사업비 - 사업비 - 사회심리재활사업비, 개인통장 | 사업연도 | 2018년 |
|---|---|---|---|
| 사업명 | 두 개의 심장 '말아톤' | 담당자 | *** |
| 필요성 | - 마라톤 및 다른 여가생활 중 마라톤이라는 욕구를 보이며 선택하는 거주인들에게 욕구에 따를 경험을 제공하기 위함.<br>- 활동적인 성격으로 건강한 여가에 대한 필요성이 있는 분들을 거주인으로 우선 선정하여 알맞은 여가생활을 제공할 수 있음. | | |
| 목적 | 1-3. 거주인의 경험확대와 주기별 욕구선택 보장을 위한 평생교육 활성화 (기관 전체 연간 목적) | | |
| 목표 | 마라톤 대회 2회 참여 및 지속적인 운동으로 인한 적절한 체지방 유지 | | |
| 사업대상(선정기준) | 샘솟는뜰 거주인 4명(A씨, B씨, C씨, D씨) | | |
| 수행기간 | 2018년 3월~11월 | | |
| 사업장소 | 원주변, 지역사회 오름(사라봉, 원당봉, 도두봉 등), 마라톤 참가지역 | | |

| | 세부 활동 | 수행방법 | 수행 시기 | 목표량 | | | 수행 인력 |
|---|---|---|---|---|---|---|---|
| | | | | 실인원 | 연인원 | 건(회) | |
| 사업내용 | 체력 단련 | - 마라톤 대회 참가하기 전 일정을 계획함.<br>- 일정을 계획한 후에 보건소에 들러 인바디 측정을 실시.<br>- 정해진 일정에 따라 마라톤 대회 전 체력 단련 연습을 진행함.<br>- 날씨와 다른 일정들을 고려하여 10일에 1회 정도 훈련을 실시함.<br>- 장소로는 원주변 및 실외스포츠센터 | 3월~11월 (7, 8월 제외) | 4명 | 84명 | 21회 | 생활교사 1명 |

| | | | | | | | |
|---|---|---|---|---|---|---|---|
| 사업내용 | | 에서 실시할 예정이며, 한 달에 1회에는 지역사회 내 오름을 등반하는 시간을 가짐. | | | | | |
| | 대회참가 | - 마라톤 일정이 나오면 대상자들과 일정을 논의.<br>- 참가하고자 하는 대회를 선정.<br>- 대회신청 후 당일날 일정 진행. | 5월,11월 | 4명 | 8명 | 2회 | 생활교사 1명 |
| | 격려식사 | - 마라톤 대회 참여 후 돌아오는 길에 다함께 모여 식사하는 시간을 마련<br>- 식사 시에 마라톤 대회에 대한 대화를 나누며 격려하는 시간을 가짐. | 상, 하반기 1회씩 마라톤 참가시 | 4명 | 6명 | 4회 | 생활교사 1명 |

| 평가 | 구분 | | 평가지표 | 평가방법 |
|---|---|---|---|---|
| | 산출목표 | 사업실적 | 체력단련: 4명 / 84명 / 21회<br>대회참가: 4명 / 8명 / 2회 격려식사: 4명 / 16명 / 4회 | 출석부(이용자수, 횟수), 결과 보고서 |
| | | 예산집행 | 90% 이상 달성 | 예산서, 결산서 결과확인 |
| | | 진행일정 | 일정, 수행방법 계획 준수 여부 | 사업진행서류(운영일지 등) |
| | 품질목표 | 만족도 향상 | 상, 하반기 만족도 조사 | 만족도 묻기 |
| | 성과목표 | 체지방 유지 및 향상 | 사전, 사후 인바디 검사 실시 | 인바디 검사지 |
| | | 성취감 향상 | 상, 하반기 성취도 조사 | 기록지 확인, 성취감 묻기 |
| | | 마라톤 대회 참가 | 참가 신청서 및 사진 | 사진 |
| 기대효과 | 일상생활에서의 활력 증가 및 건강한 삶 유지 | | | |

| 지원활용 | ■ 지역사회 마라톤대회 주최 및 참가 기관 ■ 보건소 | | | | | | | | | | | | |
|---|---|---|---|---|---|---|---|---|---|---|---|---|---|
| 추진일정 | 세부사업명 | | 1월 | 2월 | 3월 | 4월 | 5월 | 6월 | 7월 | 8월 | 9월 | 10월 | 11월 | 12월 |
| | 기획 | 사업설명회/보건소이용 | | ○ | | | | | ○ | ○ | | | | ○ |
| | 실행 | 체력단련 | | | ○ | ○ | ○ | ○ | | | ○ | ○ | ○ | |
| | | 대회참가 | | | | | ○ | | | | | ○ | | |
| | | 격려식사 | | | | ○ | ○ | | | | | ○ | ○ | |
| | 평가 | 자체평가 | | | | | | | ○ | | | | | ○ |

| 소요예산 | 세출 (단위:원) | | | 세원구분 |
|---|---|---|---|---|
| | 내용 | 산출근거 | 금액 | |
| | 식사비 | 10,000 × 5명 × 4회= 200,000 | 200,000 | 사업비 |
| | 간식비 | 3,000 × 5명 × 7월 × 4회= 420,000 | 420,000 | 개인부담 |
| | 유니폼 구입비 | 20,000 × 5벌= 100,000 | 100,000 | 사업비 |
| | 참가비 | 20,000 × 5명 × 2회= 200,000 | 200,000 | 사업비 |
| | 계 | | 920,000 | |

출처: 제주애덕의 집 연간사업계획서 중 일부.

## 6. 책무성에 기반한 장애인복지프로그램을 위한 향후 과제

### 1) 장애인복지프로그램 운영에서의 책무성

앞에서 언급한 사항은 장애인복지프로그램을 둘러싼 책무를 감당하기 위해 필수적으로 고려되어야 할 사항이다. 이는 '기관 이용자를 위해 최선을 다한다'는 책임성(responsibility)을 뛰어 넘는 개념이다. 최근에는 「사회복지사업법」 제43조에 규정된 시설평가 요구, 「장애인복지법」 제60조의3에 규정된 장애인 거주시설 최저서비스 기준 등과 관련하여, 서비스 기관이 책임을 다하고 있다는 것을 증명해 보일 것을 요구한다. 이러한 요구는 책무성(accountability)이라 불린다. 다음은 장애인복지프로그램과 관련한 책무성 요구들이며, 이와 관련하여 고려할 점이다. 여기 제시된 책무성의 차원은 정무성(2014)이 여러 학자의 논의를 토대로 정리한 항목을 중심으로 재정리되었다. 여기 제시된 책무성 요구에 대해 충분히 답을 하는 것은, 장애인복지를 공공으로부터 위임받은 기관의 책무라 볼 수 있다.

표 15-5 | 장애인복지 프로그램과 관련된 책무성

| 책무성 차원 | 프로그램은.... |
|---|---|
| 적용 | 이용자의 특성을 고려해야 함(장애유형, 정도, 연령, 성별 등). |
| 서비스 전달 | 계획에 따라, 자격이 있는 직원이나 인력이 제공해야 함. |
| 영향(효과) | 기획 당시 의도한 변화를 발생시켜야 함. |
| 효율 | 비용대비 산출을 최대화해야 함. |
| 재정 | 재무관련 규칙을 준수해야 함. (예: 사회복지법인 및 시설재무회계규칙) |
| 법률 | 법에서 요구하는 책임을 준수해야 함. (복지부 규정까지 포함) |
| 윤리 | 법규에 없더라도 사회복지실천윤리 등 윤리기준을 준수해야 함. |
| 이미지 | 이용자의 사회적 이미지를 향상시킬 수 있도록 기획되어야 함. |
| 욕구 | 이용자의 욕구를 최우선적 목표로 삼아야 함. |

## 2) 장애인복지 프로그램 운영에서의 유념할 점과 향후 과제

상기 제시된 책무를 감당하기 위하여, 프로그램 개발과 관리 과정에서 유념해야 할 사항과 향후 과제에 대해 정리하면 다음과 같다.

### (1) 장애인 이용자의 욕구, 필요를 최우선적으로 고려한 프로그램 기획

장애인복지 프로그램은 장애인 이용자에게 꼭 욕구, 필요에 부응한 프로그램이어야 한다. 이는 프로그램에 대한 책임을 지닌 장애인복지기관의 존재의 이유이기 때문이다. 실제로 프로그램에서 이용자의 욕구를 등한시 여기게 된다면, 단기적으로는 이용자를 모집하기 힘들고 장기적으로는 이용자를 비롯한 지역사회의 지지를 얻기 힘들다는 점은 분명하다. 따라서 각 기관에서는 이용자의 욕구를 파악하기 위해 항상 노력해야 하며, 직원의 전문적 판단보다 장애인 이용자의 바람에 최우선적인 초점을 맞추어야 한다.

이를 위해 장애인복지기관에서는 이용자의 욕구를 파악하기 위한 다양한 수단과 방법에 대한 지식과 기술을 가지고 있어야 한다. 이를 테면, 이용자 정보,

설문결과 등을 분석하고 정리할 수 있는 기초적인 통계활용 역량을 기관 내부에 보유하고 있어야 한다. 또한 이용자의 욕구는 주로 상호작용에서 나온다는 점을 고려하여, 이용자의 말과 글, 관찰내용을 분석할 수 있는 질적 자료 정리와 분석 역량을 갖출 필요가 있다. 문제는 이러한 실질적 역량을 갖추기 위한 사회복지 분야 교육이 부족하며, 기관에서도 욕구 파악을 위한 충분한 시간과 자원을 투자하지 못하고 있다는 점이다. 특히 언어장애인, 청각장애인, 발달장애인, 뇌병변장애인 등 의사소통이 상당히 어려운 이용자와의 관계에서, 이들의 욕구를 파악하기 위해서는 충분한 시간을 확보하고 노력을 기울일 필요가 있다.

### (2) 목표달성과 활동이 논리적으로 연결된 프로그램 기획

장애인복지 프로그램은 장애인의 욕구를 충족시키기 위해 다양한 활동이 논리적으로 연결된 형태로 구성되어야 한다. 즉 프로그램 활동을 통해 욕구가 충족된다는 증거가 분명히 나타나야 한다는 의미이다. 프로그램을 이용하는 장애인 이용자에게 약속한 결과를 보장해 줄 수 없다면, 이용자들의 신뢰를 위반하게 된다. 따라서 공적 자원을 투입하여 서비스를 제공하는 장애인복지기관에서, 목표를 달성하기 위하여 충분히 검증된 활동을 목표와 연계하는 것은 장애인복지서비스직에 요구되는 전문적 책무이다.

이를 위해 장애인복지기관에서는 직원이 이러한 역할을 충분히 감당하도록 교육 및 연구에 대한 투자를 충분히 제공할 필요가 있다. 현재 장애인복지기관에서의 교육훈련은 산발적으로 이루어지고 있으며, 직원의 수준과 역량에 맞추어 전문적 사회화를 이룰 수 있는 형태의 인적자원관리는 충분히 이루어지지 못하고 있다. 직원은 서비스 개발을 위한 연구보다는 당면한 대면서비스, 행정업무를 수행하기에도 시간이 부족하다. 다행히 더 나은 서비스를 기획하기 위해 새로운 대안과 아이디어를 찾아 나서는 사회복지사들은 늘어나고 있고, 이들은 다른 기관 직원과의 네트워크를 활용하여 조언과 아이디어를 얻기 위해 노력하고 있다. 일부 기관에서는 장애인복지, 재활서비스 등과 관련한 학술연구를 보다 가까이 접하여 더 나은 서비스를 기획할 수 있도록, 한국장애인복지학회 등에 기관회원으로 등록하여 최신 연구를 직원들이 접하고 있다. 그러나 이러한 개별적 노력이 확대되기 위해서는 장애인복지 관련 학회, 장애인복지 관련 협의회, 사회복지사협회 등이 협력하여 실천 및 연구 성과가 공유되기 위한 플랫폼을 마련해야 하며, 깊이 있는 교류의 장이 자주 마련될 필요가 있다.

### (3) 실현가능하며 지속가능한 프로그램 운영

장애인복지 프로그램은 현실에 기반을 두고 기획되고 관리된다. 선한 이념과 방향으로 진행되는 프로그램이라 하더라도 실현가능성이 없는 프로그램은 자원의 낭비를 가져오고, 이용자에게 도움이 되기 힘들며, 직원들을 소진시킨다. 이를 위해 기관에서는 주어진 예산, 공간, 직원의 업무량과 능력 등을 고루 고려하여 실현가능한 기획이 될 수 있도록 조정할 필요가 있다. 물론 고려되는 프로그램이 장애인 이용자에게 매우 중요한 의미가 있는 프로그램이라면, 기관에서는 관련된 기획이 실현될 수 있도록 예산배정, 공간 확보, 직원 업무 조정과 교육훈련 등으로 보완해 줄 필요가 있다.

장애인복지 프로그램을 비롯한 사회복지 프로그램 운영에서 중요하게 검토해야 할 다른 부분은 지속가능한 업무구조를 만드는 것이다. 장애인복지기관에서 운영되는 대부분의 프로그램은 필요해서 만들어졌다. 이렇게 생겨난 프로그램은 완전히 없어지지 않고, 존속하는 경우가 많다. 프로그램을 없애면 기존 이용자에게 피해를 주거나 민원이 발생할 수 있다는 이유로, 이전보다 충분한 에너지를 투여하지 못하는 상태로 유지되기 쉽다. 문제는 이러한 사업이 유지된 상태, 여기에 매년 몇 가지의 신규 사업이 추진되면서, 직원들이 감당해야 할 업무량이 계속 늘어나는 상황이다. 직원들의 수는 크게 늘어나지 않는데 관리해야 할 프로그램의 수가 증가하면서, 프로그램의 양과 비례하여 질이 향상되지 않는 상황이 전개되는 것이다. 이 문제를 해결하기 위해, 직원이 프로그램의 질을 제고하기 위해 일부 프로그램에 대한 조정을 리더가 검토해 주어야 한다. 물론 기존에 서비스를 이용하는 사람이 피해를 입지 않도록 대안을 마련하는 것은 매우 중요하다. 하지만 기관의 배려 속에서 직원들이 일정 정도의 여유시간을 확보할 수 있을 때의 장점도 명확하다. 직원은 이용자들의 이야기를 경청할 수 있게 되고, 프로그램 기획을 위해 더 많은 연구를 할 수 있게 되며, 사업의 질도 향상될 계기가 마련될 수 있는 것이다.

## 생각해보기

1. 실천가로서 무엇이 '필요하다'고 판단을 내리기에 앞서, 장애인 이용자가 무엇을 '원한다'는 것에 주목해야 하는 이유는 무엇인가?
2. 좋은 프로그램을 기획하기 위하여 실천가가 갖추어야 할 자질(지식, 기술, 태도 등)은 무엇인가?
3. 장애인복지 프로그램 평가과정이 다른 분야 사회복지 프로그램 평가과정에 비해 어려운 점이 있다면 무엇인가? 직원과 기관은 이를 해결하기 위해 어떤 대안을 마련해야 할까?

# 16장 장애인복지 분야의 사례관리

**주요 학습문제**

- 장애인복지 분야에서 사례관리는 왜 필요한가?
- 장애인복지 분야에서 사례관리의 실천은 어떤 과정으로 이루어지는가?
- 발달장애인을 대상으로 한 사례관리에서 고려할 점은 무엇인가?

장애인을 비롯한 사회복지서비스 이용자의 상당수는 단 번의 서비스 지원으로 욕구가 충족되기 어려운 복합적인 욕구를 지니고 있는 경우가 많다. 이 교재의 다른 장에서 살펴볼 수 있듯이, 장애인은 장애로 인한 경제적 욕구, 취업에 대한 욕구, 교육과 발달지원의 욕구, 건강 관련 욕구 등을 다양하게 동시에 지니고 있다. 이러한 욕구는 복합적으로 장애인의 삶의 질에 영향을 미치고 있으므로, 장애인복지기관에서는 지속적인 지원과 관리를 수행해야 한다.

이러한 욕구는 개별적인 서비스를 단편적으로 지원한다고 충족되지 않는다. 장애인이 지니고 있는 욕구는 서로 영향을 미쳐 가중되기 때문에, 체계적이고 통합적인 지원이 요구된다. 또한 이러한 서비스는 쉽게 해결되지 않는 만성적인 측면이 있어서, 서비스 지원은 지속적으로 이루어져야 한다. 이러한 상황과 관련하여, 장애인 가족 지원의 방법으로 사례관리 지원 항목이 「장애인복지법」(2017년 개정)에 추가되었다. 또한 그 이전부터 다양한 장애인복지서비스 기관에서는 사례관리를 대안으로 삼아 이미 실행하고 있다. 실제로 장애인복지 분야 실무자를 대상으로, 11개의 사회복지실천 이론과 모델을 제시하고 이 중에서 활용정도와 적용효능감이 가장 높은 실천접근을 선택하라고 하였을 때 1순위로 나온 것이 사례관리이다(김경미, 2013). 이 장에서는 사례관리실천은 무엇이며, 사례관리 모델로는 어떤 것들이 있으며, 장애인복지 분야 사례관리는 어떠한 과정을 통해 이루어지는지 살펴보고자 한다.

## 1. 사례관리의 개념

사례관리(case management)는 '사례(case)'라는 용어와 '관리(management)'라는 용어의 합성어이다. 그러나 장애인을 비롯한 대다수 사회복지기관의 이용자는 자신이 '관리'되어야 할 '사례'로 여겨지는 것을 원하지 않을 것이다. 따라서 장애인복지 분야에서는 이러한 비판을 수용하여 서비스 조정, 맞춤 서비스, 개별서비스 지원 등 다양한 표현을 사용하기도 한다. 그러나 사회복지실천 영역에서 사례관리는 하나의 실천 방법으로 통용되므로 이 용어를 수용하여 논의를 진행하고자 한다.

사례관리에 대한 정의는 다양한 방식으로 논의된다. 미국사회복지사협회(2013)에서는 사례관리를 다음과 같이 규정한다.

> 단일 클라이언트를 위하여 다양한 사회서비스와 건강보호조직 및 직원이 생성한 서비스를 계획, 탐색, 옹호하는 과정이다. 이를 통해 단일·복수 조직에서 일하는 사회복지사

> 들이 팀워크를 통해 서비스를 확장하고 클라이언트를 섬기는 노력을 조정할 수 있게 된다. 사례관리는 파편적 서비스, 직원 이직, 공급자간 부적절한 조정으로 생기는 문제를 줄일 수 있다.

미국사회복지사협회의 공식 입장은, 개별 이용자를 위하여 계획을 수립하고, 자원을 탐색하고 연결하며, 옹호하는 과정으로, 서비스 확장과 조정에 기여하는 서비스를 사례관리로 보는 것이다. 일찍이 사례관리와 관련한 이론적 기여를 해온 목슬리(Moxley, 1989)는, '사례관리는 복합적인 욕구를 가진 사람들의 기능을 향상시키고 그들의 복지를 위해 공식적, 비공식적 자원과 활동의 관계망을 조직, 조정, 유지하는 활동'이라 정의했다. 사회복지실천 현장에서 사례관리 실무를 25년 이상 수행하면서 연구를 계속해 온, 발루(Ballew)와 밍크(Mink)는 사례관리를 연속적인 원조과정(sequential helping process)으로 보고 있다. 이들은 사례관리는 여러 명의 원조자가 동시에 지원해야 하는 복합적인 문제로 인해 삶이 만족스럽지 않거나 생산적이지 않은 이들을 사례관리의 대상자로 규정하였다. 이들을 위하여 사례관리는 두 가지 중요한 역할을 수행해야 한다고 강조하였다. 사례관리자는 자원 연결망을 개발하고 증진시키는 일, 클라이언트가 자원을 획득하고 활용하는 능력을 강화하는 일을 동시에 해나가야 한다고 본 것이다(Ballew & Mink, 1996). 이러한 논의를 정리하면 사례관리는 다음과 중요한 특성을 지니고 있다.

- 대상: 복합적이고 만성적인 욕구를 지닌 이용자
- 목적: 사회적 기능향상, 지역사회자원의 개발과 접근 및 활용
- 원조 방법: 서비스 계획, 자원 탐색, 서비스 조직화와 유지, 옹호

# 2. 장애인복지 분야에서의 사례관리의 필요성

권진숙과 박지영(2015)은 사례관리 방법론이 등장하게 된 배경으로 '탈시설화, 서비스 전달의 지방분권화, 복합적인 욕구를 지닌 인구의 증가, 기존 서비스의 분산, 사회적 지원체계와 지지망의 중요성에 대한 인식, 대인복지서비스 비용효과'를 이유로 들었다. 이 틀을 기본으로 하되, 한국의 장애인복지 분야에 나타나는 특수한 상황을 고려하여 사례관리의 필요성을 정리해 보고자 한다.

## 1) 탈시설화, 지역사회 통합 돌봄의 추진

탈시설화는 사례관리의 필요성이 강조된 가장 중요한 배경이 된다. 대규모 수용시설에서는 서비스 제공은 시설 내부에서 모두 이루어진다. 그러나 대규모 시설은 시설이용자들이 지역사회에서 자연스럽게 통합할 수 있는 기회를 상당히 제약하여 노멀라이제이션(normalization)에 도움이 되지 않는다. 사실 미국 등에서는 신자유주의의 영향으로 대규모 시설의 비용 문제를 해결하기 위해 기존의 시설을 재편하면서 탈시설화를 가속했다. 한국에서는 비용 문제보다는 시설 거주 장애인을 위한 최소한도의 서비스보장을 위한 당위에 의해 시설의 변화를 모색하고 있다. 「장애인복지법」(2011년 개정)은 장애인의 지역사회통합을 통한 정상화를 위한 규정을 포함하고 있다. 구체적으로 장애인 생활시설은 장애인 거주시설로 명칭이 변경되면서, 장애인의 모든 생활이 시설 내부에 한정하여 이루어지는 상황을 개선하려고 하였다. 법 개정을 통하여 장애인 거주시설의 정원을 30명을 초과할 수 없도록 규정하고 있으며, 기존 대규모 시설의 정원을 줄여나가는 정책을 지속하고 있다.

최근에는 지역사회 통합 돌봄(community care)이라는 정책 추진 방향에 맞추어, 장애인 선도사업이 추진되고 있다. 이 과정에서 장애인거주시설에서는 탈시설을 지원하면서 개인별 지원계획을 수립해 자립체험주택이나 케어안심주택 등으로의 자립을 지원하기 시작했고, 재가장애인을 위해서는 지역케어회의 등을 통하여 케어안심주택을 연결하려는 정책시도가 시범적으로 진행되고 있다. 이로 인해 장애인복지기관에서는 장애인의 지역사회에서의 자립생활을 고려해야 하는 요구를 받고 있고, 시설에 집중된 서비스 지원을 넘어 다양한 지역사회자원의 맞춤 연계를 고려할 수밖에 없게 되었다. 이를 위해 최우선적으로 고려되는 실천의 수단이 사례관리가 된 것이다.

### 2) 서비스 전달의 지방분권화, 민간 위탁의 관행

2018년 기준, 장애인거주시설은 중앙으로 환원되어 운영되고 있지만, 상당수의 장애인복지기관은 지방정부의 관할을 통해 서비스가 이루어지고 있다. 이러한 정책은 이용자 입장에서 부담이 될 수밖에 없다. 지방 정부에서 추진하는 서비스의 경우, 서비스의 지역 간 편차가 상당하며, 이용자는 관련 정보를 파악하기 쉽지 않다. 따라서 지역사회에 존재하는 다양한 서비스 자원에 대한 정보를 제공하고 연계하는 사례관리 기능이 주목을 받게 된다.

더욱이 한국의 장애인서비스는 사회복지법인 등을 통한 민간 위탁에 상당부분 의존하고 있다. 물론 민간 위탁은 서비스의 절대량을 늘리고, 시설을 자율적으로 운영하여 효과적인 프로그램 개발에 유리하게 작용할 수 있다. 그러나 표준화된 서비스의 부재로 동일한 주제의 프로그램도 각기 다른 방식으로 진행될 수 있으며, 서비스의 질도 차이가 나타난다. 이러한 상황에서 장애인은 서비스 정보 수집을 위한 숱한 시행착오를 경험할 수밖에 없다. 이러한 상황을 극복하기 위해 사례관리는 중요한 의미를 가지게 된다.

### 3) 복합적인 욕구를 지닌 인구의 증가

장애인은 장애로 인한 기능상의 제한을 경험한다. 이러한 기능상의 제한은 종종 사회적 차별의 이유로 작용하고, 취업 및 소득, 건강, 주거, 교육 및 재활 서비스 등 삶의 전 영역에서 장애인의 어려움은 가중된다. 이러한 욕구는 개별적으로 존재하는 것이 아니라 서로 동시에 영향을 미쳐서 장애인 및 가족의 삶의 질을 낮춘다. 이들을 위한 서비스는 전통적인 개별사회사업(social casework)로 해결이 되기 어렵다. 이러한 복합적 욕구는 한 번에 해결이 될 수 없는 만성적인 것이어서 지속적으로 장애인의 삶의 질에 영향을 미치기 때문이다. 따라서 이러한 인구가 증가하게 되면서, 이러한 욕구를 효과적으로 관리하기 위한 대안을 마련하고 연결하는 사례관리의 '관리' 기능이 중요한 의미를 갖게 되는 것이다.

### 4) 기존 서비스의 분산

다양한 차원에서 복합적인 욕구를 지닌 장애인은 다양한 서비스를 동시에 이용해야 한다. 그러나 이러한 서비스가 통합적으로 제공되지 않을 경우에 어려움을 경험하기 쉽다. 이동상의 어려움, 정보 탐색의 어려움, 서비스 이용절차의 상이함으로 발생하는 곤란함 등에 대해 스스로 해결책을 마련하는 것은 쉽지 않다. 한국에서의 사회복지서비스는 기본적으로 신청주의에 기반을 둔다. 그러나 기존의 서비스가 연결되지 못한 상태에서, 장애인의 개별적인 신청으로 서비스를 진행하게 되면 욕구충족의 기회가 차단되거나 방해받기 쉽다. 더욱이 지역사회통합돌봄이라는 이름으로 탈시설화가 추구되면서, 시설중심의 집중서비스를 생활공간에서 자연스럽게 받아왔던 장애인에게는 사례관리가 서비스의 지속성을 담보할 안전장치가 될 수밖에 없다. 사례관리는 이러한 상황에서 서비스 조정, 연결, 필요시 이용자 옹호를 통한 서비스 개선의 가능성을 열어준다.

### 5) 사회적 지원체계와 지지망의 중요성에 대한 인식의 증가

상당수의 장애인은 자신의 욕구와 필요에 따라 가족, 친족, 친구, 서비스 기관 등과 관계를 맺고 있다. 관계를 통한 사회적 지지는 신체적 건강, 정신적 건강, 필요한 자원에 대한 접근에 매우 중대한 영향을 미치게 된다. 문제는 이러한 중요한 지지망에 대해 접근할 수 있는 능력이 부족하거나, 지역사회의 다양한 자원을 모르거나, 이러한 자원에 대한 접근이 수월하지 않은 상황이 상당수의 장애인에게 나타난다는 점이다. 이 상황에서 사례관리자는 공식적 기관에서 대인 서비스의 연결자의 역할을 해줄 수 있으며, 비공식적 영역에서 장애인에 대한 지원을 조정하는 역할을 할 수 있다.

### 6) 대인복지 서비스의 비용 감소 효과

사례관리는 복합적 욕구를 지닌 이용자와 서비스를 연결하고 조정하는 활동을 기본으로 이루어진다. 서비스가 꼭 필요한 이들과 서비스를 연결함으로써, 서비스의 효율을 증대시키는 효과가 있다. 서비스는 소멸성이 있기 때문에, 이용되지 않으면 낭비된다. 따라서 이용자의 욕구에 부합된 서비스를 연결함으로써 자원의 누수를 막을 수 있다는 점이 사례관리가 기여할 수 있는 점이다. 또한 사례관리는 중복 서비스 이용도 통제할 수 있다는 점에서 비용 효과성의 한 요소로 작용할 수 있다.

# 3. 장애인복지 분야 사례관리 실천 모델

사례관리라는 동일한 이름으로 불려도, 사례관리 실천을 수행하는 기관과 직원의 상황, 생각에 따라 다양한 실천 모델을 따르게 된다. 사례관리 실천 모델에 따라, 욕구사정, 서비스 계획, 옹호와 연계, 모니터 등에서 사례관리자는 서로 다른 초점을 가지고 역할을 수행하게 된다. 여기서는 사례관리 교재에서 폭넓게 인용되는 프리젠과 포트너(Friesen & Poertner)의 논의를 중심으로 사례관리 실천 모델을 제시하고, 장애인복지 실천영역에서 고려해야 할 점을 검토해보고자 한다. 이 자료는 정서장애아동서비스를 상정하여 구성한 사례관리 모델이지만, 한국의 장애인복지 분야 서비스의 현실을 검토하는 중요한 준거가 될 수 있다.

프리젠과 포트너는 사례관리를 외래치료 모델, 중개자 모델, 팀 모델, 강점 모델로 비교하여 논의하고 있다. 외래치료 모델은 장기간 입원했다가 퇴원하는 이들에 대해 최소한의 사례관리를 부가하는 형태라 볼 수 있다. 중개자 모델은 서비스 체계가 충분하지 않거나 잘 조정이 되지 않은 상황에서, 전문가인 사례관리자가 이용자의 욕구와 기능을 평가하여 적절한 서비스를 받을 수 있도록 안내, 연계하는 형태이다. 팀 모델은 이용자가 다양한 서비스 체계와 관련이 되어 있을 때 다수의 전문가팀이 함께 사정, 계획하여 서비스를 제공하거나 조정하는 형태이다. 마지막으로 강점 모델은 이용자 및 관련자의 폭넓은 참여를 통해 이용자의 욕구와 강점을 파악하고, 함께 계획을 세워서, 공식적이거나 비공식적 서비스와 자원에 접근할 수 있도록 공동의 노력을 전개하는 과정으로 사례관리를 바라본다.

표 16-1 | **4가지 사례관리 모델(Friesen & Poertner, 1995)**

| 기능 | 외래치료 모델 (outpatient therapy/case management) | 중개자 모델 (broker) | 팀 모델 (team) | 강점 모델 (strengths) |
|---|---|---|---|---|
| 사정 | • 정신장애 진단 및 통계편람에 근거함 | • 기능 평가에 근거를 두고 서비스 욕구를 사례관리자가 결정함 | • 포괄적이고 임상적 평가를 받을 수 있도록 사례관리자가 직접 수행하거나 조정함 | • 이용자의 강점평가에 사례관리자가 참여함 |
| 계획 | • 정신보건센터의 치료 및 돌봄 계획 | • 사례 관리자가 서비스를 파악하고 배열함 | • 팀이 계획을 세우고 서비스를 배열함 | • 이용자 및 돌봄자와 함께, 사례관리자가 돌봄을 위해 필요한 것, 이용자가 지역사회에 머무는 데 필요한 것에 근거하여 계획을 세움 |
| 옹호 | • 이용자와 가족에게 필요하다고 인정된 서비스를 얻는 데 초점을 둔 옹호 노력을 함 | • 다른 서비스 제공자들이 자격기준이나 비용조건의 융통성을 갖도록 노력을 함.<br>• 때로는 필요한 서비스를 창출하는 것을 포함함 | • 모든 기관/전문분야가 서비스 제공에 동의하였기 때문에 옹호 노력은 불필요함 | • 개별 이용자와 가족이 필요한 서비스를 얻을 수 있도록, 지역사회의 비공식적 자원에 접근 하도록 옹호노력을 함<br>• 사례관리자와 관리자가 기관과 시스템상 걸림돌을 표적삼아 바꾸어 나가려는 노력을 함 |
| 모니터 | • 이용자 피드백을 통해 계획이 평가됨 | • 계획은 위기가 발생할 때 수정됨 | • 팀이 정기적으로 계획을 평가함 | • 이용자와 돌봄자와 함께 목표에 대해 지속적으로 평가함 |
| 연계 | • 추가 서비스 욕구가 발생할 때 다른 기관과 서비스를 연계함. 대개 기존 지역사회 기관에 수동적으로 의뢰함 | • 계획에 포함된 특정 서비스를 이해시키는 것부터 비용지불을 포함한 적극적 의뢰까지 다양함 | • 한명이 책임을 지고 계획서에 포함된 서비스와 이용자를 연결하는 것부터 이용자(가족)이 지정된 서비스를 확보하기 위해 전적인 책임을 지는 것까지 다양함 | • 돌봄 계획에 나온 서비스와 자원을 연계함.<br>• 연계책임은 사례관리자, 보호자, 이용자 혹은 다양한 개인의 조합으로 이루어짐<br>• 비공식적 자원을 파악하고 창출하는 것까지 포함됨 |

우리나라 장애인복지 현장은 어떤 모델이 주류를 이루고 있는지 명확하게 구분할 수는 없다. 조직과 서비스의 특성, 관리자와 사례관리자의 사례관리에 대한 이념형 등에 따라 각기 다른 형식의 사례관리가 이루어진다고 볼 수 있다. 재가 장애인에 대한 사례관리는 중개자 모델과 강점 모델을 혼용하는 형태로 사업을 전개할 가능성이 높다. 물론 사례회의를 통해 서비스 계획을 함께 세워 나가는 요소를 도입한다면 팀 모델의 특성도 일부 포함이 된다고 볼 수 있다.

최근에는 장애인 이용자의 참여와 자기결정이 강조되고, 사회복지기관에서는 기관중심의 서비스 제공에서 지역사회의 비공식 자원도 활용할 수 있도록 연계하려는 흐름이 강력하게 작용하고 있다. 장애인복지실천 현장에서도 강점 관점이 주류 관점으로 수용되면서 강점 모델에 따라 사례관리를 진행하고자 하는 움직임이 활발하게 전개되고 있다. 이를 테면 발달장애인서비스 분야에서 개발된 인간중심계획은 강점 모델에 근거한 사례관리라 평가할 수 있다.

## 4. 장애인복지 분야에서의 사례관리 과정

사례관리의 일반적인 과정은 이용자, 기관의 특성, 사례관리자의 역할 등에 따라 다양한 형태로 존재한다. 몇몇 학자가 제시한 사례관리의 과정을 제시하면 다음과 같다. 여기서는 발루와 밍크의 논의를 기반으로 장애인복지 영역의 사례관리 과정을 정리하고자 한다.

표 16-2 | **사례관리 과정에 대한 다양한 의견**

| 학자 | 과정 |
|---|---|
| Moxley(1989), 김미옥(2003) | 사정 → 계획 → 개입 → 점검 → 평가 |
| Ballew & Mink(1996) | 진입 → 사정 → 계획 → 자원접근 → 조정 → 분리 |
| 정순둘(2005) | 사정 → 서비스 계획 → 실행 및 모니터링 → 종결 → 평가 |
| 권진숙, 박지영(2015) | 초기과정 → 사정과정 → 개입계획 → 조정과 점검 → 평가와 분리 |

## 1) 진입

초기 과정은 서비스를 신청한 장애인을 이용자로 수용 혹은 거절하고, 신뢰를 쌓고, 서로의 역할을 분명하게 하고, 상호 기대가 무엇인지 협상하는 과정을 말한다(Ballew & Mink, 1996). 초기 사례관리자와 관계를 맺을 때 장애인은 자신의 욕구가 해결이 되었으면 하는 기대와 거절당할 것에 대한 두려움이라는 양가감정을 가진 채로 관계에 참여한다. 이 과정에서 사례관리자는 소속된 기관에서 서비스를 제공할 수 있는지에 대한 자격여부를 파악하기 위한 신속사정을 하게 되고, 이를 통해 서비스 대상으로의 수용여부를 결정하게 된다. 만일 사례관리 서비스 대상이 아닌 경우에는 서비스 신청자에게 해당 사유를 이야기하고 필요한 서비스를 즉각 연결하거나 다른 기관을 안내하는 것이 일반적이다.

초기 관계에서 이용자와의 효과적인 관계를 맺기 위하여 신뢰가 중요하다. 초기에 신뢰를 형성하는 것은 중요하지만, 신뢰관계는 사례관리의 전 과정에 걸쳐 발달된다. 사례관리를 비롯한 장애인복지실천의 전 과정에서 신뢰를 얻기 위하여 사회복지사가 갖추어야 하는 것은 능력, 호의, 성실, 진솔함이다(염태산, 2018). 사례관리자의 신뢰성(trustworthiness)은 다음의 자질과 태도와 관련되어 나타난다. 우선 이용자의 욕구가 충족될 수 있다는 확신을 심어주기 위하여 사례관리자는 능력(ability)을 보여주어야 한다. 또한 이용자를 위해 최선을 다한다는 자세를 보여주는 호의(benevolence)를 보여줄 필요가 있으며, 언행일치의 일관성이 있는 성실함(integrity)을 보여주어야 한다. 때로는 사례관리자가 부족함도 솔직히 인정하며, 이용자와 함께 이루어 나가야 할 공동의 프로젝트임을 강조해 가는 진솔함(openness)도 요구된다.

사례관리의 과정에서 중요한 것은 상호기대를 분명하게 해나가되, 사회복지사와 이용자가 함께 해나가야 할 과업이라는 점을 분명하게 하는 것이다. 물론 사회복지사의 역할, 이용자의 역할은 서비스 계획에 따라 각기 다르게 나타난다. 사회복지사는 상담자, 조정자, 옹호자의 역할로 참여할 수 있지만(Ballew & Mink, 1996), 사례관리서비스 이용자는 이해관계자, 협력자, 과제수행자 등으로 참여해야 함을 강조하며 의존성이 생기지 않도록 각별히 신경을 써야 한다.

참고로 장애인거주시설의 경우에는 초기 과정이 상당부분 생략될 수 있다. 시설에서 꾸준한 지원을 통해 이미 신뢰가 형성되어 있거나, 이용자의 상호 기대가 무엇인지 대략적으로 알고 있는 경우가 많기 때문이다. 그러한 경우에는 바로 사정 단계로 넘어가게 된다.

## 2) 사정

사정은 장애인 이용자의 주위환경을 포함한 그의 상황을 이해하는 집중적이고 체계적인 과정이다. 사례관리 과정에서 사정은 욕구, 자원, 걸림돌에 대한 체계적인 검토를 통해 전개된다.

### (1) 욕구 사정

욕구는 바라는 바와 현재상태의 차이이다. 이러한 차이는 욕구를 충족시키고자 하는 갈망을 낳게 되고, 이용자는 이로 인해 발생하는 스트레스를 해결하기 위해 자신의 기능과 자원을 동원한다. 욕구를 사정할 때 중요한 것은 이용자의 목소리이며, 사례관리자는 '이용자에게 무엇이 필요한지' 예단하면 안된다. 이용자의 현재의 어려움이 무엇인지 듣고, 이들이 진정으로 원하는 것을 관심을 갖고, 이들이 이를 위해 어떠한 노력과 시행착오를 해왔는지를 듣는 것이 우선이다. 이러한 과정에서 자연스럽게 이용자에게 필요한 것이 무엇인지 상호 합의할 수 있게 된다. 욕구를 파악하기 위해 상호간 충분한 의사소통이 요구된다. 이 과정에서 어려움을 겪는 장애인 이용자는 발달장애인이다. 이들의 욕구를 깊이 있게 이해하기 위해서는 충분한 시간을 함께 보내야 할 수 있으며, 쉬운 표현이나 그림을 활용하여 의사소통을 지원하는 것도 도움이 된다.

### (2) 자원과 강점 사정

욕구 충족을 위해 이용했었던 기존의 서비스, 도움이 되었던 주변 환경 등의 자원을 두루 살피며 이를 구체화해 나가는 것은 사정의 과정에서 매우 중요하다. 사례관리 과정에서 자원을 탐색해야 하는 이유는, 욕구를 충족시키기 위한 중요한 수단이기 때문이다. 자원을 사정하기 위해 생태도를 그려볼 수 있고, 자원목록을 마련하여 가용성, 충분성, 접근성 등을 고려하여 다양한 방식으로 정렬해 나갈 수 있다.

장애인 이용자가 가진 강점은 중요한 사정 항목이다. 강점을 의도적으로 탐색하려는 노력을 하지 않을 때에는 장애인에 대한 고정관념을 극복하기 힘들고, 장애인 이용자와 동등하고 협력적 관계를 형성하기 힘들다. 강점사정에는 이들이 욕구충족에 도움이 되는 자질과 능력(기존의 노력과 성공경험 포함), 사례관리 실천 과정을 효과적으로 수행해 나가기 위한 자질과 능력을 고루 검토하여야 하며, 이를 통해 서비스 계획의 실현가능성이 높아진다.

### (3) 방해물 사정

욕구 충족을 위한 방해물을 사정할 때는 장애인 이용자 개인이 가진 특성,

사회 환경을 모두 검토하도록 한다. 개인이 가진 방해물의 예로는 장애로 인한 제한, 스스로를 돌볼 수 없는 상황, 일상생활 수행 능력의 제한, 변화에 대한 저항 등을 들 수 있다. 사회 환경 방해물로는 필요한 서비스에 대한 이용이 부적격한 상황, 이용 자격이 되더라도 주변에 서비스가 없는 상황, 주거비용을 부담할 수 없는 빈곤 상황, 일자리를 얻을 수 없는 상황 등을 들 수 있다.

이러한 다양한 측면에 대한 사정을 한 이후에, 욕구 – 자원과 강점 – 방해물을 연결지어 검토한다. 이를 통해 어떠한 서비스 지원을 함께 모색해 나갈지 정하게 된다. 이는 서비스 계획 과정에서 사례관리 목표로 전환된다.

### 3) 계획

사례관리에서 서비스 계획은 사정을 바탕으로 욕구충족을 위한 일련의 활동으로 전환시키기 위한 과정이다(김미옥, 2003). 발루와 밍크(Ballew & Mink, 1996)의 논의를 기초로, 이를 위한 세부 과정을 정리하면 다음과 같다.

#### (1) 상호 목표 설정하기

목표는 사례관리자의 전문적 판단만으로 정해지는 것이 아니라 장애인 이용자와의 협의를 거쳐야 하며, 이용자의 자기결정을 기반으로 이루어져야 한다. 자기결정은 장애인의 자유를 신장하는 인권존중의 방식이며, 사회복지실천 관계의 기반이 되며(Biestek, 1957), 욕구충족을 위한 내재적 동기를 이끌어내는 데에도 효과적이다(Deci & Ryan, 1985). 목표는 다음의 특성을 지녀야 한다. 바람직한 결과로 기술되고, 행동을 중심으로 묘사되며, 예상 시간까지 성취될 수 있도록 하며, 이용자와 환경을 개선시켜야 한다(Ballew & Mink, 1996).

### (2) 목표 우선순위 결정하기

사례관리 목표의 우선순위는 다음의 기준에서 세워진다. 이용자가 중요하게 생각하는 것, 이용자의 삶에서 당면한 위험과 관련된 것, 쉽게 성취할 수 있는 것을 중심으로 우선순위를 정해야 한다는 것이다. 물론 사례관리를 위한 목표의 우선순위를 세우기 어려운 경우가 있다. 특히 발달장애인 이용자와의 관계에서 이러한 상황은 빈번하게 발생한다. 이러한 상황에서는 사례관리 이용자의 꿈과 비전에서 목표를 발전시키는 인간중심계획(person-centered planning)의 아이디어는 매우 유용한 절차와 지침을 제공한다. 예를 들어 발달장애인에게 유용한 적용점을 갖는 PATH(Planning Alternative Tomorrows with Hope)에서는, 발달장애인 이용자가 진정으로 원하는 꿈이 무엇인지 장기적인 관점에서 살펴보고, 이를 바탕으로 1~2년 후의 초점을 결정한 후, 현재에 기반을 두고 대안을 만들어 가는 방식을 취한다(Pearpoint et al, 1995). 이용자의 꿈과 밀접하게 관련된 목표에 우선순위를 두도록 하는 것이다.

### (3) 전략 생성하기

사례관리 목표가 우리가 이루려고 하는 것이라면, 전략은 목표 달성을 위한 길을 알아보는 것이다. 전략을 생성하기 위해 브레인스토밍을 활용하거나 과거에 욕구를 충족했던 성공적인 경험을 참조할 수도 있다. 물론 사례관리서비스 이용자가 경험하는 만성적이고 복합적인 욕구의 상태로 인해 목표를 달성하기 위한 전략을 생성하는 데 어려움을 경험할 가능성이 매우 높다. 이러한 상황에는 과거에 실패했던 행동의 목록을 피하도록 권하는 것도 도움이 된다.

### (4) 목표를 달성하기 위한 최선의 전략을 선택하기

목표를 달성하기 위한 다양한 전략을 세웠다면, 그 속에서 최선의 대안을 선택해야 하는 일이 남게 된다. 사례관리자와 이용자는 각 전략을 수행할 때 활용할 수 있는 능력과 자원의 목록을 적어보고, 방해되는 요소도 함께 적어본다. 이 과정에서 무엇이 가능한 최선의 대안인지 정할 수 있게 되며, 구체적으로 어떠한 조치를 취해야 하는지에 대한 감을 잡을 수 있게 된다.

#### (5) 전략 실행하기

선택한 전략을 수행하기 위하여 누가, 언제, 무엇을 할지 분명히 정한다. 사례관리자와 이용자 각자에게 맡겨진 전략을 수행하며, 성공여부를 평가한다. 달성되지 않은 목표는 유지할지, 버릴지 검토하며, 필요한 경우 계획과정으로 다시 환류한다. 만일 목표를 유지할 경우에는 전략을 수정하고, 목표를 버릴 경우에는 새로운 목표를 세울지를 검토하게 된다.

### 4) 자원접근하기

사례관리 과정에서 활용될 수 있는 자원은 이용자 내외부에 존재한다. 내적 자원은 개인과 가족이 지니고 있는 강점이고, 외적 자원은 공공서비스와 지역사회에 존재하는 다양한 자원이다. 내 외부의 자원에 접근하는 과정에서, 사례관리자는 두 가지 역할을 하게 된다. 우선 이용자의 사회적 기능을 향상시키기 위한 직접적 서비스 제공자로서의 역할을 해야 한다. 다음으로 이용자가 원하는 자원에 접근할 수 있도록 중개, 연결, 조정하는 역할을 해야 한다.

사례관리의 도입 배경을 고려해볼 때, 사례관리 서비스의 핵심 기능은 이용자와 자원을 연결해주는 것이라고 대체로 의견이 모아진다. 물론 자원의 활용을 막는 내적 방해물(패배주의, 비판주의, 운명주의, 냉소주의 등)을 극복하도록 돕고, 개인이 가지고 있는 강점이 잘 발휘될 수 있도록 지원하고 격려해 주는 과정이 병행되어야 사례관리 과정에서 이용자와 합의된 목표가 잘 달성될 수 있다. 이러한 과정을 원활하게 수행하기 위해서 사례관리자는 지역사회에 장애인이 이용할 수 있는 서비스의 목록, 서비스 자격요건, 관련 서비스 이용 규정 등을 사전에 알고 있어야 한다. 또한 이러한 서비스를 제공하는 기관과 긍정적인 관계망을 형성하여, 장애인 이용자가 수월하게 관련 서비스에 접근할 수 있도록 도움을 줄 수 있어야 한다.

### 5) 조정

사례관리 과정이 효과적으로 이루어지기 위해서는 서비스에 대한 조정이 필수적이다. 이러한 조정은 원조 노력을 조직화하고, 공동의 목표를 다시금 조율해 나가며, 목표의 달성 정도를 지속적으로 모니터링하고, 목표 달성을 지원하는 다양한 활동을 통해 전개된다.

사례관리는 복합적이고 만성적인 욕구를 충족시키기 위해 전개되기 때문에 여러 서비스가 동시다발적으로 진행될 가능성이 높고 서비스 진행기간도 길다. 그러므로 일정 정도의 서비스 목표와 활동이 조율되어야 할 필요가 높고, 서비스 진행을 모니터링하는 것이 매우 중요한 의미를 갖는다. 모니터링이란 계획에서 정해진 서비스와 지원의 전달과정을 추적하는 과정으로 이해할 수 있다. 김미옥(2003)은 사례관리에서 모니터링 과정을 다음과 같이 정리한다.

- 서비스 계획이 적절하게 이루어지는지 그 정도를 검토한다.
- 이용자에 대한 서비스와 지원계획의 목표 성취를 검토한다.
- 서비스와 사회적 지지의 산출을 검토한다.
- 이용자의 욕구변화를 점검하여 서비스 변화 여부를 검토한다.

### 6) 분리

사례관리에서 분리는 일반적인 사회복지실천 과정의 종결에 해당된다. 분리 과정에서는 결과를 평가하고, 분리의 징후를 확인하고, 분리를 계획하며, 지속적인 책임성을 확인해 나가는 과정을 의미한다. 분리가 되는 이유는 다양하다. 이용자가 서비스를 원하지 않거나, 이사나 사망 등의 이유로 분리되는 경우가 있다. 혹은 사례관리자가 이직 등으로 서비스가 종결되거나, 사례관리를 수행할 예산이 없어지거나 연계 기관이 없어지면서 분리되는 경우가 있다. 가장 바람직한 것은 이용자와 사례관리자가 애초에 세운 목표가 달성되면서 예측이 가능한 분리를 하는 경우이다. 물론 사례관리서비스를 이용하는 장애인 중 상당수는 복합적이고 만성적인 욕구를 지니고 있기 때문에 목표가 충족되면서 성공적인 분리를 하기 힘든 경우가 많다. 그로 인해 성공적인 분리가 이루어지기까지 상당한 시간과 에너지를 투여해야 하는 경우가 많다.

분리를 하게 되는 경우에서 중요한 것은 사례관리 이용자의 욕구가 충분히 충족되어야 한다는 점, 관련 욕구가 발생했을 때에도 스스로 해결할 수 있는 능력을 길러주어야 한다는 점, 이용자가 스스로 해결할 수 없는 상황에는 필요한 도움을 얻을 수 있도록 문을 열어 놓아야 한다는 점이다.

다음 〈표 16-3〉은 중도시각장애인이 된 이용자에 대한 사례관리계획서의 예이다. 이 자료에서는 중도시각장애인이 된 이용자를 대상으로 일상생활에서 자립의지를 고취하고, 일상생활지원을 위한 활동지원서비스를 연계하며, 직업정보에 대한 검토를 아우르는 사례관리 계획을 담고 있다. 이 사례에서 이용자 욕구는 서비스 계획의 목표를 구성하는 가장 중요한 기준이 되었으며, 이용자와 사회복지사와의 공동작업이 요구되므로 합의 및 서명의 절차가 강조되었다. 각 목표를 달성하기 위하여 공식자원으로서 장애인복지관, 장애인자립생

표 16-3 | **장애인복지관에서의 사례관리계획서의 예(중도시각장애인 이용자 사례)**[1]

| 기 관 명 | **장애인종합복지관 | 사례관리자 | 사례관리팀 *** 사회복지사 |
|---|---|---|---|
| 이용자성명 | *** | 생년월일 | 19**년 *월 *일 |
| 주소 | 서울 **구 **동 *** | 연락처 | 010-**** - **** |

<table>
<tr><th colspan="2">이용자의 욕구와 합의 내용</th></tr>
<tr><th colspan="2">이용자의 욕구</th></tr>
<tr><td colspan="2">* 장애발생한지 얼마 안 되어서 시각장애 관련 정보가 필요함<br>* 자립생활을 위해 보행연습을 실질적으로 받을 수 있었으면 함<br>* 장기적으로 직업생활을 준비하여 참여하기를 바람</td></tr>
<tr><th>합의된 욕구</th><th>합의를 요하는 욕구</th></tr>
<tr><td>* 시각장애에 대한 정보제공<br>* 원활한 일상생활 도모</td><td>* 이용자 가족들의 장애 이해<br>* 직업은 시일을 두고 준비하기로 합의되어야 함.<br>(보행, 기본 일상생활 능력이 향상된 이후에 검토 예정)</td></tr>
<tr><th>활용할 수 있는 강점</th><th>활용할 수 있는 자원</th></tr>
<tr><td>* 장애로 인한 변화에 대한 적응 의지</td><td>* 가족의 지원 (서비스 동행 등)<br>* 장애인활동지원서비스<br>* 인근 시각장애인복지관 등</td></tr>
</table>

<table>
<tr><th colspan="6">목표 및 세부 목표</th></tr>
<tr><th rowspan="2">목 표</th><th rowspan="2">세부 목표</th><th rowspan="2">연계 자원</th><th rowspan="2">담당</th><th colspan="2">서명</th></tr>
<tr><th>이용자</th><th>사례관리자</th></tr>
<tr><td rowspan="3">자립의지 고취</td><td>시각장애에 대한 정보제공</td><td>-</td><td>담당자</td><td></td><td></td></tr>
<tr><td>원활한 일상생활도모<br>(보행연습)</td><td>**시각장애인복지관</td><td></td><td></td><td></td></tr>
<tr><td>정서지원을 통한 적절한 지지체계</td><td>가족, 필요시<br>정신보건센터</td><td>담당자,<br>가족</td><td></td><td></td></tr>
<tr><td>활동지원</td><td>장애인활동지원서비스 연계</td><td>**장애인자립<br>생활지원센터</td><td>활동지원사</td><td></td><td></td></tr>
<tr><td>직업정보</td><td>재사정 시기에 일상생활수행 능력을 고려하여 가능한 직업 목록에 대해 검토함</td><td>**시각장애인복지관</td><td>담당자</td><td></td><td></td></tr>
</table>

본 서비스 계획서의 목표는 이용자와 함께 논의하여 설정하였습니다. 따라서 이용자 ___와(과) 사례관리자 _____는(은) 서비스의 목적을 달성하기 위해 함께 협력함은 물론, 서비스 이용자의 의무와 사례관리자의 책임을 이행할 것을 약속하며 위 내용을 확인한 후 서비스 계획서에 서명합니다.

서명일: 20** 년 *월 **일　　서명일: 20**년 *월 **일

이용자: _________ (서명)　　사례관리자: _________ (서명)

활지원센터, 유관 기관 등을 연계하였으며, 비공식자원으로 가족의 협력을 추가하였다. 이 과정에서 이용자의 내적 강점과 자원의 목록을 검토하였는데, 향후 사례관리 목표가 변경될 때 활용될 수 있는 강점과 자원이 무엇인지 검토하기 위한 목적으로 정리되었다. 이 계획은 서비스 연계가 강조되는 중개모델의 특성을 지니고 있으면서도, 활용할 수 있는 강점과 자원을 살펴보고 이용자의 욕구에 기반을 두고 서비스가 진행되도록 했다는 측면에서 강점 모델의 특성도 지니고 있다고 볼 수 있다.

## 5. 발달장애인을 위한 사례관리

사례관리의 중요성은 「장애인복지법」, 「발달장애인권리보장 및 지원에 관한 법률」(이하 「발달장애인법」), 정부 지침 등에서도 수용되고 있다. 「장애인복지법」에서는 장애인거주시설에 대해 서비스 최저기준을 마련할 것을 규정하고 있으며, 관련 시행령에서는 서비스 안내, 개인의 욕구와 선택, 이용자 참여와 권리, 능력개발, 일상생활, 개별지원, 환경, 직원관리, 시설운영, 그밖에 서비스 최저기준으로 필요한 사항을 포함한 최저기준을 매년 고시하도록 되어 있다. 이를 효과적으로 수행하기 위하여 사례관리 영역에서 특별히 신경 써야 할 부분이 많이 있다. 장애인 거주시설에서의 사례관리의 실천은, 이용자의 참여를 바탕으로 개인의 욕구와 선택을 반영할 수 있도록 하고, 이용자의 욕구와 관련하여

---

1) 이 계획은 서비스 계획서와 계약서를 겸하는 형태이고, 서비스 초기에 급히 작성된 계획여서 보완되어야 할 부분이 있다. 이를 테면 사례관리계획서에서 위한 목표, 서비스 제공 기간, 빈도 등의 활동 요소 등이 모니터될 수 있는 형태로 구체화될 필요가 있다. 또한 사례관리 진행하는 과정에서 목표 달성을 위한 활동을 세부적으로 정리하고, 상호 역할을 분명하게 재정리하여 보다 명확한 정리를 해둘 필요가 있다.

일상생활과 능력개발을 유도하기 위한 개별지원을 연계하는 형태로 진행될 필요가 있기 때문이다. 물론 지역사회재활시설 중에서 가장 대표적인 역할을 수행하는 장애인복지관의 조직 및 직제기준에도 시설의 규모를 막론하고 상담 및 사례관리를 주요 기능으로 포함하여 인력배치를 규정하고 있다(보건복지부, 2021). 「발달장애인법」 제19조에서는 지역발달장애인지원센터에서 개인별지원계획을 수립하도록 명시하고 있고, 이를 지자체장의 승인을 얻도록 하여 서비스 지원의 공적 책임을 담보하는 구조를 갖추도록 하고 있다. 발달장애인 지원에서의 복합적 욕구를 고려한 사례관리 지원의 책임을 맡아서 수행하는 전문적 전달체계가 전방위적으로 마련되어가고 있음을 고려할 필요가 있는 것이다.

한편 발달장애인의 평생계획, 평생과정설계 등의 사례관리와 유사한 접근도 비교하여 검토할 필요가 있다. 유수진(2016)에 따르면, 평생계획은 장애자녀를 돌보는 1차적 보호자가 주체가 되어 노화나 질병, 죽음 등의 사유로 장애자녀와 함께 할 수 없는 상황을 대비하여 계획을 세우는 것을 말한다. 또한 평생과정설계는 장애인과 보호자가 함께 장애인이 자립생활을 이루기 위해 전 생애에 걸쳐 삶의 포괄적 영역을 지속적으로 설계하고 실행, 조정하는 과정을 전반적으로 말한다. 평생계획은 보호자가 중심이 되고, 평생과정설계는 장애인당사자와 보호자가 함께 세우게 된다. 이 과정에서 장애인복지기관은 평생계획, 평생과정 설계를 지원하는 제한적 역할을 맡게 되는 경우가 많으며, 실제로는 상대적으로 1~3년 내외의 단기적 목표를 지닌 사례관리에 집중하는 측면이 있다. 그렇지만 사례관리자는 발달장애인의 장기적 꿈과 욕구, 가족과 시설이 바라는 자립 목표를 염두하며 사례관리 목표를 수립해 나가고, 이용자 개인의 개별적 욕구와 선택을 존중하기 위해 의사소통에 힘쓰면서, 그 과정에서 요구되는 일상생활지원, 능력개발을 위한 지원 등을 전개해야 할 큰 틀 속에서 활동해야 한다. 여기서는 발달장애인에 대한 사례관리, 평생과정설계의 기본적 전제로 폭넓게 수용되는 인간중심계획을 살펴보고, 인간중심계획이 개별서비스 계획으로 어떻게 연결되는지 검토해 보고자 한다.

### 1) 인간중심 계획

의사소통에 상당한 어려움이 발생하는 발달장애인과의 사례관리의 과정은 보다 이용자의 욕구와 바람에 의도적으로 더욱 집중해야 한다. 그렇지 않으면 사례관리자의 편견과 가정을 이용자의 바람이라고 판단하기 쉽기 때문이다. 사실 발달장애인 이용자는 존중받아야 할 시민이고 인격을 보유하고 있다. 비장애인 사례관리자가 발달장애인의 바람과 욕구를 이해하기까지 충분한 관심과 노력을 기울이지 못하여, 이들에게 필요한 것을 단정하고 처리해야 할 '사례'로 치부하는 업무 상황이 문제가 되는 것이다.

최근 발달장애인을 위한 실천에서는 사례관리라는 표현을 피하고, 인간중심계획, 개별 서비스 지원 등 대안적 표현을 종종 활용한다. 발달장애인을 사례로 치부하는 경향을 피하려는 노력과 관련이 있는 것이다.

인간중심계획은 장애인 본인과 그의 가족 그리고 그와 관계를 삿고 있는 사람들이 모여 장애인 대상자가 가지고 있는 희망, 삶의 목적을 성취하기 위해 계획하고 자원을 할당하는 과정이다. 이러한 이념을 가지고 여러 학자들이 다양한 접근법을 개발했다. 대표적인 것은 Essential life Planning(ELP), McGill Action Planning System(MAPs), Planning Alternative Tomorrows With Hope(PATH), Personal Futures Planning(PFP) 등이다. 이러한 인간중심계획의 공통요소에 대하여 버터워스, 스티르, 위트니-토마스(1997)는 아래와 같이 인간중심계획의 공통 요소를 정리했다. 아래 기록된 인간중심계획은 긍정적이고 우호적인 분위기에서 발달장애인의 강점과 자원을 활용하여, 발달장애인의 삶과 미래를 당사자가 주도적으로 설계할 수 있도록 함께 노력해 나가는 과정으로 정리할 수 있다.

- 당사자를 임파워시킨다.
- 자원을 위한 자연 자원(친구, 가족, 사회지지망)을 참여시킨다.
- 독립적인 촉진자를 활용한다.
- 모든 참여자를 위하여 장애인을 긍정적으로 재규정하기 위한 기회를 갖는다.
- 미래에 대한 분명하고 제한되지 않은 비전을 갖는다.
- 창의적인 브레인스토밍을 실시한다.
- 즉각적인 생활양식 변화를 시도한다.

앞에서 제시한 인간중심계획의 실천 과정은 강점관점을 수용한 자립생활센터 사례관리의 방향과도 부합되는 측면이 있다. 이와 관련하여, 김재익과 김종인(2014)은 개별맞춤형 자립서비스 지향, 사정과 계획수립 시 강점과 능력 강조, 협력적 관계와 옹호서비스 수행, 장애 당사자의 자기결정, 지역사회자원의 적극적 활용, 장애당사자의 성취감 고취와 권리보장의 중요성을 강조한 바 있다.

## 2) 인간중심 계획이 담긴, 개별 서비스 계획

사례관리에 이러한 인간중심 계획의 요소를 담으면, 개별 서비스 계획이 가능해진다. 낸커비스(Nankervis, 2006)는 인간중심 계획과 개별 서비스 계획을 연결하는 모델을 제시했다. 그 과정은 다음과 같다. 우선 인간중심 계획의 과정으로서 당사자의 삶, 미래에 대한 비전을 확인한다. 이를 위하여 꿈과 비전, 희망과 악몽, 행동, 누가 삶에 관여되는지, 누가/무엇이 중요한지, 좋아하는 것, 싫어하는 것, 강점과 재능을 탐색한다. 이를 위하여 장애인 당사자, 촉진자, 가족, 친구, 기타 인물이 함께 참여하여 브레인스토밍 등을 통하여 인간중심계획을 준비한다. 이렇게 개발된 인간중심 계획을 바탕으로 사례관리자의 개별 서비스 계획이 세워지는 것이다. 이를 위해 서비스의 목적과 목표, 이를 달성하기 위한 전략, 이를 수행할 책임자를 정하고 조치가 이루어진다. 인간중심 계획과 개별 서비스 계획이 어울리게 될 때에 인간지향의 실천이 가능하게 되는 것이다. 이러한 실천이 이루어진 후에 장애인 당사자에게 나타날 수 있는 주요한 성과는 이들이 지역사회에 더욱 많이 나타나게 되고, 본인이 원하는 선택을 하게 되며, 자신이 원하는 것을 달성할 수 있는 역량이 개발되고, 존중받는 역할을 맡으며, 다양한 참여를 통해 사회적 관계를 확장하는 것이다.

상기 기준과 원칙에 따라 구성된 인간중심 계획을 바탕으로 개별화된 계획을 세울 때 고려할 기준과 원칙에 대하여 스멀과 샌더슨(Smull & Sanderson, 2002)은 다음과 같이 제안하였다.

표 16-4 | **개별화된 계획을 위한 핵심가치와 원칙**

| 개별화된 계획을 위한 핵심 가치 | 개별화된 계획을 위한 원칙 |
|---|---|
| • 장애인은 양질의 서비스를 받을 권리와 지원하는 사람의 최선의 노력을 받을 자격이 있다.<br>• 장애인은 삶의 주류에 포함되어야 가장 잘 지원받는다.<br>• 장애인은 다른 시민과 동등한 지위를 가진다.<br>• 장애인을 지원하는 사람들은 장애인에 대한 고정관념(stereotype)을 갖지 않아야 한다.<br>• 장애의 정도와 상관없이 모든 사람은 배우고 성장한다.<br>• 모든 이는 동등한 인간으로서 가치를 지녔으며 존중받을 자격이 있다.<br>• 기대로 인해 인간의 성장과 기회는 도전을 받거나 제한받을 수 있다. | • 우리가 능숙함과 존중함으로 경청할 때 장애의 심각함과 상관없이 각 사람에게 중요한 것이 무엇인지 배울 수 있다.<br>• 사람들이 오늘 원하는 것과 내일 원하는 것은 다르기 때문에 계획에는 지속적인 노력이 요구된다.<br>• 사람들이 자신이 원하는 것에 대한 기회를 얻고 자기 삶에 중요한 것을 추구하는 가운데, 성장과 학습은 자연스럽게 일어난다.<br>• 우리가 '비동조', '도전', '문제행동'이라고 이름붙인 많은 행동은 그 사람에게 현재 중요한 것이 존재할 때 사라진다.<br>• 장애가 심각해도 우리가 듣는 법을 배워가고 신뢰가 발달하면, 사람들은 삶에 대해 긍정적 통제력을 가질 수 있다.<br>• 비록 시간이 걸리더라도 지역사회에서 관계망은 발생할 수 있다. |

## 6. 장애인복지 분야 사례관리 전망과 과제

지역사회의 장애인과 가족은 자신에게 필요한 서비스를 스스로 찾아 나서고, 다른 장애인과 가족을 통해 귀동냥에 상당부분 의존한다(염태산, 2017). 지역사회 장애인복지기관에서는 사례관리 서비스를 시행한다고 하지만, 대다수의 이용자들은 본인이 사례관리 서비스를 받는다고 생각하지 못하고 번거로운 접수 과정을 이용할 때마다 반복한다고 느끼는 경우도 적지 않다. 복잡한 서비스 전달 체계, 분산된 서비스 기관 속에서, 장애인 자신의 욕구를 충족시키기 위한 방안을 스스로 해나가는 것은 쉽지 않다. 그런 의미에서 장애인복지 분야의 사례관리는 거주시설, 이용시설을 막론하고 중요한 서비스 방법으로 고려된다.

현재 장애인복지 분야 사례관리는 서비스 정책에서 매우 중요한 대안으로 고려된다. 「장애인복지법」 개정에 의한 장애인거주시설의 소규모화는 이미 상당부분 추진되어, 지역사회의 서비스 연계 시도는 가속화되고 있다. 탈시설 장애인에 대한 중앙 정부의 지역사회 돌봄은 '커뮤니티 케어'라는 방향성에서 검토되고 있다. 장애인은 다양한 욕구를 복합적으로 경험하고, 욕구 해결이 쉽지 않아 만성적이기 때문에, 체계적이고 종합적인 서비스 지원이 필요하기 때문이다. 그러나 이를 둘러싼 과제는 상당히 많다.

### 1) 종합 안내 창구로서 사례관리 체계 마련

우선 서비스 접근을 지원해 주기 위한 종합 안내 창구로서의 사례관리 체계 마련이 절실하다. 현재 장애인서비스는 다른 서비스와 마찬가지로 신청주의를 기반으로 한다. 서비스 신청을 위해서는 관련 서비스에 대한 정보가 있어야 하는데, 복잡한 서비스 구조 속에서 관련한 정보를 얻기가 쉽지 않다. 따라서 스스로 어떠한 서비스를 이용할 수 있는지, 자신의 욕구와 부합된 서비스를 어떤 곳에서 제공하는지 안내받을 수 있는 기능이 존재할 필요가 있다. 물론 장애인복지관을 처음 이용할 때 초기 상담과 사정을 통해 어떠한 서비스를 이용하면 좋은지 판정하고 안내하는 구조를 갖추고 있다고 하지만, 기관 내부 자원에 한정하여 정보 전달과 연계가 이루어지고 있다는 한계가 분명히 존재한다. 개별기관을 통한 사례관리는 개별 기관 혹은 긴밀히 연결된 소수의 자원과 연결된다는 한계가 있는 것이다.

### 2) 생애주기별 사례관리 지원 체계 마련

사례관리서비스가 꼭 필요한 시점에 필요한 지원을 받도록 생애주기별 사례관리 지원 체계를 마련할 필요가 있다. 사례관리서비스가 필요한 시점은, 장애진단을 처음 받아 어떻게 할지 모를 때, 특수학교를 졸업한 이후에 서비스의 단절을 경험할 때, 사회환경이 변화하여 긴급히 서비스 연계가 필요할 때 등이다. 이러한 상황은 장애인 생애주기에 한 번 이상 경험할 상황이나. 장애진단을 처음 받을 때는 의사의 영향력이 크고, 특수학교를 졸업한 이후에는 특수학교 교사 혹은 평소 이용하던 사회복지기관, 사회환경이 급박하게 변화하여 서비스 지원을 받아야 할 때는 지자체의 사회복지담당 공무원이 각각 더 많은 역할을 감당하게 될 것이다. 그러나 이러한 역할은 관련 서비스 제공자의 업무중 하나일 뿐이며, 기존에 자신이 제공하고 있는 서비스를 넘어서는 자원 연계까지 고려하기 힘들다. 이를 아우를 수 있도록 사례관리를 전담하는 기능에 특화된 조직이 있다면, 이미 복합적인 욕구를 지닌 사람들의 생애과정에 적절한 지원을 해줄 수 있을 것이라 판단된다. 최근 「발달장애인법」에 의해 지역별로 설립되는 지역발달장애인지원센터에서 이러한 역할을 충실히 수행하고 있지만, 서비스 지역과 이용자의 수를 고려할 때 이를 충분히 지원하기 위한 국가적 지원이 더욱 요구된다.

### 3) 사례관리의 효과를 증대시키기 위한 협력적 네트워크 구축

개별 기관에서 근무하는 사례관리자들이 서로 정보를 교류하고 연계할 수 있는 기회가 더욱 장려되고 증가해야 한다. 현재 지역사회보장협의체의 통합사례분과, 장애인분과 등에서 이러한 관계망을 형성할 수 있지만, 지자체마다 운영의 양과 질이 매우 차이가 난다. 경우에 따라 사례관리자가 속해 있는 조직의 문화에 따라 직원의 대외 협력보다는 '기관의 일'에 집중하라는 메시지를 받기도 한다. 그러나 사례관리자가 지역사회의 서비스 자원과 일반 자원을 알아야, 복합적이고 만성적인 장애인 이용자의 욕구를 체계적으로 지원할 수 있다. 사례관리자의 서비스 지원의 질을 높이기 위한 방안으로 다음과 같은 활동이 도움이 될 수 있다. 장애인복지 기관 사례관리자들이 함께 모여 지역사회 장애인들이 활용할 수 있는 자원지도를 그리거나, 기관별 욕구조사 결과를 공유하거나, 각 기관의 사업의 목록과 현안을 공유하는 것이다. 그리고 이러한 자료는 사례관리자, 지역사회에 거주하는 장애인과 가족이 함께 검토할 수 있도록 인터넷 홈페이지 등을 통해 공개될 필요가 있다.

### 4) 이용자 참여, 다양한 주체의 옹호를 통한 임파워먼트 과정으로서 사례 관리 운영

장애인 분야 사례관리서비스에서는 이용자 참여, 사례관리자의 옹호 활동이 함께 강조되어야 한다. 이용자 참여는 이용자의 욕구에 집중할 수 있게 해주며, 이용자의 자기결정에 따른 임파워먼트의 출발점이 될 수 있다. 또한 이용자 참여를 통해, 이용자는 수동적 수혜자에서 욕구 해결을 위한 이해관계자로서 새로운 역할을 부여받을 수 있다.

옹호(advocacy)는 목소리(voc)를 더하여(ad) 사회적 억압에 맞서는 행위라 볼 수 있다. 그런 의미에서 사례관리 과정에서 연계할 기존의 자원이 없을 경우에 서비스가 불가능하다고 단정하기보다는, 지역사회에서 장애인의 욕구충족을 좌절시키거나 단념시키는 여러 조건들을 억압이라 판단하고 이를 개선하기 위한 목소리를 더하는 노력을 사례관리의 목표와 활동에 추가시키는 폭넓고 담대한 시도를 진행해야 한다. 옹호활동은 사례관리자에 의해, 자원봉사자 등의 이웃 시민에 의해, 장애인 당사자를 통해 다양하고 복합적으로 전개될 수 있다. 물론 사례관리자도 스스로의 역량을 강화하기 위해 노력하고, 장애인과 이웃시민을 지속적으로 연결하여 생활공간 주변에서 서로의 필요를 채울 수 있는 기회를 모색하며, 서비스 제공자라는 정체성을 넘어 이용자를 대변하는 역할을 수행한다는 정체성을 가지고 사례관리 실천을 해 나갈 필요가 있다.[2] 이러한 과정을 통하여, 장애인 스스로가 자신의 입장을 명확하게 표현하며 지역사회를 변화시킬 수 있는 주체로서의 시민이 될 수 있도록 지원하는 것도 사례관리의 궁극적인 지향적으로 삼아야 할 것이다.

---

2) 최근 서울시복지재단을 중심으로 전개되었던 장애인 시민옹호활동가 육성사업(약칭: 옹심이)이 장애인을 둘러싼 시민옹호의 의미 있는 시도라 볼 수 있다. 이렇게 시민옹호활동가를 육성하고, 이들과 협력하여, 지역장애인 사례관리의 목표를 지역사회와 함께 이루어내려는 노력이 확대될 필요가 있다.

## 생각해보기

1. 사례관리라는 표현이 어떠한 어감으로 다가오는가? 장애인 이용자에게 해당 개념을 쉽게 이해할 수 있도록 설명한다면 어떤 표현이 적절할까?
2. 사례관리 계획과 운영 과정에서 공급자가 중심이 아니라 장애인, 가족과 함께 해나가기 위해서 직원과 기관은 어떠한 노력을 기울여야 하는가?
3. 우리나라의 사례관리 실천을 가장 잘 설명하는 사례관리 모델은 무엇인가? 이 과정에서 사례관리자는 어떤 역할을 주로 맡게 되는가?
4. 장애인복지기관에서 가례관리를 수행하기 어려운 조건이 있다면 무엇인가? 직원과 기관은 이를 해결하기 위해 어떤 대안을 마련해야 할까?

# 참고문헌


강정배 외 7인 (2020). 장애인거주시설 전수조사. 보건복지부 · 한국장애인개발원.

고영진 (1999). 장애인복지법에 따른 장애등급표의 문제점과 개선방안: 중증지체장애인을 중심으로. **장애와 고용, 8**(4), pp. 28-38.

관계부처 합동 (2013). 2014-2018 제1차 사회보장 기본계획.

교육부 (2015). 특수교육통계.

_____ (2021). 특수교육통계.

국가인권위원회 (2011). 장애인인권증진 중장기계획 수립을 위한 장애유형별 실태조사. 국가인권위원회.

국립특수교육원 (2009). **특수교육학 용어사전**. 서울: 도서출판 하우.

국민연금공단 국민연금연구원 (2012). 국민연금통계연보 2011. 서울: 국민연금공단.

권선진 외 (2001). **장애인복지론**. 서울: 나눔의집.

김경화 (2008). 장애인등록제도 개선방안에 관한 연구 '중증장애인 장애등급심사'시범사업의 효과성 분석을 중심으로. 건국대학교 석사학위 논문.

김교연 (2005). 장애인여성의 경제적, 사회적 특성과 원조지침. **한국 장애인복지의 이해** (pp.415-444). 서울: 인간과복지.

김미옥 (2003). **장애인복지실천론**. 파주: 나남출판.

김미옥 외 (2006). 장애인생활시설 인권교육 교재 및 프로그램 개발. 국가인권위원회.

김성희, 윤상용, 이승기, 변경희, 변소현, 이석영, 조윤화, 류소영, 이민경 (2011). 장애인서비스지원체계개편 연구. 보건복지부·한국보건사회연구원.

김성희, 이연희, 오욱찬, 황주희, 오미애, 이민경, 이난희, 오다은, 강동욱, 권선진, 오혜경, 윤상용, 이선우 (2018). 2017년 장애인실태조사. 보건복지부 · 한국보건사회연구원.

김성희, 이연희, 황주희, 오미애, 이민경, 이난희, 강동욱, 권선진, 오혜경, 윤상용, 이선우 (2015). 2014년 장애인 실태조사. 보건복지부 · 한국보건사회연구원.

김용득 (2000). 생애주기와 장애인복지서비스. 노틀담복지관 개관 13주년 기념세미나: 생애주기별 서비스 모델 적용과 전망 자료집, 1-21.

_____ (2012). **장애와 사회복지**. 서울: EM커뮤니티.

김용득, 김진우, 유동철 (2007). **한국 장애인복지의 이해**. 서울: 인간과 복지.

김은실, 박승희 (2002). 여성장애인 차별에 관한 사례연구. 국가인권위원회.

김정희, 조흥식, 박희찬, 김용득, 이승기, 김경란, 이선화 (2012). 장애인서비스지원체계 구축 및 제도개선방안 연구. 보건복지부·한국보건사회연구원.

김종인, 우주형, 이준우 (2007). **장애인복지론**. 일산: 서현사.

김진우 외 15인 (2014). **발달장애인복지론**. 서울: EM 커뮤니티.

김진우, 김재왕, 박숙경, 유동철 (2013). 발달장애인에 대한 정당한 편의 판단기준에 관한 연구. 국가인권위원회·덕성여자대학교 산학협력단.

남병준 (2010). 장애등급제를 폐지하라. **월간복지동향, 143**, 41-44. 서울: 참여연대사회복지위원회.

대한특수교육학회 (2000). **특수교육용어사전**. 경북: 대구대학교출판부.

박경석 (2013). 장애등급제 폐지에 대한 우려의 실체와 대안. 한국장애인단체총연맹·전국장애인차별철폐연대.

변경희, 권선진, 우주형, 이은미, 이미정, 유병주, 권재숙 (2012). 장애인 등록 및 판정제도 발전방안. 보건복지부.

변용찬, 윤상용, 김태완, 이정선 (2006). 장애수당제도 개선 방안. 서울: 보건복지부·한국보건사회연구원.

보건복지부 (2013). 2012 보건복지백서.

__________ (2014). 2014 보건복지통계연보.

__________ (2014). 장애인복지사업 안내(1권).

__________ (2015). 장애등급제 개편 시범사업 계획(안).

__________ (2021). 장애인등록현황(2020년 12월말 기준).

__________ (2021). 장애인복지시설 사업안내.

보건복지부, 중앙장애인권익옹호기관 (2021). 2020 장애인학대 현황보고서.

서동명 (2014). 발달장애에 대한 이해. 김진우(편), **발달장애인복지론**(pp. 19-50). 서울: EM 커뮤니티.

서동우, 김양우, 김창민, 정승용, 조재일, 허균, 김동진, 이선영 (2001). 장애범주 2단계 확대를 위한 장애등급 기준 연구. 한국보건사회연구원.

석재은, 김태완 (2000). 노인의 소득실태 분석과 소득보장체계 개선 방안 연구. 서울: 한국보건사회연구원.

손광훈 (2013). **장애인복지론**. 파주: 정민사.

송영욱 (1996). 장애인복지제도의 변천. 한국재활재단(편), **한국장애인복지변천사**. 파주: 양서원.

신현석 (2012). **장애인복지론**. 일산: 공동체.

오상진 (2012). 여성장애인의 모성권에 관한 전국실태조사결과 분석. 여성장애인의 모성권에 관한 전국실태조사결과 분석 및 정책대안을 위한 심포지엄 자료집, 5-112. 한국여성장애인연합.

오혜경 (1999). **장애인 사회복지 실천**. 서울: 아시아미디어리서치.

오혜경, 강남식, 백은령, 조옥 (2002). 여성장애인 임신 · 출산 · 육아의 현황과 대안 모색. 한국여성장애인연합.

오혜경, 김정애 (2000). **여성장애인과 이중차별**. 서울: 학지사.

유동철 외 10인 (2011). 장애인 인권증진 중장기계획 수립을 위한 장애유형별 실태조사. 국가인권위원회·동의대학교 산학협력단.

윤상용 (2013). 장애인 최저소득보장제도 국제 비교 연구: 최저소득보장체계의 국가간 유형화에 기초한 유사국가군의 비기여 소득보전급여 내용분석을 중심으로. **보건사회연구, 33**(2), 한국보건사회연구원.

윤상용 (2014). 장애등급제 폐지와 장애인연금제도 개선 토론회. 전국장애인차별철폐연대 · 장애인권리보장법제정연대.

윤상용, 김태완, 강민희, 최현수, 이병화 (2008). 장애인 소득보장체계 개편 방안 연구: 기초장애연금 도입을 중심으로. 한국보건사회연구원 · 보건복지가족부.

이복실 (2014). 자기결정. 김진우(편), **발달장애인복지론**(pp.110-133). 서울: EM커뮤니티.

이세영 (2012). 발달장애인 정책 전반 및 향후 과제: 일본. **세계장애동향, 5**(8), 11~15.

이승기 (2012). 이용자 중심적 장애인복지전달체계 구축을 위한 전제조건 및 충족 방안에 관한 연구. **한국지역사회복지학, 40**, 81-102.

______ (2013). 장애등급제 폐지시대 서비스 전달체계 어떻게 할 것인가? 국회장애인복지포럼 주최 정책세미나.

______ (2014). 서비스전달과정에서의 이용자 권한 강화 방안에 대한 고찰-장애등급제 폐지 및 직접지불제도를 중심으로. **사회복지연구, 45**(2), 327-347.

이승기, 김동기, 심창호, 윤재영, 최윤영, 김희진, 류소영 (2011). 장애인 활동지원제도 주요 쟁점사항 연구. 보건복지부.

이승희, 조홍중 (2001). '발달장애'개념에 대한 특수교육학적 고찰. **발달장애학회지, 5**(2), 17-39.

이재원, 손정원 (2011). 사회서비스 공급정책에서 시장과 산업 활성화 과제. **동향과 전망, 82**, 45-84.

이채식, 이은영, 이형렬, 김재익, 전영로 (2008). **장애인복지론**. 서울: 창지사.

이호선 (2011). 장애등급제 해체하기. 장애인등급제 대안 마련을 위한 토론회. 한국장애인단체총연합회.

임종호, 이영미, 이은미 (2010). **장애인복지론**. 서울: 학지사.

____________ (2016). **장애인복지론**. 서울: 학지사.

장애인직업안정연구원 편집부 (2013). 해외발달장애인 관련 법 및 지원책과 우리나라의 발달장애인법 제정에 대한 시사점. **장애인, 삶과 노동, 21**, 13-16.

전국장애인철폐연대, 한국장애인단체총연맹, 한국장애인단체총연합회, 장애등급제부양의무제폐지공동행동 (2014). 장애등급제 폐지 대안, 장애인종합판정체계 개편 방향을 묻는다.

정무성, 양회택, 노승현, 현종철 (2012). **장애인복지론**. 서울: 정민사.

정종화, 이경준 (2011). 외국의 장애판정제도 고찰을 통한 한국의 개선방향. **재활복지, 15**, 275-304.

정종화, 이종길 (2014). 장애등급제 어디로 갈 것인가? 제43회 RI KOREA 재활대회 및 협회 창립 60주년 기념식 프로그램. 한국장애인재활협회.

조수철 외 29인 (2011). **자폐장애**. 서울: 학지사.

조한진 (2011). 장애등급의 문제를 넘어서-장애의 정의·분류·측정. **재활복지, 12**, 1-26.

최경구 외 14인 (2010). **21세기 사회복지정책**. 서울: 청목출판사.

최윤영, 이경주 (2010). **장애인복지론**. 서울: 학지사.

한국보건사회연구원 (2014). 장애종합판정체계개편 도입 연구 주요 결과. 한국장애인단체총연맹 주최 설명회자료.

한국장애인개발원 (2013). 장애아동학대 실태분석 및 지원방안 연구.

한국장애인단체총연맹 (2014). 박근혜 정부 2년. 장애인공약점검(1). **한국장총, 321**.

한국재활재단 (1996). 한국장애인복지변천사.

홍성대, 이만우, 김성훈 (2009). 여성장애인 의료관리체계 구축 연구. 한국장애인개발원.

American Association on Intellectual and Developmental Disabilities (2011). **지적장애: 정의, 분류 및 지원체계**. 박승희, 김수연, 장혜성, 나수연 공역. 파주: 교육과학사.

Anderson, M., & Clarke, L. (1982). *Disability in Adolescence*. Methuen.

Brotherson. M. J., Cook, C., Erwin, E. J., & Weigel, C. J. (2008). Understanding self-determination and families of young children with disabilities in home environments. *Journal of Early Intervention, 31*(1). 22-43.

Campbell, A., & J. Ogden (2006). Why Do Doctors Issue Sick Notes? An Experimental Questionnaire Study in Primary Care, *Familiy Practice, 23,* 125-130.

Community Affairs Reference Committee (2004). A Hand Up Not a Hand Out: Renewing the Fight against Poverty. *Report on Poverty and Financial Hardship.* The Senate Parliament House, Canberra.

De Jong, P. (2003). *Disability and Disability Insurance. In Prinz. C (ed.). European Disability Pension Policies: Eleven country trends 1970-2002.* Ashgate,

Erikson, E. (1980). *Identity and the Life Cycle.* New York: Norton.

Erwin, E., & Brown, F. (2003). From theory to practice: A contextual framework for understanding selfdetermination in early childhood environments. *Infants and young Children, 16*(1), 77-87.

Erwin. E. J., Brotherson, M. J., Palmer, S. B., Cook, C. C., Weiger, C. J., & Summers, J. A. (2009). How to promote self-determination for young children with disabilities: Evidence-based strategies for early childhood practitioners and families. *Young Exceptional Children, 12*(2), 27-37.

Fine, M., Asch, A. (Eds.). (1988). *Women with Disabilities: Essays in Psychology, Culture and Politics.* Philadelphia: Temple University Press.

Gilbert, N., & Terrell, P. (2005). *Dimensions of Social Welfare Policy*(6th ed). Allyn & Bacon.

Helen, L. A., & Crickmore, D. J.(Ed.) (2012). *Learning Disabiltiies: Toward Inclusion.* Churchill Livingstone.

Horner-Johnson, W., & Drum, C. E. (2006). Prevalence of maltreatment of people with intellectual disabilities: A review of recently published research. *Mental Retardation and Developmental Disabilities Research Reviews, 12,* 57-69.

Hunt, D. G., Zuberbier, O. A. et al. (2002). Are Components of a Comprehensive Medical Assessment Predictive of Work Disability After an Episode of Occupational Low Back Trouble?. *Spine, 27*(23). pp. 2715–2719.

Institute, A. G. (2009). *State policies in brief: Sex and STI/HIV education.* Washington, CD: Author.

Jones, A., & O'Donnell, O. (1995). Equivalence scales and the cost of disability. *Journal of Public Economics, 56*(2), pp. 273–289.

Kuklys, W. (2004). *A Monetary Approach to Capability Measurement of the Disabled Evidence from the U.K.* Max Plank Institute of Economics. Discussion Paper on Strategic Interaction.

Leander, L. B. (1957). Who is the Exceptional Child?. *The Elementary School Journal, 58*(1), pp.42–57.

Lee, Y. K., & Tang, C. S. (1998). Evaluation of a sexual abuse prevention program for female Chinese adolescents with mild mental retardation. *American Journal on Mental Retardation, 103*(4), pp.105–116.

Lesseliers, J., & Van Hove, G. (2002). Barriers to the development of intimate relationships and the expression of sexuality among people with developmental disabilities: Their perceptions. *Research and Practice for Persons with Severe Disabilities, 27*(1), pp.69–81.

Lonsdale, S. (1990). *Women and Disability.* London: Macmillan.

Mackeprang, R. W., & Salsgiver, R. O. (1999). *Disability: A diversity model approach in human service practice.* CA: Brooks/Cole Publishing Company.

Marineli, R. P., & Dell Orto, A. E.(Ed). (1997). **신체장애의 심리적·사회적 충격**. 한국뇌성마비복지회 역. 서울: 을유문화사.

Martha, E. S., & Brown, F. (2008). **중도장애학생의 교육**. 박은혜, 한경근 공역. 서울: 시그마프레스.

Morris, J. (1991). *Pride Against Prejudice.* London: The Women's Press.

Murphy, N. A., & Elias, E. R. (2006). Sexuality of Children and adolescents with developmental disabilities. *Pediatrics, 118*(1), pp.398–403.

OECD (2010). Sickness and Disability Policies Synthesis Report. Paris: OECD.

Patton, M. Q. (2015). *Qualitative Research and Evaluation Methods*(4th ed.).

Sage Publications.

Petersilia, J. (2001). Crime victims with developmental disabilities. *Criminal Justice and Behavior, 28*(6), pp.655-694.

Powell, T. H., & Gallagher, P. A. (2000). **형제자매.** 김승돈, 안상희, 이지수 공역. 서울: 서울장애인종합복지관.

Protection and Advocacy, Inc. (2003). Abuse and neglect of adults with developmental disabilities: a public health priority for the state of California.

Saunders, P. (2007). The Costs of Disability and The Incidence of Poverty. *Australian Journal of Social Issues, 42*(2).

Shapiro, J. P. (1994). *NO PITY.* New York: Time Books.

Shogren, K. A., & Turnbull, A. P. (2006) Promoting self-determination in young childrenwith disabilities: The critical role of families. *Infants and Young children, 19*(4), 338-352.

Tibble, M. (2006). Review of existing research on the extra costs of disability. Department of Work and Pensions. Working Paper No. 21.

Turnbull, A. P., & Turnbull, H. R. (2001). Self-determination for individuals with significant cognitive disabilities and their families. *Journal of the Association for persons with Severe Handicaps, 26*(1), 56-62.

Turnbull, A., Turnbull, R., Erwin, E. J., Soodak, L. C., & Shogren, K. A. (2013). **장애아가족지원.** 이미숙, 노진아, 김연하, 김정민, 김태영, 한민경 공역. 서울: 학지사.

WHO (1980). *ICIDH: International classification of impairments, disabilities and handicaps: A manual of classification relating to the consequences of disease.* Geneva: Author.

_____ (1997). *ICIDH-2: International classification of impairments, activities, and participation. A manual of dimensions of disablement and functioning.* Beta-1 draft for field trials. Geneva: Author.

_____ (2001). *ICF: International classification of functioning, disability and health.* Geneva: Author.

Williamson, C. (2001). *Social work practice with people with disabilities. In Social work: A profession of many faces.* edited by Morales, A. T., &

Sheafor, B. W. (19 Eds.). MA: Allyn & Bacon. pp. 345-368.

Zaidi, A., & Burchardt, T. (2003). *Comparing incomes when Needs differ: Equivalisation for the Extra Costs of Disability in th UK.* Centre for Analysis of Social Exclusion Paper No. 64.

국가건강정보포털 의학정보(health.mw.go.kr/Main.do).

국민연금 장애인심사센터(www.nps.or.kr/jsppage/hqCenter/hq/index.jsp?areaCd=7116).

네이버 건강백과(erms.naver.com/list.nhn?cid=50871&categoryId=50871).

미국질병통제예방센터(www.cdc.gov).

법제처(www.moleg.go.kr).

보건복지부(www.mohw.go.kr).

서울대학교 병원 의학정보(www.snuh.org/pub/infomed/sub01/sub01).

서울대학교병원 발달장애인거점병원 · 행동발달증진센터(www.nadd-snuh.org).

# 찾아보기

## 저/자/약/력


**서동명**

동덕여자대학교 사회복지학과 교수

최종학력: 서울대학교 대학원 사회복지학과 졸업(사회복지학 박사)

주요경력: 한국장애인개발원 이사, 한국장애인복지시설협회 정책자문위원,
한국장애인복지관협회 자문위원, 한국장애인복지학회 학술위원장

**윤상용**

충북대학교 아동복지학과 교수

최종학력: 서울대학교 대학원 사회복지학과 졸업(사회복지학 박사)

주요경력: 한국보건사회연구원 부연구위원, 보건복지부 장애정도심사위원회 위원,
한국장애인복지학회 수석부회장

**이승기**

성신여자대학교 사회복지학과 교수

최종학력: 영국 에든버러 대학교 사회정책대학원 졸업(사회정책학 박사)

주요경력: 보건복지부 행정사무관, 서울시복지재단 대표이사,
한국장애인복지학회 회장

**염태산**

강서대학교 사회복지학과 교수

최종학력: 서울대학교 대학원 사회복지학과 졸업(사회복지학 박사)

주요경력: 반포종합사회복지관 사회복지사/과장
강서대학교 장애학생지원센터장, 서울영동주간보호센터 운영위원

# 장애인복지론(3판)

**초판발행** 2016년 3월 10일 **1쇄** | 2016년 9월 10일 **2쇄** | 2017년 9월 10일 **3쇄**
2018년 9월 10일 **4쇄**
**2판발행** 2019년 3월 10일 **1쇄** | 2019년 9월 10일 **2쇄** | 2020년 3월 10일 **3쇄**
2020년 9월 10일 **4쇄** | 2021년 3월 10일 **5쇄** | 2021년 9월 10일 **6쇄**
**3판발행** 2022년 3월 10일 **1쇄** | 2022년 9월 10일 **2쇄** | 2022년 9월 20일 **3쇄**
2023년 3월 10일 **4쇄** | 2024년 3월 10일 **5쇄**

**지은이** 서동명 윤상용 이승기 염태산
**펴낸이** 최용구 | **펴낸곳** 도서출판 **신정**
**주소** (04316) 서울시 용산구 원효로 89길 19 (원효로1가)
**전화** 02)3211-4782, 0266(영업부), 3211-4783(편집부), 3211-4784(팩스)
**이메일** sjbook2002@naver.com | **홈페이지** www.sjbook.co.kr
**등록** 2001년 5월 11일 제13-702호
**기획마케팅** 최용구 장만동 최충구 송대용 | **책임편집** 석기은 황가연 | **표지** SDY

ISBN 978-89-5912-787-0 93330
정가 24,000원